Jura Übungen

Jura
Juristische Ausbildung

Übungen

herausgegeben von
Prof. Dr. Dagmar Coester-Waltjen, München
Prof. Dr. Hans-Uwe Erichsen, Münster
Prof. Dr. Klaus Geppert, Berlin
Prof. Dr. Philip Kunig, Berlin
Prof. Dr. Dr. h. c. Harro Otto, Bayreuth
Prof. Dr. Klaus Schreiber, Bochum

Walter de Gruyter · Berlin · New York

Übungen in Internationalem Privatrecht und Rechtsvergleichung

von
Dagmar Coester-Waltjen
Gerald Mäsch

Walter de Gruyter · Berlin · New York · 1996

Dr. iur. *Dagmar Coester-Waltjen,* LL.M. (University of Michigan),
o. Professorin für Bürgerliches Recht, Zivilprozeßrecht,
Internationales Privatrecht, Rechtsvergleichung. Vorstand des Instituts
für Internationales Recht - Rechtsvergleichung - an der Universität
München.

Dr. iur. *Gerald Mäsch,*
Wissenschaftlicher Assistent am Institut für Internationales Recht -
Rechtsvergleichung - an der Universität München.

∞ Gedruckt auf säurefreiem Papier,
das die US-ANSI-Norm über Haltbarkeit erfüllt.

Die Deutsche Bibliothek - CIP-Einheitsaufnahme

Coester-Waltjen, Dagmar:
Übungen in internationalem Privatrecht und Rechtsvergleichung / von
Dagmar Coester-Waltjen ; Gerald Mäsch. – Berlin ; New York: de Gruyter,
1996
  (Jura: Übungen)
  ISBN 3-11-014734-3
NE: Mäsch, Gerald:

© Copyright 1996 by Walter de Gruyter & Co., D-10785 Berlin.

Dieses Werk einschließlich aller seiner Teile ist urheberrechtlich geschützt.
Jede Verwertung außerhalb der engen Grenzen des Urheberrechtsgesetzes ist
ohne Zustimmung des Verlages unzulässig und strafbar. Das gilt insbesondere
für Vervielfältigungen, Übersetzungen, Mikroverfilmungen und die Einspeicherung und Verarbeitung in elektronischen Systemen.

Printed in Germany
Datenkonvertierung: buslau intercom services, 12161 Berlin
Druck und Bindearbeiten: WB-Druck, 87669 Rieden am Forggensee

Vorwort

Das Buch wendet sich an Studenten und Referendare der Wahlfachgruppe Internationales Privatrecht und Rechtsvergleichung. Thematisch umfaßt sind dabei auch Fragen des internationalen Zivilverfahrensrechts und der Rechtsvereinheitlichung. Vom Personenkreis her werden in erster Linie Examenskandidaten angesprochen, denen mit diesem Buch die Möglichkeit gegeben werden soll, sich vor allem in der Technik der Fallbearbeitung für die genannten Rechtsgebiete zu vervollkommnen und die Kenntnisse in diesen Sachgebieten zu verfestigen.

Da die Ausführungen sich an fortgeschrittene Studierende richten, enthalten sie keine Einführung in die Fallbearbeitung im allgemeinen, sondern konzentrieren sich auf die Besonderheiten der Aufgabenstellung aus den genannten Bereichen. Der Sinn von Übungen, Formaufbau und Sprache der Ausarbeitungen im allgemeinen werden also nicht erörtert. Wohl aber werden die speziellen Anforderungen im Aufbau und in der Formulierung, die sich für internationales Privat- und Verfahrensrecht sowie Rechtsvergleichung und Rechtsvereinheitlichung ergeben, ausführlich diskutiert und dargestellt.

Dieses Buch ist schließlich auch keine Einführung in das Internationale Privatrecht und die Rechtsvergleichung; es setzt Grundkenntnisse (z.B. Name, Bedeutung, Abgrenzung, Rechtsquellen, Entwicklung und Grundstruktur) voraus. Wenn der Leser hier Unsicherheiten verspürt, möge er sich in den Lehrbüchern, über die ein kurzer Überblick gegeben wird, näher unterrichten.

Die Übungsaufgaben entsprechen vom Schwierigkeitsgrad her einer 5-stündigen Klausur im 1. Staatsexamen. Assessorenklausuren haben wir aus Raumgründen nicht aufgenommen. Um den Umfang des Buches nicht zu sehr anschwellen zu lassen, haben wir auf den Abdruck eines Hausarbeitsfalles mit Lösung verzichtet. Dies erschien uns auch deswegen gerechtfertigt, weil Aufbaufragen und Darstellungsweise sich nicht grundsätzlich bei Hausarbeit und Klausur unterscheiden. Schmerzlicher hingegen empfinden wir den Verzicht auf eine sog. rechtsgestaltende Klausur, d.h. eine Aufgabe, deren Lösung die anwaltliche Tätigkeit zum Gegenstand hat (Vertragsentwurf, Testament). Diese Art der Aufgabenstellung ist jedoch in der Praxis so selten, daß wir es für richtig hielten, uns nur auf die übliche Form des Gutachtens für eine gerichtliche Entscheidung (Gerichtsklausur) oder für eine Vorbereitung einer Klage (Anwaltsklausur) zu beschränken. Im Rahmen der didaktischen und methodischen Grundlagen wird jedoch auch auf die Besonderheiten einer rechtsgestaltenden Klausur eingegangen.

Thematisch haben wir uns bemüht, ein möglichst breites Spektrum an Problemen zu bieten und auch innerhalb der einzelnen Aufgaben eine interessante Mischung von Problemen anzusprechen. Um dem Leser (und Übenden) eine Erarbeitung und Vertiefung der Sachprobleme zu ermöglichen, haben wir umfangreiche - in einer Klausur selbstverständlich nicht angebrachte - Literaturhinweise in den Fußnoten aufgenommen. In den Fußnoten finden sich auch (jeweils kursiv gedruckte) Hinweise zur Gewichtung der Problematik, zu anderen Lösungswegen und möglichen Fehlern. Der Übende sollte sich durch die Musterlösungen nicht entmutigt fühlen: Es ist selbstverständlich, daß eine vergleichbar umfangreiche und gründliche Bearbeitung unter normalen Klausurbedingungen und ohne Hilfsmittel nicht verlangt ist. Die Lösungen sind deshalb nicht als „Meßlatte" für eine gut zu bewertende Klausur mißzuverstehen. Sie sollen allerdings ein Gespür für Schwerpunktbildung und Argumentationstechniken in einem international-privatrechtlichen oder rechtsvergleichenden Fall vermitteln.

Wir hoffen, daß die Leser mit diesen, im Unterricht mehrfach erprobten, allgemeinen und konkreten Anweisungen Sicherheit in der Fallbearbeitung gewinnen und ihr Wissen in den Sachgebieten verfestigen. Für Kritik, Anregungen und Verbesserungsvorschläge sind wir jederzeit dankbar.

Dagmar Coester-Waltjen *Gerald Mäsch*

Inhalt

Abkürzungsverzeichnis XI
Literaturhinweise XV
   I. Literatur zum internationalen Privatrecht XV
   II. Literatur zur Rechtsvergleichung XVIII

1. Teil: Didaktische und methodische Grundlagen

1. Kapitel: Methodische Einführung zur Lösung von
internationalprivat- und verfahrensrechtlichen Fällen 1
  § 1: Klausurbearbeitung 1
    A. Vorüberlegungen zum Sachverhalt 1
      I. Sachverhaltserfassung 3
      II. Fragestellung 5
      III. Aufteilung 5
    B. Vorüberlegungen zu den Problemen 5
    C. Grundschema des Arbeitsplanes 6
      I. Zulässigkeit der Klage 7
        1. Gerichtsbarkeit 7
        2. Internationale Zuständigkeit 8
          a) Internationale Abkommen 8
            (1) Anwendungsbereich 9
            (2) Verhältnis zu anderen Abkommen und
                autonomen Vorschriften 10
            (3) Zuständigkeitsregelungen 11
          b) Autonome Regelungen
            (1) Wirksame Gerichtsstandwahl 11
            (2) Ausdrückliche gesetzliche Regelungen 11
            (3) Allgemeine gesetzliche Regelungen 12
            (4) Erweiterte Zuständigkeit 12
        3. Sachliche, funktionelle, örtliche
          Zuständigkeit 12
        4. Übrige Prozeßvoraussetzungen 13

II. Begründetheit der Klage 14
  1. Feststellung des anwendbaren Rechts 15
    a) Vorüberlegungen, Abgrenzung
       zum öffentlichen Recht 15
    b) Aufsuchen der maßgeblichen
       Kollisionsnorm 15
       (1) Internationale Abkommen 16
       (2) Autonomes Kollisionsrecht 19
          (a) Intertemporale Problematik 19
          (b) Qualifikation 20
          (c) Subsumtion 20
          (d) Mehrrechtsordnungen 21
          (e) Umfang der Verweisung 21
          (f) Einzelstatut 23
          (g) Ergebnis 23
       (3) Ausländisches Kollisionsrecht 24
  2. Anwendung des materiellen Rechts 25
    a) Feststellung des Inhalts des
       ausländischen Rechts 26
    b) Ersatzrecht 26
    c) Prüfung des ordre public und
       möglicher ähnlicher Einwände 27
  3. Normenhäufung, -mangel oder
    -widerspruch 27
D. Niederschrift: Zu beachtende Fehlerquellen 27
§ 2: Besonderheiten bei Hausarbeiten 28
§ 3: Besonderheiten einer Anwaltsklausur 29
  A. Rechtsgestaltung und vorprozessuale Beratung 29
  B. Anwaltliche Tätigkeit im prozessualen Bereich 29

2. Kapitel: Methodische Einführung zur Lösung
rechtsvergleichender Aufgaben 30
  § 1: Grundsatz 30
  § 2: Die verschiedenen Arten von Aufgabenstellungen 30

2. Teil: Übungsfälle

1. Kapitel: IPR- und IZPR-Fälle 33
  Fall 1: Internationales Deliktsrecht 33
  Fall 2: Internationales Vertragsrecht 50
  Fall 3: Verbraucherschutz im internationalen Vertragsrecht 72
  Fall 4: Internationales Sachenrecht 89
  Fall 5: Sicherungsrechte im internationalen Sachenrecht 104

Inhaltsverzeichnis

Fall	6:	Gerichtsstandsvereinbarung 122
Fall	7:	Internationales Eherecht 138
Fall	8:	Internationale Rechtshängigkeit im Scheidungsverfahren 154
Fall	9:	Internationales Abstammungsrecht 167
Fall	10:	Elterliche Sorge und Unterhalt 179
Fall	11:	Internationales Erbrecht 196
Fall	12:	Internationales Ehegüter- und Erbrecht 212

2. Kapitel: Rechtsvergleichende Fälle 228

Fall	13:	Deliktshaftung und *culpa in contrahendo* im deutschen und im französischen Recht 228
Fall	14:	Der Vergleich des Leistungsstörungsrechts im deutschen nationalen Recht und im UN-Kaufrecht 248

Fallregister mit inhaltlichen Schwerpunkten 275
Stichwortverzeichnis 279

Abkürzungsverzeichnis

Die im deutschen Recht allgemein gängigen juristischen Abkürzungen wurden nicht in das Verzeichnis aufgenommen. Sie können im Werk von *Kirchner*, Abkürzungen für Juristen, jura-Studienausgabe, 2. Aufl. (1993), nachgeschlagen werden. Auch auf die Erläuterung der Abkürzungen für die dem Studenten vertrauten Standardliteratur zum deutschen Recht wurde verzichtet.

ABGB	(österreichisches) Allgemeines Bürgerliches Gesetzbuch
ABl.EG	Amtsblatt der Europäischen Gemeinschaften
BayGerOrG	Gesetz über die Organisation der ordentlichen Gerichte im Freistaat Bayern
BGBl.	(deutsches, österreichisches) Bundesgesetzblatt
BT-Drucks.	Drucksachen des Deutschen Bundestags
Bull.civ.	Bulletin des arrêts de la Cour de Cassation en matière civile
BWNotZ	Zeitschrift für das Notariat in Baden-Würtemberg
Cass.civ.	(französische) Cour de Cassation, Chambre civile
C.C.	(französischer) Code civil, (italienischer) Codice civile, (spanischer) Código civil
CISG	Wiener UN-Übereinkommen über Verträge über den internationalen Warenkauf
Clunet	Journal du droit international
D.	Receuil Dalloz (französische Zeitschrift)
DIZPR	Deutsches Internationales Zivilprozeßrecht
DNotZ	Deutsche Notar-Zeitung
DZWir	Deutsche Zeitschrift für Wirtschaftsrecht
EGV	Vertrag zur Gründung der europäischen Gemeinschaft in der Fassung des Vertrages über die Europäische Union vom 7.2.1992
EGVVG	Einführungsgesetz zum Versicherungsvertragsgesetz
EKG	Einheitliches Gesetz über den internationalen Kauf beweglicher Sachen v. 17.7.1973

EuGH	Gerichtshof der Europäischen Gemeinschaften
EuGH Slg.	Sammlung der Rechtsprechung des EuGH
EuGVÜ	Brüsseler EWG-Übereinkommen über die gerichtliche Zuständigkeit und die Vollstreckung gerichtlicher Entscheidungen in Zivil- und Handelssachen
EuZPR	Europäisches Zivilprozeßrecht
EVÜ	Römisches EWG-Übereinkommen über das auf vertragliche Schuldverhältnisse anzuwendende Recht v. 19.6.1980
EWGV	Vertrag zur Gründung der Europäischen Wirtschaftsgemeinschaft v. 25.3.1957
EWiR	Entscheidungen zum Wirtschaftsrecht
GFK	Genfer UN-Abkommen über die Rechtsstellung der Flüchtlinge
HdbIZVR	Handbuch des Internationalen Zivilverfahrensrechts
HS	Halbsatz
IPG	Gutachten zum internationalen und ausländischen Privatrecht
IPRax	Praxis des Internationalen Privat- und Verfahrensrechts
IPRG	(österreichisches, türkisches, schweizerisches) IPR-Gesetz
IPRspr.	Die deutsche Rechtsprechung auf dem Gebiete des Internationalen Privatrechts
IZPR	Internationales Zivilprozeßrecht
IZVR	Internationales Zivilverfahrensrecht
JBl.	(österreichische) Juristische Blätter
JCP	Juris-classeur périodique
LGVÜ	Luganer Abkommen über die gerichtliche Zuständigkeit und die Vollstreckung gerichtlicher Entscheidungen in Zivil- und Handelssachen
MittBayNot	Mitteilungen des Bayerischen Notarvereins
MSA	Haager Übereinkommen über die Zuständigkeit der Behörden und das anzuwendende Recht auf dem Gebiet des Schutzes von Minderjährigen vom 5.10.1961 (Minderjährigenschutzabkommen)
Neth.Int.L.Rev.	Netherlands International Law Review

OG	(türkisches) Obligationengesetz
OGH	(österreichischer) Oberster Gerichtshof
PflVersG	Pflichtversicherungsgesetz
RabelsZ	Rabels Zeitschrift für ausländisches und internationales Privatrecht
RdW	Recht der Wissenschaft (österreichische Zeitschrift)
Rec. des cours	Receuil des cours de l'Académie der droit international de La Haye
Rev.crit.dr.int.	Revue critique de droit international privé
Rev.int.dr.comp.	Revue internationale de droit comparé
Rev.trim.dr.civ.	Revue trimestrielle de droit civile
RIW	Recht der internationalen Wirtschaft/Außenwirtschaftsdienst des Betriebs-Beraters
SorgeRÜbkAG	Sorgerechtsübereinkommens-Ausführungsgesetz vom 5. April 1990
SZ	Entscheidungen des österreichischen OGH in Zivilsachen
Tz.	Textziffer
WPNR	(niederländisches) Weekblad voor Privaatrecht, Notaries-ambt en Registratie
ZblJugR	Zentralblatt für Jugendrecht
ZEuP	Zeitschrift für Europäisches Privatrecht
ZGB	(türkisches, schweizerisches) Zivilgesetzbuch
ZSR N.F.	Zeitschrift für Schweizerisches Recht (Neue Folge)
ZfRvgl	(österreichische) Zeitschrift für Rechtsvergleichung
ZvglRWiss	Zeitschrift für vergleichende Rechtswissenschaft

Literaturhinweise

I. Literatur zum internationalen Privatrecht

1. Lehrbücher

von Bar, Internationales Privatrecht, Bd. I: Allgemeine Lehren (1987); Bd. II: Besonderer Teil (1991)
  Großes Lehrbuch in zwei Bänden, das auf die allermeisten Fragen des IPR erschöpfende Auskunft gibt. Zur Benutzung als „Lernbuch" sehr umfangreich, von großem Wert zum Nachschlagen und zur Vertiefung von Einzelproblemen.

Firsching/v.Hoffmann, Internationales Privatrecht, 4. Aufl. (1995)
  Für den Wahlfachstudenten konzipiertes Lernbuch, das deshalb nicht nur eine Einführung für den Anfänger bietet, sondern auch eine Sammlung examenswichtiger Probleme mit zahlreichen Fällen und Beispielen.

Kegel, Internationales Privatrecht, 7. Aufl. (1995)
  Der Klassiker der deutschen IPR-Lehrbücher, der praktische Anwendungsprobleme des Besonderen Teils des IPR zuweilen jedoch nur kursorisch behandelt.

Kropholler, Internationales Privatrecht, 2. Aufl. (1994)
  Ein Lehrbuch auf der Basis des vielgerühmten Werkes von *Neuhaus*, das die Grundfragen des Internationalen Privat- und Verfahrensrechts umfassend aufbereitet.

Neuhaus, Die Grundbegriffe des internationalen Privatrechts, 2. Aufl. (1976)

Raape/Sturm, Internationales Privatrecht, Bd. I: Allgemeine Lehren, 6. Aufl. (1977)
  Zwei Lehrbücher, die noch aus der Zeit vor der IPR-Reform stammen. Für das Erlernen des aktuellen IPR sind sie deshalb ungeeignet; sie können aber für einzelne Fragen des Allgemeinen Teils des IPR wertvolle Anregungen geben.

2. Übungsbuch

Koch/Magnus/Winkler v. Mohrenfels, IPR und Rechtsvergleichung, Ein Übungsbuch, 2. Aufl. (1996)

Das Buch schlägt nach seinem Vorwort einen „Mittelweg" zwischen Lehr- und Übungsbuch ein: Knappen Darstellungen der wichtigsten Grundsätze des jeweiligen Sachgebiets folgen praktische Fälle mit zumeist ebenso knappen Lösungshinweisen. Zur Erprobung und Anwendung bereits erworbener Fähigkeiten nützlich; ein Lehrbuch kann das Werk aber nicht ersetzen.

3. Kurze Darstellungen/Kurzlehrbücher/Einführungen

Brödermann/Rosengarten, IPR, 2. Aufl. (1996)

Ein Skriptum, das ohne wissenschaftlichen Anspruch eine „Anleitung zur systematischen Fallbearbeitung im internationalen Privat- und Verfahrensrecht" (so der Untertitel) bietet.

Ferid, Internationales Privatrecht, 3. Aufl. (1986)

Nach eigenem Verständnis ein „Leitfaden für Praxis und Ausbildung", der eine lebendige und oft originelle Diktion gelegentlich mit einer eigenwilligen Sicht der Probleme verbindet. Das erste IPR-Buch, das nach der IPR-Reform von 1986 veröffentlicht wurde; weil es bislang aber nicht erneut aufgelegt wurde, spiegelt es nicht in allen Bereichen die aktuelle Diskussion wider.

Hüßtege, Internationales Privatrecht, Examenskurs für Rechtsreferendare, 2. Aufl. (1995)

Das Buch wendet sich, wie der Name verrät, vornehmlich an Rechtsreferendare, kann aber auch dem Studenten hilfreich sein, weil es Prüfungsschemata bietet, keine Vorkenntnisse voraussetzt und sich, anders als viele andere IPR-Bücher, auch relativ ausführlich mit Fragen des Internationalen Verfahrensrechts beschäftigt.

Kunz, Internationales Privatrecht, 3. Aufl. (1992)

Das Werk soll den „Einstieg" in das IPR erleichtern und tut dies mit vielen Fallbeispielen.

Lüderitz, Internationales Privatrecht, 2. Aufl. (1992)

Ein „Lernbuch", das in Kürze und mit prägnanter Darstellung das Wichtigste zum IPR vermittelt.

Schloßhauer-Selbach, Internationales Privatrecht (1989)
 Gedrängter Grundriß des IPR; für den heutigen Studenten weitgehend überflüssig ist es, daß der Autor vergleichsweise ausführlich auf den von ihm sogenannten „vorreformatorischen" Rechtszustand (=das IPR vor der Neuregelung von 1986) eingeht. Da auf dem Stand von Juli 1988, ist das Werk heute in manchen Teilen leicht veraltet.

4. Kommentare

Erman/Hohloch, Handkommentar zum BGB, Bd. II, 9. Aufl. (1993)

Münchener Kommentar zum BGB, Bd. 7, 2. Aufl. (1990); 3. Aufl. 1997 zu erwarten

Palandt/Heldrich, BGB, 55. Aufl. (1996)

RGRK/Wengler, BGB, Bd. VI., 1. und 2. Teilbd.: EGBGB, 12. Aufl. (1981)

Soergel, BGB, Bd. 8, 11. Aufl. (1983)

Staudinger, Kommentar zum BGB, EGBGB (1979 ff.)

5. Lehr- und Handbücher zu Einzelgebieten

a) Internationales Verfahrensrecht (Auswahl)

Geimer, Internationales Zivilprozeßrecht, 2. Aufl. (1993)

Handbuch des Internationalen Zivilverfahrensrechts, hrsg. v. Max-Planck-Institut für ausländisches und internationales Privatrecht, Bd. I (1982), Bd. II/1 (1994), Bd. III/1 (1984), Bd. III/2 (1984)

Kropholler, Europäisches Zivilprozeßrecht, 5. Aufl. (1996)

Schack, Internationales Zivilverfahrensrecht, 2. Aufl. (1996)

Schlosser, EuGVÜ (1996)

Schütze, Deutsches Internationales Zivilprozeßrecht, (1985)

b) Internationales Familienrecht

Henrich, Internationales Familienrecht (1989)

c) Internationales Vertragsrecht

Reithmann/Martiny, Internationales Vertragsrecht, 4. Aufl. (1988)

6. Materialien

Jayme/Hausmann, Internationales Privat- und Verfahrensrecht, 8. Aufl. (1996)

Der Band enthält eine für die Wahlfachstudenten unentbehrliche Sammlung von Gesetzestexten und Staatsverträgen zum Internationalen Privat- und Verfahrensrecht.

Pirrung, Internationales Privat- und Verfahrensrecht nach dem Inkrafttreten der Neuregelung des IPR (1987)

In dem Werk finden sich die Gesetzgebungsmaterialien zum IPR-Reformgesetz von 1986 einschließlich des erläuternden Berichts von *Giuliano/Lagarde* zum Römischen Vertragsrechtsübereinkommen von 1980, das der Neufassung der Art. 27 - 34 EGBGB zugrundeliegt.

Schack, Höchstrichterliche Rechtsprechung zum internationalen Privat- und Verfahrensrecht (1993)

In dem Buch sind 50 wichtige höchstrichterliche Entscheidungen zum internationalen Privat- und Verfahrensrecht gesammelt und mit kommentierenden Hinweisen und Anregungen versehen worden.

7. Zeitschriften

IPRax	Praxis des Internationalen Privat- und Verfahrensrechts
RabelsZ	Rabels Zeitschrift für ausländisches und internationales Privatrecht
ZEuP	Zeitschrift für Europäisches Privatrecht
ZfRvgl	(österreichische) Zeitschrift für Rechtsvergleichung
ZvglRWiss	Zeitschrift für vergleichende Rechtswissenschaft

8. Entscheidungs- und Gutachtensammlungen

IPG	Gutachten zum internationalen und ausländischen Privatrecht, hrsg. von *Ferid/Kegel/Zweigert*

Literaturhinweise

IPRspr Die deutsche Rechtsprechung auf dem Gebiete des Internationalen Privatrechts, hrsg. v. Max-Planck-Institut für ausländisches und internationales Privatrecht

II. Literatur zur Rechtsvergleichung

1. Lehrbücher

Constantinesco, Rechtsvergleichung, Bd. I: Einführung in die Rechtsvergleichung (1971); Bd. II: Die rechtsvergleichende Methode (1972); Bd. III: Die rechtsvergleichende Wissenschaft (1983)

David/Grasmann, Einführung in die großen Rechtssysteme der Gegenwart, 2. Aufl. (1984)

Rheinstein/v.Borries, Einführung in die Rechtsvergleichung, 2. Aufl. (1987)

Zweigert/Kötz, Einführung in die Rechtsvergleichung auf dem Gebiet des Privatrechts, 3. Aufl. (1996)

2. Umfassende rechtsvergleichende Darstellungen von Einzelfragen

International Encyclopedia of Comparative Law (laufendes Erscheinen in Einzelheften)

Kötz/Flessner, Europäisches Vertragsrecht, Bd. I (*Kötz*) 1996

3. Fallsammlungen und Übungsbücher

Schwenzer/Müller-Chen, Rechtsvergleichung (1996)

Koch/Magnus/Winkler v. Mohrenfels, IPR und Rechtsvergleichung (s.o. I.2.)

4. Zeitschriften

s.o. zum Internationalen Privatrecht

1. Teil
Didaktische und methodische Grundlagen

1. Kapitel: Methodische Einführung zur Lösung von internationalprivat- und -verfahrensrechtlichen Fällen

§ 1: Klausurbearbeitung

Examensklausuren der Wahlfachgruppe IPR und Rechtsvergleichung haben ganz überwiegend die Erstellung eines Gutachtens zur Vorbereitung einer Gerichtsentscheidung zur Aufgabe. Insofern unterscheiden sie sich kaum von den anderen Klausuren in den Staatsexamina. Grundsätzlich können daher die allgemeinen Anweisungen zur Klausurenbearbeitung auch in diesem Wahlfach herangezogen werden. Es ergeben sich aber in verschiedener Hinsicht sachgebietsspezifische Besonderheiten, auf die im folgenden eingegangen werden soll.

A. Vorüberlegungen zum Sachverhalt

I. Sachverhaltserfassung

Wie bei jeder Aufgabenstellung ist auch im Rahmen von IPR- und IZPR-Fällen die richtige Sachverhaltserfassung unbedingte Voraussetzung einer akzeptablen Bearbeitung. Das Überlesen von Sachverhaltsinformationen, die falsche Zuordnung von Daten oder Eigenschaften, die Verwechslung von Personen - all dies kann sich katastrophal auf die Lösung der Aufgabe auswirken.

Um derartige Fehler zu vermeiden, empfiehlt es sich nicht nur, den Sachverhalt mehrmals zu lesen, es erscheint vielmehr ratsam, darüber hinaus eine kleine Skizze der Sachverhaltserfassung anzufertigen und diese Skizze mit dem vorgegebenen Sachverhalt zu vergleichen. I.d.R. kann man bei den Klausurtexten davon ausgehen, daß die gegebenen Informationen allesamt Bedeutung haben. Sie sollten daher auch vollständig in der Skizze erscheinen. Anders als bei reinen zivilrechtlichen Fällen, in denen man sich häufig mit einer schematischen Darstellung

$$A \xrightleftharpoons[\text{Fahrrad}]{500,\text{-DM}} B$$

begnügen kann, ist hier häufig eine genauere Beschreibung der Personen notwendig. Beispielsweise:

Deutscher mit Wohnsitz in England

kauft von

einer nach dänischem Recht gegründeten Gesellschaft mit Sitz in Schweden

durch schriftlichen Vertrag in englischer Sprache, geschlossen in der Schweiz, zum Preise von 50.000 Schweizer Franken

ein Paket von Aktien der nach französischem Recht gegründeten X-SA mit Sitz in Frankreich.

Sind im Sachverhalt Daten angegeben, so sollte auch eine zeitliche Tabelle erstellt werden. Beispielsweise:

1.10.1989	Absendung des Angebots,
3.10.1989	Zugang des Angebots,
6.10.1989	Absendung der Annahmeerklärung,
10.10.1989	Zugang der Annahmeerklärung,
14.12.1989	Übergabe der Ware und Zahlung der 1. Rate des Kaufpreises,
1.2.1990	Fälligkeit der 2. Kaufpreisrate,
1.3.1990	Mahnung durch Verkäufer,
15.4.1990	Klagerhebung.

Ist nur ein Datum angegeben, so bedarf es eines solchen Schemas nicht, auch dieser Zeitangabe ist jedoch Beachtung zu schenken, weil sie eventuell für den zeitlichen Anwendungsbereich eines Abkommens (z.B. EuGVÜ) oder für die intertemporale Problematik im internationalen und im interlokalen Privatrecht große Bedeutung haben kann.

Besondere Vorsicht ist bei der Zusammenfassung oder Schlußfolgerung aus einer Reihe von Informationen geboten. Ist beispielsweise in einer Sache, die den Personenstand berührt, die betreffende Person Flüchtling mit gewöhnlichem Aufenthalt in Deutschland, so wird man zwar im Endeffekt zu einem deutschen Personalstatut kommen (§ 12 Genfer Flüchtlingskonvention), dies ist jedoch im Gutachten näher zu erörtern, so daß in der Sachverhaltserfassung zunächst nur die Grundinformationen festgehalten werden sollten. Die Schlußfolgerungen können allenfalls in Klammern dahintergeschrieben werden. Das gleiche gilt beispielsweise für die Frage, ob ein Vertrag geschlossen, wann eine Klage erhoben worden ist. Enthält der Sachverhalt hierzu dezidierte Angaben, wie z.B. beim Vertragsschluß Daten für Absendung und Zugang der Annahmeerklärung, bei der Klagerhebung Daten zur Einreichung und zur Zustellung der Klageschrift, so darf hier nicht vorschnell eine (u.U. falsche) Schlußfolgerung gezogen werden. Möglicherweise ergeben sich aus dem auf diese Frage anwendbaren Recht, das in diesem Stadium ja noch nicht endgültig ermittelt ist, andere Folgerungen, als nach den bekannten deutschen Regelungen. Auch besteht bei einer verkürzten Aufnahme der Information in das Sachverhaltsschema die Gefahr, daß man bei der Ausarbeitung der Lösung vergißt, auf die einzelnen Schritte, die zu dieser Schlußfolgerung gehört haben, einzugehen. Insbesondere in der Schlußphase der Bearbeitung mag es geschehen, daß man unter Zeitdruck nicht mehr in den gegebenen Sachverhalt einsteigt, sondern nur noch einen schnellen Blick auf das eigene Sachverhaltsschema wirft.

Die Informationen müssen sorgfältig festgehalten werden. Ungenauigkeiten in der Verwendung der Begriffe „Wohnsitz", „gewöhnlicher Aufenthalt", „Aufenthalt" können schlimme Folgen haben.

Diese so selbstverständlich klingenden Hinweise sind im Bereich des internationalen Privat- und Zivilprozeßrechts so wichtig, weil die im deutschen Recht (möglicherweise schon) selbstverständlichen Lösungen (z.B. über den Zeitpunkt des Wirksamwerdens einer Erklärung) nach dem möglicherweise anwendbaren ausländischen Recht ganz anders beurteilt werden. Informationen über die Parteien, die im deutschen materiellen Recht keine Rolle spielen, gewinnen hier eine besondere Rolle. So ist nicht selbstverständlich eine nach dänischem Recht gegründete Gesellschaft eine dänische Gesellschaft, eine Gesellschaft mit Sitz in England ist nicht unbedingt eine englische Gesellschaft. Diese Punkte gilt es erst zu prüfen! Die Sachverhaltserfassung darf diese Prüfung nicht schon vorwegnehmen, sondern soll im Gegenteil die Elemente der einzelnen Problemdarstellungen festlegen.

II. Fragestellung

Daß die Aufgabenstellung genau zu lesen ist, bedarf keiner näheren Ausführungen. Die Besonderheit von IPR- und IZPR-Fällen liegt jedoch darin, daß die Fragestellung einen unterschiedlichen Umfang haben kann: (1) Sie kann rein internationalprivatrechtlich sein, nämlich sich nur darauf beziehen, welches Recht anwendbar ist. (2) Die Frage kann aber auch die materiellrechtliche Lösung mitumfassen, wobei häufig das anzuwendende Recht wegen des besonderen

Schwerpunktes dieses Wahlfaches ausländisches Recht sein wird. (3) Schließlich kann die Fragestellung auch die internationalverfahrensrechtlichen Probleme mitumfassen. Beispielsweise können Fragen der Gerichtsbarkeit, der internationalen Zuständigkeit, Besonderheiten bei ausländischen Parteien (Parteifähigkeit, Prozeßfähigkeit, Prozeßkostenvorschuß), ausländische Rechtshängigkeit oder ausländische res iudicata eine Rolle spielen. Eventuell ist auch die Frage auf eine Anerkennung und Vollstreckung eines ausländischen Urteils gerichtet.

Um den Umfang der Fragestellung richtig zu ermitteln, ist eine sorgfältige Analyse der Formulierung erforderlich. Die allgemeine Frage: „Wie wird das Gericht entscheiden" umfaßt alle drei Bereiche, also sowohl den internationalprivatrechtlichen Teil, die internationalprozeßrechtlichen Probleme (soweit der Fall sie aufwirft) als auch die materiellrechtliche Lösung. Das gleiche gilt, wenn nach dem Sachverhalt Klage erhoben worden ist und in der Aufgabenstellung nach der Rechtslage gefragt wird. Den gleichen Umfang hat die Aufgabenstellung: „Ist die Klagerhebung erfolgreich?".

Lautet die Aufgabe hingegen: „Ist die Klage begründet?", so ist nur der materiellrechtliche Teil einschließlich der Ermittlung des anwendbaren Rechts verlangt. Das gleiche gilt, wenn nach den Ansprüchen einer Partei gefragt ist.

Eine nur internationalprivatrechtliche Lösung wird verlangt, wenn die Frage sich explizit nur auf das anwendbare Recht bezieht. Allerdings reicht es dann u.U. nicht aus, nur das deutsche internationale Privatrecht zu prüfen. Sieht dieses nämlich eine Gesamtverweisung vor, so ist auch das ausländische internationale Privatrecht, auf das verwiesen wird, daraufhin zu untersuchen, ob dieses die Verweisung annimmt. Die Frage, „welches Recht ist aus Sicht des deutschen Richters (oder nach deutschem IPR) anwendbar?" verlangt diese Prüfung ebenfalls, denn die Gesamtverweisung ist ja gerade Teil des deutschen IPR.

Die Nichtbeachtung des Umfangs der Fragestellung kann zu schwerwiegenden Folgen führen. Ist etwa der internationalzivilprozeßrechtliche Teil nicht bearbeitet worden, obwohl die Frage auf die Entscheidungsaussichten gerichtet war, so fehlt bereits ein möglicherweise sehr wesentlicher Teil der Lösung. Umgekehrt kann auch eine zu weit gesteckte Prüfung sich sehr negativ auswirken. Wer beispielsweise auf die Frage, ob die Klage begründet ist, auch die Zulässigkeit der Klage (also die internationalzivilprozeßrechtlichen Probleme) erörtert, und dadurch auf die internationalprivatrechtlichen und materiellrechtlichen Fragen nicht mehr ausreichend Zeit verwenden kann, hat einen schweren Fehler begangen. Die zusätzlichen Ausführungen können ihm neben dem Vorwurf der Verkennung der Fragestellung allenfalls negative Punkte (wegen der begangenen Fehler),

1. Kapitel. Internationalprivat- und -verfahrensrechtliche Fälle   5

nicht jedoch eine positive Bewertung wegen der (ungefragten) guten Bearbeitung bringen.

III. Aufteilung

Wie bei den rein internrechtlichen Klausuren ist auch hier eine saubere Aufteilung nach Anspruchsteller und Anspruchsgegner sowie nach Anspruchszielen vorzunehme. Begehrt beispielsweise der Kläger Zahlung und erhebt der Beklagte Widerklage auf Herausgabe einer Sache, so sind die verfahrensrechtlichen Fragen für beide Begehren getrennt zu erfassen. Der dritte Teil der Vorüberlegungen zum Sachverhalt sollte also in einer kurzen Skizze der zu beurteilenden Ansprüche (und ihres Umfangs) Niederschlag finden.

B. Vorüberlegungen zu den Problemen

Mit einer sorgfältigen Sachverhaltserfassung und Analyse der Fragestellung stellen sich bereits häufig die Probleme heraus. Hiernach liegt in der Regel schon auf der Hand, daß es sich beispielsweise um eine personenstandsrechtliche Frage handelt und die Ermittlung des Personalstatuts einen wesentlichen Schwerpunkt der Arbeit bildet. Bei Beteiligung von juristischen Personen deuten häufig bereits die Sachverhaltsangaben darauf hin, daß es auf Gesellschaftsstatut und Vertretungsstatut ankommen wird.

Außer den sich in dieser Weise aufdrängenden Fragen gilt es zu erspüren, wo weitere fallrelevante Rechtsfragen liegen können. Dabei ist von vornherein die internationalprivatrechtliche Unterscheidung zwischen Haupt- und Vorfragen zu beachten.

Die Vorüberlegungen sollen also dazu dienen, die durch den Fall aufgeworfenen Probleme zu ermitteln, mögliche Schwerpunkte zu erkennen und schon eine gewisse Strukturierung vorzunehmen. Dabei empfiehlt es sich, die Probleme zunächst nach den von der Fragestellung umfaßten Bereichen zu sortieren, also internationalverfahrensrechtliche, internationalprivatrechtliche und materiellrechtliche Bereiche zu scheiden. Das schließt nicht aus, daß eine Frage (wie beispielsweise der Wohnsitz oder die Staatsangehörigkeit einer Partei) in mehreren dieser Bereiche eine Rolle spielt (z.B. im internationalen Zivilprozeßrecht für die Frage der Zuständigkeit, im internationalen Privatrecht für die Ermittlung des anwendbaren Rechts). Die gedankliche Trennung der Problembereiche erlaubt außerdem eine Überprüfung der Vollständigkeit der Problemsichtung. Ist man beispielsweise bei den materiellrechtlichen Fragen auf das Problem gestoßen, ob der auf Unterhalt in Anspruch genommene Vater seine Vaterschaft noch anfechten kann, so muß im Rahmen der IPR-Fragestellung nicht nur die Frage nach dem Unterhaltsstatut, sondern auch die nach dem Abstammungsstatut (mit der Entscheidung für eine selbständige oder unselbständige Anknüpfung) notiert sein. Zu den materiellrechtlichen Fragen gehört also jeweils eine entsprechende internationalprivatrechtliche Problemlage - entweder im Hinblick auf den Umfang der jeweiligen Verweisung (z.B. Fragen der Testierfähigkeit vom Erbstatut umfaßt?) oder bezüglich einer getrennten Anknüpfung (mit der Problematik der selbständigen oder unselbständigen Anknüpfung und der jeweiligen Ermittlung der Anknüpfungsmomente).

C. Grundschema des Arbeitsplans

Nach dieser Sichtung und groben Strukturierung der zu behandelnden Probleme ist es angezeigt, sich ein schulmäßiges Lösungsschema aufzubauen. Gedacht ist also noch nicht an die Niederschrift der Lösung, vielmehr erscheint es unbedingt ratsam, zunächst die Lösung des gesamten Falles zu skizzieren, bevor mit der Ausführung im einzelnen begonnen wird. Letztere sollte erst dann stattfinden, wenn der Fall gedanklich bis zum Ende gelöst ist.

Skizzierung der Lösung bedeutet in erster Linie das Erstellen einer gedanklich sauberen Gliederung. Da bereits Vorüberlegungen zu den verschiedenen Problembereichen stattgefunden haben, kann hier bei den einzelnen Gliederungspunkten in die sachliche Auseinandersetzung eingestiegen und die Lösung in Stichworten festgehalten werden. Es soll also eine mit Problemkennzeichnungen, möglichen Argumenten und einer jeweiligen Lösung des Problems angereicherte Gliederung erstellt werden. Auf dieser Arbeitsphase liegt der eigentliche Schwerpunkt. Hier findet die gedankliche Auseinandersetzung statt. Nach den Vorüberlegungen über mögliche Probleme und ihre Strukturierung wird also zu einer Problembehandlung geschritten, mit der der Fall von Anfang bis zum Ende gelöst wird.

Die vollständige Lösung des Falles vor Niederschrift empfiehlt sich in diesem Sachgebiet vor allem deshalb, weil man u.U. erst bei der materiellrechtlichen Lösung auf Probleme trifft, die im IPR-Teil ebenfalls hätten angesprochen werden müssen. Dies kann auch dem sehr sorgfältigen Bearbeiter geschehen, beispielsweise wenn das anwendbare materielle Recht Vorfragen aufwirft, die bei der internationalprivatrechtlichen Fragestellung zunächst nicht erkennbar waren. Vor allem aber hilft dieses Vorgehen, wenn der vielleicht noch nicht so geübte Bearbeiter zunächst ein paar Fragen übersehen hat, die ihm erst im Zusammenhang mit späteren, beispielsweise materiellrechtlichen Problemen wichtig erscheinen (wie z.B. die Frage der Geschäftsfähigkeit, die sich auch auf die Parteifähigkeit auswirken kann und daher schon im internationalverfahrensrechtlichen Bereich hätte geprüft werden müssen).

Das hier vorgestellte Grundschema des Arbeitsplanes geht von der umfassenden Fragestellung aus, es enthält neben dem internationalprivatrechtlichen (II 1) auch einen internationalzivilprozessrechtlichen (I) und einen materiellrechtlichen (II 2) Teil. Bezieht sich die Fragestellung nur auf die Begründetheit der Klage oder das Vorhandensein von Ansprüchen, so ist der Arbeitsplan mit (II 1) zu beginnen. Ist auch die materiellrechtliche Lösung wegzulassen, weil sich die Frage nur auf die Ermittlung des anwendbaren Rechts bezieht, so erübrigen sich auch die Ausführungen unter II 2. Selbstverständlich gilt auch hier, daß nur solche Probleme anzusprechen sind, die der Sachverhalt aufwirft, und auch dabei ist der „Blick für das Wesentliche" zu wahren. Die Aufteilung der Fragen in der Aufgabenstellung ist zwar häufig nicht verbindlich, aber fast immer außerordentlich hilfreich für die Bearbeitung. Es ist daher in der Regel ratsam, sich nicht nur inhaltlich genau an der Fragestellung zu orientieren, sondern auch die Reihenfolge derselben bei der Bearbeitung zugrundezulegen.

I. Zulässigkeit der Klage

1. Gerichtsbarkeit

Zur Zulässigkeit der Klage gehört die Prüfung, ob das Gericht die staatliche Gerichtsgewalt über diese Parteien ausüben kann. Es ist also die Gerichtsbarkeit i.S.d. „facultas iurisdictionis" zu prüfen. I.d.R. bedarf allerdings die hoheitliche Befugnis, Recht zu sprechen als Ausfluß der staatlichen Souveränität keiner besonderen Begründung. Nur ausnahmsweise ist die Gerichtsbarkeit durch völkerrechtliche Regelungen eingeschränkt. Rechtsquelle für derartige Einschränkungen sind multilaterale Staatsverträge und das innerstaatliche Recht. Das Wiener UN-Übereinkommen über diplomatische Beziehungen vom 18.4.1961 und das Wiener UN-Übereinkommen über konsularische Beziehungen vom 24.4.1963 sowie das Baseler Europäische Übereinkommen über Staatenimmunität vom 16.5.1972 enthalten Regelungen über die Befreiung von der deutschen Zivilgerichtsbarkeit. Außerdem enthält das deutsche autonome Recht mit den §§ 18-20 GVG Vorschriften über die Exterritorialität, wobei die §§ 18 und 19 GVG auf die soeben genannten Wiener Übereinkommen Bezug nehmen. Neben diesen ausdrücklichen Regelungen besteht der allgemeine völkerrechtliche Grundsatz der beschränkten Staatenimmunität, d.h. der Immunität bei hoheitlichem Handeln (acta iure imperii). Das obengenannte Baseler Abkommen, das seit 1990 für Deutschland im Verhältnis zu einer Reihe anderer europäischer Staaten gilt, konsolidiert in dieser Hinsicht die in der internationalen Rechtsprechung und Lehre anerkannten Grundsätze.

Schließlich existiert eine Reihe von Übereinkommen, die für internationale Organisationen und ihre Angehörigen (wie z.b. die Vereinten Nationen, Sonderorganisationen der Vereinten Nationen, der Europarat und die Truppen des Nordatlantikvertrages[1]) Beschränkungen der Gerichtsbarkeit vorsehen.

Aus dem Vorgenannten ergibt sich bereits, daß die Gerichtsbarkeit i.d.R. zu bejahen sein wird. In der endgültigen Lösung ist auf diesen Problemkomplex daher nur dann einzugehen, wenn eine Befreiung von der deutschen Gerichtsbarkeit nach dem Sachverhalt zumindest nicht unmöglich erscheint, also beispielsweise bei Beteiligung von Diplomaten oder Angehörigen bestimmter internationaler Organisationen. Als Prüfungspunkt im Arbeitsschema hingegen sollte man auf diese Frage nicht verzichten, damit man nicht doch ein u.U. wesentliches Problem der Arbeit übersieht.

2. Internationale Zuständigkeit

Auf die Frage der internationalen Zuständigkeit sollte vor der Behandlung der sachlichen, funktionellen und örtlichen Zuständigkeit eingegangen werden, denn möglicherweise erübrigt sich ein Eingehen auf die sachliche Zuständigkeit etc., weil es bereits an der internationalen Zuständigkeit fehlt. Auch ist denkbar, daß über die Regelungen der internationalen Zuständigkeit die örtliche Zuständigkeit mitgeregelt ist (z.B. bei Art. 5 Nr. 1 EuGVÜ).

Dieser Aufbau ist zwar nicht zwingend (in manchen Lehrbüchern wird die Prüfungsreihenfolge offengelassen), aber außerordentlich ratsam.

Die internationale Zuständigkeit ist auch dann als Prüfungspunkt zu beachten, wenn die Unzuständigkeit des Gerichts vom Beklagten nicht geltend gemacht worden ist, denn möglicherweise ist eine rügelose Einlassung nach dem anwendbaren internationalen Zivilprozeßrecht nicht zuständigkeitsbegründend.

Für die (endgültige) Formulierung ist zu beachten, daß sich die internationale Zuständigkeit auf die Gerichte eines Staates (also beispielsweise die deutschen oder die französischen Gerichte), nicht auf ein bestimmtes Gericht bezieht.

a) Internationale Abkommen

Erster Prüfungspunkt im Rahmen der internationalen Zuständigkeit ist stets das Eingreifen internationaler Abkommen. Die Frage der Anwendbarkeit internationaler Abkommen über die internationale Zu-

---

[1] Übersicht bei *Schack*, Internationales Zivilverfahrensrecht, Rdnr. 54.

1. Kapitel. Internationalprivat- und -verfahrensrechtliche Fälle

ständigkeit ist immer anzusprechen (wenn nach der Zulässigkeit der Klage oder in sonstiger Weise nach dem zuständigen Gericht gefragt ist), selbst wenn sich bereits nach kurzer Prüfung ergibt, daß es bei den Regelungen des autonomen Rechts bleibt. Der Anwendungsbereich der internationalen Zuständigkeitsabkommen ist allerdings so weit gesteckt, daß man sich nur in bestimmten Bereichen auf eine kurze Bemerkung über das Nichteingreifen beschränken kann.

Eine herausragende Rolle unter den multilateralen Staatsverträgen, die die internationale Zuständigkeit regeln, nehmen das Brüsseler EWG-Übereinkommen über die gerichtliche Zuständigkeit und die Vollstreckung gerichtlicher Entscheidungen in Zivil- und Handelssachen vom 27.9.1968 - EuGVÜ - (mit späteren Änderungen) und das Luganer Übereinkommen über die gerichtliche Zuständigkeit und die Vollstreckung gerichtlicher Entscheidungen in Zivil- und Handelssachen vom 16.9.1988 - LGVÜ - ein. Daneben besteht eine Reihe von Spezialabkommen im internationalen Beförderungsverkehr.[2] Zu beachten ist auch, daß Zuständigkeitsregelungen möglicherweise in Abkommen enthalten sind, die sich schwerpunktmäßig mit anderen Fragen beschäftigen, wie z.B. Art. 1 Haager Minderjährigenschutzabkommen - MSA -.

(1) Anwendungsbereich

Erster Punkt der Prüfung ist stets die Ermittlung des Anwendungsbereichs eines internationalen Abkommens. Es sind der sachliche, der persönlich/räumliche und der zeitliche Anwendungsbereich zu prüfen. Die Reihenfolge der Prüfung ist nicht streng vorgegeben, sie hängt von dem konkreten Einzelfall ab. Greift ein internationales Abkommen (beispielsweise über den Beförderungsverkehr) ganz offensichtlich sachlich nicht ein, so ist es unangemessen, sich zunächst ausführlich mit der vielleicht problematischen Frage des zeitlichen Anwendungsbereichs auseinanderzusetzen. Umgekehrt kann man sich bei offensichtlichem Nichteingreifen des Abkommens unter dem zeitlichen Gesichtspunkt Ausführungen zum sachlichen oder persönlich/räumlichen Anwendungsbereich sparen. Existiert ein Abkommen in verschiedenen Fassungen - wie beispielsweise das EuGVÜ -, so ist große Sorgfalt auf die Frage zu legen, in welcher Fassung das Abkommen auf den gegebenen Fall Anwendung findet. Beim EuGVÜ (und beim LGVÜ) ist auch der räumlich/persönliche Anwendungsbereich häufig nicht einfach abzugrenzen, da die Drittstaatenproblematik im einzelnen sehr umstritten ist.[3]

---

[2] Vgl. bei *Jayme/Hausmann*, Internationales Privat- und Verfahrensrecht, Nr. 78 ff.

[3] Vgl. unten Fall 2; *Geimer*, IPRax 1991, 31; *Coester-Waltjen*, FS Nakamura (1996), 89 (106 ff.).

1. Teil. Didaktische und methodische Grundlagen

(2) Verhältnis zu anderen Abkommen und autonomen Vorschriften
Ist man zu dem Schluß gekommen, daß ein internationales Abkommen grundsätzlich für den vorliegenden Fall Anwendung beansprucht, so stellt sich die Frage nach dem Verhältnis dieser Regelungen zu den Vorschriften anderer Abkommen (oder des autonomen Rechts).
Möglicherweise greift ein anderes Abkommen vorrangig ein. Beispielsweise ersetzt das EuGVÜ nach seinem Art. 55 in seinem Anwendungsbereich eine Reihe anderer Abkommen zwischen den Vertragsstaaten; Art. 57 EuGVÜ sieht das mögliche Nebeneinander gewisser internationaler Verträge und des EuGVÜ vor. Ansonsten gilt im EuGVÜ nicht der Günstigkeitsgrundsatz, soweit die internationale Zuständigkeit betroffen ist. Insbesondere auf das autonome deutsche Zuständigkeitsrecht kann daher im Anwendungsbereich des EuGVÜ nicht zurückgegriffen werden (soweit das EuGVÜ nicht seinerseits einen Verweis auf das autonome deutsche Recht enthält).[4]
Es ist also jeweils zu prüfen, ob die Zuständigkeitsvorschriften auch unter Berücksichtigung anderer Abkommen angewendet werden können. Im Hinblick auf die in einem Gutachten erwartete möglichst erschöpfende Behandlung der Problematik ist außerdem auch darauf einzugehen, ob neben dem für anwendbar angesehenen(und nicht durch andere internationale Verträge verdrängten) Abkommen andere (bi- oder multilateral vereinbarte oder autonome) Zuständigkeitsregelungen befragt werden dürfen. Im Arbeitsschema sollten also zunächst alle von ihrem Anwendungsbereich möglicherweise in Betracht kommenden Abkommen als Prüfungspunkte aufgeführt werden. Bei der Niederschrift bietet es sich an, die Prüfung des Anwendungsbereichs der Abkommen in einer solchen Reihenfolge vorzunehmen, daß möglichst Verschachtelungen vermieden werden. Das bedeutet, daß man i.d.R. mit der Prüfung des Abkommens in der Niederschrift beginnen sollte, das (nach den gründlichen Überlegungen bei der Ausfüllung des Arbeitsschemas) nicht durch andere Abkommen verdrängt wird. Mehrere in ihrem Anwendungsbereich nebeneinander parallel eingreifende Abkommen sollten in der Niederschrift in einer solchen Reihenfolge geprüft werden, daß zunächst das Abkommen, welches zwar anwendbar ist, aber keine Zuständigkeit vorsieht, erörtert wird. Eine (möglicherweise kurze) Bemerkung zur Anwendbarkeit oder Nichtanwendbarkeit der autonomen Zuständigkeitsregelungen ist jedenfalls dann angebracht, wenn nach den internationalen Verträgen zwar der Anwendungsbereich derselben eröff-

---

[4] Vgl. Art. 4 EuGVÜ; zur problematischen Frage der Zuständigkeit des angerufenen Gerichts für die zur Aufrechnung gestellte Forderung, EuGH v. 13.7.1995, EuZW 1995, 639 - *Danvaern/Otterbeck*; unten Fall 2.

net, aber eine internationale Zuständigkeit des angerufenen oder des vorzugsweise in Betracht gezogenen Gerichts nicht gegeben ist.

(3) Zuständigkeitsregelungen
Führen die Überlegungen zu dem Schluß, daß ein internationales Abkommen eingreift, so ist zu prüfen, ob sich aus diesem Abkommen die internationale Zuständigkeit des angerufenen Gerichts ergibt. Ist das Gericht aufgrund einer Gerichtsstandswahl angerufen worden, so ist die Frage voranzustellen, ob diese Gerichtsstandswahl wirksam getroffen wurde, sodann ob sie zulässig ist. Liegt zwar eine Gerichtsstandswahl vor, ist aber ein anderes Gericht angerufen worden, so ist zunächst zu prüfen, ob sich die Zuständigkeit des angerufenen Gerichts aus den anwendbaren Zuständigkeitsregelungen ergibt. Sodann ist auf die Frage der derogierenden Kraft der Gerichtsstandsvereinbarung einzugehen, wobei wiederum Wirksamkeit der Vereinbarung, Zulässigkeit und Wirkungen derselben zu beachten sind.

Liegt keine Gerichtsstandswahl vor, so sind die Zuständigkeitsregelungen des Abkommens in der üblichen Weise zu prüfen, wobei der Frage besondere Beachtung geschenkt werden muß, ob ausschließliche Gerichtsstände bestehen, die die allgemeine Zuständigkeit ausschließen. Unter Berücksichtigung der Besonderheiten der jeweiligen Abkommen gelten im übrigen die gleichen Grundsätze und Ratschläge, die für die Prüfung der örtlichen Zuständigkeit in rein internrechtlichen Fällen zu beachten sind.

b) Autonome Regelungen
Greift ein internationales Abkommen nicht ein oder läßt es trotz seines Eingreifens und seiner Verneinung der Zuständigkeit Raum für die Anwendung der Vorschriften des autonomen Rechts, so sind diese zu prüfen.

(1) Wirksame Gerichtsstandswahl
Für die Frage der Behandlung einer Gerichtsstandswahl gilt hier das gleiche, was oben bereits zu den internationalen Abkommen gesagt wurde, wobei selbstverständlich auf die Besonderheiten des deutschen Rechts (Gerichtsstandsvereinbarungen nur in vermögensrechtlichen Angelegenheiten) einzugehen ist.

(2) Ausdrückliche gesetzliche Regelungen
Geht es nicht um die Zuständigkeit eines wirksam gewählten Gerichts, so ist zunächst zu untersuchen, welche ausdrücklichen gesetzlichen Regelungen die internationale Zuständigkeit gefunden hat. Beispielsweise enthält die ZPO in Ehe- und Kindschaftssachen spezielle Rege-

lungen der internationalen Zuständigkeit, die sich von den Regelungen der örtlichen Zuständigkeit unterscheiden.

(3) Allgemeine gesetzliche Regelungen
Findet sich keine ausdrückliche Regelung eines internationalen Zuständigkeit, so ist auf die Vorschriften über die örtliche Zuständigkeit zurückzugreifen, die unbestrittenermaßen auch für die internationale Zuständigkeit herangezogen werden können. Streit herrscht lediglich darüber, ob die Vorschriften als solche bifunktional sind, also sowohl die örtliche als auch die internationale Zuständigkeit regeln, oder ob die internationale Zuständigkeit über eine analoge Anwendung dieser Vorschriften ermittelt werden kann. Im Ergebnis hat der Streit keine Auswirkungen, bei der Formulierung sollte man jedoch sorgfältig beachten, welcher Meinung man folgt. Die Annahme einer Bifunktionalität schließt die analoge Anwendung aus.

(4) Erweiterte Zuständigkeit
Findet sich auch nach den Regelungen über die örtliche Zuständigkeit keine internationale Zuständigkeit des angerufenen Gerichts, so ist zu prüfen, ob eventuell ausnahmsweise eine Erweiterung der internationalen Zuständigkeit (beispielsweise als internationale Notzuständigkeit) gegeben ist.

Bleibt auch diese Suche erfolglos, so muß das angerufene Gericht als international unzuständig bezeichnet werden. Damit erübrigt sich eigentlich eine weitere Prüfung der Zulässigkeitsvoraussetzungen und der Begründetheit der Klage. Häufig wird jedoch der Schwerpunkt der Aufgabe nicht nur in der Zuständigkeitsprüfung liegen, sondern bei der Frage, welches Recht anwendbar ist, weil der Aufgabensteller beispielsweise davon ausging, daß die internationale Zuständigkeit des angerufenen Gerichts gegeben ist. Der Bearbeiter hat also entweder eine Vorschrift, die die internationale Zuständigkeit begründen kann, übersehen. Möglich ist aber auch, daß er in einem streitigen Punkt eine andere Meinung als der Aufgabensteller vertreten hat. Eine nochmalige Überprüfung der Zuständigkeitsregelungen und der Argumente, die man für die Unzuständigkeit des Gerichts anführt, ist in einem solchen Falle angebracht. Kommt man aber auch nach dieser Prüfung zu einer Verneinung der Zuständigkeit, so empfiehlt es sich, die weiteren Probleme der Aufgabenstellung in einem Hilfsgutachten zu erörtern. Sehr vorsichtig formulierte Aufgabenstellungen geben diesen Weg bereits bei den Vermerken für den Bearbeiter an.

3. Sachliche, funktionelle und örtliche Zuständigkeit
Ist die internationale Zuständigkeit der deutschen Gerichte bejaht (bei Verneinung derselben folgen diese Untersuchungen in einem Hilfs-

1. Kapitel. Internationalprivat- und -verfahrensrechtliche Fälle

gutachten), so ist als nächstes zu prüfen, ob das angerufene Gericht sachlich, funktionell und örtlich zuständig ist. Hier gelten die gleichen Grundsätze wie bei rein internrechtlichen Fällen. Die örtliche Zuständigkeit kann sich allerdings ausnahmsweise aus einem internationalen Abkommen ergeben. So begründet Art. 5 Nr. 1 EuGVÜ beispielsweise die Zuständigkeit des Gerichts des *Ortes*, an dem die streitige Verpflichtung erfüllt worden ist oder zu erfüllen wäre, statt nur die Gerichte *des Vertragsstaates* für zuständig zu erklären, in dem dieser Ort liegt. Die Vorschrift enthält also *auch* eine Regelung der örtlichen Zuständigkeit.

Was die funktionelle Zuständigkeit angeht, so ist dieser Begriff hier und in den Beispielsfällen nicht im allerengsten Sinne gemeint, sondern umfaßt auch die häufig unter dem Schlagwort „gesetzliche Geschäftsverteilung" behandelte Abgrenzung der verschiedenen Spruchkörper eines Gerichts, also z.B. die Zuständigkeit des Prozeßgerichts oder des Familiengerichts innerhalb des Amtsgerichts[5].

4. Übrige Prozeßvoraussetzungen

Bei den übrigen Prozeßvoraussetzungen kann sich hier gerade im Zusammenhang mit internationalen Sachverhalten eine Reihe von besonderen Problemen ergeben. So ist beispielsweise eigene Aufmerksamkeit der Frage der Parteifähigkeit und der Prozeßfähigkeit zu widmen, wenn es sich um „ausländische" Parteien handelt. Ist Klägerin z.B. eine juristische Person, so ist bereits hier im Bereich der Zulässigkeitsprüfung ihre Partei- und Prozeßfähigkeit zu ermitteln. Darüber hinaus kann die Frage der Sicherheitsleistung bei einem ausländischen Kläger eine besondere Bedeutung entfalten (§ 110 ZPO). Ausländische Rechtshängigkeit als Verfahrenshindernis oder eine ausländische res iudicata sind ebenso zu prüfen, wie eine eventuell erhobene Schiedsgerichtseinrede. Soweit verfahrensrechtliche Verträge vorliegen (z.B. ein pactum de non petendo) ist stets auch auf die Frage des auf diesen Vertrag anwendbaren Rechts einzugehen. Die Maxime der Beschränkung auf das Wesentliche verlangt, daß zu diesen Prüfungspunkten in der Niederschrift nur etwas gesagt wird, wenn sich wirklich interessante Probleme ergeben. Daß beispielsweise der geschäftsfähige 25jährige Italiener partei- und prozeßfähig ist, bedarf keiner weiteren Erläuterungen, anders ist es aber, wenn eine partnership des englischen Rechts klagt.

Kommt der Bearbeiter nach Prüfung aller dieser Voraussetzungen zu dem Schluß, daß die Klage zulässig ist, so hat er sich als nächstes mit der Begründetheit der Klage zu befassen. Verneint er hingegen die Zulässigkeit der Klage, so gilt auch hier das bereits oben Gesagte:

---

[5] Vgl. dazu *Stein/Jonas/Schumann*, ZPO, 21. Aufl., § 1 Rdnr. 120.

Wenn sich die Aufgabenstellung nicht mit der Erarbeitung dieser Probleme erschöpft hat, so sind die weiteren Fragen in einem Hilfsgutachten zu behandeln, das im übrigen den gleichen Grundsätzen wie das Hauptgutachten folgt.

II. Begründetheit der Klage

Mit der Prüfung der Begründetheit der Klage kommt man - wenn ein internationalverfahrensrechtlicher Teil vorgeschaltet ist - zum zweiten Hauptteil der Aufgabe. Dieser zweite Hauptteil gliedert sich, wenn auch die materiellrechtliche Lösung nachgefragt ist, wiederum in zwei Teile, nämlich zum einen den internationalprivatrechtlichen, zum anderen den materiellrechtlichen Teil.

Für den Aufbau stellt sich als erstes die Frage, ob diese Teile streng zu trennen sind oder in Einzelbereichen miteinander verwoben werden können. Eine generelle Antwort läßt sich hierauf nicht geben, es kommt vielmehr auf die konkrete Aufgabenstellung an. Sind beispielsweise die Ansprüche mehrerer Personen oder mehrere Ansprüche einer Person zu prüfen, so wird es sich anbieten, für jeden Anspruchsteller bzw. für jeden Anspruch getrennt sowohl eine internationalprivatrechtliche als auch eine materiellrechtliche Prüfung vorzunehmen, während die Zusammenfassung aller internationalprivatrechtlichen Fragen für alle Ansprüche und alle Anspruchsteller in einem ersten internationalprivatrechtlichen Teil und sodann die Erörterung aller materiellrechtlichen Fragen für die jeweiligen Anspruchsteller oder Ansprüche in einem zweiten (in sich natürlich streng nach Anspruchslagen geordneten) Teil i.d.R. weniger ratsam erscheint. Innerhalb der einzelnen Ansprüche jedoch empfiehlt es sich i.d.R. - zumindest für die spätere Darstellung der Lösung - die gesamten internationalprivatrechtlichen Fragen in einem ersten Abschnitt zu bündeln und dann später in einem weiteren Teil nur noch die materiellrechtlichen Lösungen darzustellen. Wird beispielsweise ein Unterhaltsanspruch eines Kindes gegen seinen Vater geltend gemacht, so ist im internationalprivatrechtlichen Teil nicht nur die Frage des Unterhaltsstatuts, sondern auch das Abstammungsstatut, das Recht, das möglicherweise auf Zustimmungen anwendbar ist, das dazugehörige Formstatut etc. zu ermitteln. Es handelt sich hier allerdings nur um eine Daumenregel, u.U. kann das Vorziehen aller internationalprivatrechtlichen Fragen im Einzelfall auch verwirrend und wenig übersichtlich sein. In diesem Fall ist es durchaus möglich, eine Untergliederung der Begründetheit der Klage nach den einzelnen Sachgesichtspunkten vorzunehmen und dann bei jedem einzelnen Sachgesichtspunkt zunächst nach dem anwendbaren Recht, sodann nach dessen Inhalt zu fragen. In unseren Übungsfällen sind einige Beispiele für diese Vorgehensweise enthalten (vgl. Fall 4 und 5). Eine feste Regelung, wann eher das eine, wann das andere Vorgehen angezeigt ist, gibt es nicht. Entscheidend sind Übersichtlichkeit, klare Gliederung der Gedankengänge und Verständlichkeit. Auch auf eine Einheitlichkeit des Aufbaus innerhalb der verschiedenen Teile sollte geachtet werden.

Der hier besprochene Arbeitsschritt, nämlich die Erstellung und Ausfüllung einer Arbeitsgliederung gibt durchaus die Möglichkeit, im weiteren Arbeitsgang eine Revision oder Ergänzung vorzunehmen, wenn man beispielsweise zunächst übersehen hatte, daß sich auch Fragen nach dem auf die Form anwendbaren Recht stellen. Beim nächsten Arbeitsschritt, der endgültigen Niederschrift der Lösung sollte man eine in sich schlüssige und konsequente Gliederung vorliegen haben.

Im folgenden wird davon ausgegangen, daß der internationalprivatrechtlicher Teil geschlossen dargestellt wird, dem sich dann ein materiellrechtlicher Teil anschließt. Geht man den anderen Weg, so ist die folgende Arbeitsgliederung ebenfalls für die kollisionsrechtliche Problematik eines jeden Themenkomplexes verwendbar.

1. Feststellung des anwendbaren Rechts

a) Vorüberlegungen

In den ersten beiden Arbeitsschritten wurden die Fragestellung und die Problemstellungen der Aufgabe analysiert. Bei den hier zu treffenden Vorüberlegungen geht es zunächst darum, die Sachverhaltsfrage in ihrer kollisionsrechtlichen Dimension noch einmal herauszuarbeiten und sich bereits klarzumachen, für welche Gesichtspunkte Vor- oder Hilfsfragen Bedeutung haben.

b) Aufsuchen der maßgeblichen Kollisionsnorm

Nach den obigen Vorüberlegungen ist für die Sachverhaltsfrage (z.B. kann A von B Zahlung verlangen, kann die Ehe zwischen C und D geschieden werden?) die maßgebliche kollisionsrechtliche Frage zu formulieren und dafür die entsprechende Kollisionsnorm zu finden. Der zur Diskussion stehende Lebenssachverhalt soll also unter eine vorhandene Kollisionsnorm eingeordnet werden. Die Formulierung in der endgültigen Fassung könnte also beispielsweise lauten: „Ob A von B Zahlung des Kaufpreises verlangen kann, richtet sich nach dem Vertragsstatut." oder „Ob die Ehe zwischen C und D geschieden werden kann, richtet sich nach dem Scheidungsstatut". Nicht immer aber läßt sich diese Frage so einfach beantworten, da ihr bereits ein Qualifikationsvorgang zugrundeliegt. Verlangt beispielsweise ein Partner Schadensersatz wegen Bruch eines Verlöbnisses, so ist es keineswegs offensichtlich, welches Statut ermittelt werden muß. Ist es das Deliktsstatut, das Vertragsstatut oder eventuell ein familienrechtliches Statut?

In diesen Fällen, in denen die Zuordnung der materiellrechtlichen Frage zu einem bestimmten Statut nicht ganz offensichtlich ist, muß zunächst sehr viel allgemeiner formuliert werden, um nach Auffinden der relevanten kollisionsrechtlichen Rechtsquellen die Qualifikation vorzunehmen. Dabei ist bereits ein Augenmerk darauf zu werfen, welche internationalen Abkommen möglicherweise eingreifen könnten. Geht es beispielsweise um eine Frage der Eheauflösung durch Eheaufhebungsklage oder in Form einer Trennung von Tisch und Bett, so wäre es angebracht, zunächst allgemeiner zu formulieren, beispielsweise davon zu sprechen, daß es sich hier um eine eherechtliche Frage handelt, für die möglicherweise ein internationales Abkommen eine Regelung trifft.[6]

(1) Internationale Abkommen
Hat man die kollisionsrechtliche Frage auf diese Weise formuliert, so ist auch in diesem Rahmen zunächst zu prüfen, ob internationale Abkommen eingreifen. Erster Prüfungspunkt ist dabei - ebenso wie bei den internationalen Abkommen zur internationalen Zuständigkeit - der Anwendungsbereich. Auch hier ist zwischen sachlichem, persönlich/räumlichem und zeitlichem Anwendungsbereich zu unterscheiden. Eine Reihe von internationalen Abkommen im Bereich des Kollisionsrechts ist als loi uniforme ausgestattet; ihre Anwendbarkeit hängt also nicht davon ab, daß beispielsweise eine der Parteien Angehörige eines anderen Vertragsstaates ist oder in sonstiger Weise durch den Sachverhalt eine Verbindung zu einem anderen Vertragsstaat besteht.[7] Zu beachten ist ferner, daß der Anwendungsbereich eines Abkommens durch Vorbehalte eingeschränkt werden kann.[8]

Ist die Anwendbarkeit eines internationalen Abkommens positiv beschieden, so ist als nächstes das Verhältnis zum nationalen Recht und zu anderen Staatsverträgen zu klären. Möglicherweise kann sich eine Korrektur durch andere internationale Konventionen ergeben, während das nationale Recht i.d.R. zurücktritt (Art. 3 Abs. 2 EGBGB). Ein internationales Abkommen ist in seinem Anwendungsbereich auch gegenüber *inhaltsgleichem*, das Abkommen in das EGBGB inkorporierendem nationalem Recht grundsätzlich vorrangig (etwa Haager Testamentsformabkommen im Verhältnis zu Art. 26 EGBGB,

---

[6] Das Haager Abkommen zur Regelung des Geltungsbereichs der Gesetze und der Gerichtsbarkeit auf dem Gebiet der Ehescheidung und der Trennung von Tisch und Bett vom 12.6.1902 ist allerdings für Deutschland seit 1.8.1934 nicht mehr in Kraft.
[7] Vgl. z.B. ausdrücklich Art. 3 Haager Übereinkommen über das auf Unterhaltspflichten anzuwendende Recht vom 2. Oktober 1973.
[8] Vgl. z.B. bei dem ebengenannten Haager Unterhaltsabkommen die Artikel 13-15; Art. 13 III MSA.

Haager Unterhaltsabkommen von 1973 gegenüber Art. 18 EGBGB); gerade wegen der Inhaltsgleichheit schadet es jedoch in einer Fallbearbeitung nicht, die autonomen Regeln statt der des Abkommens zu zitieren, sofern man sich der auf der internationalen Herkunft der Normen beruhenden besonderen Auslegungsgrundsätze bewußt ist[9]. Das Konkurrenzproblem stellt sich im übrigen nur, wenn der betreffende Staatsvertrag in unmittelbar anwendbares innerstaatliches Recht transformiert worden ist, was beispielsweise für das Römische EWG-Übereinkommen über das auf vertragliche Schuldverhältnisse anwendbare Recht nicht gilt[10].

Ist auch dieses Hindernis überwunden, so ist - soweit dies nicht bereits konkret erfolgen konnte - das rechtliche Problem im Hinblick auf die Kollisionsnormen des fraglichen Abkommens zu qualifizieren. Wie bei der Auslegung im materiellen Recht handelt es sich hier um ein hermeneutisches Problem, das durch ein Hin- und Herwandern des Blicks vom zu qualifizierenden Problem zur Kollisionsnorm und wieder zurück gelöst werden kann. Dabei ist bei internationalen Abkommen besonders hervorzuheben, daß die Qualifikation im Hinblick auf die in dem Abkommen vorkommenden Begriffe zu erfolgen hat und diese Begriffe keineswegs mit den materiellrechtlichen oder auch internationalprivatrechtlichen Begriffen des deutschen Rechts identisch zu sein brauchen. Das Verständnis der Begriffe erschließt sich i.d.R. aus dem Abkommen selbst und den eventuell dazu vorhandenen Materialien. Man spricht in diesem Fall von einer sog. vertragsautonomen Qualifikation.

Hat man auf diese Weise das Problem qualifiziert und die dazu passende Kollisionsnorm des internationalen Abkommens gefunden, so ist in einem weiteren Prüfungsschritt der Sachverhalt unter die Kollisionsnorm zu subsumieren, also zu prüfen, in welche Rechtsordnung der von der Kollisionsnorm vorgegebene Anknüpfungspunkt in dem konkreten Fall führt. Geht es beispielsweise um eine Schutzmaßnahme nach dem Haager Minderjährigenschutzabkommen, so ist das anwendbare Recht nach Art. 2 i.V.m. Art. 1 MSA zu ermitteln.

In anderen Fällen kann sich die Suche des Anknüpfungspunktes - der Anknüpfungsgegenstand (z.B. die Voraussetzungen, der Eheschließung oder die Geschäftsfähigkeit) ist bereits durch die Qualifikation festgelegt - problematischer gestalten, wenn z.B. die Kollisionsnorm das Heimatrecht einer Person beruft, die Feststellung der Staatsangehörigkeit aber schwierig ist (z.B. bei deutschen Aussiedlern) oder weitere rechtliche Erwägungen erforderlich macht (wie z.B. bei Flüchtlingen oder Asylberechtigten). Auch die Subsumtion des konkreten Lebenssachverhalts kann rechtliche (z.B.: Welche Anforderun-

---
[9] Vgl. *Palandt/Heldrich*, Art. 3 EGBGB Rdnr. 8.
[10] Vgl. Art. 1 II des Zustimmungsgesetzes vom 25.7.1986, BGBl. 1986 II 809.

gen sind an den gewöhnlichen Aufenthalt oder an den Ort der unerlaubten Handlung zu stellen?[11]) oder tatsächliche Probleme bereiten und vertiefte Ausführungen erfordern. Insbesondere kann sich hier die Frage nach einer Unteranknüpfung stellen, beispielsweise nach welcher Rechtsordnung zu beurteilen ist, ob es sich um bewegliches oder unbewegliches Vermögen handelt.

Ist auf diese Weise ermittelt, welches Recht konkret auf die aufgeworfene Frage anwendbar ist, so ist in einem weiteren Prüfungspunkt der Umfang der Verweisung auf dieses Recht zu prüfen. Auszugrenzen sind selbständig anzuknüpfende Vor- und Nebenfragen (wie z.B. Form der Vaterschaftsfeststellung) sowie die im Abkommen selbst (möglicherweise in den Vorbehalten) ausgenommenen Fragestellungen. Eventuell erweitern internationale Abkommen auch den Umfang der Verweisung, wie z.B. Art. 4 Haager Testamentsabkommen, der dieses Übereinkommen auch auf die Form letztwilliger Verfügungen mehrerer Personen in derselben Urkunde erstreckt.

Schließlich ist das Abkommen darauf zu überprüfen, ob es bei einer Verweisung in das Recht eines Mehrrechtsstaates eigene Unteranknüpfungen vorsieht, wie beispielsweise Art. 16 des Haager Unterhaltsabkommens vom 2. Oktober 1973.

Die Frage dagegen, ob es sich um eine Gesamt- oder um eine Sachnormverweisung handelt, wird i.d.R. bei einem internationalen Abkommen im letzteren Sinne zu verstehen sein, denn Sinn des Abkommens ist es, das von den Vertragsstaaten anzuwendende Recht festzulegen. Es wird daher i.d.R. dem Geiste eines Abkommens widersprechen, würde man die Verweisung auf eine bestimmte Rechtsordnung nur als Gesamtverweisung verstehen, die dann möglicherweise in andere Rechte weiterverweist. Manche Abkommen - wie z.B. das römische EWG-Übereinkommen über das auf vertragliche Schuldverhältnisse anzuwendende Recht - enthalten ausdrücklich den Ausschluß einer Rück- oder Weiterverweisung.

Am Ende dieses Arbeitsschrittes sollte das Ergebnis stehen, welches Recht auf die entsprechende Rechtsfragen anwendbar ist, wobei die einzelnen Prüfungspunkte, die zu diesem Ergebnis führen, zumindest in Stichworten mit den entscheidenden Argumenten festgehalten werden sein sollten, damit man sich bei der Niederschrift nur noch auf die Formulierung zu konzentrieren braucht.

Bei der intensiven Beschäftigung mit einem internationalen Abkommen wird man i.d.R. unweigerlich auch die übrigen Vorschriften des Abkommens wahrnehmen, die für diesen Gliederungspunkt und Arbeitsschritt noch keine Bedeutung haben. Dazu gehören beispiels-

---

[11] Vgl. z.B. (allerdings für den Ort der unerlaubten Handlung als zuständigkeitsbegründendes Kriterium) EuGH v. 7.3.1995, NJW 1995, 1881 - *Fiona Shevill*.

weise die häufig in den Abkommen enthaltenen ordre public-Klauseln (vgl. z.B. Art. 7 Haager Testamentsabkommen), aber auch weitere Vorbehalte bezüglich gewisser materiellrechtlicher Regelungen. Im Haager Testamentsabkommen wird beispielsweise in Art. 10 und 11 den Vertragsstaaten die Möglichkeit eingeräumt, bezüglich mündlicher Testamente oder bezüglich bestimmter Formen unter bestimmten Voraussetzungen die Nichtanerkennung vorzusehen. Stößt man auf solche Vorschriften, so können diese bei der Frage nach dem anwendbaren Recht noch nicht erörtert werden, denn es bedarf ja zunächst der materiellrechtlichen Prüfung, d.h. also einer Erörterung der Frage, welche Testamentsform beispielsweise das anwendbare Recht (bzw. die anwendbaren Rechte) für ausreichend erachtet. Ist nach keinem der in Art. 1 erwähnten Formstatute ein mündliches Testament wirksam, so bedarf es keiner Erörterung des Vorbehalts nach Art. 10 des Abkommens. Es empfiehlt sich aber, in dem bisher noch nicht weiter ausgeformten Bereich des Teils II 2 der Arbeitsgliederung, in dem die Anwendung des ausländischen Rechts näher beleuchtet wird, bereits einen kurzen Vermerk zu machen, damit man später - eventuell schon unter Zeitnot - nicht vergißt, daß sich die ordre public-Prüfung und auch die weiteren Vorbehalte gegen das anzuwendende materielle Recht nicht nach autonomem deutschen Recht, sondern nach dem internationalen Abkommen richten.

(2) Autonomes Kollisionsrecht

(a) Intertemporale Problematik

Ist die Prüfung der internationalen Abkommen negativ verlaufen, so ist auf das autonome Kollisionsrecht zurückzugreifen. Im Hinblick darauf, daß im deutschen Kollisionsrecht im September 1986 eine große Reform stattgefunden hat und sich über die Wiedervereinigung der beiden Teile Deutschlands im Oktober 1990 besondere Fragen nach dem anwendbaren Kollisionsrecht stellen können, ist die intertemporale Problematik *für die Arbeitsgliederung* ein zwingender Prüfungspunkt. Handelt es sich eindeutig um einen nach Inkrafttreten der IPR-Reform und ohne Berührung zu Wiedervereinigungsfragen spielenden Sachverhalt, so braucht in der niedergeschriebenen Lösung höchstens mit einem Satz erwähnt zu werden, daß das neue Kollisionsrecht Anwendung findet. Bei einer Reihe von Aufgaben wird aber der Sachverhalt in die Zeit vor der Reform hineinspielen (z.B. Geburt des Unterhalt verlangenden Kindes). Bei einem solchen Sachverhalt ist die intertemporale Fragestellung auch in der Ausarbeitung ausführlich zu diskutieren (vgl. z.B. Fall 10).

(b) Qualifikation

Ist die zeitliche Anwendung des Kollisionsrechts geklärt, so ist als nächstes die Qualifikation vorzunehmen. Dabei ist von den Begriffen des deutschen internationalen Privatrechts auszugehen. Häufig wird dies als eine Qualifikation nach der lex fori bezeichnet. Dies ist jedoch insofern ungenau, als nach inzwischen ganz h.M. sich die Qualifikation nicht nach den Begriffen des materiellen deutschen Rechts richtet. Besser erscheint daher die Bezeichnung „internationalprivatrechtliche Qualifikation", weil damit die Besonderheiten, die sich gerade im Hinblick auf die internationalprivatrechtliche Fragestellung ergeben, entsprechend hervorgehoben werden. Die Art der Qualifikation ist inzwischen weitgehend unbestritten, so daß auf andere Meinungen und generell auf die Theorie der Qualifikation i.d.R. nicht eingegangen zu werden braucht. Etwas anderes gilt selbstverständlich, wenn offensichtlich der Schwerpunkt einer Arbeit in diesem Bereich liegt.

(c) Subsumtion

Ist das Problem qualifiziert, z.B. als vertragsrechtliche, deliktsrechtliche oder güterrechtliche Frage, so wird sich u.U. als erstes die Frage einer wirksamen Rechtswahl stellen. Da bei Zulässigkeit der Rechtswahl das gewählte Recht i.d.R. Vorrang vor der objektiven Anknüpfung hat (beachte aber Art. 29, 30 EGBGB bei Verbraucher- und Arbeitsverträgen), ist dieser Punkt zunächst zu klären. Dabei ist zu beachten, daß eine Rechtswahl der Parteien beispielsweise im Vertragsrecht auch nachträglich erfolgen kann, sich u.a. sogar erst innerhalb des Prozesses ergibt[12]. Allein aus der Argumentation in Bezug auf eine bestimmte Rechtsordnung darf jedoch nicht auf eine konkludente Rechtswahl geschlossen werden (vgl. dazu Fall 1).

Liegt eine Rechtswahl nicht vor oder war eine solche nicht wirksam oder nicht zulässig, so ist die objektive Anknüpfung vorzunehmen. Unter die einschlägige Kollisionsnorm sind also die entsprechenden Sachverhaltselemente zu subsumieren. Handelt es sich beispielsweise um ein Delikt, so ist die Frage zu klären, wo der Ort der unerlaubten Handlung liegt, geht es um die Eheschließungsform, so ist der Ort der Eheschließung zu ermitteln. Kommt es auf die Geschäftsfähigkeit an, so ist nach Art. 7 EGBGB zu prüfen, welche Staatsangehörigkeit die betreffende Person hat. Hier ist daran zu erinnern, daß für Flüchtlinge und Asylberechtigte die Anknüpfung an die Staatsangehörigkeit durch die Anknüpfung an den gewöhnlichen Aufenthalt ersetzt wird. Die hier eventuell einschlägigen Regelungen sind in diesem Rahmen zu prüfen. Es ist also kein Fehler, wenn das Genfer Flüchtlingsabkom-

---

[12] Zu dem auftretenden Fragen der Rückwirkung der Rechtswahl vgl. *W. Lorenz*, IPRax 1987, 273; *Lüderitz*, FS Keller, 1989, 462.

men nicht zuvor im Bereich der internationalen Abkommen behandelt worden ist, denn es handelt sich nicht um eine eigenständige Kollisionsnorm, sondern nur um eine Hilfsanknüpfung, die eine an die Staatsangehörigkeit anknüpfende Kollisionsnorm voraussetzt.

(d) Mehrrechtsordnungen
Schließlich ist bei Verweis auf die Rechtsordnung eines Mehrrechtsstaates die Unteranknüpfung zu ermitteln (Art. 4 Abs. 3 EGBGB).

(e) Umfang der Verweisung
Steht nach diesen Untersuchungen fest, auf welche Rechtsordnung das autonome IPR verweist, so empfiehlt es sich, als nächstes den Umfang der Verweisung zu prüfen. Hier wird - wie bei den oben bereits erörterten Überlegungen zum Umfang der Verweisung in internationalen Abkommen - zu prüfen sein, ob eine Ausgrenzung von selbständig anzuknüpfenden Vor- oder Nebenfragen vorgenommen werden muß. Das Gesetz selbst gibt möglicherweise einen Hinweis (wie beispielsweise Art. 31 und 32 EGBGB in Bezug auf das Vertragsstatut). Sind gewisse Fragen ausgesondert worden, so ist an dieser Stelle noch nicht zu erörtern, ob deren Anknüpfung selbständig oder unselbständig zu geschehen hat, denn diese Frage sollte erst bei der Erörterung der Anknüpfung dieser Problematik behandelt werden. Ergeben sich aber bereits gewisse Anhaltspunkte für die eine oder andere Betrachtungsweise, so sollte der Bearbeiter diese bereits in dem entsprechenden späteren Prüfungspunkt der Grobgliederung vermerken, damit er sie später nicht vergißt. Generell empfiehlt es sich, die ausgegrenzten Fragen als weitere Gliederungspunkte einer neuen kollisionsrechtlichen Prüfung festzuhalten, um sie nicht zu übersehen.

Hat man wie im Vorgehenden beschrieben den Umfang der Verweisung festgestellt, so ist als nächstes, und i.d.R. letztes zu prüfen, ob es sich um eine Gesamtverweisung oder eine Sachnormverweisung handelt. Grundsätzlich ist nach deutschem Kollisionsrecht die Verweisung auf das Recht eines anderen Staates eine Gesamtverweisung, schließt also das ausländische IPR ein (Art. 4 Abs. 1 EGBGB). Etwas anderes ergibt sich beispielsweise für das internationale Schuldvertragsrecht, das nach Art. 35 EGBGB eine Rück- und Weiterverweisung ausschließt. Findet sich kein derartiger ausdrücklicher Ausschluß, so ist zu prüfen, ob die Berücksichtigung einer Rück- oder Weiterverweisung dem Sinn der Verweisung widersprechen würde. Hier ist vieles streitig. Bei Art. 14 Abs. 1 Nr. 3 EGBGB beispielsweise geht die überwiegende Meinung von einer Sachnormverweisung aus, während eine recht starke Mindermeinung auch hier eine Gesamtverweisung annehmen will. Häufig spielt dieser Streit für das Ergebnis keine Rolle, wenn nämlich das von der deutschen Kollisionsnorm berufene Recht die Verweisung annimmt und damit sowohl bei einer Sachnormverweisung als auch bei einer Gesamtverweisung das gleiche Recht zur Anwendung kommt. Wie auch sonst bei einem im Ergebnis irrelevanten Meinungsstreit kann man in einem solchen Fall die Entscheidung zwischen Sachnorm- und Gesamtverweisung offen lassen; entscheidend ist, daß man das Problem sieht und auch in der Lösung erörtert. Die Schwierigkeit liegt allerdings darin, daß die Frage, *ob* der Streit relevant ist, erst bei der - gliederungsmäßig später vorzunehmenden - Prüfung des ausländischen Kollisionsrechts beantwortet werden kann. In der Arbeitsgliederung kann dieser Punkt zeitlich vorgezogen werden; bei der Niederschrift müßte allerdings auf das Ergebnis einer erst noch folgenden Prüfung Bezug genommen werden, etwa mit den Worten: „Wie sich jedoch zeigen wird, nimmt das englische Recht die Verweisung an, so daß es auf die Frage der Beachtlichkeit einer Rück- oder Weiterverweisung nicht ankommt." Wegen dieses besonderen Aufbauproblems wäre es nicht falsch, sich ungeachtet der Folgelosigkeit des Streites für eine Sach- oder Gesamtverweisung zu entscheiden; das empfiehlt sich insbesondere dann, wenn nach der Aufgabenstellung offensichtlich eine ausführliche Erörterung der Problematik und eine Entscheidung für eine Lösung gewünscht ist.

Zeigt sich bei der vorgezogenen Prüfung des ausländischen Kollisionsrechts, daß das aus deutscher Sicht berufene Recht rück- oder weiterverweist, so ist es selbstverständlich nicht möglich, die Frage der Gesamt- oder Sachnormverweisung offenzulassen. Der Bearbeiter muß sich dann mit einem sachlichen Argument für die eine oder andere Ansicht entscheiden. Wenn sich ergibt, daß mit der Entscheidung des Bearbeiters für die Gesamtnormverweisung (oder seltener für die Sachnormverweisung) wesentliche weitere Fragen, die sich nach dem Sachverhalt aufdrängen, umgangen werden, so ist es - hier wie auch sonst - ratsam, ein entsprechendes Hilfsgutachten anzufertigen.

Im Rahmen der Erstellung der Arbeitsgliederung ist es im Prinzip gleichgültig, in welcher Reihenfolge man die Prüfung vornimmt, obwohl die Daumenregel dahin geht, stets in dem durch die Grobgliederung vorgegebenen Prüfungsablauf zu bleiben und sich bei den späteren Gliederungspunkten für die bereits erkannten Probleme nur Vormerkungen zu machen. Wer jedoch in der Lage ist, die gedankliche Klarheit zu wahren, auch wenn er zwischendurch zu aufbaumäßig später zu behandelnden Problemen voreilt, der kann mit aller Behutsamkeit die sachliche Frage bis zum Ende durchlösen und die Lösungselemente dann auf die verschiedenen Gliederungspunkte verteilen. Bei dem hier angesprochenen Problempunkt zeigt sich mit besonderer Deutlichkeit, daß für die endgültige Niederschrift die vorhe-

1. Kapitel. Internationalprivat- und -verfahrensrechtliche Fälle

rige gründliche Erarbeitung des Lösungsweges im Rahmen des vorgeschlagenen Arbeitsschemas unbedingt erforderlich ist, denn andernfalls ist eine flüssige Problemlösung (die ausnahmsweise auch auf spätere Teile der Ausarbeitung verweisen darf) nicht möglich.

(f) Einzelstatut

In einigen Fällen, nämlich im Bereich des internationalen Familien- und Erbrechts ist schließlich noch Art. 3 Abs. 3 EGBGB zu beachten, der die Möglichkeit der Durchbrechung eines Gesamtstatuts für das Vermögen einer Person durch besondere (auch kollisionsrechtliche) Vorschriften der *lex rei sitae* vorsieht.

(g) Ergebnis

Dieser Arbeitsabschnitt sollte enden mit der (auch in die endgültige Niederschrift zu übernehmenden) Formulierung der Antwort nach dem anwendbaren Recht. Beispielsweise könnte dies lauten: „Die Scheidung der Ehe richtet sich aus Sicht des deutschen Kollisionsrechts nach dem Recht von Kentucky, USA. Dies ist eine Gesamtnormverweisung. Sie bezieht sich sowohl auf Scheidung als grundsätzlich auch auf Scheidungsfolgen." oder aber: „Vertragsstatut ist englisches Recht. Dies ist eine Sachnormverweisung. Die Fragen der wirksamen Vertretung und die Fragen des Bestehens der zur Aufrechnung gestellten Forderung sind nicht automatisch vom Vertragsstatut erfaßt. Das auf diese Probleme anwendbare Recht ist sogleich zu ermitteln."

Ob man nunmehr mit einer Prüfung dieser weiteren Fragen und möglicher anderer internationalprivatrechtlicher Probleme der Arbeit aus Sicht des deutschen Kollisionsrechts fortfährt oder - im Falle einer Gesamtverweisung für das zuvor behandelte Problem - zunächst die ausländische kollisionsrechtliche Lage überprüft, ist weitgehend Geschmackssache. Aus Gründen des Sachzusammenhanges erscheint es häufig einfacher, zunächst für ein Sachproblem alle kollisionsrechtlichen Fragen zu lösen, also beispielsweise die Klärung, welches Recht Erbstatut ist, einschließlich der ausländischen Kollisionsregeln vorzunehmen. Die Gliederung würde also beispielsweise folgendermaßen aussehen:

I. Erbstatut
   1. Deutsches Kollisionsrecht
   2. Englisches Kollisionsrecht
II. Formstatut
   1. Haager Testamentsabkommen/Art. 26 EGBGB
   2. Umfang der Verweisung

III. Adoptionsstatut
　1. Deutsches Kollisionsrecht
　2. Französisches Kollisionsrecht

Die andere Möglichkeit wäre folgende Gliederung:
I. Deutsches Kollisionsrecht
　1. Erbstatut
　2. Formstatut
　3. Adoptionsstatut
II. Ausländisches Kollisionsrecht
　1. Erbstatut nach englischem Recht
　2. Adoptionsstatut nach französischem Recht

Nach unseren Erfahrungen ist die erste Gliederung sowohl für die gedankliche Strukturierung als auch für eine flüssige Niederschrift und eine Verständlichkeit des Textes eher zu empfehlen.

(3) Ausländisches Kollisionsrecht

Verweist das deutsche Kollisionsrecht im Rahmen einer *Gesamtverweisung* in das ausländische Recht, so ist nunmehr das ausländische Kollisionsrecht darauf zu prüfen, ob es diese Verweisung annimmt oder zurück- bzw. weiterverweist. Es gilt also, im ausländischen Kollisionsrecht die entsprechende Kollisionsnorm zu finden. Grundsätzlich ist man sich heute jedenfalls weitgehend darin einig, daß das gesamte ausländische Kollisionsrecht zu betrachten ist (nicht also beispielsweise nur das internationale Erbrecht als parallele Systemkategorie), denn das ausländische Recht (einschließlich seines IPR) soll so angewendet werden, wie es von dem ausländischen Richter angewendet würde. Verweist beispielsweise das deutsche Recht wegen eines Verlöbnisbruches aufgrund einer familienrechtlichen Qualifikation in das französische Recht und behandelt das französische Recht diese Frage als eine deliktsrechtliche, wobei es auf den Ort der unerlaubten Handlung, der in England liegen mag, weiterverweist, so ist diese Verweisung kraft abweichender Qualifikation auch aus deutscher Sicht zu beachten[13]. Zu qualifizieren ist dabei aus der Sicht des ausländischen Richters, also auch nach der von ihm zu befolgenden Qualifikationsmethode und nach den Auslegungsgrundsätzen seiner Rechtsordnung.

Für die Qualifikation und für die Subsumtion unter die Kollisionsnorm gelten also bei der Prüfung ausländischen Kollisionsrechts keine Besonderheiten. Zu beachten ist aber, daß die Anwendung der aus-

---

[13] Etwas anderes gilt für sog. unselbständige Anknüpfungsgegenstände, z.B. die Verjährung einer Forderung oder die Deliktsfähigkeit im Rahmen des Deliktsstatuts.

ländischen Kollisionsnorm möglicherweise - jedenfalls in Ausnahmefällen - am deutschen ordre public scheitern kann. Eine gleichberechtigungswidrige Anknüpfung im ausländischen Kollisionsrecht ist daher möglicherweise von einem deutschen Richter nicht zu beachten.

Verweist das ausländische Kollisionsrecht auf das deutsche Recht zurück, so ergeben sich keine Schwierigkeiten. Das deutsche Recht nimmt diese Verweisung an. Man endet damit beim materiellen deutschen Recht. Verweist das ausländische Kollisionsrecht hingegen auf eine andere Rechtsordnung, so ist hier wiederum zu prüfen, ob es sich dabei um eine Gesamtverweisung oder um eine Sachnormverweisung handelt. Im Falle einer Gesamtnormverweisung ist dann erneut das ausländische Recht, auf das verwiesen wird, im Hinblick auf seine kollisionsrechtliche Behandlung des Problems zu überprüfen.

Nach dem vorgehend beschriebenen Arbeitsschema ist auch für alle weiteren Rechtsfragen vorzugehen, wobei sich bezüglich der aus dem Umfang der Verweisung ausgegliederten kollisionsrechtlichen Fragen noch weitere Probleme stellen können, wie beispielsweise die Frage, ob es sich nun um eine (selbständig anzuknüpfende) Teilfrage, eine (ebenso anzuknüpfende) Erstfrage (kollisionsrechtliche Vorfrage) oder um eine materiellrechtliche Vorfrage handelt; auch die Entscheidung zwischen selbständiger, unselbständiger oder alternativer Anknüpfung einer solchen Vorfrage mag hier zu debattieren sein. Schließlich können auch hier erstmalig oder erneut die Abgrenzung zwischen privat- und öffentlichrechtlichen Regelungsmaterien und die Beachtung oder Anwendbarkeit von Eingriffsnormen zu erörtern sein.

2. Anwendung des materiellen Rechts

Dieser Bearbeitungsschritt ist nur vorzunehmen, wenn die Aufgabenstellung auch die materiellrechtliche Lösung mitumfaßt. Ist in der Aufgabe nur nach dem anwendbaren Recht gefragt, so kann dieser Punkt entfallen. Das wird vor allem häufig dann der Fall sein, wenn die kollisionsrechtlichen Überlegungen zum deutschen materiellen Recht zurückführen. Umfaßt jedoch die Fragestellung auch die materiellrechtliche Lösung, so ist die Lösung nach dem anwendbaren materiellen Recht zu erarbeiten. Ist dieses das deutsche Recht, so gelten die allgemeinen Grundsätze, die bei einer rein internrechtlichen Arbeit zu beachten sind. In einzelnen Fällen können sich allerdings aus der Auslandsberührung Abweichungen ergeben, die möglicherweise eine angepaßte Anwendung der materiellen Normen notwendig machen (sog. Auslandssachverhalt[14]). Recht häufig stellt sich das Problem bei Formfragen: Wenn über Art. 11 Abs. 1 EGBGB deutsche Formvor-

---

[14] Vgl. *Soergel/Kegel*, vor Art. 7 EGBGB Rdnr. 112.

schriften für den Kaufvertrag über ein ausländisches Grundstück gelten, ist dann auch § 313 BGB (insbesondere S. 2) anzuwenden? Können deutsche Grundstücke vor einem ausländischen Notar aufgelassen (§ 925 Abs. 1 BGB) oder allgemein „deutsche" notarielle Formerfordernisse durch eine ausländische Urkundsperson erfüllt werden?

Ist die Lösung hingegen in einem ausländischen materiellen Recht zu suchen, so sind einige andere Besonderheiten zu beachten, auf die im folgenden eingegangen wird.

a) Feststellung des Inhalts des ausländischen Rechts

In einer Aufgabe, die auch nur möglicherweise zur Anwendung ausländischen Rechts führen kann, werden i.d.R. die entsprechenden Regelungen des materiellen Rechts angegeben sein. Außerdem findet sich häufig in dem Aufgabentext ein Hinweis darauf, was zu machen ist, wenn eine Information über ausländisches Recht, die der Bearbeiter für notwendig hält, nicht gegeben ist. Üblicherweise kann dann unterstellt werden, daß das ausländische Recht mit dem inländischen identisch ist. Sollte in einer Klausur weder der Inhalt des ausländischen Rechts angegeben, noch sein Inhalt als bekannt vorausgesetzt werden können[15] und fehlt auch der angegebene Hinweis, so sollte der Bearbeiter, wenn er nach einer nochmaligen Überprüfung zu dem Ergebnis kommt, daß dieses ausländische Recht anwendbar ist und es auf diese ihm fehlende Regelung ankommt, die Identität des ausländischen Rechts mit dem deutschen Recht unterstellen und dies auch ausdrücklich in seiner Lösung niederschreiben.

Bei der Anwendung des ausländischen Rechts, also der Subsumtion des gegebenen Sachverhalts unter die entsprechenden Regelungen sind die Eigenheiten dieses ausländischen Rechts zu beachten. Arbeitet man beispielsweise im anglo-amerikanischen Recht, so ist die besondere Bedeutung der eventuell vorgegebenen Präzedenzfälle zu beachten, auch ist bei der Frage der Auslegung und der analogen Anwendung auf die Eigenheiten dieses Rechts einzugehen.

b) Ersatzrecht

Ist in der Aufgabenstellung angegeben, daß der Inhalt eines bestimmten Rechts nicht feststellbar ist, so ist nicht der oben beschriebene Weg einer automatischen Unterstellung der Identität mit Regelungen des deutschen Rechts zu gehen, sondern es ist dann schulmäßig darauf einzugehen, welche Regelungen im Falle der Nichtfeststellbarkeit eines bestimmten Rechts anwendbar sind. Hier sind die bekannten Lösungen des sog. Ersatzrechts zu erörtern.

---

[15] Dies wird man allenfalls bei Problemen annehmen können, die ganz offensichtlich einem Bearbeiter in dieser Wahlfachgruppe bekannt sein müßten.

c) *Prüfung des ordre public und möglicher ähnlicher Einwände*

In einer Reihe von Fällen kann die Anwendung des ausländischen Rechts Probleme im Hinblick auf den deutschen ordre public aufwerfen. Liegt ein ordre public-Verstoß nahe, so ist also zu prüfen, welche Grundsätze des deutschen Rechts durch das anwendbare ausländische materielle Recht verletzt sein sollen, zum anderen ist die Frage des Inlandsbezugs zu erörtern. Von der Reihenfolge her bietet es sich an, mit dem letzten Punkt zunächst zu beginnen, da dieser häufig die anderen Ausführungen überflüssig machen kann. Liegt allerdings offensichtlich ein Schwerpunkt der Aufgabenstellung in der Erörterung der ordre public-Widrigkeit des ausländischen materiellen Rechts, so darf man sich vor einer Auseinandersetzung mit den wesentlichen Grundsätzen des deutschen Rechts nicht „drücken".

Wird ein ordre public-Verstoß bejaht, so ist als nächstes auf die Frage des anwendbaren Ersatzrechts einzugehen.

3. *Normenhäufung, -mangel oder -widerspruch*

Im Einzelfall kann sich ergeben, daß nicht nur eine Rechtsordnung materiellrechtlich die spezielle Frage regelt, sondern - wie beispielsweise bei Art. 29, 30 EGBGB - noch eine weitere Rechtsordnung herangezogen werden muß. Auch kann es sein, daß über sog. zwingende Normen der lex fori, möglicherweise sogar zwingende Normen eines anderen Rechts das „als an sich anwendbar ermittelte Recht" durch eine weitere Regelung ergänzt wird. Auf diese Probleme ist dann besonders einzugehen.

Schließlich kann durch die kollisionsrechtliche Aufteilung der verschiedenen Probleme ein Normenwiderspruch oder eine Normenlücke entstanden sein, weil beispielsweise eine Rechtsordnung das Problem im Formbereich regelt, im vorliegenden Fall aber nur für den materiellen Bereich anwendbar ist, während das Formstatut diese Frage im materiellen Bereich ansiedelt. Hier stellt sich das Problem der Angleichung, die sowohl auf internationalprivatrechtlicher als auch auf materiellrechtlicher Ebene geschehen kann.

D. Niederschrift: Zu beachtende Fehlerquellen

Erst wenn die vorangegangenen Überlegungen abgeschlossen sind und die Lösung des Falles dem Bearbeiter vollständig vor Augen steht, sollte mit der Niederschrift begonnen werden. Die Arbeitsgliederung, die inzwischen die einzelnen Lösungsschritte enthält und mit Argumenten angereichert worden ist, kann jetzt nicht nur als Gerüst, sondern als Wegweiser für jeden einzelnen Abschnitt benutzt werden. Die Konzentration liegt nunmehr nicht mehr auf der sachlichen Lösung, diese ist bereits mit den Vorarbeiten geleistet, sondern nur noch auf einer anschaulichen und sprachlich einwandfreien Formulierung. Hier gelten im Prinzip die gleichen Regelungen, die auch für rein materiellrechtliche Klausuren zum deutschen Recht zu beachten sind. Wie beim Fahren auf der Überholspur der Autobahn, bei dem man sich stets fragen sollte, „Wen überhole ich, warum fahre ich hier?", sollte sich der Bearbeiter stets die Frage stellen, was er mit dem einzelnen Satz aussagen will und wie sich diese Aussage zu dem vorangegangenen Satz verhält.

Die Benutzung der richtigen Fachtermini ist unverzichtbar. Besonders häufig kommen Fehler bei der Benutzung der Begriffe „Statut" und „Anknüpfungspunkt" vor. Das Statut ist das anwendbare Recht. Der Bearbeiter fragt beispielsweise danach, welches Recht auf erbrechtliche Fragen anwendbar ist, also welches Recht Erbstatut ist. Als Ergebnis erhält er möglicherweise die Antwort, daß englisches Recht Erbstatut ist. Es wird aber weder an das Statut angeknüpft, noch wird das Statut an etwas angeknüpft. Vielmehr wird das Statut stets ermittelt. Dabei ist das Statut die abstrakte Bezeichnung bezogen auf den Anknüpfungsgegenstand (z.B. deliktsrechtliche Frage), während die jeweilige lex (z.B. die lex loci delicti commissi) die abstrakte Bezeichnung bezogen auf den jeweiligen Anknüpfungspunkt ist. Zur Ermittlung des jeweiligen Statuts benutzt man die Anknüpfungspunkte. Die Anknüpfungspunkte sind - abgesehen von den Fällen der akzessorischen Anknüpfung - nicht Rechtsordnungen oder andere Statute, sondern Sachverhaltselemente, wie beispielsweise der Ort der unerlaubten Handlung oder die Staatsangehörigkeit einer Partei.

§ 2: Besonderheiten bei Hausarbeiten

In den Bundesländern, in denen in den Staatsexamina Hausarbeiten noch eine Rolle spielen, kann eine Hausarbeit im Wahlfach IPR und Rechtsvergleichung eine besonders interessante Aufgabe darstellen. Hier sind in erster Linie die Anweisungen, die generell für Hausarbeiten gelten, zu beachten. Aufbaumäßig wird sich dabei häufig die zuvor für die Klausur geschilderte Gliederung empfehlen. In der Hausarbeit ist aber selbstverständlich mit einer sehr viel größeren Tiefe an die Behandlung der Probleme heranzugehen. Insbesondere ist es - soweit wie möglich - zu vermeiden, daß Probleme offengelassen werden. Beim Einstieg in ein ausländisches materielles Recht kann in einer Hausarbeit eigene Recherche erwartet werden, während dies bei einer Klausur nicht möglich ist.

§ 3: Besonderheiten einer Anwaltsklausur

A. Rechtsgestaltung und vorprozessuale Beratung

Besteht die Aufgabenstellung in einer rechtsberatenden Tätigkeit, soll also der Bearbeiter einen Vertragsentwurf, eine Satzung etc. gestalten oder im vorprozessualen Stadium beratend tätig sein, so ist i.d.R. eine Gliederung angezeigt, die auch genügend Raum läßt, um die im Falle eines entstehenden Streites zu beachtenden Gesichtspunkte zu berücksichtigen. Geht es beispielsweise um die Frage, welchem Recht der zu entwerfende Vertrag unterstellt werden soll, so ist auch daran zu denken, vor welchen Gerichten eine Partei im Falle eines Streites möglicherweise klagen kann und welches Recht dieses Gericht auf den Vertrag anwenden wird, ob es also beispielsweise eine Rechtswahl für zulässig halten wird. Ebenso ist bei der Testamentsgestaltung daran zu denken, in welcher Rechtsordnung dieses Testament Bedeutung erlangen wird und welches Erbstatut von dem dann möglicherweise mit der Angelegenheit beschäftigten Gericht für maßgeblich gehalten werden wird. Bei Meinungsstreitigkeiten ist, sofern gesicherte Rechtsprechung vorliegt, diese dem Rat zugrundezulegen. Auf abweichende Ansichten sollte nur in Verbindung mit einer Warnung an den Mandanten eingegangen werden. Ergibt sich in einer vorprozessualen Beratung beispielsweise nach der gefestigten Rechtsprechung die Aussichtslosigkeit des Begehrens des Mandanten, so können zwar andere (durch gute Argumente gestützte) Begründungs- und Verteidigungsstrategien entworfen werden. Es darf aber nicht der Hinweis fehlen, daß die Gerichte diesen Überlegungen nur bei Änderung der bisherigen Rechtsprechung folgen werden.

B. Anwaltliche Tätigkeit im prozessualen Bereich

Wird von dem Bearbeiter hingegen die Erstellung einer Klageschrift oder einer Klageerwiderung bzw. eines sonstigen Schriftsatzes verlangt, so muß daran gedacht werden, daß der Anwalt alle für seine Partei günstigen Argumente vortragen sollte, auch wenn sie nicht der herrschenden oder seiner eigenen Meinung entsprechen. Während im beratenden Bereich gerade auch die dem Mandanten ungünstigen Rechtsauffassungen zu berücksichtigen sind, besteht hier die Aufgabe darin, nur die Rechtsauffassungen vorzutragen, die das Anliegen des Mandanten stützen. Soweit die Aufgabenstellung nicht andere Anweisungen gibt (also z.B. Erläuterungen zur Klageschrift ermöglicht, in denen der Bearbeiter den Stellenwert der Argumentation näher beleuchten kann), sollte jedoch auch auf die anderen Rechtsmeinungen eingegangen werden. Am besten geschieht dies dadurch, daß man versucht, sie mit möglichst überzeugenden Argumenten zu widerlegen.

2. Kapitel: Methodische Einführung zur Lösung rechtsvergleichender Aufgaben

§ 1: Grundsatz

Allgemeine Grundsätze zum Aufbau einer rechtsvergleichenden Aufgabe lassen sich nur schwer aufstellen, weil die rechtsvergleichenden Aufgaben sehr unterschiedlich gestaltet sein können. Grundregel ist aber hier - wie überall -, daß die Fragestellung genau betrachtet werden muß. Häufig ergibt sich bereits aus dieser die Grundstruktur des Aufbaus. In der Regel empfiehlt es sich, die Lösung zunächst jeweils für jede Rechtsordnung getrennt darzustellen und erst in einem weiteren Abschnitt die rechtsvergleichende Würdigung vorzunehmen. Die Rechtsvergleichung setzt dabei stets am sozialen Konflikt an. Der Blick darf also nicht auf bestimmte Teilgebiete (z.B. Vertragsrecht, gesetzliche Schuldverhältnisse) beschränkt werden, sondern muß alle Rechtsinstrumente einbeziehen, die nach den betreffenden Rechtsordnungen für die Lösung dieses sozialen Konfliktes relevant sind. Gesellschaftliche Entwicklungen, Rechtswirklichkeit, Beziehungen zur allgemeinen Rechtslehre, Methodenlehre, Rechtsphilosophie und Rechtssoziologie sind dabei - soweit wie möglich - ebenso zu berücksichtigen wie das soziale Umfeld. Selbstverständlich sind in dieser Hinsicht dem einbringbaren Wissen eines Klausurbearbeiters Grenzen gesetzt. Die Aufgabenstellung wird dem i.d.R. dadurch Rechnung tragen, daß sie entweder einige Grundinformationen enthält oder sich auf solche Rechtsordnungen und Themen beschänkt, bei denen von einem Wahlfachstudenten ein entsprechendes Wissen erwartet werden kann.

Im übrigen gilt auch hier, daß die Ausdrucksweise präzise und verständlich, die Argumentation klar und nachvollziehbar, die Gedankenführung folgerichtig und der Aufbau übersichtlich und logisch sein sollten.

§ 2: Die verschiedenen Arten von Aufgaben

Rechtsvergleichende Aufgaben können in vielen Formen gestellt werden. Möglich ist beispielsweise eine allgemeine theoretische Aufgabe über Inhalt, Methode und Nutzen der Rechtsvergleichung oder über die Einteilung und Charakterisierung verschiedener Rechtskreise (Makrovergleichung) oder den Einfluß einer (Mutter-) Rechtsordnung auf andere Rechtsordnungen desselben Rechtskreises oder anderer Rechtsfamilien. Häufig, insbesondere in Klausuren, wird man hingegen die funktionelle Rechtsvergleichung in Form des Vergleichs der

2. Kapitel. Rechtsvergleichende Aufgaben

Lösungen zweier Rechtsordnungen verlangen. Dabei kann es sich auch um die Lösung nach einer nationalen Rechtsordnung im Vergleich zum Einheitsrecht handeln (vgl. Fall 15). Meistens werden diese Aufgaben in Form einer Themenarbeit oder als Fallbearbeitung gestellt sein. Bei Fallbearbeitungen kann die Aufgabe darin bestehen, für einen vorgegebenen Sachverhalt die Lösung nach deutschem und ausländischem Recht zu finden, es kann aber auch die Entscheidung eines ausländischen Gerichts vorgegeben sein und die Aufgabe in der Analyse der Entscheidungsbegründung mit anschließendem Vergleich der deutschen Regelungen bestehen. Im letzten Fall empfiehlt es sich i.d.R., bei der Analyse der ausländischen Entscheidung zunächst nur die ausländische Lösung zu betrachten und Parallelen, Vergleiche und Unterschiede zum deutschen Recht (oder einer anderen Rechtsordnung) erst im Anschluß daran zu ziehen. Wichtig ist, daß die Analyse nicht auf eine bloße Inhaltswiedergabe beschränkt wird, sondern die Probleme herausschält und die Argumente für die Lösung derselben über den Rahmen der Urteilsbegründung hinaus im Lichte der ausländischen Rechtsordnung betrachtet. Beispielsweise sollte die Haftung für Hilfspersonen im Zusammenhang mit den allgemeinen deliktischen oder vertraglichen Haftungsgrundsätzen, die Länge der Verjährungsfrist zusammen mit dem Verjährungsbeginn und Hemmungs- und Unterbrechungsmöglichkeiten betrachtet werden. In den anschließenden rechtsvergleichenden Ausführungen, denen tunlichst eine kurze Darstellung der deutschen Rechtslage voranzustellen ist, sollten diese Punkte dann noch einmal aufgenommen werden. Dabei sind Unterschiede und Gemeinsamkeiten in der Regelungsmechanik besonders hervorzuheben. Beispielsweise kann in einer Rechtsordnung das Verschuldenserfordernis als Haftungsvoraussetzung durch eine Beweislastumkehr oder durch Erschwerung der Entlastungsmöglichkeiten abgemildert sein, wodurch man in vielen Fällen praktisch zum gleichen Ergebnis kommt, das eine andere Rechtsordnung über die Gefährdungshaftung erzielt. Verfahrensrechtliche Hindernisse können Funktionen wahrnehmen, die in anderen Rechtsordnungen durch materiellrechtliche Regelungen erfüllt werden. Diese Erkenntnisse sind in dem rechtsvergleichenden Teil hervorzuheben. Möglicherweise bieten sich Betrachtungen über die Entstehung eines Rechtsinstituts, die soziale Einbettung etc. an. Gefragt sein können auch rechtspolitische Folgerungen, Reformüberlegungen (u.U. nur für das eigene Recht) und Bewertungen.

Ist hingegen die Lösung eines vorgegebenen Sachverhalts Gegenstand der Aufgabe, so ist diese Lösung nach den zu vergleichenden Rechtsordnungen getrennt zu erarbeiten, wobei es sich anbietet, mit dem ausländischen Recht zu beginnen. Auch hier ist vorrangig die konkrete Fragestellung. Ergibt sich aus ihr nichts Besonderes, so ist grundsätzlich an dem Aufbau nach Anspruchsgrundlagen festzuhalten. Eine Schwierigkeit kann darin bestehen, die Anspruchsgrundlage im ausländischen Recht zu ermitteln. Wie im deutschen Recht können nicht nur gesetzliche Vorschriften, sondern auch unkodifizierte Rechtsgrundsätze, im anglo-amerikanischen Bereich auch Rechtsfiguren, die sich aus Präjudizien entwickeln lassen, als Anspruchsgrundlage dienen. Wichtig ist, daß bei der Lösung des sozialen Konfliktes die methodischen Grundsätze der jeweiligen Rechtsordnung beachtet werden. So ist beispielsweise bei der Auslegung einer französischen Norm nach dem französischen Auslegungskanon zu verfahren, im anglo-amerikanischen Bereich ist die Möglichkeit des „distinguishing" gegenüber Vorentscheidungen u.U. zu nutzen.

Für den (i.d.R.) im Anschluß daran vorzunehmenden Vergleich der Lösungen gilt grundsätzlich das Obengesagte. Auch hier sind also in den Mittelpunkt Ausführungen darüber zu stellen, auf welche Weise die verschiedenen Rechtsordnungen den sozialen Konflikt lösen, wo die Unterschiede, wo die Gemeinsamkeiten liegen und mit welchen unterschiedlichen Mechanismen u.U. gleiche Ergebnisse erzielt werden bzw. welche Wertvorstellungen unterschiedliche Lösungen prägen.

Bei Themenarbeiten sind über die bereits eingangs gegebenen allgemeinen Hinweise hinaus kaum verallgemeinerungsfähige Aufbauregeln vorgegeben. Entscheidend ist vor allem die Fragestellung. I.d.R. wird man die Themenbearbeitung mit einer Einleitung beginnen, in der das zu behandelnde Thema in seiner sozialen und rechtlichen Relevanz kurz umschrieben und die Vorgehensweise der folgenden Untersuchung erläutert werden. Dem Hauptteil (i.d.R. Länderberichte und Rechtsvergleich) sollte sich eine Zusammenfassung anschließen, in der die wesentlichen Ergebnisse (Gemeinsamkeiten und Unterschiede) noch einmal in knapper Form hervorgehoben werden. Das Casebook von *Schwenzer/Müller-Chen* gibt mit seinen thematisch geordneten Materialien und Fällen sowie den jeweils abschließenden Fragen und Bemerkungen gute Anregungen für die Bearbeitung rechtsvergleichender Aufgaben (worauf muß ich achten, welche unterschiedlichen Ausgangspunkte nehmen die unterschiedlichen Rechtsordnungen ein etc.).

Wie immer rechtsvergleichende Aufgaben gestaltet sein mögen, im Vordergrund steht nicht die Wiedergabe von Wissen, sondern das Begreifen der unterschiedlichen Strukturen und Lösungswege, was allerdings eine sorgfältige Analyse der jeweiligen Rechte voraussetzt.

2. Teil:
Übungsfälle

1. Kapitel: IPR- und IZPR-Fälle

Fall 1: Internationales Deliktsrecht

Sachverhalt

S ist der noch minderjährige Sohn, T die volljährige Tochter des V aus seiner Ehe mit der bereits verstorbenen M. Alle drei sind Basken spanischer Staatsangehörigkeit. V lebt und arbeitet seit 15 Jahren in der Bundesrepublik. Er verbrachte jedes Jahr seinen Urlaub in seinem Heimatort in Spanien, der in einem Teil des Baskenlandes liegt, in dem kein vom Código Civil abweichendes Foralrecht gilt. Dorthin begleitete ihn im Jahr 1993 auch sein Sohn S, der mit ihm in Deutschland lebt, während T schon vor Jahren nach Spanien zurückgekehrt war.

Auf einer Autofahrt in der Nähe seines Heimatdorfes geriet V leicht fahrlässig infolge unangepaßter Geschwindigkeit mit seinem PKW auf den unbefestigten Seitenstreifen der Straße. Dadurch überschlug sich der Wagen. Bei diesem Unfall wurden neben V auch S und T, die sich ebenfalls im Auto befanden, leicht verletzt. V und S kehrten nach Ende einer kurzen stationären Behandlung im Krankenhaus nach Deutschland zurück, T blieb in Spanien.

Der PKW war in der Bundesrepublik zugelassen und bei der deutschen Versicherungsgesellschaft H haftpflichtversichert.

S und T verlangen von H im Klagewege die Zahlung eines Schmerzensgeldes in Höhe von je DM 5.000,-.

H bestreitet nicht, daß V grundsätzlich für den vollen Schaden aus dem von ihm verschuldeten Unfall einstehen muß. Aber eine Familie sei eine Solidargemeinschaft, in der jedenfalls aus leichter Fahrlässigkeit kein Schadensersatzanspruch entstehen könne. Sie selbst sei jedenfalls schon deshalb von der Verpflichtung zur Leistung frei, weil V vor dem Unfall die fällige Versicherungsprämie trotz Mahnung mit zweiwöchiger Zahlungsfrist nicht gezahlt habe. Weiterhin wehrt sie sich mit dem Hinweis, daß der Schmerzensgeldbetrag zwar nach deutschen Rechtsvorstellungen gerechtfertigt sei, nicht aber nach dem einschlägigen spanischen Recht; in Spanien gebe es bei geringfügigen Verletzungen kein Schmerzensgeld. Die Anwendung deutschen Rechts sei schon deshalb absurd, weil man bei einem Verkehrsunfall in Spanien ja beispielsweise die (hier unproblematische) Frage nach einer Sorgfaltspflichtverletzung des Fahrers nicht an der deutschen StVO messen könne.

Sind die Klagen begründet?

Bei der Bearbeitung ist zu unterstellen, daß die Ausführungen der H hinsichtlich des Schmerzensgeldes nach deutschem und spanischem Recht zutreffend sind.

Abwandlung: Ändert sich etwas bei der Beurteilung der Klage der T, wenn im Prozeß die Vertreter beider Parteien ihren Ausführungen übereinstimmend deutsches Recht zugrundelegen, ohne auf die mögliche Anwendbarkeit ausländischen Rechts überhaupt einzugehen?

Anhang: Spanische Gesetzestexte

I. Código Civil

Art. 10 Nr. 9. Außervertragliche Verpflichtungen unterliegen dem Recht des Ortes, an dem die Handlung geschah, aus der sie sich ergeben.

Art. 1902. Derjenige, der schuldhaft oder fahrlässig durch Handlung oder Unterlassen einem anderen Schaden zufügt, ist zum Schadensersatz verpflichtet.

II. Gesetz über den Gebrauch und den Verkehr von Motorfahrzeugen

Art. 1. (1) Der Führer eines Motorfahrzeuges, der aus Anlaß des Verkehrs körperliche oder materielle Schäden verursacht, ist verpflichtet, diese entsprechend dem im vorliegenden Gesetz Bestimmten wiedergutzumachen.

(2) Im Falle körperlicher Schäden und bis zu einem quantitativen Höchstbetrag, der regelmäßig festgesetzt wird [z.Zt. 16 Mio. Ptas für Personenschäden] wird der Fahrzeugführer nicht in die Verantwortung genommen, wenn bewiesen wird, daß die Schäden ausschließlich wegen der Schuld oder Nachlässigkeit des Geschädigten oder wegen höherer Gewalt außerhalb des Führens oder der Funktion des

Fall 1: Internationales Deliktsrecht

Fahrzeugs verursacht wurden. Nicht als Fälle höherer Gewalt werden die Defekte oder der Bruch oder Ausfall eines seiner Teile oder Mechanismen angesehen.

Hinweis: Sowohl Art. 1902 C.C. als auch Art. 1 des MotorfahrzeugG erfassen in Form von immateriellem Schadensersatz auch Schmerzensgeld. Beide Normen sind bei Personenschäden nebeneinander anwendbar.

III. Código de la circulación

Art. 16 Abs. 1. Jeder Teilnehmer am Straßenverkehr hat sich korrekt und in einer Weise zu verhalten, daß er keine Gefahr oder Behinderung für den Verkehr darstellt und jeglichen Schaden an Personen oder Gütern, seien sie im privaten oder öffentlichen Eigentum, vermeidet.

IV. Gesetz über den Versicherungsvertrag

Art. 76. Der Geschädigte oder seine Rechtsnachfolger haben einen Direktanspruch gegen den [Haftpflicht-]Versicherer auf Erfüllung der Entschädigungsleistung ... Der Versicherer bleibt auch dann leistungspflichtig, wenn er eine Einrede gegen den Versicherungsnehmer geltend machen kann...

Vorbemerkungen

I. Die Fallfrage richtet sich allein auf die Begründetheit der Klagen. Damit steht fest, daß deren Zulässigkeit nicht zu erörtern, sondern stillschweigend vorauszusetzen ist[1]. Genaue Angaben etwa zum angegangenen Gericht und zur Prozeßvertretung fehlen deshalb im Sachverhalt. Daß dieser überhaupt mit einer Klage vor deutschen Gerichten eine prozessuale Einkleidung erhielt, dient (neben der Vorbereitung der Abwandlung) allein der Klarstellung, daß der Fall auf der Basis des deutschen IPR zu lösen ist; würde sich die Frage nach den Ansprüchen des Verletzten vor einem spanischen Gericht stellen, so käme spanisches IPR zur Anwendung.

II. Der Schwerpunkt der Aufgabe liegt in der Bestimmung des auf deliktische Ansprüche anwendbaren Rechts, dem Deliktsstatut. Das Tatortprinzip und die diversen Tendenzen zu seiner Auflockerung, d.h. zu einer Abkehr von ihm in verschiedenen Fallgruppen, sollten ebenso zum Standardwissen eines jeden Wahlfachstudenten gehören wie etwa der Umstand, daß trotz der Bestimmung eines umfassenden Deliktsstatuts für bestimmte Einzelfragen ein anderes Recht heranzuziehen sein kann; Stichworte sind hier die Tatbestandswirkung örtlicher Verkehrsregeln oder die Erleichterung des Haftungsmaßstabes auf

---

[1] *Will der Aufgabensteller sowohl die Zulässigkeit als auch die Begründetheit erörtert wissen, so wird im Regelfall die Fallfrage auf die **Erfolgsaussichten** der Klage gerichtet sein.*

familienrechtlicher Basis. „Garniert" wird der Fall mit dem Problem des Direktanspruchs des Geschädigten gegen die Haftpflichtversicherung des Schädigers, der Beachtlichkeit eines von der Bundesrepublik nicht ratifizierten Staatsvertrages kraft Renvoi sowie schließlich der Frage nach den Voraussetzungen für eine stillschweigende Rechtswahl im Prozeß.

III. Zum Aufbau der Lösung ist folgendes zu überlegen:

1. Die zwei Geschädigten S und T machen jeweils in einer eigenen Klage ihre Ansprüche geltend. Deshalb sind auch in der Lösung die Ansprüche von S und T getrennt zu prüfen. Zwar stützen sich beide Klagen auf denselben Unfall, jedoch sprechen der unterschiedliche Wohnort und die Klausurtaktik dafür, daß die Prüfung nicht in beiden Fällen völlig parallel laufen wird - sonst hätte der Aufgabensteller nur unnötigen Ballast aufgehäuft, was im Zweifel nicht beabsichtigt ist.

2. Innerhalb der Ansprüche von S und T sind grundsätzlich zwei Aufbaumethoden möglich (wie sie bereits im ersten Teil dieses Buches erörtert wurden). Zum einen kann man alle IPR-Fragen, die sich stellen (also etwa Deliktsstatut, Statut des Direktanspruchs, Verkehrsregeln-Statut, Statut des Haftungsmaßstabes), vorweg untersuchen und dann in einem zweiten Schritt auf der Basis der dort gewonnenen Ergebnisse die materielle Lösung darstellen. Zum anderen kann auch „integrativ" aufbauen: Ausgehend von einem abstrakt benannten Anspruchsgrund (also etwa: Anspruch aus Delikt, Anspruch aufgrund einer familienrechtlichen Haftungsnorm) wird zunächst das Recht bestimmt, dem die jeweilige konkrete Anspruchsgrundlage zu entnehmen ist. Ist sie gefunden, so werden ihre Tatbestandsvoraussetzungen geprüft. Bei jeder einzelnen Voraussetzung kann sich dann erneut die Frage stellen, ob bei ihr nicht auch die Anwendung ausländischen Rechts eine Rolle spielen kann (hier etwa: örtliche Verkehrsregeln im Rahmen der Prüfung verkehrswidrigen Verhaltens; Haftungsmilderung nach fremdem Recht im Rahmen des Verschuldens). Beide Aufbaumethoden sind gleichwertig, die Entscheidung zwischen ihnen kann der Bearbeiter aus reinen Praktikabilitätserwägungen treffen. Die erste Methode mag bei der Niederschrift der Lösung eleganter wirken, weil sie die international-privatrechtliche und die materielle Ebene nach außen sorgfältiger trennt. Sie setzt aber voraus, daß man den Fall zumindest im Kopf bereits nach der zweiten Methode „durchgelöst" hat, weil nur dann klar ist, auf welche IPR-Fragestellungen es überhaupt ankommt.

3. Will ein bei einem Unfall Verletzter einen Schadensersatzanspruch gegen den Haftpflichtversicherer eines anderen Unfallbeteiligten geltend machen, so setzt dies voraus, daß zum einen eine Norm zu finden ist, aus der sich ergibt, unter welchen Voraussetzungen und in welchem Umfang die Versicherung direkt gegenüber dem Geschädigten für einen solchen Anspruch einstehen muß (Direktanspruch), und zum anderen, daß materiell ein Schadensersatzanspruch gegen den Beteiligten besteht. In welcher Reihenfolge man beide Komponenten prüft, ist nicht aus logischen Gründen zwingend vorgegeben[2]. Man könnte zunächst das auf den Direktanspruch anwendbare Recht

---

[2] *Anderes gilt dann, wenn nach einer der in Betracht kommenden Rechtsordnungen ein Anspruch gegen die Versicherung eines Beteiligten*

ermitteln, und im Rahmen der diesem Recht entnommenen Anspruchsnorm gegen die Versicherung dann auf das Deliktsstatut und den auf diesem basierenden Schadensersatzanspruch gegen den Unfallverursacher eingehen. Da aber zumindest nach h.M. der Direktanspruch akzessorisch an das Deliktsstatut angeknüpft wird, vereinfacht es die Darstellung, wenn man den anderen Weg wählt: Wer sich zuerst des Schadensersatzanspruchs gegen die Schädiger und damit des Deliktsstatuts annimmt, kann dann im Rahmen des Direktanspruchs auf das Ergebnis der Ermittlung des Deliktsstatuts verweisen. Dieser Aufbau ist daher auch im folgenden gewählt worden.

Gliederung der Lösung

A. Begründetheit der Klage des S
   I. Schmerzensgeldanspruch gegen V
      1. Qualifikation
      2. Deliktsstatut
         a) Vorrangige staatsvertragliche Regelung?
         b) Grundsatzanknüpfung nach autonomem deutschen IPR
         c) Auflockerung des Tatortprinzips
            aa) Anwendung des Rechts am gemeinsamen gewöhnlichen Aufenthaltsorts unter bestimmten Voraussetzungen
            bb) Verweisung auf das Aufenthaltsrecht auch bei Staatsangehörigkeit des Tatortlandes?
            cc) Anwendung im konkreten Fall
         d) Umfang der Verweisung
            aa) Straßenverkehrsvorschriften
            bb) Familienrechtliche Haftungserleichterung
      3. Das auf einen familienrechtlichen Ausgleichsanspruch anwendbare Recht
         a) Verweisungsnorm
         b) Umfang der Verweisung
      4. Materielles deutsches Recht
         a) §§ 823 Abs. 1, 847 Abs. 1 BGB

---

auch ohne einen solchen gegen den Beteiligten selbst denkbar ist (sog. nofault-insurance). Dann ist die Prüfung natürlich mit dem Anspruch gegen die Versicherung zu beginnen, weil dann der zweite Prüfungsteil möglicherweise überflüssig ist. Da aber weder die deutsche noch die spanische Rechtsordnung eine solche Möglichkeit bietet, kann diese Sonderkonstellation hier außer Betracht bleiben.

             aa) Tatbestandsvoraussetzungen/verkehrswidriges
                  Verhalten wegen des Verstoßes gegen örtliche
                  Verkehrsregeln
             bb) Haftungserleichterung im Verhältnis Vater/Kind?
        b) §§ 847 Abs. 1, 823 Abs. 2 BGB i.V.m. Schutzgesetz
        c) §§ 7, 18 StVG
        d) § 1664 BGB
   II. Direktanspruch gegen den Versicherer
        1. Anwendbares Recht
        2. Direktanspruch nach deutschem Recht
B. Begründetheit der Klage der T
   I. Anwendbares Recht
        1. Deutsches IPR
             a) Voraussetzungen für eine Auflockerung des
                  Tatortprinzips in eigener Person
             b) Auswirkung der Auflockerung des Tatortprinzips im
                  Verhältnis S - V
             c) Gesamtverweisung
        2. Spanisches IPR
   II. Spanisches materielles Recht
C. Abwandlung:
   I. Rechtswahl im internationalen Deliktsrecht zulässsig?
   II. Stillschweigende Rechtswahl durch Prozeßverhalten?

Lösung

A. Begründetheit der Klage des S

Es ist zu untersuchen, ob S gegen V ein Schmerzensgeldanspruch in Höhe von DM 5.000 zusteht und ob er diesen ggf. direkt gegen H, die Haftpflichtversicherung des V, geltend machen kann.

I. Schmerzensgeldanspruch gegen V

Zunächst ist das anwendbare Recht zu ermitteln. Da ein deutsches Gericht mit dem Fall beschäftigt ist, ist deutsches Kollisionsrecht einschließlich der für die Bundesrepublik Deutschland geltenden - in der Regel vorrangigen, Art. 3 Abs. 2 EGBGB - internationalen Abkommen heranzuziehen.

Fall 1: Internationales Deliktsrecht

1. Qualifikation
Vertragliche Beziehungen bestehen zwischen den Beteiligten nicht. Ersatzansprüche wegen des Unfalls können sich daher nur aus dem Deliktsrecht oder auf familienrechtlicher Basis ergeben.

2. Deliktsstatut

a) Eine nach Art. 3 Abs. 2 EGBGB den autonomen Kollisionsnormen vorgehende staatsvertragliche Regelung besteht nicht. Die Bundesrepublik ist nicht Vertragsstaat des Haager Übereinkommens über das auf Straßenverkehrsunfälle anwendbare Recht vom 4.5.1971[3].

b) Grundsatzanknüpfung nach autonomem deutschen IPR
Das internationale Deliktsrecht ist gesetzlich nur in kleinen Bruchstücken geregelt[4]. Der sog. Inländerschutzklausel des Art. 38 EGBGB ist aber die unumstrittene Grundregel zu entnehmen, daß deliktische Ansprüche nach dem Recht des Tatortes[5] zu beurteilen sind (*lex loci delicti commissi*)[6]. Demnach käme hier spanisches Recht zur Anwendung. Fraglich ist aber, ob das Tatortprinzip im gegebenen Fall eine Auflockerung erfährt.

c) Auflockerung des Tatortprinzips
aa) Liegt der Grundregel die Vorstellung zugrunde, daß der Tatort häufig der einzige Bezugspunkt ist, den Schädiger und Opfer gemeinsam haben[7], so gibt es Fallkonstellationen, in denen engere gemeinsame Beziehungen der Beteiligten zu einer anderen Rechtsordnung

---

[3] Abgedruckt bei *Jayme/Hausmann*, Internationales Privat- und Verfahrensrecht, unter Nr. 52.

[4] Diese Bruchstücke sind Art. 38 EGBGB und die RechtsanwendungsVO vom 7.12.1942, abgedruckt in der Sammlung von *Jayme/Hausmann* unter Nr. 54.

[5] Vgl. RGZ 96, 96 (98); BGHZ 57, 265 (267); BGHZ 119, 137 (139), st. Rspr.; *Palandt/Heldrich*, Art. 38 EGBGB Rdnr. 2. Der Tatort ist der Ort, an dem die Verletzungshandlung ausgeübt wird (Handlungsort) und sich das durch die Tat unmittelbar betroffene Rechtsgut z.Zt. der Verletzung befindet (Erfolgsort). Regelmäßig - so auch hier - liegen Handlungs- und Erfolgsort in einem Land. Sind aber Handlung und Erfolg in unterschiedlichen Staaten zu lokalisieren (Distanzdelikt, Beispiel: Schuß über die Grenze), so verweist die Tatortregel auf zwei Rechte. Nach h.M. gelangt dann das Recht zur Anwendung, das für das Opfer günstiger ist (Günstigkeitsprinzip), vgl. *Firsching/ v. Hoffmann*, IPR, § 11 Rdnr. 22 f.; kritisch z.B. *Kropholler*, IPR, § 53 IV 1 d).

[6] Art. 38 EGBGB begrenzt bei einer durch einen Deutschen im Ausland begangenen unerlaubten Handlung die Anwendung ausländischen Rechts durch eine dem deutschen materiellen Recht entnommene Haftungshöchstgrenze. Damit setzt die Vorschrift aber voraus, *daß* bei ausländischem Tatort ausländisches Recht gilt, und basiert somit auf der Tatortregel.

[7] BGHZ 87, 95 (97 f.).

die Anknüpfung an den Tatort als unangemessen erscheinen lassen[8]. Dies ist im Prinzip unbestritten, Unsicherheit herrscht nur darüber, *welche* Bedingungen im einzelnen erfüllt sein müssen, um vom Tatortrecht abzuweichen[9]. Als allgemeine Meinung kann jedoch mittlerweile gelten: Haben Schädiger und Geschädigter ihren gemeinsamen gewöhnlichen Aufenthalt in einem anderen als dem Tatortstaat, so wird das Aufenthaltsrecht angewandt, sofern *ein weiterer gemeinsamer Faktor* zu diesem Recht weist. Ein solcher weiterer Faktor kann beispielsweise die gemeinsame Staatsangehörigkeit des Aufenthaltslandes[10] oder ein bereits vor dem schädigenden Ereignis im Aufenthaltsland bestehender enger sozialer Kontakt[11] sein. Bei Straßenverkehrsunfällen schließlich ist das Aufenthaltsrecht auch dann statt des Tatortrechts maßgeblich, wenn das oder die beteiligte(n) Kraftfahrzeug(e) im gemeinsamen Aufenthaltsland registriert und haftpflichtversichert ist (sind)[12].

Für die Anknüpfung an das Aufenthaltsrecht spricht insbesondere bei Kfz-Unfällen die Notwendigkeit eines angemessenen Regulierungsstandards bei der schadensrechtlichen Abwicklung; Umfang, Art und Höhe des Schadensausgleichs müssen sich an den „Standards" des Rechts am Lebensmittelpunkt des Schädigers und Opfers orientieren, soll der Schadensausgleich seine Aufgabe erfüllen. Ein Argument gegen die Auflockerung des Tatortprinzips läßt sich nicht daraus herleiten, daß die Straßenverkehrsvorschriften des Tatortlandes angewandt werden müssen, denn eine Berücksichtigung derselben ist auch bei Anwendung des Aufenthaltsrechts (als sog. *local data*) möglich (s.u.).

bb) Fraglich ist allerdings, ob sich das Aufenthaltsrecht auch dann gegen das Tatortprinzip durchsetzt, wenn die Parteien (oder auch nur eine von ihnen) die Staatsangehörigkeit des *Tatortlandes* haben. Die Rechtsprechung vertrat früher den Standpunkt, daß in diesem Fall die

---

[8] Vgl. BGH NJW 1974, 495 (496); BGH NJW 1977, 496 (497 f.).
[9] Vgl. im einzelnen *Palandt/Heldrich*, Art. 38 EGBGB Rdnr. 6 ff.
[10] Dieser Gedanke liegt z.B. auch § 1 RechtsanwendungsVO 1942 zugrunde. Für die Anwendung deutschen Rechts auf Auslandsdelikte zwischen deutschen Staatsangehörigen wird über den Wortlaut hinaus zusätzlich der gemeinsame gewöhnliche Aufenthalt in Deutschland gefordert, vgl. BGHZ 87, 95 (101) = NJW 1983, 1972 (1974).
[11] Gemeint sind damit familiäre oder familienähnliche Beziehungen, vgl. BGHZ 90, 294 (301) = NJW 1984, 2032 (2033) (deutsches Recht angewandt auf einen von einem jugoslawischen Fahrer in Österreich veursachten Verkehrsunfall, bei dem ein jugoslawischer Insasse verletzt wurde; beide hatten nicht nur ihren gewöhnlichen Aufenthalt in Deutschland, sondern lebten auch in häuslicher Gemeinschaft zusammen).
[12] BGHZ 119, 137 (142) = NJW 1992, 3091; BGH NJW 1993, 1007 (1008); BGH NJW 1993, 1009 (1010).

Fall 1: Internationales Deliktsrecht 41

engeren Beziehungen zum Tatort weisen und es beim Grundprinzip der Anwendung des Tatortrechts bleiben müsse[13]. Diese Auffassung hat der BGH mittlerweile ausdrücklich und zu Recht aufgegeben[14]. Die Staatsangehörigkeit kann nur insoweit von Bedeutung sein, als sie Ausdruck der Einbettung in das Recht einer bestimmten Umwelt ist; daran fehlt es aber, wenn Lebensmittelpunkt und Staatsangehörigkeit auseinanderfallen[15].

cc) Im hier zu beurteilenden Fall ist das unfallbeteiligte Kfz in der Bundesrepublik zugelassen und versichert; dort haben Schädiger und Geschädigter auch ihren gemeinsamen Aufenthalt, der noch verstärkt wird durch die enge häusliche und familiäre Beziehung zwischen den Beteiligten. Damit wird nicht auf das spanische Tatort-, sondern auf das deutsche Aufenthaltsrecht verwiesen; die spanische Staatsangehörigkeit der Parteien steht dem nicht entgegen. Ob eine weitere Auflockerung des Tatortprinzips in Erwägung zu ziehen ist, kann für die vorliegende Frage offenbleiben[16].

d) Umfang der Verweisung

Das Deliktsstatut entscheidet grundsätzlich über alle Voraussetzungen einer Haftung aus unerlaubter Handlung, also etwa über Tatbestand, Kausalität, Rechtswidrigkeit und Verschulden[17].

---

[13] BGH VersR 1977, 56 (57).
[14] BGHZ 119, 137 (142) = NJW 1992, 3091 (3092).
[15] Vgl. BGHZ 119, 137 (143) = BGH NJW 1993, 3091; *Firsching/v.Hoffmann*, IPR, § 11 Rdnr. 37.
[16] Umstritten sind derzeit noch z.b. folgende Fallgestaltungen:
- Kann an das Recht des gemeinsamen gewöhnlichen Aufenthalts auch *ohne* weiteren verbindenden Faktor angeknüpft werden (so wohl z.B. *Münch-Komm/Kreuzer*, Art. 38 EGBGB Rdnr. 89 f.)? Auch BGHZ 119, 137 = NJW 1993, 3091 läßt sich in diese Richtung lesen, allerdings war im konkreten Fall das beteiligte Unfallfahrzeug tatsächlich im Aufenthaltsland registriert und versichert.
- Ist bei Delikten zwischen Personen innerhalb einer Reisegruppe an das Recht am *Ausgangsort* der Reise anzuknüpfen, ungeachtet des Tatorts und der Staatsangehörigkeit oder des gewöhnlichen Aufenthaltsortes der Mitreisenden (die „Käseglocke" des Ausgangsrechts reist mit; so *Ferid*, IPR, Rdnr. 6-163 ff.)?
- Schließlich wird bei Autounfällen die Anwendung des Rechts des (gemeinsamen) Registrierungsortes auch ohne weitere dorthin weisende Faktoren erwogen, so *W.Lorenz*, JZ 1985, 443 (444).
Zur akzessorischen Anknüpfung der deliktischen Haftung an eine zwischen den Parteien bestehende vertragliche Sonderbeziehung siehe unten Fall 2.
[17] *Palandt/Heldrich*, Art. 38 EGBGB Rdnr. 22.

aa) Straßenverkehrsvorschriften

Besonderes gilt aber nach allgemeiner Meinung für die im Straßenverkehr geltenden Verhaltensvorschriften. Die insoweit maßgeblichen Regeln sind nicht automatisch die des Deliktsstatuts. Da solche Verhaltensnormen vielmehr ortsgebunden sind, kommt es - unabhängig vom Deliksstatut - auf die Regeln an, die am Ort der Deliktshandlung gelten. Im Rahmen der dem Deliktsstatut zu entnehmenden Haftungsnorm entfalten die örtlichen Verhaltensnormen also *Tatbestandswirkung* als sog. *local data*[18]. Im vorliegenden Fall kommt es also, auch wenn das Deliktsstatut das deutsche Recht ist, auf die *spanischen* Straßenverkehrsvorschriften an.

bb) Familienrechtliche Haftungserleichterung

Beurteilt sich nach dem oben Gesagten das Verschulden nach dem Deliktsstatut, so beantwortet dieses im Grundsatz auch die Frage nach dem notwendigen Verschuldensgrad. Fraglich ist, ob das auch dann gilt, wenn eine Haftungsprivilegierung auf einem familienrechtlichen Hintergrund zu erwägen ist, wie H fordert. Anerkannt ist, daß für *Rechtfertigungsgründe* der Eltern das Kindschaftsstatut eingreifen kann[19]. Es liegt deshalb nahe, auch im Rahmen des *Verschuldens* eine Antwort auf die Frage, ob die Haftung der Eltern gegenüber ihren Kindern entschärft ist, nicht dem Delikts-, sondern im Wege der Sonderanknüpfung einer Teilfrage dem Kindschaftsstatut zu entnehmen[20]. Dafür spricht, daß einer solchen Haftungsprivilegierung genuin familienrechtliche Überlegungen (Familie als Haftungs- und Solidargemeinschaft) zugrundeliegen, die mit speziell deliktsrechtlichen Interessen nichts zu tun haben und deshalb auch bei außerdeliktischen Ansprüchen eine Rolle spielen können. Im Ergebnis kann der richtige Ansatz aber offen bleiben. Nach dem oben Gesagten ist das Deliktsstatut das deutsche Recht. Das für das Rechtsverhältnis zwischen den Eltern und ihrem ehelichen Kind maßgebliche Kindschaftsstatut ist über die Kollisionsnorm des Art. 19 Abs. 2 EGBGB zu ermitteln. Da V verwitwet ist und eine Ehe nicht (mehr) besteht, wird gem. Art. 19 Abs. 2 S. 2 EGBGB im vorliegenden Fall auf das Recht am gewöhnlichen Aufenthaltsort des Kindes, also ebenfalls auf deutsches Recht verwiesen.

---

[18] Vgl. *Palandt/Heldrich*, Art. 38 EGBGB Rndr. 12; *Firsching/v.Hoffmann*, IPR, § 11 Rdnr. 52; BGHZ 42, 385 (388) = NJW 1965, 489 (490); BGHZ 119, 140 = NJW 1992, 3091. Es handelt sich dabei nicht um eine gesonderte Anknüpfung, sondern um eine an die Besonderheiten eines *Auslandssachverhaltes* angepaßte Anwendung des materiellen Rechts des Deliktsstatuts, *Stoll*, IPRax 1989, 89 (92).

[19] *MünchKomm/Kreuzer*, Art. 38 EGBGB Rdnr. 282.

[20] So *v. Bar*, IPR II Rdnr. 715 mit Rdnr. 192.

Fall 1: Internationales Deliktsrecht 43

Damit entscheidet dieses über eine mögliche Haftungsprivilegierung des Vaters V.

3. Das auf einen familienrechtlichen Ausgleichsanspruch anwendbare Recht

a) Verweisungsnorm

V könnte durch den von ihm verursachten Unfall auch seine Pflichten aus der elterlichen Sorge für den minderjährigen Sohn verletzt haben. Ein daraus möglicherweise erwachsender Schmerzensgeldanspruch fände damit eine Grundlage in dem Kindschaftsverhältnis des ehelichen Kindes zu seinen Eltern. Das Kindschaftsstatut und folglich auch ein solcher Anspruch[21] unterliegen der Kollisionsnorm des Art. 19 Abs. 2 EGBGB, deren Anwendung im vorliegenden Fall, wie bereits oben dargelegt, zum deutschen Recht führt.

b) Umfang der Verweisung

Das deutsche Recht entscheidet als Kindschaftsstatut umfassend über Voraussetzungen und ggf. Umfang eines Schmerzensgeldanspruchs auf der Grundlage der Sorgerechtsbeziehung zwischen V und S.

Es ist also festzuhalten, daß ein möglicher Schmerzensgeldanspruch des S insgesamt deutschem Recht unterliegt.

4. Materielles deutsches Recht

a) §§ 823 Abs. 1, 847 Abs. 1 BGB

aa) V hat durch sein Verhalten den Körper des S adäquat kausal verletzt. Er wäre nach § 823 Abs. 1 BGB aber dann nicht schadensersatzpflichtig, wenn er sich *verkehrsgerecht* verhalten, d.h. die im Straßenverkehr geltenden Verhaltensvorschriften beachtet hat[22]. Nach dem oben Gesagten ist insoweit auf die am Ort des Geschehens maßgebenden spanischen Straßenverkehrsregeln zurückzugreifen; dabei ist evident, daß V wegen der unangepaßten Geschwindigkeit gegen Art. 16 Abs. 1 des spanischen Código de la circulación verstoßen hat.

bb) Haftungserleichterung im Verhältnis Vater/Kind?

Allerdings handelte V nur leicht fahrlässig. Ein Schmerzensgeldanspruch des S scheidet daher dann aus, wenn er gegenüber seinem

---

[21] Vgl. BGH NJW 1993, 2305 (2306).
[22] Nach einer älteren BGH-Entscheidung (BGHZ 24, 21 (26)) ist verkehrsgerechtes Verhalten nicht rechtswidrig, während die Literatur hierin eine Frage des Verschuldens (vgl. z.B. *Musielak*, Grundkurs BGB, Rdnr. 674 ff.) oder der Tatbestandsmäßigkeit (Verletzung einer Handlungspflicht, *Larenz/ Canaris*, Schuldrecht II/2, § 75 II 3 c) sieht.

Sohn für leicht fahrlässig verursachte Schäden nicht haftet. Eine solche Haftungserleichterung könnte sich möglicherweise aus § 1664 BGB ergeben.

Nach § 1664 BGB haften Eltern gegenüber ihren unter der elterlichen Sorge stehenden, also minderjährigen Kindern bei Ausübung der elterlichen Sorge über § 277 BGB nur für Vorsatz und grobe Fahrlässigkeit. Dies gilt im Grundsatz auch, wenn das Verhalten eine deliktische Haftungsnorm erfüllt[23]. Im Wege der teleologischen Reduktion ist § 1664 BGB jedoch bei *Verkehrsunfällen*, die ein Elternteil als Führer eines Kfz verursacht, nicht anzuwenden[24], weil ein Verstoß gegen die jedermann treffenden und gegenüber jedermann zu erfüllenden Pflichten aus den Straßenverkehrsvorschriften nicht im Zusammenhang mit der elterlichen Sorge im Eltern-Kind-Verhältnis steht[25]. Damit bleibt es hier beim „normalen" Haftungsmaßstab des § 276 Abs. 1 S. 2 BGB, nach dem auch leichte Fahrlässigkeit zur Begründung des Schuldvorwurfs ausreicht.

Es besteht folglich gem. §§ 823 Abs. 1, 847 BGB ein Schmerzensgeldanspruch. Laut Sachverhalt ist die Höhe des Anspruchs von DM 5.000,- als angemessen zu unterstellen.

b) §§ 847 Abs. 1, 823 Abs. 2 BGB i.V.m. Schutzgesetz

Ein Schmerzensgeldanspruch könnte sich auch auf § 823 Abs. 2 BGB i.V.m. § 847 Abs. 1 BGB stützen. Erforderlich ist ein Verstoß gegen ein Schutzgesetz. Wie oben im Rahmen des § 823 Abs. 1 BGB sind auch hier die *örtlichen* Verkehrsregeln als potentielle Schutzgesetze heranzuziehen[26]. V hat gegen die Verhaltensnorm des Art. 16 Abs. 1 Código de la circulación verstoßen. *Ob* dies ein Schutzgesetz ist, beurteilt sich allerdings - weil es sich um ein Tatbestandsmerkmal einer materiellen deutschen Norm handelt - aus der Sicht des deutschen Rechts. Da die entsprechende Grundnorm der deutschen StVO (§ 1 StVO) als Schutzgesetz eingestuft wird[27], ist auch die spanische Vorschrift als solche zu behandeln. Der Verschuldensmaßstab ist auch hier § 276

---

[23] *Palandt/Diederichsen*, § 1664 Rdnr. 1; *Gernhuber/Coester-Waltjen*, § 57 IV 6; *Erman/Michalski*, § 1664 Rdnr. 6; a.A. *MünchKomm/Hinz*, § 1664 Rdnr. 6.
[24] *Palandt/Diederichsen*, § 1664 Rdnr. 3; *Gernhuber/Coester-Waltjen*, § 57 IV 6; vgl. BGHZ 61, 101 (104 f.) zur Parallelvorschrift des § 1359 BGB.
[25] Die hinter dieser Einschränkung unausgesprochen stehende ratio ist allerdings eine andere: Würde § 1664 BGB hier angewandt, würde nicht der fahrende Elternteil, sondern nur die weniger schutzbedürftige Haftpflichtversicherung (zu Lasten der Familie) entlastet.
[26] Vgl. *Firsching/v.Hoffmann*, IPR, § 11 Rdnr. 52 a.E.
[27] BGHZ 23, 90 (97) = NJW 1957, 674 (675); *MünchKomm/Mertens*, § 823 Rdnr. 169.

Fall 1: Internationales Deliktsrecht 45

BGB. Damit ist das Begehren des S auch aus §§ 823 Abs. 2, 847 Abs. 1 BGB gerechtfertigt.

c) §§ 7, 18 StVG
Diese Normen gewähren keinen Schmerzensgeldanspruch.

d) § 1664 BGB
Zwar ist § 1664 BGB nach h.M. nicht nur eine Norm zur Haftungsprivilegierung, sondern stellt darüber hinaus auch eine eigene Anspruchsgrundlage dar für einen Schadensersatzanspruch[28] des Kindes bei schuldhaft pflichtwidrigem Verhalten eines Elternteils in Ausübung der elterlichen Sorge. Aber zum einen ist die Vorschrift bei Schädigungen im Straßenverkehr nach dem oben Gesagten nicht anwendbar, und zum anderen ist sie wegen § 253 BGB keine Basis für einen Schmerzensgeldanspruch.

Zwischenergebnis: S hat gem. §§ 847, 823 Abs. 1, 823 Abs. 2 BGB i.V.m. Art. 16 Abs. 1 Código de la circulación gegen V einen Schmerzensgeldanspruch in Höhe von DM 5.000,-.

II. Direktanspruch gegen den Versicherer

Fraglich bleibt, ob S diesen gegen V gerichteten Anspruch direkt gegenüber dessen Haftpflichtversicherung geltend machen kann.

1. Anwendbares Recht
Zunächst ist zu klären, welchem Recht die Antwort auf diese Frage zu entnehmen ist. Die Anknüpfung hängt von der Qualifikation des Direktanspruchs ab. Nach h.M. und ständiger Rechtsprechung des BGH unterliegt er dem Deliktsstatut[29], während ihn eine Mindermeinung in der Literatur vertragsrechtlich einstuft und deshalb dem Vertragsstatut des Versicherungsvertrages entnehmen will[30]. Wieder andere vertreten

---

[28] *Palandt/Diederichsen,* § 1664 Rdnr. 1; abweichend *Gernhuber/Coester-Waltjen,* § 57 IV 6: § 1664 BGB ist nicht selbst eine Anspruchsgrundlage, sondern setzt eine solche als ungeschriebenen Grundsatz voraus. Im Ergebnis macht dies keinen Unterschied.

[29] BGHZ 119, 137 (139) = NJW 1992, 3091; BGHZ 57, 265 (270) = NJW 1972, 387 (388); BGH NJW 1974, 495 (496); *Grundmann,* Qualifikation gegen die Sachnorm (1984), 198; *Kegel,* IPR, § 18 IV 2; *Palandt/Heldrich,* Art. 38 EGBGB Rdnr. 18, 27; *Firsching/v.Hoffmann,* IPR, § 11 Rdnr. 42; *Staudinger/v.Hoffmann,* Art. 38 EGBGB Rdnr. 265; *Lüderitz,* IPR, Rdnr. 309.

[30] *Beitzke,* Rec. des cours 1965 II 63, 127 ff.; *Landwehr,* VersR 1965, 1113 (1115); *Seetzen,* VersR 1970, 1 (8).

eine subsidiäre[31] bzw. alternative[32] Geltung des Vertragsstatuts *neben* dem Deliktsstatut. Für die h.M. spricht, daß der Direktanspruch als *gesetzlich* angeordneter Schuldbeitritt für einen deliktischen Schadensersatzanspruch dem Deliktsrecht näher steht als dem Versicherungsvertragsrecht[33]. Der Versicherungsvertrag ist nicht die Grundlage des Direktanspruchs, sondern dient nur zur Bestimmung des betreffenden Versicherers, gegen den der Anspruch zu richten ist. Auch der verfolgte Zweck, dem Unfallopfer einen zweiten (solventen) Anspruchsgegner für seine deliktischen Ansprüche zu verschaffen, spricht dafür, den Direktanspruch selbst als „quasi"-deliktisch einzuordnen, zumal dem Versicherer im Verhältnis zum Dritten Einwendungen gegen seine Leistungsverpflichtung aus dem Vertrag häufig abgeschnitten werden. Deliktsstatut ist - wie oben festgestellt - deutsches Recht. Auch wenn man den Mindermeinungen folgen würde, käme man vorliegend zur Anwendung deutschen Rechts, da nach Art. 12 Abs. 2 EGVVG i.V.m. § 1 PflVersG der Haftpflichtversicherungsvertrag für ein Kfz mit regelmäßigem Standort im Inland dem deutschen Recht unterliegt[34]. Damit sind hier in jedem Fall die Voraussetzungen für einen Direktanspruch dem materiellen deutschen Recht zu entnehmen.

2. Direktanspruch nach deutschem Recht

Der Direktanspruch gegen den Versicherer ist in § 3 Nr. 1 PflVersG geregelt. Voraussetzung ist neben dem oben bereits bejahten deliktischen Anspruch gegen den Schädiger selbst ein bestehendes Versicherungsverhältnis zwischen diesem und der in Anspruch genommenen Versicherung. Ein Problem ist insoweit nicht ersichtlich. Allerdings besteht der Direktanspruch grundsätzlich nur „im Rahmen der Leistungspflicht" des Versicherers gegenüber dem Versicherungsnehmer. H könnte nach ihrem eigenen Vorbringen hier gem. § 39 Abs. 2 VVG wegen des Zahlungsverzuges von der Leistungsverpflichtung im Verhältnis zu V frei geworden sein. § 3 Nr. 1 PflVersG verweist aber auf

---

[31] *Trenk-Hinterberger*, NJW 1973, 1559 f.; *ders.*, VersR 1973, 659 (660).
[32] *MünchKomm/Kreuzer*, Art. 38 EGBGB Rdnr. 125; *U.Hübner*, VersR 1977, 1069 (1075).
[33] *Firsching/v.Hoffmann*, IPR, § 11 Rdnr. 42; BGH NJW 1974, 495 (496).
[34] Versicherungsverträge über Risiken, die in der Europäischen Gemeinschaft (jetzt: Europäische Union) belegen sind, unterliegen mit Ausnahme von Rückversicherungsverträgen gem. Art. 37 Nr. 4 EGBGB nicht den Art. 27 ff. EGBGB. Das hat seinen Grund darin, daß man bei Abschluß des diesen Normen zugrundeliegenden EVÜ einer damals geplanten europarechtlichen Vereinheitlichung des Kollisionsrechts des Versicherungsvertrages für alle EU-Mitglieder nicht vorgreifen wollte. Den kollisionsrechtlichen Teil der 1988 tatsächlich folgenden 2. Direktversicherungs-Richtlinie der EG (ABl. EG 1988 L 172, 1) hat die Bundesrepublik dann in Art. 7 ff. EGVVG umgesetzt.

Fall 1: Internationales Deliktsrecht 47

§ 3 Nr. 4 PflVersG, wonach der Versicherer dem geschädigten *Dritten* gegenüber mit dieser Einwendung ausgeschlossen ist.

Die Klage des S ist demnach begründet.

B. Begründetheit der Klage der T
I. Anwendbares Recht

1. Deutsches IPR

Nach den oben bei der Prüfung des Anspruchs von S dargelegten Regeln des deutschen internationalen Deliktsrechts ist zu überlegen, ob auch hier von dem Tatortprinzip abgewichen werden kann.

a) In der Person der T sind nicht die gleichen Voraussetzungen wie bei S gegeben, weil sie ihren gewöhnlichen Aufenthaltsort nicht in demselben Land wie der Schädiger V hat. Die enge persönliche Beziehung zum in Deutschland lebenden Schädiger und die Registrierung des Kfz in Deutschland reichen *allein* nicht aus, um eine Entschädigung nach deutschem Standard zu fordern, wenn das Opfer selbst nicht in einer durch deutsche Verhältnisse geprägten Rechtsumwelt wohnt[35].

b) Auch die Tatsache, daß sich die Ansprüche des bei demselben Unfall verletzten Bruders nach deutschem Recht richten, ändert hieran nichts. Das Ziel der Gleichbehandlung der durch einen Unfall Verletzten ist nicht von ausreichendem Gewicht, um die Tatortregel zu durchbrechen, wenn es - wie hier für T - an der inneren Rechtfertigung für die Auflockerung fehlt[36].

c) Damit wird für deliktische[37] Schadensersatzansprüche der T auf spanisches Recht verwiesen. Diese Verweisung ist nach h.M. entsprechend Art. 4 Abs. 1 S. 1 Hs. 1 EGBGB eine *Gesamtverweisung*, so daß eine eventuelle Rück- oder Weiterverweisung durch das spanische IPR zu beachten ist[38]. Eine Mindermeinung hält die Verweisungen im internationalen Deliktsrecht für Sachnormverweisungen[39]. Eine Ent-

---

[35] BGH NJW 1993, 1009 (1010).
[36] BGH NJW 1993, 1009 (1010).
[37] *Da T bereits volljährig ist, kommt ein Schadensersatzanspruch aus der Verletzung der elterlichen Sorge nicht in Betracht.*
[38] Vgl. *Palandt/Heldrich*, Art. 38 EGBGB Rdnr. 2 m.w.N.; *Kropholler*, IPR § 24 II 7 c (Ausnahme bei Rechtswahl und akzessorischer Anknüpfung); *Münch-Komm/Kreuzer*, Art. 38 Rdnr. 28; *Firsching/v.Hoffmann*, IPR, § 11 Rdnr. 56 (beide jedenfalls bei Anknüpfung an den Tatort bei einem Platzdelikt); OLG Köln, NJW-RR 1994, 96; OLG München VersR 1984, 745.
[39] Z.B. *Dörner*, Jura 1990, 57 (62).

scheidung zwischen diesen unterschiedlichen Ansätzen erübrigt sich dann, wenn das spanische Kollisionsrecht die Verweisung annimmt.

2. Spanisches IPR

a) Spanien ist Vertragsstaat des oben erwähnten Haager Übereinkommens über das auf Straßenverkehrsunfälle anwendbare Recht vom 4.5.1971[40], wendet also die dort enthaltenen Kollisionsnormen an. Im Rahmen der Renvoi-Prüfung ist folglich die Konvention auch für deutsche Gerichte beachtlich, obwohl die Bundesrepublik selber sie nicht ratifiziert hat.

b) Nach Art. 3 des Abkommens ist das Tatortrecht maßgeblich. Eine Ausnahme nach Art. 4 greift nicht ein. Insbesondere kann sich T für die Anwendung deutschen Rechts nicht auf Art. 4 lit. a) 2. Spiegelstrich berufen, weil ihr gewöhnlicher Aufenthaltsort im Tatortland liegt. Damit kommt es nicht zu einer Rückverweisung.

Es gilt also spanisches materielles Recht, unabhängig davon, ob man die Verweisung des deutschen internationalen Deliktsrechts als Gesamt- oder Sachnormverweisung auffaßt.

II. Spanisches materielles Recht

Nach dem als richtig zu unterstellenden Vortrag der H wird nach spanischem Recht unabhängig von der Frage, ob die Voraussetzungen für eine Verschuldenshaftung aus Art. 1902 C.C. und eine Gefährdungshaftung nach Art. 1 MotorfahrzeugG vorliegen, bei leichteren Verletzungen kein Schmerzensgeld geschuldet[41].

Die Klage der T ist demnach unbegründet[42].

C. Abwandlung:

In der Abwandlung könnte auch der Anspruch der T nach deutschem Recht zu beurteilen sein, wenn eine wirksame Wahl des deutschen Rechts vorliegt.

---

[40] Diese Information kann man in der Sammlung *Jayme/Hausmann* der Fn. 1 zum Text des Abkommens (Nr. 52) entnehmen.
[41] Vgl. dazu *Schwarz*, NJW 1991, 2058 (2068).
[42] *Auf die Frage des Direktanspruchs gegen die Versicherung muß hier nicht mehr eingegangen werden, weil es darauf mangels eines Schadensersatzanspruchs gegen den Versicherungsnehmer V nicht ankommt. Andernfalls müßte man sich hier, anders als oben bei S, hinsichtlich des insoweit anwendbaren Rechts entscheiden, da Delikts- und Versicherungsvertragsstatut auseinanderfallen.*

I. Rechtswahl im internationalen Deliktsrecht zulässsig?

Nach wohl heute unangefochtener Meinung ist aufgrund der allgemein im Schuldrecht herrschenden Parteiautonomie jedenfalls eine nach Begehung der unerlaubten Handlung getroffene Vereinbarung über das anzuwendende Recht zulässig[43]. Diese ist auch stillschweigend möglich, vgl. (den unmittelbar nicht anwendbaren) Art. 27 Abs. 1 S. 2 EGBGB, und kann dementsprechend grundsätzlich auch dem *Prozeßverhalten* der Parteien entnommen werden[44].

II. Stillschweigende Rechtswahl durch Prozeßverhalten?

Fraglich ist aber, ob es für die Annahme einer Rechtswahl bereits genügen soll, daß sich die Parteien im Prozeß vor einem deutschen Gericht auf deutsches Recht berufen, ohne die mögliche Anwendbarkeit ausländischen Rechts überhaupt zu erörtern. Die ganz h.Rspr. läßt dies ausreichen[45]. Dem ist jedoch entgegenzuhalten, daß die Rechtswahl im Deliktsrecht (wie im Vertragsrecht) eine rechtsgeschäftliche Vereinbarung darstellt. Das Verhalten der Parteien im Prozeß muß sich deshalb - wenn wie hier deutsches Recht als gewählt gelten soll und dieses deshalb entsprechend Art. 27 Abs. 4, 31 Abs. 1 EGBGB über die Voraussetzungen der Einigung entscheidet - als Kundgabe eines auf die *Herbeiführung* einer bestimmten Rechtsfolge gerichteten Willens darstellen[46]. Die bloße Bezugnahme auf deutsche Vorschriften enthält bei objektiver Betrachtung diesen Erklärungswert nicht, denn dies kann - und wird häufig auch - darauf beruhen. daß den im IPR unerfahrenen Parteien und ihren Rechtsvertretern die gesetzliche Anknüpfung im Deliktsrecht und die davon abweichende Wahlmöglichkeit ohne einen entsprechenden Hinweis durch den Richter nicht bekannt sein werden und sie wie selbstverständlich davon ausgehen, daß in einem Prozeß vor einem deutschen Gericht deutsches Recht Anwendung findet. Drückt sich deshalb i.d.R. in der Bezugnahme auf deutsche Rechtsnormen nur eine mehr oder weniger reflek-

---

[43] *Palandt/Heldrich*, Art. 38 EGBGB Rdnr. 13 m.w.N.; *Staudinger/v.Hoffmann*, Art. 38 EGBGB Rdnr. 145; BGHZ 42, 389; BGH NJW 1993, 195.

[44] Vgl. BGH NJW-RR 1988, 534 (535); *Palandt/Heldrich*, Art. 38 EGBGB Rdnr. 13 m.w.N.; *Firsching/v.Hoffmann*, IPR, § 11 Rdnr. 40 mit § 10 Rdnr. 37.

[45] Deutlich das Urteil des BGH v. 22.12.1987, zitiert bei *v.Hoffmann*, IPRax 1988, 306: „Denn die Beurteilung des Streitfalls nach deutschem materiellen Recht ist jedenfalls deshalb bedenkenfrei, weil die Parteien in beiden Tatsacheninstanzen übereinstimmend den Ansprüchen der Kl. deutsche Rechtsnormen zugrunde gelegt und damit zumindest stillschweigend eine ihnen mögliche Vereinbarung über das auf diese Ansprüche anzuwendende Recht getroffen haben..."

[46] Siehe nur *Musielak*, Grundkurs BGB, Rdnr. 36.

tierte *Vorstellung* über das objektiv ohnehin anwendbare Recht aus, so liegt darin - ohne weitere Anhaltspunkte - nicht zugleich eine stillschweigende rechtsgeschäftliche Erklärung, die Anwendung dieses Rechts *herbeiführen* zu wollen. Parteien, die hingegen bewußt eine Rechtswahl treffen wollen, werden sich kaum mit einer unsicheren stillschweigenden Erklärung begnügen.

Die bloße Argumentation auf der Basis des materiellen deutschen Rechts stellt deshalb mit der überwiegenden Literaturmeinung[47] keine gültige stillschweigende Rechtswahl im Prozeß dar.

Es bleibt deshalb im vorliegenden Fall auch in der Abwandlung bei der Anwendung spanischen Rechts.

Fall 2: Internationales Vertragsrecht

Sachverhalt

Der in Garmisch-Partenkirchen wohnende Hotelier W erweitert sein dortiges Hotel durch den Ausbau der anliegenden Tenne. Für die Holzarbeiten gewinnt er den mit seinem Handwerksbetrieb in dem österreichischen Grenzort Achenkirch niedergelassenen U. Es wird vereinbart, daß die Firma Türen und Fensterstöcke aus gekalkter Eiche sowie eine Treppe paßgenau herstellen und einbauen soll.

Mit den Arbeiten wird vereinbarungsgemäß im Mai 1994 begonnen. W ist jeweils morgens auf der Baustelle anwesend, um die Tenne aufzusperren. Als er im Juli 1994 verreist, bittet er seinen Nachbarn N um diese Gefälligkeit. Die Handwerker des U sind inzwischen beim Einbau der Treppe angelangt. Sie zeigen dem N einen Entwurf für eine unter der Treppe belegene Kammer, die zusätzlichen Stauraum bietet. Der Einbau soll zusätzlich DM 8.000,- kosten. N bestellt die Kammer, da er sie für praktisch hält. Als W nach Hause kommt, ist er begeistert. Bei Vorlage der nächsten Teilrechnung zahlt er auch den Preis für die Kammer ohne Beanstandung.

---

[47] *MünchKomm/Kreuzer*, Art. 38 EGBGB Rdnr. 60 m.w.N.; *Schack*, NJW 1984, (2736) (2739); *Hohloch*, NZV 1988, 161. Diese Autoren stellen allerdings weniger auf einen mangelnden Erklärungstatbestand, sondern auf das fehlende innere Erklärungsbewußtsein ab. Im Ergebnis ergibt sich zu der hier vertretenen Auffassung kein Unterschied. A.A. *v.Hoffmann*, IPRax 1988, 306 f. (Erklärungsbewußtsein ist unerheblich, da es sich vielmehr um eine Präklusion von Rechtsausführungen im Prozeß handelt); zur Problematik der Rückwirkung der Rechtswahl: *W.Lorenz*, IPRax 1987, 769; *Reinhardt*, IPRax 1995, 367.

Fall 2: Internationales Vertragsrecht 51

Als W im September nochmals für einige Tage verreist, bestellt N auf Vorschlag des U maßgefertigte Einbauregale für vier Zimmer zum Gesamtpreis von DM 11.000,-. Wegen der schwierigen räumlichen Gegebenheiten entfallen über 50% des Preises auf die Einbautätigkeit selbst. W ist empört, da er die Regale zusammen mit der Einrichtung der Zimmer bestellen wollte.

Auf die Schlußrechnung des U hin zahlt er trotz mehrmaliger Erinnerung den Betrag für die Regale nicht. Schließlich setzt U eine Zahlungsfrist bis zum 31.1.1995. Als W auch dann nicht zahlt, erhebt U anwaltlich vertreten Klage vor dem LG München II (Zustellung am 20.3.1995) auf Zahlung von DM 11.000,- für die Einbauregale.

Der Anwalt des W erwidert, die Forderung sei nicht begründet. Ein Vertrag zwischen U und W über die Herstellung und den Einbau der Regale sei nie zustandegekommen. Im übrigen habe die Firma U das Fenster im Treppenhaus aus Unachtsamkeit eingestoßen, so daß ein Schaden in Höhe von DM 5.000,- entstanden sei, mit dem er hilfsweise aufrechne. Den Schaden habe W bereits bei U vorprozessual ohne Erfolg geltend gemacht.

U gibt das Mißgeschick mit dem Fenster zu. Dies sei aber seinem Lehrling L passiert, als er eine Leiter in den ersten Stock getragen habe. Hierfür lehne er die Verantwortung ab. L sei grundsätzlich sehr zuverlässig und tüchtig und habe einen vergleichbaren Fehler noch nie gemacht. W bestreitet dies nicht, meint jedoch, daß es darauf gerade nicht ankomme.

Erfolgsaussichten der Klage?

Anhang: Gesetzestexte

I. Österreichisches Bundesgesetz über das internationale Privatrecht vom 15. Juni 1978 (IPRG)

§ **36.** Gegenseitige Verträge, nach denen die eine Partei der anderen zumindest überwiegend Geld schuldet, sind nach dem Recht des Staates zu beurteilen, in dem die andere Partei ihren gewöhnlichen Aufenthalt hat. Schließt diese Partei den Vertrag als Unternehmer, so ist statt des gewöhnlichen Aufenthalts die Niederlassung maßgebend, in deren Rahmen der Vertrag geschlossen wird.

§ **48 Abs. 1.** Außervertragliche Schadensersatzansprüche sind nach dem Recht des Staates zu beurteilen, in dem das den Schaden verursachende Verhalten gesetzt worden ist. Besteht jedoch für die Beteiligten eine stärkere Beziehung zum Recht ein und desselben anderen Staates, so ist dieses Recht maßgebend.

II. Österreichisches Allgemeines Bürgerliches Gesetzbuch (ABGB) vom 1. Juni 1811

§ 1017. Insofern der Gewalthaber [Vertreter] nach dem Inhalt der Vollmacht den Gewaltgeber [Vertretenen] darstellt, kann er ihm Rechte erwerben und Verbindlichkeiten auflegen. Hat er also innerhalb der Grenzen der offenen Vollmacht mit einem Dritten einen Vertrag geschlossen, so kommen die dadurch gegründeten Rechte und Verbindlichkeiten dem Gewaltgeber und dem Dritten, nicht aber dem Gewalthaber zu...

Hinweis: Die Regeln des österreichischen Rechts zur Ansheins- und Duldungsvollmacht entsprechen weitgehend dem deutschen Recht.

§ 1170 [zum Werkvertrag]. In der Regel ist das Entgelt nach vollendetem Werk zu entrichten...

OGH JBl. 1969, 664 (665): „[Die] Fälligkeit einer Schadensersatzforderung kann erst eintreten, wenn der Schaden ... vom Beschädigten [gegenüber dem Schuldner] der Ziffer nach bestimmt worden ist."

§ 1294. Der Schade entspringt entweder aus einer widerrechtlichen Handlung oder Unterlassung eines anderen; oder aus einem Zufalle. Die widerrechtliche Beschädigung wird entweder willkürlich, oder unwillkürlich zugefügt. Die willkürliche Beschädigung aber gründet sich teils in einer bösen Absicht, wenn der Schade mit Wissen und Willen, teils in einem Versehen, wenn er aus schuldbarer Unwissenheit, oder aus Mangel der gehörigen Aufmerksamkeit, oder des gehörigen Fleißes verursacht worden ist. Beides wird Verschulden genannt.

§ 1295 Abs. 1. Jedermann ist berechtigt, von dem Beschädiger den Ersatz des Schadens, welchen dieser ihm aus Verschulden zugefügt hat, zu fordern; der Schade mag durch Übertretung einer Vertragspflicht oder ohne Beziehung auf einen Vertrag verursacht worden sein.

§ 1313a. Wer einem andern zu einer Leistung verpflichtet ist, haftet ihm für das Verschulden ... der Personen, deren er sich zur Erfüllung bedient, wie für sein eigenes.

§ 1315. Überhaupt haftet derjenige, welcher sich einer untüchtigen oder wissentlich einer gefährlichen Person zur Besorgung seiner Angelegenheiten bedient, für den Schaden, den sie in dieser Eigenschaft einem Dritten zufügt.

§ 1438. Wenn Forderungen gegenseitig zusammentreffen, die richtig, gleichartig und so beschaffen sind, daß eine Sache, die dem einen Gläubiger gebührt, von diesem auch als Schuldner dem anderen entrichtet werden kann, so entsteht, insoweit die Forderungen sich gegeneinander ausgleichen, eine gegenseitige Aufhebung der Verbind-

Fall 2: Internationales Vertragsrecht

lichkeiten (Kompensation), welche schon für sich die gegenseitige Zahlung bewirkt.

§ 1439. Zwischen einer richtigen und nicht richtigen, sowie zwischen einer fälligen und noch nicht fälligen Forderung findet die Kompensation nicht statt...

Rechtsprechung zu §§ 1438 f. ABGB:
- Für den Aufrechnungsvollzug ist gegen den mißverständlichen Wortlaut der Vorschrift die Geltendmachung der Aufrechnung (Aufrechnungserklärung) erforderlich, OGH SZ 51/38, ständige Rechtsprechung.
- Eine Forderung ist „richtig", wenn sie wirksam entstanden, einredefrei und unbedingt ist; vgl. *Rummel/Rummel*, ABGB, § 1439 Anm. 1 ff.

Vermerk: Soweit es nach Ansicht des Bearbeiters auf hier nicht wiedergegebenes österreichisches Recht ankommt, ist zu unterstellen, daß es insoweit den deutschen Regeln entspricht. Garmisch-Partenkirchen liegt im Landgerichtsbezirk des LG München II, Art. 5 Nr. 15, 6 Abs. 2 Nr. 25 BayGerOrG.

Vorbemerkungen

I. Die Sachverhaltsfrage ist anders als beim ersten Fall auf die *Erfolgsaussichten* der Klage gerichtet und umfaßt daher auch Erörterungen der Zulässigkeit der Klage. Diese sind im Gutachten stets voranzustellen. Kommt der Bearbeiter zur Unzulässigkeit der Klage, so ist zur Begründetheit ein Hilfsgutachten anzufertigen.

II. Die Klausur ist sehr umfangreich und stellt schon daher hohe Anforderungen an den Bearbeiter. Die hier vorgestellte Musterlösung soll, wie bereits im Vorwort angedeutet, gleichwohl nicht abschreckend wirken: Bei einer klausurmäßigen Bearbeitung ohne Hilfsmittel und mit zeitlicher Begrenzung kann nicht erwartet werden, daß alle Probleme, die der Fall aufwirft, gesehen und in aller Tiefe mit allen Meinungsvarianten erörtert werden. Wichtig ist hingegen, daß der Bearbeiter die Schwerpunktfragen erkennt und im Gutachten angemessen darstellt und löst.

III. Den Schwerpunkt des Falles bildet im Rahmen der Zuständigkeit die Frage nach der Anwendbarkeit des EuGVÜ in einer Konstellation mit bloßem Drittstaatenbezug. Bei der Begründetheit kommt es zunächst darauf an, das Vertragsstatut zu bestimmen, wobei sich der Bearbeiter vor allem Gedanken über eine mögliche konkludente Rechtswahl und - im Rahmen der hilfsweise vorzunehmenden objektiven Anknüpfung - über die vertragscharakteristische Leistung sowie die Ausweichklausel des Art. 28 Abs. 5 EGBGB zu machen hat. Die Feststellung des Vertragsstatuts löst aber nicht alle internationalprivatrechtlichen Probleme: Wichtige Teilfragen wie die nach der wirksamen Stellvertretung durch N sowie nach der Aufrechnung sind gesondert anzuknüpfen, wobei es bei der Stellvertretung an einer gesetzlichen Regelung fehlt. Schließlich ist es keine geringe Anforderung, die materiellen Probleme der Klausur auf der Basis der zum österreichischen Recht im Anhang zum Sachverhalt abgedruckten Informationen zu lösen.

IV. Hinsichtlich des Aufbaus der Fallösung bietet nur die Begründetheitsprüfung Schwierigkeiten. Man kann „integrativ" vorgehen, also materielle und internationalprivatrechtliche Prüfung verschränken, oder aber letztere isoliert vorziehen[1]. In der Musterlösung ist auch diesmal der zweite Weg gewählt worden, weil andernfalls die Lösung sehr unübersichtlich zu werden droht; dem Bearbeiter steht jedoch selbstverständlich frei, sich anders zu entscheiden. Folgt er aber der hier vorgeschlagenen Variante, so gilt in besonderem Maße die bereits in den Vorbemerkungen zu Fall 1 ausgesprochene Warnung: Die Niederschrift der Lösung macht ein vorheriges genaues Durchdenken des *gesamten* Falles einschließlich der materiellen Probleme erforderlich.

Gliederung der Lösung

Erster Teil: Zulässigkeit der Klage
A. Internationale Zuständigkeit
  I. EuGVÜ
    1. Sachlicher Anwendungsbereich
    2. Zeitlicher Anwendungsbereich
    3. Räumlich/persönlicher Anwendungsbereich
    4. Internationale Zuständigkeit nach dem EuGVÜ
  II. Luganer Abkommen
B. Sachliche Zuständigkeit
C. Örtliche Zuständigkeit
  I. EuGVÜ
  II. Autonomes deutsches Recht
D. Sonstige Besonderheiten

Zweiter Teil: Internationale Zuständigkeit für die Beschäftigung mit der zur Aufrechnung gestellten Gegenforderung

Dritter Teil: Begründetheit der Klage
A. Internationalprivatrechtliche Probleme
  I. Ermittlung des Vertragsstatuts
    1. Vorrang internationaler Verträge
    2. UN-Übereinkommen über Verträge über den internationalen Warenkauf vom 11.4.1980
      a) Zeitlicher/räumlicher Anwendungsbereich
      b) Sachlicher Anwendungsbereich
    3. Autonomes deutsches Kollisionsrecht
      a) Rechtswahl der Parteien

---
[1] Näher dazu die Vorbemerkungen zu Fall 1.

Fall 2: Internationales Vertragsrecht 55

        b) Objektive Anknüpfung
           aa) Art. 28 Abs. 2 EGBGB
           bb) Art. 28 Abs. 5 EGBGB
  II. Umfang des Vertragsstatuts
  III. Vollmachtsstatut (Vertretungsstatut)
    1. Teilfrage
    2. Meinungsstreit
  IV. Aufrechnungsstatut
    1. Aufrechnung als Art der Erfüllung
    2. Bestehen der Gegenforderung
        a) Vertraglicher Anspruch
        b) Deliktischer Anspruch
           (1) Grundregeln
           (2) Auflockerung des Tatortprinzips
           (3) Gesamtverweisung
    3. Vertretung bei der Erklärung der Aufrechnung
B. Materiellrechtliche Probleme
  I. Anspruch des U gegen W
    1. Wirksamer Vertragsschluß
    2. Erlöschen des Anspruchs durch Aufrechnung
        a) Vertraglicher Schadensersatzanspruch
        b) Deliktischer Schadensersatzanspruch

Lösung

Erster Teil: Zulässigkeit der Klage

A. Internationale Zuständigkeit[2]

Zuständigkeitsregeln in Staatsverträgen, die (im Wege der Transformation[3]) wirksam in das innerstaatliche Recht übernommen worden sind, gehen dem autonomen Recht des jeweiligen Vertragsstaats vor. Zwar fehlt eine ausdrückliche Regelung dieses Rangkonflikts im internationalen Zivilprozeßrecht, man kann jedoch auf den Rechtsgedanken verweisen, der der für das IPR geltenden Vorschrift des Art. 3 Abs. 2 S. 1 EGBGB (vgl. unten 2. Teil A.I.1.) zugrundeliegt[4].

---

[2] *Zur Gerichtsbarkeit sind vorliegend keine Bemerkungen veranlaßt, da der Beklagte offensichtlich der deutschen Gerichtsbarkeit unterliegt. Die Thematik wird interessant, wenn beispielsweise der Beklagte ein ausländischer Staat, ein ausländischer Diplomat oder eine ausländische Organisation sind.*
[3] Dazu *v.Münch/Rojahn*, GG-Kommentar, Art. 59 Rdnr. 40 f.
[4] Vgl. z.B. *Schack*, IZVR, Rdnr. 62. Soweit Vorschriften in Staatsverträgen nicht die internationale Entscheidungszuständigkeit, sondern die

Möglicherweise einschlägige Staatsverträge sind deshalb vorrangig zu prüfen[5].

I. EuGVÜ

1. Sachlicher Anwendungsbereich

Da der vorliegende Rechtsstreit sich auf eine zivilrechtliche Streitigkeit bezieht, ist der sachliche Anwendungsbereich des EuGVÜ nach Art. 1 Abs. 1 eröffnet. Eine der nach Art. 1 Abs. 2 EuGVÜ relevanten Ausnahmen liegt nicht vor[6].

2. Zeitlicher Anwendungsbereich

Das EuGVÜ ist am 1.12.1994 für die Bundesrepublik i.d.F. vom 26.5.1989 in Kraft getreten (3. Beitrittsübereinkommen von San Sebastián)[7]. Nach der intertemporalen Vorschrift des Art. 54 EuGVÜ ist diese jüngste Fassung auf alle Klagen anzuwenden, die nach diesem Zeitpunkt erhoben werden, unabhängig davon, wann der Sachverhalt spielt, auf den die Klageforderung gestützt wird.

3. Räumlich/persönlicher Anwendungsbereich

Umstrittene, von der h.M. aber geforderte Voraussetzung für die Anwendung des EuGVÜ ist das Vorliegen eines internationalen Sachverhalts[8]. Vorliegend kann diese Streitfrage wie auch die Definition des

---

Anerkennung ausländischer Entscheidungen betreffen, weicht man allerdings von diesem Grundsatz ab: Hier gilt das Günstigkeitsprinzip, nach dem eine Entscheidung auch dann anerkannt wird, wenn die Anerkennungsvoraussetzungen (nur) nach autonomem Recht, nicht aber nach dem einschlägigen Staatsvertrag vorliegen. *Schack*, aaO; *Geimer*, IZPR, Rdnr. 2766 m.w.N.

[5] Ist der Anwendungsbereich eines solchen Vertrages eröffnet, ohne daß er eine im konkreten Fall passende Zuständigkeitsnorm enthält, fehlt es i.d.R. an der internationalen Zuständigkeit des deutschen Gerichts. Es darf nicht hilfsweise auf die ZPO zurückgegriffen werden, es sei denn, der Vertrag läßt für die Anwendung des autonomen Rechts (nach dem Günstigkeitsprinzip) Raum.

[6] *Eine Auseinandersetzung mit der Frage, nach welchem Recht der Begriff „Zivil- und Handelssache" zu qualifizieren ist, ist hier nicht angebracht, weil zweifelsfrei eine zivilrechtliche Streitigkeit vorliegt; seit EuGH v. 14.10.1976, EuGH Slg. 1976, 1541 (1550) = NJW 1977, 489 (490) - LTU/ Eurocontrol folgt die Rechtsprechung und die h.M. der autonomen Qualifikationsmethode.*

[7] BGBl. 1994 II 3707.

[8] Z.B. *MünchKommZPO/Gottwald*, Art. 1 IZPR Rdnr. 13; *Schack*, IZVR Rdnr. 239; Bericht *Jenard* zum EuGVÜ, abgedruckt bei *Bülow/Böckstiegel/*

internationalen Sachverhalts im einzelnen dahingestellt bleiben, da jedenfalls durch den österreichischen Wohnsitz des Klägers eine i.S. aller Meinungen ausreichende Auslandsberührung gegeben ist.

Dennoch können sich vorliegend Bedenken gegen die Anwendung des EuGVÜ ergeben, da zwar der Beklagte seinen Wohnsitz in einem Vertragsstaat des EuGVÜ hat, aber keine weiteren Berührungspunkte zu anderen Vertragsstaaten gegeben sind, weil Österreich jedenfalls noch nicht Vertragsstaat ist. Ein Teil der Rechtsprechung[9] hält die Berührung mit einem anderen Vertragsstaat für notwendig.

Gestützt wird diese Ansicht auf die Präambel des EuGVÜ, die auf den Schutz der in den Vertragsstaaten ansässigen Personen und auf die gegenseitige Anerkennung und Vollstreckung von Vertragsstaaten-Entscheidungen abstellt. Herangezogen werden könnte möglicherweise auch Art. 4 I EuGVÜ, der für den Fall, daß der Beklagte keinen Wohnsitz im Hoheitsgebiet eines Vertragsstaates hat, das autonome Recht beruft.

Gerade dieses letzte Argument kann aber auch gegen eine derartige Beschränkung des Anwendungsbereichs angeführt werden. Man kann nämlich davon ausgehen, daß das Abkommen generell die internationale Zuständigkeit in den Vertragsstaaten regeln will und nur für den Fall eines Beklagtenwohnsitzes außerhalb der Vertragsstaaten (abgesehen von Art. 16) auf die Anwendung seiner Zuständigkeitsordnung verzichtet, Art. 4 Abs. 1 EuGVÜ. Auch ansonsten läßt sich der Konvention keine generelle Einschränkung des Anwendungsbereichs

---

Geimer/Schütze, Internationaler Rechtsverkehr, Bd. 1, Nr. 601, S. 10; Bericht *Schlosser* zum EuGVÜ, abgedruckt ebda., S. 109; a.A. z.B. *Kropholler,* EuZPR, vor Art. 2 Rdnr. 6 f.; *Geimer/Schütze(-Geimer),* Internationale Urteilsanerkennung I/1, § 29 XIV 3.

[9] BGH IPRax 1990, 318 (319); OLG München IPRax 1991, 46, 47 (speziell zu Art. 17 Abs. 1 EuGVÜ); ebenso *Schack,* IZVR, Rdnr. 241. Anders aber BGH EuZW 1993, 518 (Vorlagebeschluß an den EuGH): Das Gericht hielt bei einer Klage gegen eine Brokerfirma mit Sitz in New York wegen Warentermingeschäfte das EuGVÜ für einschlägig und erachtete (u.a.) das Verhältnis von Art. 4 Abs. 1 zu Art. 13 Abs. 2 EuGVÜ für klärungsbedürftig. Auch der EuGH ging in seiner Antwort (EuZW 1994, 766) selbstverständlich davon aus, daß das EuGVÜ in einem solchen Fall grundsätzlich zu beachten ist; nur weil weder ein tatsächlicher Beklagtensitz in einem Vertragsstaat festzustellen noch ein solcher über Art. 13 Abs. 2 zu fingieren war, kam es über Art. 4 Abs. 1 EuGVÜ zu einem Verweis auf das autonome deutsche Zivilprozeßrecht. Zur Folgeentscheidung des BGH in dieser Sache s. BGH NJW 1995, 1225. Der Vorlagebeschluß des englischen *House of Lords* an den EuGH (Rs C-314/92) in der Sache „Harrods", der endgültige Klärung in der Frage der Anwendung des EuGVÜ bei alleiniger Drittstaatenberührung bringen sollte, ist nach Rücknahme des Rechtsmittels zum *House of Lords* gegenstandslos geworden, vgl. *Jayme/Kohler,* IPRax 1994, 405 (412, Fn. 71).

im obengenannten Sinne entnehmen. Vielmehr zeigen die einzelnen Zuständigkeitsbestimmungen, welche Berührung zu einem Vertragsstaat gegeben sein muß. Mit der h.M. in der Literatur[10] ist daher davon auszugehen, daß Berührungspunkte zu mehreren Vertragsstaaten nicht gegeben sein müssen, und vorliegend das EuGVÜ Anwendung findet, weil der Beklagte seinen Wohnsitz in einem Vertragsstaat des Abkommens hat[11].

4. Internationale Zuständigkeit nach dem EuGVÜ

Nach Art. 2 Abs. 1 EuGVÜ sind die deutschen Gerichte international zuständig, wenn der Beklagte seinen Wohnsitz in Deutschland hat. Ob sich der Wohnsitz einer Person im Gerichtsstaat befindet, ist nach Art. 52 Abs. 1 EuGVÜ nach der lex fori dieses Gerichtsstaates zu beurteilen. Art. 52 Abs. 1 EuGVÜ verweist also vorliegend auf § 7 Abs. 1 BGB. Nach § 7 Abs. 1 BGB befindet sich der Wohnsitz einer Person an dem Orte, an dem sie sich ständig niedergelassen hat. W hat also seinen Wohnsitz in der Bundesrepublik Deutschland. Da eine abweichende ausschließliche Zuständigkeit (Art. 16 f. EuGVÜ) vorliegend nicht gegeben ist, sind die deutschen Gerichte nach Art. 2 Abs. 1 EuGVÜ international zuständig.

II. Luganer Abkommen

Das Luganer Parallell-Abkommen zum EuGVÜ ist in Deutschland am 1.3.1995 in Kraft getreten[12]; Österreich ist nicht Vertragsstaat dieses Abkommens. Man könnte nun daran denken, daß das Luganer Abkommen (LGVÜ) ebenso wie nach der oben zum EuGVÜ dargestellten herrschenden Meinung auch in einem „Drittstaatenfall" seine Anwendung fordert. Im Verhältnis zum EuGVÜ ist das Luganer Abkommen aber nachrangig, Art. 54 b Abs. 1 S. 2 LGVÜ, so daß sich auch unter dieser Voraussetzung ein Konkurrenzproblem nicht stellt.

---

[10] Vgl. *Kropholler*, EuZPR, vor Art. 2 Rdnr. 8 m.w.N.; *Rauscher/Gutknecht*, IPRax 1993, 21 (24); *Geimer* IPRax 1991, 31; *Coester-Waltjen*, Festschrift Nakamura, 1996, 89.

[11] *Die Problematik sollte vorliegend erörtert werden, wenngleich man die Begründung auch noch etwas kürzer fassen könnte. Bearbeiter, die der Rechtsprechung folgen, müssen hier die Prüfung des EuGVÜ abbrechen und die internationale Zuständigkeit auf die §§ 12, 13 ZPO stützen, wobei eine Erörterung der Frage, ob diese Vorschriften bifunktional die örtliche und die internationale Zuständigkeit regeln, oder in Fragen der internationalen Zuständigkeit analog angewendet werden, dahingestellt bleiben kann. Vgl. dazu Firsching/v.Hoffmann, IPR, § 3 Rdnr. 37 f.; Schack, IZVR, Rdnr. 236.*

[12] Bek. v. 8.2.1995, BGBl. 1995 II 221.

Fall 2: Internationales Vertragsrecht 59

B. Sachliche Zuständigkeit

Da es sich vorliegend um eine vermögensrechtliche Streitigkeit über eine Summe von mehr als DM 10.000 handelt, sind die Landgerichte nach §§ 71 Abs. 1, 23 Nr. 1 GVG sachlich zuständig.

C. Örtliche Zuständigkeit

I. EuGVÜ

Zwar bestimmt das EuGVÜ in einer Reihe von Vorschriften gleichzeitig auch die örtliche Zuständigkeit (z.B. Art. 5 Nr. 1 EuGVÜ), in Art. 2 Abs. 1 EuGVÜ fehlt eine solche jedoch.

II. Autonomes deutsches Recht

Die örtliche Zuständigkeit des Gerichts richtet sich daher nach den §§ 12, 13 ZPO. Da W seinen Wohnsitz in Garmisch-Partenkirchen hat, ist das Gericht zuständig, in dessen Bezirk Garmisch-Partenkirchen liegt. Nach der Sachverhaltsangabe liegt Garmisch-Partenkirchen im Landgerichtsbezirk des LG München II (Art. 5 Nr. 15, 6 Abs. 2 Nr. 25 BayGerOrG). Das Landgericht München II ist demnach örtlich zuständig.

D. Sonstige Besonderheiten

Bedenken gegen die Partei- oder Prozeßfähigkeit einer der Parteien sind vorliegend auch bei eventueller ausländischer Staatsangehörigkeit nicht angezeigt. Wie § 78 Abs. 1 ZPO fordert, sind die Parteien anwaltlich vertreten. Ob der Kläger Ausländer ist, läßt sich dem Sachverhalt nicht direkt entnehmen. Selbst wenn man jedoch seine ausländische Staatsangehörigkeit unterstellt, bestehen keine Bedenken gegen die Zulässigkeit der Klage wegen fehlender Prozeßkostensicherheit nach § 110 Abs. 1 ZPO, weil der Beklagte diese Einrede vor der mündlichen Verhandlung zur Hauptsache erster Instanz hätte erheben müssen (§ 282 Abs. 3 S. 1 ZPO), was nicht geschehen ist[13]. Auch sonstige Zulässigkeitsprobleme sind nicht ersichtlich.

---

[13] Im übrigen wäre Art. 17 Abs. 1 des sowohl in Deutschland als auch in Österreich geltenden Haager Zivilprozeßübereinkommens vom 1.3.1954 (BGBl. 1958 II 577) zu beachten, nach dem es den Vertragsstaaten untersagt ist, von den Angehörigen eines anderen Vertragsstaates wegen ihrer Eigenschaft als Ausländer eine Sicherheitsleistung für die Prozeßkosten zu verlangen.Vgl. auch EuGH IPRax 1994, 203 (204): Im Anwendungsbereich des EG-Vertrages verbieten es Art. 6 EGV (= Art. 7

Die Klage ist zulässig.

Zweiter Teil: Internationale Zuständigkeit für die Beschäftigung mit der zur Aufrechnung gestellten Gegenforderung[14]

Da im Fall der Prozeßaufrechnung die Entscheidung über die zur Aufrechnung gestellte Gegenforderung gem. § 322 Abs. 2 ZPO der materiellen Rechtskraft fähig ist, vertritt die h.M. in Deutschland die Auffassung, daß deutsche Gerichte über die Gegenforderung nur entscheiden können, wenn sie auch für deren - hypothetische - klageweise Geltendmachung international zuständig wären[15]. Nach Auffassung des EuGH verlangt das EuGVÜ die Beachtung der Regelungen über die internationale Zuständigkeit nur für die aktive, klageweise Geltendmachung von Forderungen; die Frage, ob auch die Prozeßaufrechnung als bloßes Verteidigungsmittel nur unter der Voraussetzung der internationalen Zuständigkeit geltend gemacht werden kann, soll sich deshalb allein nach dem jeweiligen nationalen Recht des Forums richten[16]. Die nach nationalem deutschen Recht verlangte Zuständigkeit ergibt sich hier jedenfalls aus Art. 6 Nr. 3 EuGVÜ, weil der Sach-

---

EWGV a.F.) und die diesen konkretisierenden Vorschriften z.B. über die Waren- oder Dienstleistungsfreiheit, einer Person die Zahlung einer Prozeßkostensicherheit aufzuerlegen, nur weil sie Angehörige eines anderen (Mitglied-)Staates ist. Dies gilt nach dem Beitritt auch gegenüber Österreich. *All dies muß selbstverständlich in einer klausurmäßigen Bearbeitung des Falles nicht vertieft werden.*

[14] *Zum Aufbau: Die Frage der internationalen Zuständigkeit für die Entscheidung über die zur Aufrechnung gestellte Gegenforderung betrifft nicht die Zulässigkeit der Entscheidung über die Klageforderung selbst und ist deshalb nicht innerhalb von Teil 1, sondern in einem gesonderten prozessualen Abschnitt zu erörtern. Da im übrigen Voraussetzungen und Wirkungen der Aufrechnung als Verteidigungsmittel (rechtsvernichtende Einwendung gegen die Klageforderung) erst bei der Begründetheitsprüfung eine Rolle spielen, ist es allerdings auch vertretbar, die internationale Zuständigkeit insoweit inzident im Rahmen der Begründetheit, etwa unter dem Gliederungspunkt IV, zu prüfen.*

[15] BGH IPRax 1994, 114 (115); BGH IPRax 1994, 115 m.Anm. *Geimer* aaO S. 82 ff.; *Geimer*, NJW 1973, 951 (952) und IPRax 1986, 208 (211 f.); *Eickhoff*, Inländische Gerichtsbarkeit und internationale Zuständigkeit für Aufrechnung und Widerklage (1985), 164, 168, 179 ff.; *Stein/Jonas/Leipold*, ZPO, 21. Aufl., § 145 V Rdnr. 39; *Schack*, IZVR Rdnr. 355 a.E.; a.A. *Soergel/Kegel*, vor Art. 7 EGBGB Rdnr. 442; *Gottwald*, IPRax 1984, 10 (12); *Leipold*, ZZP 107 (1994), 216; *Coester-Waltjen*, FS Lüke, demnächst.

[16] So das überwiegende Verständnis der Entscheidung des EuGH v. 13.7.1995, EuZW 1995, 639 - *Danvaern/Otterbeck* - mit Anm. *Geimer*, vgl. *Jayme/Kohler*, IPRax 1995, 343 (349); *Kropholler*, EuZPR, Art. 6 Rdnr. 40.

verhalt, auf den die Gegenforderung gestützt wird, mit dem der Hauptforderung zugrundeliegenden eng verwoben ist, und hilfsweise auch aus Art. 18 S. 1 EuGVÜ, weil der Kläger eine etwaig fehlende internationale Zuständigkeit für die Entscheidung über die Gegenforderung nicht gerügt hat[17]. Art. 5 Nr. 1 oder 3 EuGVÜ müssen deshalb nicht näher geprüft werden.

Dritter Teil: Begründetheit der Klage

A. Internationalprivatrechtliche Probleme

U behauptet, gegen W einen auf einer vertraglichen Vereinbarung beruhenden Zahlungsanspruch zu haben. Deshalb ist zunächst das auf einen zwischen U und W möglicherweise geschlossenen Vertrag anwendbare Recht (Vertragsstatut) zu ermitteln; sodann wird auf den Umfang des Vertragsstatuts und sich damit ergebende weitere internationalprivatrechtliche Fragen eingegangen. Da auch das Zustandekommen eines Vertrages nach dem Recht beurteilt wird, das anzuwenden wäre, wenn der Vertrag wirksam wäre (s. unten zu II.), ist der Einwand des Beklagten, daß bezüglich der Klagforderung kein wirksames Vertragsverhältnis vorliege, für diese Prüfung jedenfalls unschädlich.

I. Ermittlung des Vertragsstatuts

1. Vorrang internationaler Verträge

Internationale Abkommen gehen dem deutschen Kollisionsrecht nach Art. 3 Abs. 2 S. 1 EGBGB vor, wenn sie unmittelbar anwendbares innerstaatliches Recht geworden sind.

2. UN-Übereinkommen über Verträge über den internationalen Warenkauf vom 11.4.1980 (CISG)[18]

a) Zeitlicher/räumlicher Anwendungsbereich

Das CISG ist für die Bundesrepublik, dem Wohnsitzland des Beklagten, am 1.1.1991 in Kraft getreten. Es ist als unmittelbar anwendbares

---

[17] Den Hinweis des EuGH, daß sich die Voraussetzungen einer Prozeßaufrechnung nach „nationalem" Recht bestimmen, läßt sich allerdings auch dahingehend verstehen, daß es den nationalen Gerichten freisteht, eine internationale Zuständigkeit nach dem *autonomen* Zivilprozeßrecht zu fordern, womit es auf §§ 33, 39 ZPO ankäme. Dazu näher *Coester-Waltjen*, FS Lüke, demnächst.

[18] Die international gebräuchliche Abkürzung CISG beruht auf dem englischen Titel des Abkommens, *United Nations Convention on Contracts for the International Sale of Goods.*

innerstaatliches Recht ratifiziert worden[19]. Der Kläger hat seinen Wohnsitz in Österreich. Dort ist das Abkommen bereits seit dem 1.1.1989 in Kraft[20]. Der räumliche Anwendungsbereich des CISG ist demnach gemäß Art. 1 Abs. 1 lit. a) CISG und der zeitliche nach Art. 100 Abs. 2 CISG eröffnet.

b) Sachlicher Anwendungsbereich
Fraglich ist, ob der hier zu beurteilende Vertrag auch in den sachlichen Anwendungsbereich des Abkommens fällt. Zwar ist das Abkommen über den Wortlaut des Art. 1 Abs. 1 CISG hinaus nicht nur auf reine Kaufverträge, sondern auch auf Verträge anwendbar, bei denen - wie hier - die zu liefernde Sache vom Unternehmer aus im wesentlichen von ihm selber zu beschaffenden Rohstoffen erst noch hergestellt werden muß, Art. 3 Abs. 1 CISG (nach deutscher Terminologie Werklieferungsverträge). Eine Ausnahme wird gem. Art. 3 Abs. 2 CISG aber für den Fall gemacht, daß im Vertrag weitere, über die Herstellungs- und Lieferungspflicht hinausgehende Verpflichtungen übernommen werden, sofern das Gewicht dieser Tätigkeiten in einer Gesamtbetrachtung überwiegt. Insbesondere bei Montage- und Einbauverpflichtungen, die mit erheblichem Aufwand verbunden sind, soll diese Ausnahme eingreifen[21]. Im vorliegenden Fall ist nach dem Sachverhalt davon auszugehen, daß die Einbautätigkeit die Herstellung der Maßregale in der Wertrelation überwiegt.

Nach Art. 3 Abs. 2 CISG ist der sachliche Anwendungsbereich daher nicht eröffnet[22].

---

[19] BGBl. 1990 II 1477.
[20] ÖBGBl. 1988 Nr. 96.
[21] Vgl. *Piltz*, Internationales Kaufrecht (1993), § 2 Rdnr. 38.
[22] Ein Vertrag über Bauleistungen wird im internen deutschen Recht deshalb als Werk- und nicht als Werklieferungsvertrag angesehen wird, weil das Grundstück, in das die Leistungen eingefügt werden, der „Stoff des Bestellers" ist. In der Diskussion zum CISG findet sich dieser Gesichtspunkt allerdings nicht. Im Gegenteil wird von den (wenigen) Autoren, die sich zu diesem Punkt äußern, ausdrücklich hervorgehoben, daß es für Art. 3 Abs. 1 CISG unerheblich ist, ob der Käufer/Besteller das Grundstück stellt, auf dem das Werk zu errichten ist (*Schlechtriem*, IPRax 1990, 277 (279); *Staudinger/Magnus*, Art. 3 CISG Rdnr. 24). Die Frage, ob Bau-, Anlagen- oder Turn-Key-Verträge dem CISG unterfallen, wird allgemein bei Art. 3 Abs. 2 CISG erörtert und gerade als dessen klassischer Anwendungsfall gewertet.

3. Autonomes deutsches Kollisionsrecht
a) Rechtswahl der Parteien
Bei der Ermittlung des Vertragsstatuts ist gem. Art. 27 Abs. 1 S. 1 EGBGB in erster Linie maßgeblich, ob eine Rechtswahl der Parteien vorliegt.

Eine *ausdrückliche* Rechtswahl wurde von den Parteien weder bei Vertragsschluß noch im Laufe der Beziehungen, insbesondere auch nicht im Prozeß getroffen.

Möglicherweise ist aber eine *stillschweigende* Rechtswahl nach Art. 27 Abs. 1 S. 2 HS 2 EGBGB gegeben. Die Annahme einer stillschweigenden Rechtswahl setzt eine tatsächliche (nicht fingierte) Willensübereinkunft der Parteien voraus. Die Parteien müssen den Willen gehabt haben, eine bestimmte Rechtsordnung zur Anwendung zu bringen, und diesen Willen durch schlüssiges Verhalten dokumentieren[23]. Dies kann u.a. durch die Bezugnahme auf Normen einer speziellen Rechtsordnung oder durch die Verwendung von juristisch-technischen Klauseln, die auf ein bestimmtes Recht zugeschnitten sind, geschehen. Indizwirkung haben auch Gerichtsstands- oder Schiedsgerichtsvereinbarungen („qui eligit iudicem eligit ius"). All dieses ist jedoch im hier zu beurteilenden Fall nicht zu erkennen. Erwägenswert ist allenfalls, ob die Wahl der deutschen Währung als Hinweis auch auf eine Wahl deutschen Rechts gewertet werden kann. Die Währung, in der Zahlungen aus einem Vertrag zu leisten sind, wird aber häufig aus Gründen (Währungsstabilität und -konvertibilität, Vereinfachung des Zahlungsverkehrs) bestimmt, die mit den auf die Vertragsbeziehungen ansonsten anzuwendenden Rechtsregeln nichts zu tun haben. Die h.M. sieht daher die Währung allenfalls im Zusammenspiel mit anderen Faktoren als Indiz für eine Rechtswahl an[24]. Insbesondere im vorliegenden Fall, in dem sich das Geschehen in einer Grenzregion abspielt, in der oft ohne Bedenken auch die Währung des jeweiligen Nachbarlandes akzeptiert wird, gibt die Währung keinen Anhaltspunkt für eine Rechtswahl.

Auch eine konkludente Rechtswahl liegt daher nicht vor.

b) Objektive Anknüpfung
Bei Fehlen einer Rechtswahl der Parteien ist nach Art. 28 Abs. 1 S. 1 EGBGB das Recht der engsten Verbindung maßgeblich.

aa) Art. 28 Abs. 2 EGBGB enthält die Vermutung, daß der Vertrag die engste Verbindung zu dem Staat aufweist, in dem der Schuldner der für den Vertrag charakteristischen Leistung seinen Wohnsitz bzw. bei

---
[23] BGH DNotZ 1987, 292 (295) mit Anm. *Lichtenberger*.
[24] *Reithmann/Martiny(-Martiny)*, Internationales Vertragsrecht, Rdnr. 46, 100; *MünchKomm/Martiny*, Art. 28 EGBGB Rdnr. 86.

beruflicher oder gewerblicher Tätigkeit seine gewerbliche Niederlassung hat. Die charakteristische Leistung ist diejenige, die dem Vertrag sein besonderes Gepräge gibt und ihn von anderen Vertragstypen unterscheidbar macht. Die Verpflichtung zur Zahlung einer Geldsumme findet sich unabhängig vom Vertragstyp in fast jedem entgeltlichen Vertrag (Kauf, Miete, Werkvertrag, Dienstvertrag etc.) und ist als charakteristisches Kriterium daher ungeeignet. Stehen sich Geld- und Nichtgeld-Leistung gegenüber, so ist als charakteristische Leistung folglich die Nichtgeld-Leistung anzusehen. Diese wird im vorliegenden Fall von U erbracht. Er hat seine Niederlassung in Österreich. Damit spricht eine Vermutung der engsten Verbindung zum österreichischen Recht[25].

bb) Nach Art. 28 Abs. 5 EGBGB ist diese Vermutung jedoch widerlegbar, weil sie nicht für jeden Einzelfall zum richtigen Ergebnis führen muß. Die Gesamtheit der Umstände kann ergeben, daß ungeachtet der charakteristischen Leistung eine anderweitige, bedeutsamere Verknüpfung mit einem anderen Land besteht. Dabei kommt es - da es sich um eine objektive Anknüpfung handelt - allein auf objektive Kriterien an, der vor der Reform des IPR in Betracht gezogene hypothetische Parteiwille spielt nach der Neufassung des Gesetzes keine Rolle mehr[26]. Objektive Umstände, auf die man im vorliegenden Fall eine engere Beziehung des Vertrages nach Deutschland als nach Österreich stützen könnte, sind der Lageort des Gebäudes, in das die Regale vereinbarungsgemäß eingebaut worden sind, sowie die Vertragswährung. Verschiedentlich geht man davon aus, daß in Fällen, in denen die Werkleistung in einem anderen Land als der Niederlassung des Werkunternehmers erbracht werden soll, die Vermutung des Art. 28 Abs. 2 EGBGB widerlegt ist[27]. Die Einbauarbeiten stellen hier jedoch nur einen Teil der von U zu erbringenden Leistungen dar, weil die Regale zunächst in seiner in Österreich belegenen Werkstatt hergestellt werden mußten. Eine eindeutige Lokalisierung der Werkleistung des U in der Bundesrepublik scheidet daher aus. Da auch die

---

[25] *Wichtig erscheint hier die Formulierung: Es sollte ausdrücklich hervorgehoben werden, daß dies zunächst nur eine Vermutung ist, deren Widerlegung anschließend geprüft werden muß; falsch ist daher die Ausdrucksweise: Hier besteht daher die engste Verbindung zum österreichischen Recht.*

[26] *Auch eine Analyse der Interessen vernünftiger Parteien (z.B. Anwendung des gleichen Rechts für das sachenrechtliche wie für das schuldrechtliche Geschäft) kommt nicht in Betracht, da es hier um die Ermittlung des Schwerpunktes der speziellen kollisionsrechtlichen Fragestellung (Vertragsstatut) geht, nicht jedoch um die Ermittlung des für die Parteien günstigsten Rechts, welches häufig aus Kosten- und Zeitgründen die lex fori sein würde.*

[27] Nachweise bei *MünchKomm/Martiny*, Art. 28 EGBGB Rdnr. 141.

Fall 2: Internationales Vertragsrecht

vertraglich vereinbarte Währung, wie oben bereits ausgeführt, ein äußerst schwaches Kriterium ist, ist vorliegend die Vermutung des Art. 28 Abs. 2 EGBGB nicht widerlegt.
Zwischenergebnis: Das deutsche Kollisionsrecht verweist gemäß Art. 28 Abs. 1, Abs. 2 EGBGB auf österreichisches Recht. Diese Verweisung ist eine Sachnormverweisung, Art. 35 Abs. 1 EGBGB. Österreichisches Kollisionsrecht ist deshalb unbeachtlich. Es ist materielles österreichisches Vertragsrecht anzuwenden.

II. Umfang des Vertragsstatuts

Der Umfang der durch das Vertragsstatut geregelten Fragen ergibt sich aus den Artt. 31, 32 und 37 EGBGB. Nach Art. 31 Abs. 1 EGBGB wird auch die Frage des Zustandekommens des Vertrages dem Vertragsstatut unterworfen. Nicht hingegen regelt das Vertragsstatut nach Art. 37 Nr. 3 EGBGB die Frage, ob ein Vertreter den Betreffenden wirksam gegenüber Dritten verpflichten konnte. Das Vertretungsstatut ist daher selbständig zu ermitteln.

Auf die Frage, ob die eventuell bestehende Forderung des Klägers durch Aufrechnung erloschen ist, sind grundsätzlich die Normen des Vertragsstatuts anwendbar, Art. 32 Abs. 1 Nr. 2 EGBGB, weil die Aufrechnung eine Art der Erfüllung ist. Insoweit entscheidet daher österreichisches Recht. Ob die auch nach österreichischem Recht zur Aufrechnung vorausgesetzte Gegenforderung besteht, richtet sich hingegen nicht mehr nach dem Vertragsstatut der Forderung gegen die aufgerechnet wird, sondern ist vielmehr selbständig zu bestimmen. Ebenso ist die Frage, ob der Aufrechnende bei der Erklärung der Aufrechnung wirksam vertreten war, nicht dem Vertragsstatut, sondern dem Vertretungsstatut zu entnehmen.

III. Vollmachtstatut (Vertretungsstatut)

1. Teilfrage

Wie bereits angedeutet, ist nach Art. 37 Nr. 3 EGBGB die Frage der wirksamen Vertretung nicht vom Vertragsstatut erfaßt. Es handelt sich internationalprivatrechtlich[28] um eine gesondert anzuknüpfende Teilfrage[29].

---

[28] Auch nach internrechtlicher deutscher Einordnung ist die Frage der wirksamen Vertretung eine Frage der allgemeinen Rechtsgeschäftslehre und nicht des Vertragsrechts.

[29] Zur Unterscheidung der Teilfrage von der Vor- und Erstfrage vgl. *Lüderitz*, IPR, Rdnr. 143; *MünchKomm/Sonnenberger*, Einl. IPR Rdnr. 386.

2. Meinungsstreit

In der Frage, welche Rechtsordnung über die wirksame Vertretung entscheidet, besteht Streit. Die h.L. und die Rechtsprechung gehen grundsätzlich davon aus, daß für eine rechtsgeschäftliche Vollmacht das Recht des Landes maßgeblich ist, in dem das Geschäft durch den Vertreter vorgenommen wird bzw. vorgenommen werden soll. Vollmachtstatut soll also das Recht des Wirkungslandes (Gebrauchsort) sein[30]. Ob das Recht des Gebrauchsortes auch für die Fragen des Bestehens einer Duldungs- oder eventuell Anscheinsvollmacht in Betracht kommt, oder ob hierbei auf das Recht des Ortes abzustellen ist, an dem das Vertrauen erweckt wurde, aus dem sich der Rechtsschein ergibt, wird dabei nicht besonders deutlich hervorgehoben. Vorliegend wäre Deutschland sowohl Gebrauchsort als auch der Ort, an dem das Vertrauen geweckt wurde, so daß nach dieser Meinung deutsches Recht Vollmachtstatut wäre.

Andere Auffassungen knüpfen an den Aufenthalt des Vollmachtgebers mit einer Einschränkung u.U. durch die analoge Anwendung des Gedankens aus Art. 12 EGBGB[31] oder an das Recht, unter dem der Vertreter erkennbar auftritt[32], an oder wollen kumulativ das Heimatrecht des Vertretenen und das Recht am Gebrauchsort[33] oder das Geschäftsstatut mit einem Schutz des Vertretenen analog Art. 31 Abs. 2 EGBGB[34] anwenden. Von diesen abweichenden Meinungen führen die ersten drei ebenfalls zur Anwendung deutschen Rechts, die letztgenannte Ansicht würde aber das österreichische Recht als Geschäftsstatut berufen.

Da die unterschiedlichen Meinungen also zu unterschiedlichen kollisionsrechtlichen Ergebnissen führen, ist eine Entscheidung zwischen ihnen erforderlich.

Die h.M. hat den Nachteil, daß sie den Gebrauchsort überbewertet. Der Ort, an dem die Vollmacht gebraucht wird, mag häufig hinter den anderen Gesichtspunkten wie Vertragsstatut, Wohnsitz oder Handlungsrecht zurücktreten. Auch eine kumulative Anknüpfung erscheint wenig ratsam, da sie den Schutz des Vertretenen gegenüber dem Verkehrsschutz zu stark in den Vordergrund rückt. Hingegen vernachlässigt die Anwendung des Rechts, unter dem der Vertreter kennbar auftritt, zu sehr den Schutz des Vertretenen. Am überzeugendsten erscheint hiernach die grundsätzliche Anwendung des Geschäftssta-

---

[30] BGH NJW 1982, 2733; BGH NJW 1990, 3088; *Palandt/Heldrich*, Anh. zu Art. 32 EGBGB Rdnr. 1 m.w.N.
[31] So *Kegel*, IPR, § 17 V 2 a.
[32] So *Soergel/Lüderitz*, vor Art. 7 EGBGB Rdnr. 302, 308.
[33] So *Luther*, RabelsZ 38 (1974), 421 (433) unter Bevorzugung des vollmachtfeindlicheren Rechts.
[34] *MünchKomm/Spellenberg*, vor Art. 11 EGBGB Rdnr. 268.

tuts unter der Beschränkung eines Schutzes des Vertretenen analog Art. 31 Abs. 2 EGBGB, wenn ihm die nach dem Geschäftsstatut eingetretene Bindung aus dem Blickwinkel seines Aufenthaltsrechts nicht zumutbar ist. Damit käme man hier zur Anwendung österreichischen Rechts für die Frage des Vorliegens einer wirksamen Vollmacht. Angesichts der nach dem Bearbeitervermerk zu unterstellenden Identität der deutschen und österreichischen Regelungen zur Duldungsvollmacht spielt die Korrekturmöglichkeit über Art. 31 Abs. 2 EGBGB im vorliegenden Fall keine Rolle.

Zwischenergebnis: Vertretungsstatut ist ebenfalls österreichisches Recht[35].

IV. Aufrechnungsstatut

1. Aufrechnung als Art der Erfüllung

Wie oben bereits dargelegt, ist die Aufrechnung nur eine Art der Erfüllung, die nach Art. 31 Abs. 1 Nr. 2 EGBGB mit vom Vertragsstatut erfaßt ist. Die Wirkung einer Aufrechnung ist also nach dem Statut der Forderung zu beurteilen, gegen die aufgerechnet wird[36].

Demnach ist vorliegend auf die Frage, ob die Klagforderung durch Aufrechnung erloschen ist, grundsätzlich ebenfalls österreichisches Recht anwendbar.

2. Bestehen der Gegenforderung

Die Aufrechnung setzt auch nach österreichischem Recht das Bestehen einer Gegenforderung voraus, § 1438 ABGB. Zunächst ist daher zu ermitteln, welchem Recht die zur Aufrechnung gestellte Forderung untersteht.

W begehrt hier Schadensersatz wegen der Beschädigung eines Fensters, das anläßlich der Hausbauarbeiten von einem Mitarbeiter des U eingestoßen wurde. Die Qualifikation dieses Anspruchs ist funktionell sowohl als vertraglicher als auch als deliktischer Anspruch möglich[37].

---

[35] *Natürlich können auch andere Meinungen vertreten werden, das sachliche Ergebnis wird sich dadurch nicht ändern, da die Identität von deutschem und österreichischem materiellen Recht nach dem Bearbeitervermerk zu unterstellen ist. Wichtig ist allein, daß eine akzeptable Begründung für die befolgte Anknüpfung gegeben wird.*

[36] Vgl. auch *Palandt/Heldrich*, Art. 32 EGBGB Rdnr. 6.

[37] *Möglich, aber nicht unbedingt notwendig ist hier eine kurze Erwähnung, nach welchem Recht sich die Qualifikation richtet. Da es bei der Qualifikation um die Auslegung der deutschen Kollisionsnormen geht, ist grundsätzlich vom deutschen internationalen Privatrecht auszugehen. Es handelt sich also eigentlich um eine international-privatrechtliche Qualifikation. Häufig findet man allerdings die Wendung, daß wegen des*

a) Vertraglicher Anspruch

Ein eventueller vertraglicher Schadensersatzanspruch unterliegt nach Art. 32 Abs. 1 Nr. 3 EGBGB dem Vertragsstatut, hier dem über Art. 28 Abs. 2 EGBGB ermittelten österreichischen Recht.

b) Deliktischer Anspruch

(1) Grundregeln

Das deutsche internationale Deliktsrecht ist gesetzlich nicht geregelt, wenn man einmal von der Inländer-Schutzvorschrift des Art. 38 EGBGB absieht. Auch dieser liegt jedoch die ungeschriebene Grundregel zugrunde, daß deliktische Ansprüche dem Tatortrecht unterstehen (lex loci delicti commissi)[38]. Die Tatortanknüpfung würde vorliegend zum deutschen Recht führen.

(2) Auflockerung des Tatortprinzips

Die ebengenannte Grundregel geht von der Vorstellung aus, daß der Tatort häufig der einzige gemeinsame Bezugspunkt ist, den Schädiger und Opfer gemeinsam haben[39]. Es gibt aber durchaus Fallkonstellationen, in denen eine engere gemeinsame Beziehung der Beteiligten zu einer anderen Rechtsordnung besteht und daher die Anknüpfung an den Tatort unangemessen erscheint[40]. Als eine solche Sonderbeziehung kommt auch ein schuldrechtlicher Vertrag in Betracht. Nach fast unangefochtener Meinung im Schrifttum sollten alle Ansprüche aus einem einheitlichen Lebenssachverhalt möglichst nach einem Recht beurteilt werden, so daß es zu vermeiden gilt, deliktische Ansprüche einem anderen Statut zu unterstellen als dem jeweiligen Vertragsstatut, dessen Regelungen ebenfalls verletzt sind[41]. Diese *akzessorische Anknüpfung* der deliktischen Ansprüche an das Vertragsstatut kann aber nur insoweit gelten, als das Delikt im sachlichen Zusammenhang mit der Erfüllung bestehender vertraglicher Pflichten begangen wurde. Geschah die unerlaubte Handlung hingegen nur bei Gelegenheit einer Vertragsbeziehung, so ist das Deliktsstatut auf die übliche Art und Weise zu ermitteln.

---

deutschen Rechts als Ausgangspunkt eine Qualifikation nach der lex fori stattfinde. Dies ist insofern eher mißverständlich, als möglicherweise damit ein Verweis auf die deutschen materiellen Begriffsbestimmungen gemeint sein könnte.

[38] *Eine Auseinandersetzung mit der Frage, was geschieht, wenn Handlungs- und Erfolgsort in unterschiedlichen Staaten liegen, ist hier nicht erforderlich; vgl. hierzu Lüderitz, IPR, Rdnr. 299 f.; Kropholler, IPR, § 53 IV 1.*

[39] BGHZ 87, 95 (97).

[40] Vgl. dazu bereits Fall 1.

[41] Palandt/Heldrich, Art. 38 EGBGB Rdnr. 14 m.w.N.

Fall 2: Internationales Vertragsrecht

Im vorliegenden Fall zerstörte der Lehrling des U das Fenster, als er zur Durchführung der Montagearbeiten eine Leiter in den ersten Stock trug. Die unerlaubte Handlung fand also in einem engen sachlichen Zusammenhang mit der Vertragserfüllung statt. Daher erscheint eine akzessorische Anknüpfung gerechtfertigt. Auch deliktische Ansprüche des W beurteilen sich daher nach österreichischem Recht[42].

(3) Gesamtverweisung
Die Verweisung des deutschen internationalen Deliktsrechts ist nach h.M. eine Gesamtverweisung. Für den Bereich der akzessorischen Anknüpfung kann dies aber ensprechend Art. 4 Abs. 1 S. 1 HS 2 EGBGB nicht gelten, weil eine eventuelle Rück- oder Weiterverweisung das angestrebte Ziel der einheitlichen Beurteilung eines einheitlichen Lebenssachverhalts verfehlen würde[43]. Das deutsche Recht verweist daher vorliegend unmittelbar auf österreichisches *Sach*recht.

3. Vertretung bei der Erklärung der Aufrechnung
Im vorliegenden Fall hat die Aufrechnungserklärung der Anwalt des Beklagten im Prozeß abgegeben. Prozeßvollmachten werden nach allgemeiner Meinung in vollem Umfang (also auch hinsichtlich materiellrechtlicher Erklärungen) der lex fori unterworfen. Die Rechtsprechung begründet dies damit, daß bei Auftreten vor deutschen Gerichten der Wirkungs- und Gebrauchsort in Deutschland liege[44]. Die Anwendung der lex fori kann aber ebenso darauf gestützt werden, daß das Geschäftsstatut bei der Prozeßvollmacht stets das Recht des Gerichtslandes sei[45].

Auf die Frage der Möglichkeit einer Aufrechnungserklärung durch den Anwalt ist also deutsches Recht anzuwenden.

B. Materiellrechtliche Probleme

I. Anspruch des U gegen W

1. Wirksamer Vertragsschluß
Gemäß § 1170 ABGB kann U von W die Vergütung von DM 11.000,- fordern, wenn zwischen ihnen ein wirksamer Werkvertrag besteht.

---

[42] *Bearbeiter, die sich für deutsches Recht als Vertragsstatut entschieden haben, kommen hier ebenfalls zum deutschen Recht, so daß es für sie nicht darauf ankommt, ob sie der akzessorischen Anknüpfung folgen oder beim Tatortprinzip bleiben wollen.*
[43] *Mansel*, ZvglRWiss 1986, 1 (19); *Kropholler*, IPR, § 24 II 3 d.
[44] BGH NJW 1990, 3088.
[45] *MünchKomm/Spellenberg*, vor Art. 11 EGBGB Rdnr. 253.

Das setzt voraus, daß die Erklärungen des N den W verpflichten konnten. Nach § 1017 ABGB wirken die Erklärungen des Gewalthabers (Vertreters), die dieser gegenüber dem Geschäftspartner abgegeben hat, für und gegen den Gewaltgeber (Vertretenen), wenn er dies dem Geschäftspartner gegenüber deutlich macht und Vertretungsmacht besitzt. Die Offenkundigkeit, die § 1017 ABGB verlangt, ist gegeben. Fraglich könnte hingegen die Vertretungsmacht sein.

Wie bereits oben dargestellt, unterliegt die Frage des Bestehens einer wirksamen Vertretungsmacht hier ebenfalls österreichischem Recht. Bezüglich des Inhalts des österreichischen Rechts soll nach dem Bearbeitervermerk von der Identität mit den deutschen Regelungen ausgegangen werden. Vorliegend hat W dem N weder ausdrücklich noch konkludent eine Vollmacht erteilt. In Betracht kommt daher allenfalls eine Duldungsvollmacht[46]. Eine solche liegt vor, wenn der Vertretene es wissentlich geschehen läßt, daß ein anderer für ihn als Vertreter auftritt und der Geschäftsgegner dieses Dulden nach Treu und Glauben dahin verstehen darf, daß der als Vertreter Handelnde bevollmächtigt ist[47]. Von der stillschweigend erteilten Vollmacht unterscheidet sich die Duldungsvollmacht dadurch, daß der Vertretene bei letzterer keinen Willen zur Bevollmächtigung hat.

Im vorliegenden Fall hat W bereits einmal (Bestellung der Kammer) geduldet, daß N als sein Vertreter auftritt; einmaliges Gewährenlassen kann ausreichend für die Annahme einer Duldungsvollmacht sein, wenn der Gegner daraus nach Treu und Glauben auf eine Bevollmächtigung auch für weitere Fälle schließen durfte[48]. Im vorliegenden Fall spricht der Zusammenhang beider Geschäfte mit dem Ausbau der Tenne für ein solches Vertrauendürfen. Außerdem bestand für W hinreichend Gelegenheit, U auf die fehlende Vertretungsbefugnis des N hinzuweisen. Aus diesen Gründen kann man daher

---

[46] Vgl. zur Duldungs- und Anscheinsvollmacht nach österreichischem Recht *Koziol/Welser*, Grundriß des bürgerlichen Rechts, Bd. I, 10. Aufl. (1995), 168 ff. Weil die Rechtslage in Österreich im sachlichen Ergebnis, wenn auch nicht in allen Einzelheiten der dogmatischen Begründung insoweit in der Tat dem deutschen Recht entspricht, kann der Bearbeiter im Folgenden auf der Grundlage der ihm aus dem deutschen Recht bekannten Voraussetzungen für eine Duldungs- oder Anscheinsvollmacht argumentieren.

[47] BGH LM § 167 BGB Nr.4, 13; *Erman/Brox*, BGB Bd. 1, 9. Aufl. (1993), § 167 Rdnr. 7, 13 ff.; *Koziol/Welser*, Grundriß des bürgerlichen Rechts I, 168, 171; *Welser*, JBl. 1979, 1 (11 f.). *In der Literatur ist die rechtsgeschäftliche Bindung des „Geschäftsherrn" infolge einer Duldungsvollmacht umstritten; auf diese Sicht kann (kurz) eingegangen werden. Folgt man der Mindermeinung, so sollte die Frage der Aufrechnung in einem Hilfsgutachten behandelt werden.*

[48] *Erman/Brox*, § 167 Rdnr. 15; *Palandt/Heinrichs*, § 173 Rdnr. 11.

Fall 2: Internationales Vertragsrecht 71

davon ausgehen, daß U den N als von W bevollmächtigt ansehen konnte.
Zwischenergebnis: Es liegt eine ordnungsgemäße Vertretung vor. Der von N mit U geschlossene Vertrag wirkt für und gegen den W.
U hat gemäß § 1170 ABGB einen Anspruch auf das Entgelt in Höhe von DM 11.000,-.

2. Erlöschen des Anspruchs durch Aufrechnung
Der Anspruch könnte aber durch Aufrechnung teilweise erloschen sein. Die Aufrechnungsvoraussetzungen beurteilen sich nach österreichischem Recht. Nach § 1438 ABGB setzt die Aufrechnung auch nach österreichischem Recht wirksam entstandene, einredefreie und unbedingte Forderungen voraus, die gegenseitig bestehen und gleichartig sowie fällig sind.
W müßte also gegen U eine solche Gegenforderung haben.
Nach den obigen Ausführungen unterliegt die Frage des Bestehens der von W behaupteten Forderung ebenfalls österreichischem Recht. In Betracht kommt dabei sowohl ein vertraglicher als auch ein deliktischer Schadensersatzanspruch.

a) Vertraglicher Schadensersatzanspruch
Anspruchsgrundlage könnte § 1295 Abs. 1, 2. HS, 1. Alt. ABGB sein. Der Lehrling hat das Eigentum des W beschädigt und damit die vertragliche Pflicht verletzt, sonstige Güter des Bestellers nicht zu beeinträchtigen. Wie bereits im Rahmen der kollisionsrechtlichen Erwägungen zur akzessorischen Anknüpfung erwähnt, geschah dies bei der Erfüllung der vertraglichen Verpflichtung und nicht nur bei deren Gelegenheit. Da der Lehrling L nach der Sachverhaltsangabe unachtsam war, handelte er auch schuldhaft i.S.d. § 1294 ABGB. Für dieses Verschulden seines Lehrlings als Erfüllungsgehilfen muß U im Rahmen des Vertrages einstehen, § 1313 a ABGB. Die Voraussetzung eines vertraglichen Schadensersatzanspruchs sind daher erfüllt.

b) Deliktischer Schadensersatzanspruch
Ein deliktischer Schadensersatzanspruch könnte nach § 1295 Abs. 1 HS 2, 2. Alt. ABGB gegeben sein. Dies setzt voraus, daß U auch in diesem Rahmen für das Verschulden des L einzustehen hat. Außerhalb eines besonderen Schuldverhältnisses gilt jedoch nicht § 1313 a, sondern § 1315 ABGB: Der Geschäftsherr haftet für den sog. „Besorgungsgehilfen" nicht in jedem Fall, sondern nur dann, wenn es sich um eine untüchtige oder gefährliche Person handelt. Diese Voraussetzung ist hier nicht gegeben, vielmehr ist nach dem Sachverhalt unstreitig, daß L grundsätzlich tüchtig und zuverlässig ist. Ein deliktischer Schadensersatzanspruch besteht daher nicht.

Einredefreiheit, Unbedingtheit, Gleichartigkeit der Forderungen sind ebenfalls gegeben. Die Fälligkeit der Forderung ergibt sich für die Werklohnforderung aus § 1170 ABGB, für die Schadensersatzforderung mit der Bezifferung durch den Beschädigten[49]. Die Aufrechnung ist vom Anwalt des Beklagten innerhalb seiner Vertretungsmacht nach § 81 ZPO wirksam erklärt worden. Sie bewirkte, daß sich die Forderungen, soweit sie sich zur Aufrechnung geeignet gegenüberstanden, erloschen.

Gesamtergebnis: Die Klagforderung des U ist daher in Höhe von DM 5.000,- erloschen, in Höhe von DM 6.000,- ist sie begründet.

Fall 3: Verbraucherschutz im internationalen Vertragsrecht

Sachverhalt

K buchte für die Sommerferien 1993 eine Pauschalreise nach Antalya an der türkischen Riviera. Im Hotel, in dem K wohnte, lagen in Absprache mit dem Reiseunternehmen und der Reiseleitung deutschsprachige Werbezettel der Fa. Antal-Holiday L. Ş. (A) mit Sitz in Antalya aus. Hierin wurde gegen ein geringes Entgelt von umgerechnet DM 15,- eingeladen zu einer Schiffahrt zu einer nahegelegenen römischen Ruinenstadt. Eingeschlossen war ein Abendessen nach Landesart, eine Bauchtanzvorführung sowie die Gelegenheit zur Teilnahme an einer Werbeveranstaltung.

K nahm mit anderen, ausschließlich deutschen Touristen an der Fahrt teil. Diese wurde von einem Mitarbeiter der Antal-Holiday in deutscher Sprache geleitet. Auf der dem Abendessen folgenden Werbeveranstaltung wurden Naturhaardecken und -kissen angeboten, die laut Anpreisung gegenüber herkömmlichen Federdecken einen gesünderen, tieferen Schlaf ermöglichen sollen, hygienischer seien und insbesondere auch gegen Rheuma und Allergien hervorragenden Schutz böten. K war von diesen Qualitäten beeindruckt und kaufte eine Decke und ein Kissen. Er unterzeichnete dabei ein von der Antal-Holiday zur Verfügung gestelltes und in deutsch verfaßtes Vertragsformular, in dem es oberhalb der Unterschrift in deutlichen Druckbuchstaben u.a. heißt:

---

[49] OGH JBl. 1969, 664 (665) (vgl. Bearbeitervermerk).

Fall 3: Verbraucherschutz im internationalen Vertragsrecht

„1. Der Käufer [Personalien des K] erwirbt von der Fa. Antal-Holiday (Verkäuferin) eine Naturhaardecke und ein Naturhaarkissen der Marke A, Artikelnummer ..., zum Preis von insgesamt DM 2999,- einschl. Versand- und Verpackungskosten.

2. Die Lieferung erfolgt direkt durch die Herstellerfirma B-GmbH, Osnabrück, an die Heimatadresse des Käufers [...].

3. Der Kaufpreis ist sofort fällig. Zur Vereinfachung des Verwaltungsaufwandes hat die Verkäuferin den Anspruch auf den Kaufpreis an die B-GmbH abgetreten. Zahlungen haben deshalb ausschließlich an die B-GmbH zu erfolgen.

...

8. Auf diesen Vertrag ist das Recht des Landes anwendbar, in dem der Vertrag geschlossen wurde."

Nach der Heimkehr nach Deutschland erfuhr A, daß Decke und Kissen von Fachgeschäften in Deutschland zu einem wesentlich günstigeren Preis angeboten werden. Bei Lieferung der gekauften Ware ca. einen Monat später verweigerte er deshalb die Annahme. Trotz Mahnung durch die B-GmbH (B) zahlte er auch den Kaufpreis nicht. Am 1.11.1993 schließlich richtete er ein Schreiben an Antal-Holiday, in dem er erklärte, von dem Vertrag zurückzutreten. Als Begründung gab er an, daß der Preis für Decke und Kissen um mindestens DM 600,- überhöht sei. Antal-Holiday hielt den Rücktritt für nicht berechtigt; sie wies - zutreffend - darauf hin, daß ein Widerrufsrecht im türkischen Recht nicht vorgesehen sei.

B klagt am Wohnort des K auf Zahlung von DM 2999,-.

Der Anwalt des K bringt u.a. vor: Unerheblich sei, daß nach türkischem Recht kein Widerrufsrecht gegeben sei. Denn die Rechtswahlklausel sei schon wegen eines Verstoßes gegen das in § 9 AGBG enthaltene Transparenzgebot unwirksam, weil sie dem Kunden gerade verschleiere, daß er kein Widerrrufsrecht nach deutschem Recht habe. Auch bei Wirksamkeit der Rechtswahl sei nicht einzusehen, daß sich der deutsche Verbraucher bei einem ausschließlich in Deutschland abzuwickelnden Vertrag nicht auf das deutsche Widerrufsrecht berufen könne, um den Vertrag zu Fall zu bringen; das internationale Vertragsrecht ließe dafür verschiedene Wege offen.

Zwischen den Parteien ist unstreitig, daß die im Vertrag angesprochene Abtretung an B durch in Deutschland mündlich geschlossenen Vertrag tatsächlich stattgefunden hat.

Ist die Klage begründet?

Anhang: Gesetzestexte

I. Türkisches Obligationengesetz vom 4.10.1926 (OG)
Art. 1. (1) Zum Abschluß eines Vertrages ist die übereinstimmende gegenseitige Willensäußerung der Parteien erforderlich.
(2) Sie kann eine ausdrückliche oder stillschweigende sein.
Art. 211 Abs. 1. [zum Fahrniskauf] Der Käufer ist verpflichtet, den Preis nach den Bestimmungen des Vertrages zu bezahlen und die gekaufte Sache, sofern sie ihm von dem Verkäufer vertragsgemäß angeboten wird, abzunehmen.
Art. 164 Abs. 1. Der Gläubiger kann eine ihm zustehende Forderung ohne Einwilligung des Schuldners an einen anderen abtreten, soweit nicht Gesetz, Vereinbarung oder Natur der Sache entgegenstehen.
(Für den vorliegenden Fall bedeutsame gesetzliche Abtretungsverbote bestehen nicht.)
Art. 165. (1) Die Abtretung bedarf zu ihrer Gültigkeit der schriftlichen Form.
(2) Die Verpflichtung zum Abschluß eines Abtretungsvertrages kann formlos begründet werden.

Bei der Bearbeitung ist davon auszugehen, daß besondere Vorschriften für die Einbeziehung von AGB sowie für Haustürgeschäfte in der Türkei nicht bestehen.

Vorbemerkungen

I. Die Fallfrage zielt ausdrücklich nur auf die *Begründetheit* der Klage ab; Ausführungen zu deren Zulässigkeit sind demnach nicht veranlaßt.

II. Die Tatsache, daß die Klägerin B keinen Anspruch nicht aus eigenem, sondern aus abgetretenem Recht geltend macht, führt zwanglos zu einer groben Zweiteilung im Lösungsaufbau: Zunächst ist zu prüfen, ob der Zedentin A tatsächlich ein Kaufpreisanspruch gegen K zusteht, sodann, ob dieser wirksam abgetreten wurde. Auf der Ebene des materiellen Rechts, sei es das deutsche, sei es das türkische, beinhaltet die Klausur keine besonderen Probleme; entscheidend für die Lösung ist vor allem die kollisionsrechtliche Frage, ob sich der Käufer gegenüber der Klagforderung auf das Widerrufsrecht nach dem deutschen Haustürwiderrufsgesetz (HausTWG) berufen kann.

III. Hinsichtlich des *Kaufpreisanspruchs* ist deshalb zunächst das auf diesen anwendbare Recht zu ermitteln. Das deutsche internationale Vertragsrecht hat, wie bereits im Fall 2 gesehen, eine einfach erscheinende Grundstruktur. Voraussetzungen, Inhalt und Umfang vertraglicher Rechte und Pflichten beurteilen sich in umfassender Weise (Art. 32 EGBGB) nach dem Vertragsstatut, das vorrangig über eine Rechtswahl (Art. 27 EGBGB), hilfsweise über die objektive Anknüpfung des Art. 28 EGBGB bestimmt wird. Teilfragen wie die gesonderte Anknüpfung der Geschäftsfähigkeit (Art. 7 EGBGB), der Formfra-

Fall 3: Verbraucherschutz im internationalen Vertragsrecht 75

gen (Art. 11 EGBGB) oder der im Fall 2 so bedeutsamen Vertretungsmacht spielen vorliegend keine Rolle.

Doch der Teufel steckt wie immer im Detail: Obwohl die Freiheit der Rechtswahl, von Art. 27 Abs. 3 EGBGB einmal abgesehen, nicht beschränkt wird, gibt es zahlreiche Möglichkeiten, Vorschriften eines anderen, objektiv als angemessener angesehenen Rechts „regelwidrig" gegen das Vertragsstatut durchzusetzen, insbesondere dann, wenn dessen materiellen Regelungen im Einzelfall unbefriedigend erscheinen. Diese Möglichkeiten sind mehr (Art. 29, 30 EGBGB) oder weniger deutlich (Art. 6, 31 Abs. 2, 34 EGBGB) oder gar nicht (Gesetzesumgehung) im Gesetz verankert und erfordern zum Teil schwierige Überlegungen. Es empfiehlt sich in einem solchen Fall eine dreigeteilte Prüfung: 1. Ermittlung des Vertragsstatuts (insbesondere: wirksame Rechtswahl?); 2. Prüfung der materiellen Lage nach dem Vertragsstatut; 3. Eventuelle Korrekturen des Ergebnisses durch zusätzliche Berücksichtigung eines anderen Rechts.

Ein Weiteres kommt hinzu: Die Rechtswahl erfordert eine diesbezügliche vertragliche Einigung der Parteien. Ob der Rechtswahlvertrag wirksam zustande gekommen ist, bestimmt sich in einer Art Vorwirkung nach dem bei unterstellter Wirksamkeit anwendbaren Recht (hypothetisches Vertragsstatut). Es stellt sich deshalb die Frage, inwieweit bereits an dieser Stelle der Prüfung die oben angesprochenen Durchbrechungen des Vertragsstatuts eine Rolle spielen.

IV. Die Prüfung der *Abtretung* nimmt gegenüber der Anknüpfung des Kaufpreisanspruchs selbst an Umfang und inhaltlicher Problematik einen weniger gewichtigen Platz ein. Hier kommt es im wesentlichen nur darauf an, die Anknüpfung der *materiellen* und der *formellen* Wirksamkeit der Abtretung sorgfältig voneinander zu trennen.

Gliederung der Lösung

A. Kaufpreisanspruch der A
　I. Anwendbares Recht (Vertragsstatut)
　　1. Zulässigkeit der Rechtswahl
　　2. Wirksame Einigung über die Rechtswahl
　　　a) Vorwirkung des gewählten Rechts
　　　b) Zusätzliche Berücksichtigung des deutschen Rechts über Art. 31 Abs. 2, 29 Abs. 1 EGBGB, § 12 AGBG?
　II. Kaufpreisanspruch nach türkischem Recht
　III. Widerrufsrecht nach dem deutschen HausTWG trotz türkischem Vertragsstatut?
　　1. Art. 31 Abs. 2 EGBGB
　　2. Art. 29 Abs. 1 EGBGB
　　3. Art. 6 EGBGB (*ordre public*)
　　4. Art. 34 EGBGB
　　　a) Verbraucherschutznormen als Eingriffsrecht?
　　　b) Verhältnis zu Art. 29 EGBGB
　　5. Gesetzesumgehung

B. Wirksame Abtretung
  I. Materielle Wirksamkeit
    1. Anwendbares Recht
    2. Wirksamkeit nach türkischem Recht
  II. Formwirksamkeit
    1. Anwendbares Recht
    2. Formwirksamkeit nach türkischem/deutschem Recht

Lösung

B könnte einen Zahlungsanspruch aus abgetretenem Recht geltend machen. Voraussetzung ist, daß der Antal-Holiday (A) ein Kaufpreisanspruch zustand, der wirksam auf die B übergegangen ist.

A. Kaufpreisanspruch der A

I. Anwendbares Recht (Vertragstatut)

Zunächst ist zu ermitteln, welchem Recht ein möglicher Kaufpreisanspruch der A unterliegt. Das nach Art. 3 Abs. 2 EGBGB vorrangige UN-Kaufrecht[1] ist gem. Art. 2 lit. a) CISG sachlich auf den Kauf von Waren für den persönlichen Gebrauch nicht anwendbar. Das auf den Vertrag und den daraus entspringenden Zahlungsanspruch anzuwendende Recht ist deshalb mit Hilfe der Kollisionsnormen des EGBGB zu bestimmen.

1. Zulässigkeit der Rechtswahl

Gem. Art. 27 Abs. 1 S. 1 EGBGB unterliegt ein schuldrechtlicher Vertrag dem von den Parteien gewählten Recht. Die Wahl eines bestimmten Rechts muß nicht ausdrücklich erfolgen, es reicht nach Art. 27 Abs. 1 S. 2 EGBGB aus, wenn sie sich „mit hinreichender Sicherheit" aus den Vertragsbestimmungen ergibt. Ziff. 8 des Vertrages beruft das Recht am Ort des Vertragsschlusses. Daraus ist hinreichend deutlich zu schließen, daß türkisches Recht für die Vertragsbeziehungen der Parteien maßgeblich sein soll.

Die Rechtswahl scheitert nicht an Art. 27 Abs. 3 EGBGB[2]. Zwar ist im einzelnen streitig, wann ein Vertrag „nur mit einem Staat verbunden"

---

[1] Wiener UN-Übereinkommen über Verträge über den internationalen Warenkauf, BGBl. 1989 II, 588).

[2] Der Wortlaut des Art. 27 Abs. 3 EGBGB ist nicht eindeutig. Man könnte die Vorschrift auch so verstehen, daß sie die kollisionsrechtliche Rechtswahl nicht ausschließt, sondern nur auf eine Abweichung von den dispositiven Normen *beschränkt*, so eine Mindermeinung (*E.Lorenz*, RIW 1987, 569;

Fall 3: Verbraucherschutz im internationalen Vertragsrecht

ist[3]. Jedenfalls dann aber, wenn wie hier ein Vertragspartner seinen Sitz im Ausland hat, ist eine hinreichende Auslandsbeziehung anzunehmen[4]; die h.M. läßt auch den bloßen Vertragsabschlußort im Ausland genügen[5].

Birk, RdA 1989, 201 (204)). Diese Auffassung führt zu einem gespaltenen Vertragsstatut: Grundsätzlich ist das gewählte Recht maßgeblich, hinsichtlich der zwingenden Normen kommt das Recht zur Anwendung, mit dem der Vertrag objektiv "ausschließlich" verbunden ist. Anders zu Recht die h.M. (z.B. *v.Bar*, IPR II, Rdnr. 417; *Firsching/v.Hoffmann*, IPR, § 10 Rdnr. 29; *Lüderitz*, IPR Rdnr. 273; *Gamillscheg*, ZfA 1983, 307 (327); *W.Lorenz*, IPRax 1987, 269 (271)): Eine "Rechtswahl", die vom zwingenden Recht des objektiven Vertragsstatuts nicht abweichen darf, ist tatsächlich kein kollisionsrechtliches Instrument. Sie ist nichts anderes als der Ausdruck der *internen* Privatautonomie auf der Ebene des (objektiv bereits bestimmten) materiellen Rechts. So wie es den Parteien freisteht, ihre vertraglichen Beziehungen abweichend (nur) von den dispositiven Bestimmungen ausdrücklich und ausführlich durch eine Vielzahl von Einzelbestimmungen zu regeln, können sie sich zur Vereinfachung auch durch eine Referenzklausel auf externe Regelungswerke berufen. Ein solches Regelungswerk ist z.B. die VOB/B (Verdingungsordnung für Bauleistungen Teil B), auf die bei Bauverträgen häufig anstelle der dispositiven Normen des BGB-Werkvertragsrechts verwiesen wird, kann aber ebenso gut auch eine ausländische Rechtsordnung sein. Diese materiellrechtliche Verweisung auf fremdes Recht wird (mißverständlich) "materiellrechtliche Rechtswahl" genannt, was allerdings zu verschleiern droht, daß sie mit einer Rechtswahl im eigentlichen Sinne nichts zu tun hat. Der Aussagegehalt von Art. 27 Abs. 3 EGBG ist, folgt man der h.M., demnach ein dreifacher: Erstens ist eine kollisionsrechtliche Rechtswahl in einem reinen Inlandsfall untersagt und insoweit wirkungslos. Zweitens ist folglich das Vertragsstatut auf dem Wege der objektiven Anknüpfung zu ermitteln (welche freilich bei einem Vertrag, der nur mit einem Staat verbunden ist, nur zu dessen Recht führen kann). Drittens schließlich hat die kollisionsrechtlich wirkungslose Rechtswahl auf der Ebene des materiellen Rechts zur Folge, daß die dispositiven Normen des Vertragsstatuts ersetzt werden durch das verwiesene Recht. Vgl. ausführlich *Mäsch*, Rechtswahlfreiheit und Verbraucherschutz, 73 ff.

[3] Vgl. *Firsching/v.Hoffmann*, IPR, § 10 Rdnr. 30. Maßgeblich für die Abgrenzung dürften solche objektiven Kriterien sein, die die Vertragsabwicklung berühren oder auf die Vertrautheit einer der Parteien mit einer bestimmten (ausländischen) Rechtsordnung hindeuten.

[4] Z.B. *v.Bar*, IPR II, Rdnr. 419.

[5] *Palandt/Heldrich*, Art. 27 EGBGB Rdnr. 2; *Reithmann/Martiny(-Martiny)*, Internationales Vertragsrecht, Rdnr. 30; *Coester-Waltjen*, FS W.Lorenz, 297 (311); *E.Lorenz*, RIW 1987, 569 (576 Ort der Vertragsverhandlungen); *Jayme*, IPRax 1990, 220 (222); *Taupitz*, BB 1990, 642 (648); a.A. *Firsching/v.Hoffmann*, IPR, § 10 Rdnr. 30; *Mäsch*, Rechtswahlfreiheit und Verbraucherschutz, 101, 103.

2. Wirksame Einigung über Rechtswahl

Art. 27 Abs. 1 EGBGB sagt nur, daß eine Rechtswahl durch die Parteien zulässig ist. Davon zu unterscheiden und deshalb gesondert zu prüfen ist, ob die Parteien sich tatsächlich wirksam über die Rechtswahl geeinigt haben[6].

a) Gem. Art. 27 Abs. 4, 31 Abs. 1 EGBGB ist für die Beurteilung dieser Frage das Recht maßgeblich, das anwendbar wäre, wenn die Rechtswahl wirksam wäre. Damit wird auf das gewählte türkische Recht verwiesen (Vorwirkung des gewählten Rechts auf die Wahl selbst). Diese Verweisung ist nach Art. 35 EGBGB eine Sachnormverweisung, so daß eine eventuelle Rückverweisung durch das türkische IPR unbeachtlich ist. Aus Sicht des türkischen materiellen Rechts (Art. 1 OG) bestehen keine Bedenken gegen eine wirksame Einigung über das anwendbare Recht. Willensmängel des K sind nicht ersichtlich. Besondere Vorschriften, die die Einbeziehung der Rechtswahl in die vertragliche Einigung wegen ihres Charakters als vorformulierte Klausel in Allgemeinen Geschäftsbedingungen verhindern oder erschweren, bestehen nach dem Hinweis im Sachverhalt nach türkischem Recht nicht.

b) Fraglich bleibt, ob die Wirksamkeit der Einigung über die Rechtswahl zusätzlich am deutschen AGBG, insbesondere an dessen § 9, zu messen ist, wie der Anwalt des K vorträgt. Hierzu bedarf es einer besonderen Kollisionsnorm, die § 9 AGBG trotz des grundsätzlichen Verweises auf türkisches Recht zur Anwendung beruft.

aa) Eine solche Norm könnte Art. 31 Abs. 2 EGBGB sein. Die Anwendbarkeit des Art. 31 Abs. 2 EGBGB auf den Rechtswahlvertrag ergibt sich unmittelbar aus dem Wortlaut des Art. 27 Abs. 4 EGBGB, der auf den gesamten Art. 31 und nicht nur auf dessen Abs. 1 verweist. Demnach kann sich eine Vertragspartei für die Behauptung, sie habe dem Vertrag, hier also dem Rechtswahlvertrag, nicht zugestimmt, unter bestimmten Umständen auf das Recht ihres gewöhnlichen Aufenthaltsortes berufen. Gegen den weit gefaßten Wortlaut enthält die Norm eine Sonderregel, die sich nur auf das äußere *Zustandekommen* der Einigung, nicht aber auf deren *Wirksamkeit* bezieht. Sie beruht auf dem Grundgedanken, daß die „Vorwirkung" des Vertragsstatuts bereits auf die vorkonsensuale Phase zwar nicht gegen die Rechtslogik verstößt, daß es aber u.U. unzumutbar und daher unbillig sein könne, von einer Partei im Vorfeld des Vertragsschlusses die Beachtung der Verhaltensregeln eines ihm fremden, unbekannten

---

[6] Wiewohl faktisch zumeist eng mit dem "eigentlichen", dem Hauptvertrag verbunden, stellt die Rechtswahl einen eigenen Vertrag dar (sog. Verweisungsvertrag), der rechtlich von der Einigung über den Hauptvertrag zu trennen ist.

Fall 3: Verbraucherschutz im internationalen Vertragsrecht   79

Rechts zu verlangen. Dieses kann einem bestimmten Verhalten eine rechtsgeschäftliche Bedeutung beimessen, während das heimatliche Recht noch zurückhaltender ist. Insbesondere geht es darum, eine Partei vor der Überraschung zu schützen, durch bloßes Schweigen im Gegensatz zum ihr vertrauten Umweltrecht rechtsgeschäftliche Folgen auszulösen[7]. Verhalten i.S.d. § 31 Abs. 2 AGBG ist auch die Hinnahme von AGB ohne konkludente oder ausdrückliche Erklärung[8]. Deshalb kann sich der in Deutschland ansässige Vertragspartner eines AGB-Verwenders trotz der Wahl eines ausländischen Rechts auf die *Einbeziehungs*voraussetzungen der §§ 2 und 3 AGBG für vorformulierte Klauseln berufen, wenn besondere Umstände dies rechtfertigen. Ob solche nach Deutschland weisenden Faktoren hier trotz des Vertragsschlusses im Ausland gegeben sind, kann offenbleiben, da nach dem geschilderten Sachverhalt ein Verstoß gegen § 2 AGBG nicht ersichtlich ist[9]; auch kann eine Rechtswahlklausel in einem internationalen Vertrag nicht als überraschend i.S.v. § 3 AGBG gewertet werden. Die *Inhaltskontrolle* nach dem AGBG und damit auch § 9 AGBG ist hingegen über Art. 31 Abs. 2 EGBGB nicht berufen, denn sie betrifft die inhaltliche *Zulässigkeit* einzelner Klauseln, also die Wirksamkeit der Einigung, nicht deren Zustandekommen.

bb) Darauf, ob Art. 29 Abs. 1 EGBGB im vorliegenden Fall anwendbar und deshalb trotz der Rechtswahl u.U. (auch) deutsches Recht - im Rahmen eines Günstigkeitsvergleichs - neben dem gewählten türkischen Vertragsstatut zu beachten ist, kommt es hier noch nicht an: Art. 29 Abs. 1 EGBGB setzt mit seiner Alternativanknüpfung an das gewählte und das Verbraucheraufenthaltsrecht eine wirksame Rechtswahl voraus und beantwortet deshalb nicht die Frage, *ob* eine solche zustandegekommen ist und an welchem Recht dies zu messen ist. Wollte man unter dem bei wirksamer Rechtswahl anwendbaren Recht i.S.d. Art. 31 Abs. 1 EGBGB auch die Sonderanknüpfung des Art. 29 Abs. 1 EGBGB verstehen und an dem durch diese Norm berufenen Recht gegebenenfalls die Rechtswahl scheitern lassen, so würde man dem durch Art. 29 Abs. 1 EGBGB intendierten Günstigkeitsvergleich den Boden entziehen: Der Verbraucher könnte sein Begehren gerade nicht alternativ auf zwei Rechtsordnungen stützen. Man kommt des-

---

[7] Beispiel aus dem deutschen Recht: Schweigen auf ein kaufmännisches Bestätigungsschreiben. Vgl. insgesamt dazu Mäsch, IPRax 1995, 371.
[8] *Rauscher*, ZZP 104 (1991), 271 (315).
[9] Bei einem Formularvertrag wie dem vorliegenden, bei dem die Allgemeinen Geschäftsbedingungen in den Vertragstext selbst aufgenommen sind und deshalb dem Kunden vollständig vorliegen, sind § 2 Abs. 1 Nr. 1 und Nr. 2 AGBG ipso facto erfüllt und es ist ein gesonderter ausdrücklicher Hinweis nicht erforderlich, vgl. *MünchKomm/Kötz*, § 2 AGBG Rdnr. 6; *Palandt/Heinrichs*, § 2 AGBG Rdnr. 8.

halb erst zu Art. 29 Abs. 1 EGBGB, wenn die Rechtswahl anhand von Art. 31 EGBGB, d.h. dem *gewählten Vertragsstatut* und gegebenenfalls dem Umweltrecht nach Art. 31 Abs. 2 EGBGB, für gültig befunden wurde[10].

cc) § 12 AGBG in der neuen Fassung von 1996[11] fordert unter bestimmten Voraussetzungen die Anwendung des AGBG, auch wenn der Vertrag ansonsten einem ausländischen Recht unterliegt. Ob damit auch bereits eine Rechtswahlklausel in AGB, die fremdes Recht zum Vertragsstatut beruft, am deutschen AGBG scheitern kann, ist zweifelhaft. Ähnlich wie oben zu Art. 29 Abs. 1 EGBGB erscheint die Auffassung zutreffend, daß die Norm eine bereits erfolgte wirksame Rechtswahl in fremdes Recht voraussetzt und nur Klauseln des Haupt-, nicht auch des Rechtswahlvertrags selbst dem AGBG unterwerfen will[12]. Davon abgesehen liegen jedoch auch die räumlichen Beziehungen zur deutschen Rechtsordnung, die § 12 S. 2 Nr. 1 u. 2 AGBG (wenn auch nur als Regelbeispiel) voraussetzt, hier nicht vor.

Im Ergebnis ist die Rechtswahl zum türkischen Recht mithin wirksam[13].

Damit unterliegt der Kaufpreisanspruch der A grundsätzlich dem türkischen Recht. Die Verweisung ist gem. Art. 35 EGBGB eine Sachnormverweisung[14]. Das türkische IPR ist mithin nicht zu prüfen.

---

[10] Zutreffend ist deshalb gesagt worden, Art. 31 EGBGB liege auf einer zu Art. 29 Abs. 1 EGBGB logisch vorrangigen Stufe, vgl. *Mankowski*, RIW 1994, 421 (422). Dies verkennen *Meyer-Sparenberg*, RIW 1989, 347 (350), und *Rauscher* ZZP 104 (1991), 271 (315).

[11] BGBl. 1996 I, 1013. Die Änderung dient der Umsetzung der EG-Richtlinie über mißbräuchliche Vertragsklauseln in Verbraucherverträgen (93/13/EWG, ABl. EG Nr. L 95 v. 21. 5. 1993).

[12] A.A. *Meyer-Sparenberg*, RIW 1989, 347 (350 f.); *Rauscher*, ZZP 104 (1991), 271 (315), zu § 12 AGBG a. F.

[13] *Art. 31 Abs. 2, 29 Abs. 1 und § 12 AGBG sind aus Gründen der Verständlichkeit hier relativ ausführlich dargestellt worden; in einer Klausurbearbeitung kann dies wesentlich knapper geschehen. Wichtig ist, daß der Bearbeiter zeigt, daß er mit den Grundprinzipien vertraut ist: Über die **Zulässigkeit** einer Rechtswahlklausel - auch in AGB - ist (positiv) in Art. 27 Abs. 1 EGBGB entschieden. Die **Wirksamkeit** der Einigung über die Rechtswahl beurteilt sich nach dem gewählten Recht, nur hinsichtlich des äußeren Erklärungstatbestandes kann über Art. 31 Abs. 2 EGBGB zusätzlich das Umweltrecht des Erklärenden berücksichtigt werden. Eine Inhaltskontrolle anhand des AGBG findet nicht statt. Art. 29 Abs. 1 EGBGB und § 12 AGBG haben auf die Rechtswahl selbst keinen Einfluß.*

[14] *Dasselbe Ergebnis ließe sich auch mit Art. 4 Abs. 2 EGBGB begründen. Art. 35 EGBGB stellt jedoch eine für das Schuldvertragsrecht vorrangige lex specialis zu Art. 4 Abs. 2 EGBGB dar; der Rückgriff auf die allgemeine Vorschrift wäre also fehlerhaft.*

II. Kaufpreisanspruch nach türkischem Recht

Nach türkischem Recht stand der A ein Kaufpreisanspruch aus Art. 211 Abs. 1 OG zu. An einem wirksamen Kaufvertragsabschluß bestehen keine Zweifel. Ein nach Vortrag des Käufers um etwa 20% über dem Marktwert liegender Kaufpreis führt noch nicht zum Vorwurf des Wuchers. Ein Widerrufsrecht ist im türkischen Recht nicht gegeben.

III. Widerrufsrecht nach deutschem HausTWG?

Fraglich bleibt, ob sich trotz der grundsätzlichen Geltung des türkischen Rechts der K auf ein Widerrufsrecht nach dem deutschen HausTWG berufen kann. Angesichts der fehlenden Belehrung im Vertrag hätte K ein solches Recht nicht verspätet ausgeübt (§ 2 Abs. 1 S. 4 HausTWG).

1. Art. 31 Abs. 2 EGBGB

Zunächst ist wiederum an Art. 31 Abs. 2 EGBGB zu denken. Kann sich eine Partei für die Behauptung, „sie habe dem Vertrag nicht zugestimmt", auf das Recht an ihrem gewöhnlichen Aufenthaltsort berufen, so läßt sich damit bei allein grammatikalischer Auslegung auch der Fall des Widerrufs erfassen: Wer seine Willenserklärung fristgerecht widerruft, sorgt dafür, daß seine Zustimmung zum Vertrag nicht rechtswirksam wird[15]. Mit der oben dargelegten ratio legis der Vorschrift ist das allerdings nicht zu vereinbaren. Die *Bindungswirkung*, die eine Willenserklärung auslöst, hat mit Art. 31 Abs. 2 EGBGB nichts zu tun. Es geht allein um die Deutung des objektiven, äußerlichen Verhaltens einer Partei als rechtsgeschäftlich erheblich. Alles andere, und damit auch die Frage, ob eine den objektiven Tatbestand einer Willenserklärung erfüllende Äußerung nachträglich durch einen Widerruf zu Fall gebracht werden kann, ist über Art. 31 Abs. 1 EGBGB nach dem Vertragsstatut zu beurteilen.

2. Art. 29 Abs. 1 EGBGB

Nach Art. 29 Abs. 1 EGBGB darf aber eine Rechtswahl nicht dazu führen, daß dem Verbraucher der Schutz seiner heimatlichen zwingenden Bestimmungen entzogen wird. Da der gewöhnliche Aufenthalt des K in Deutschland liegt, könnte dies dazu führen, daß ihm ein Widerrufsrecht nach dem deutschen HausTWG zuzubilligen ist.

a) Eine direkte Anwendung der Vorschrift scheitert daran, daß die Voraussetzungen der Art. 29 Abs. 1 Nr. 1-3 EGBGB nicht erfüllt sind. Insbesondere reicht für Art. 29 Abs. 1 Nr. 3 EGBGB nicht aus, daß die

---

[15] So LG Gießen, NJW 1994, 406, dazu *Mäsch*, IPRax 1995, 371.

"Kaffeefahrt" in Absprache mit dem Pauschalreiseunternehmen stattfand: Der Verkäufer muß nach Wortlaut und Intention vielmehr Einfluß genommen haben gerade auf die Beförderung von einem Staat in den anderen[16].

b) Fraglich ist, ob die Vorschrift in einer Situation wie der vorliegenden analog angewandt werden kann[17]. Die h.M. lehnt dies ab: Es besteht keine unbewußte Regelungslücke, die Nr. 1-3 sind vielmehr Ausdruck eines bewußten Dezisionismus des Gesetzgebers: Nur in den ausdrücklich aufgeführten Situationen soll der Verbraucher wie in seinem Heimatland geschützt werden. Außerhalb dieser Konstellationen, also dann, wenn er sich ohne Veranlassung durch seinen Vertragspartner ins Ausland begibt, ist er in den Augen des Gesetzgebers nicht im gleichen Maße schutzbedürftig. Dem ist zuzustimmen. Der Verbraucher, der aus eigener Initiative seinen Aufenthaltsstaat verläßt und ins Ausland reist, muß mit der Anwendung fremder Rechtsregeln rechnen. Er kann nicht darauf vertrauen, daß das Verbraucherrecht seines Heimatlandes ihn auch im Urlaubsland schützt[18].

Art. 29 Abs. 1 EGBGB hilft hier demnach nicht weiter[19].

---

[16] Vgl. *MünchKomm/Martiny*, Art. 29 EGBGB Rdnr. 17, 17 a.

[17] So in der Rspr. z.B. OLG Stuttgart NJW-RR 1990, 1081 (1083) = IPRax 1991, 332 (333).

[18] *Coester-Waltjen*, FS W.Lorenz, 297 (311); *Mankowski*, IPRax 1991, 305 (311); *ders.*, RIW 1993, 453 (459); *Palandt/Heldrich*, Art. 29 EGBGB Rdnr. 5; *Taupitz*, BB 1990, 642 (649), vgl. auch BT-Drucks. 10/504, 21, 26. Auch die Gegenansicht ist aber gut vertretbar: Man kann argumentieren, daß in Konstellationen, in denen am Urlaubsort Verkaufsveranstaltungen gezielt für Angehörige eines bestimmten Landes durchgeführt werden und die Vertragsabwicklung vom Lieferanten erst nach der Rückkehr ins Heimatland vorgenommen wird, der Verbraucher den gleichen Schutz vor Überrumplung verdient wie in den Fällen des Art. 29 Abs. 1 Nr. 3 EGBGB, weil auch hier der sozio-ökonomische Bezug zum Heimatland die Bedeutung des Abschlußortes im Ausland überwiegt, vgl. z.B. *MünchKomm/Martiny*, Art. 29 EGBGB Rdnr. 7, 18 a; *Lüderitz*, IPRax 1990, 216 (219); *Kohte*, EuZW 1990, 150 (156); *Mäsch*, Rechtswahlfreiheit und Verbraucherschutz (1993), 168 f.; OLG Stuttgart NJW-RR 1990, 1081 (1083) = IPRax 1991, 332 (333).

[19] *Ist Art. 29 Abs. 1 EGBGB einschlägig, so führt die Norm zu einer Alternativanknüpfung: Der Richter hat im Prozeß von Amts wegen die zwingenden Normen des Aufenthaltsstaates des Verbrauchers neben den Normen des gewählten Rechts zu prüfen. Angewandt werden dann die Normen, die konkret auf den jeweiligen Streitgegenstand bezogen günstiger für den Verbraucher sind (daher "Günstigkeitsvergleich"). Die Bearbeiter, die sich für die oben in Fn. 18 dargestellte Mindermeinung zur analogen Anwendung des Art. 29 Abs. 1 Nr. 3 EGBGB entscheiden, kommen damit zum Ergebnis, daß der Käufer sich hier auf das zwingende Widerrufsrecht aus § 1 Abs. 1 Nr. 2 HausTWG berufen kann. Er*

3. Art. 6 EGBGB

Weiterhin könnte man zur Anwendung des deutschen HausTWG über Art. 6 EGBGB kommen: Faßt man das Fehlen eines Widerrufsrechts im türkischen Recht als (negative) Rechtsnorm auf (der Grundsatz des *pacta sunt servanda* gilt ohne Ausnahme auch für Verbraucher), so könnte man sie gem. Art. 6 EGBGB unbeachtet lassen, wenn sie gegen den deutschen ordre public verstößt. Die dadurch entstehende Lücke könnte dann durch einen Rückgriff auf das HausTWG gefüllt werden[20].

Voraussetzung ist, daß tatsächlich das Fehlen eines Widerrufsrechts bei Kaffeefahrten den deutschen ordre public verletzt. Es geht um den „Kernbestand der inländischen Rechtsordnung"[21]. Das Widerrufsrecht in einer derartigen Konstellation müßte ein elementares Grundprinzip, ein „wesentlicher Grundsatz" des deutschen Rechts sein, dessen Mißachtung zu unseren Gerechtigkeitsvorstellungen in so starkem Widerspruch steht, daß sie für untragbar anzusehen ist[22].

Es ist zweifelhaft, ob das Widerrufsrecht bei Haustürgeschäften zu den unverzichtbaren Wertvorstellungen der deutschen Rechtsordnung zählt. Dagegen spricht, daß das HausTWG erst 1986 nach endlosen, sich über vier Wahlperioden hinziehenden Diskussionen in Kraft getreten ist[23]. Wäre sein Fehlen aus deutscher Sicht „untragbar", wäre die Lücke wohl schneller zu schließen gewesen. Das Widerrufsrecht ist kein Eckpfeiler der deutschen Rechtsordnung, sondern eher eine noch junge Durchbrechung des seinerseits elementaren Prinzips, daß Verträge und Versprechen binden (*pacta sunt servanda*). Schließlich zeigen auch die Ausnahmen in § 6 Nr. 2 HausTWG (Versicherungsverträge), daß das

---

hat dieses Recht auch fristgerecht ausgeübt, weil die 1-Wochen-Frist gem. § 2 Abs. 1 S. 2 HausTWG mangels einer entsprechenden Belehrung gar nicht in Gang gesetzt wurde. Folge ist, daß der Vertrag nicht wirksam geschlossen wurde und dem Verkäufer somit kein Zahlungsanspruch zusteht. Bei dieser Feststellung sollte man aber nicht stehenbleiben: In einem Gutachten, in dem der Schwerpunkt der Problematik auf der Frage nach der Anwendbarkeit deutscher Verbraucherschutzbestimmungen liegt sind auch die anderen Lösungswege zu erörtern, die möglicherweise zur Anwendung des HausTWG führen könnten.

[20] Es ist also zu beachten: Trotz der im Grundsatz nur "negativen" Funktion des ordre public (Abwehr mißliebiger fremder materieller Rechtsnormen) ist damit im Ergebnis auch "positiv" die Anwendung deutschen Rechts erreichbar, vgl. *Kropholler*, IPR, § 36 V; *Firsching/v.Hoffmann*, IPR, § 6 Rdnr. 142.

[21] Gesetzesbegründung, BT-Drucks. 10/504, 42.

[22] Vgl. BGHZ 54, 132 (140); BGHZ 56, 181 (191); BGHZ 75, 32 (43).

[23] Zur Entstehungsgeschichte des HausTWG *Löwe*, BB 1986, 821.

Widerrufsrecht nicht in allen Bereichen unverzichtbar ist. Mit der h.M.[24] ist deshalb der ordre public nicht als ein Mittel anzusehen, um für einen deutschen Verbraucher gegen eine abweichende Auffassung des Vertragsstatuts ein Widerrufsrecht zu begründen.

4. Art. 34 EGBGB

a) Verbraucherschutznormen als Eingriffsrecht?

§§ 1, 2 HausTWG könnten hingegen dann anwendbar sein, wenn es sich um Normen handelte, die nach ihrem Zweck oder der gesetzgeberischen Intention „ohne Rücksicht auf das auf den Vertrag anzuwendende Recht"[25] vom deutschen Richter zwingend beachtet werden müssen, Art. 34 EGBGB (sog. „Eingriffsnormen").

Welche Normen in diesem Sinne „international zwingend"[26] sind, sagt Art. 34 EGBGB nicht. Nach h.M. sind jedenfalls solche Normen gemeint, die *im öffentlichen Interesse* in Schuldverhältnisse eingreifen, insbesondere im Währungs-, Devisen- und Außenwirtschaftsrecht[27]. Ob auch Vorschriften, die wie das HausTWG sozialpolitisch motiviert dem Schutz des Schwächeren im Rahmen eines Vertragsverhältnisses dienen (Sonderprivatrecht für Ungleichgewichtslagen), erfaßt werden, ist umstritten, wird aber von der überwiegenden Meinung grundsätzlich bejaht[28]. Gestützt wird dies von den Gesetzesmaterialien zum Europäischen Vertragsrechtsübereinkommen von 1980, auf dem Art. 27 ff. EGBGB beruhen. Der Bericht *Giuliano/Lagarde* nennt ausdrücklich den Verbraucherschutz als einen Anwendungsfall des Art. 7 Abs. 2 EVÜ = Art. 34 EGBGB[29].

---

[24] Z.B. *Coester-Waltjen*, FS W.Lorenz, 297 (315); *Taupitz*, BB 1990, 642 (650 f.); *Lüderitz*, IPRax 1990, 216 (219); *Werner/Machunsky(-Teske)*, Haustürwiderrufsgesetz, vor § 1 F Rdnr. 27 a.E; *Mäsch*, Rechtswahlfreiheit und Verbraucherschutz, 121 f.; OLG Hamm, IPRax 1990, 242; LG Düsseldorf, VuR 1994, 262 (265). Anders vereinzelt einige Gerichte, AG Lichtenfels, IPRax 1990, 235 (236). OLG Celle, EuZW 1990, 550 (552).

[25] Gemeint ist damit, daß bestimmte Normen auch dann Beachtung verlangen, wenn - wie hier - die Kollisionsregeln der Art. 27 ff. EGBGB nicht zum deutschen Recht führen.

[26] Bloße Unabdingbarkeit im internen Recht reicht unstreitig nicht aus, vgl. nur *Firsching/v.Hoffmann*, IPR, § 10 Rdnr. 96.

[27] Z.B. *MünchKomm/Martiny*, Art. 34 EGBGB Rdnr. 13 m.w.N.

[28] Vgl. BGH JZ 1994, 363 (367) m. Anm. *Fischer* 367 = RIW 1994, 154 (157) m. Anm. *Roth* 275; a.A. und beachtlichen Gründen: *Mankowski*, DZWir 1996, 273.

[29] BT-Drucks. 10/504, S. 60.

Fall 3: Verbraucherschutz im internationalen Vertragsrecht

b) *Verhältnis zu Art. 29 EGBGB*

Aber selbst wenn Verbraucherschutzbestimmungen grundsätzlich über Art. 34 EGBGB auch gegen eine abweichende Rechtswahl durchgesetzt werden könnten, stellt sich die Frage nach dem Verhältnis dieser Norm zu Art. 29 EGBGB, der seinerseits speziell dem Verbraucherschutz dient, deutsche Bestimmungen aber nur unter eng umrissenen Voraussetzungen und für bestimmte Vertragstypen durchsetzt.

In der Literatur und Rechtsprechung werden die unterschiedlichsten Stimmen vernommen[30]. Zuzustimmen ist der Lösung, die der BGH in einer neueren Entscheidung angedeutet hat[31]. Danach hat Art. 29 EGBGB grundsätzlich als speziellere Vorschrift Vorrang vor Art. 34 EGBGB und verdrängt diesen in seinem Anwendungsbereich. Eine Anwendung des Art. 34 EGBGB kommt deshalb nur insoweit in Betracht, als sich Art. 29 EGBGB als lückenhaft erweist. Insoweit ist zu unterscheiden: Hinsichtlich der von ihr *sachlich* (d.h. dem Vertragstypus nach) erfaßten Verträge ist die Vorschrift mit ihrem differenzierten und bewußt dezisionistisch auf enge Bereiche begrenzten System von Anknüpfungspunkten als ein geschlossenes, lückenloses System anzusehen. Fehlt es also hier „nur" an der Verwirklichung eines der Merkmale des Art. 29 Abs. 1 Nr. 1-3 EGBGB, um zum deutschen Verbraucherschutzrecht zu gelangen (bzw. greift Abs. 4 ein), ist ein hilfsweiser Rückgriff auf Art. 34 EGBGB *unzulässig*. Anderes gilt dann, wenn es sich um Verträge handelt, die von der Geschäftsart her *nicht* von Art. 29 EGBGB abgedeckt sind (z.B. Wohnungsmietverträge, reine Verbraucherkredite, Käufe von Wertpapieren). Hier läßt sich vertreten, daß dem Ausschluß dieser Verträge nicht ein geschlossenes Konzept des Gesetzgebers zugrundeliegt, sondern Art. 29 EGBGB sie nur deshalb nicht erfaßt, weil bei seiner Abfassung die anderen Typen im Vordergrund der (noch jungen) Diskussion standen. Dann kann insoweit auf Art. 34 EGBGB zurückgegriffen werden[32]. Diese differenzierende Auffassung hat den Vorteil, daß sie einerseits den Anwendungsbereich des vage gehaltenen und Rechtsunsicherheit schaffenden Art. 34 EGBGB zugunsten des präziseren Art. 29 EGBGB zurückdrängt, andererseits aber Raum für eine behutsame Weiterentwicklung in Bereichen läßt, die die letztgenannte Vorschrift nicht abdeckt.

Im vorliegenden Fall handelt es sich um einen Warenkaufvertrag, der sachlich von Art. 29 EGBGB erfaßt wird, bei dem es lediglich an der hinreichenden Verknüpfung mit Deutschland nach Art. 29 Abs. 1 Nr. 1-3 EGBGB fehlt. Deshalb ist eine Anwendung des Art. 34 EGBGB ausgeschlossen.

---

[30] Übersicht bei *Mäsch*, Rechtswahlfreiheit und Verbraucherschutz, 126 ff.
[31] BGH JZ 1994, 363 (366 f.) = RIW 1994, 154 (157).
[32] Vgl. *Roth*, RIW 1994, 275 (278); *Fischer*, JZ 1994, 367 (370); OLG Celle, DZWir 1996, 299; krit. *Mankowski*, ebda, 273.

5. Gesetzesumgehung (fraus legis)

Zu prüfen bleibt, ob in der vorliegenden Konstellation nicht das HausTWG unter dem Gesichtspunkt der Gesetzesumgehung Anwendung finden kann. Es ist unbestritten, daß es die Figur der Gesetzesumgehung auch auf IPR-Ebene gibt. Zwar ist die genaue methodische Einordnung ebenso wie im materiellen Recht noch unsicher[33], jedoch herrscht über die Rechtsfolgen Einigkeit: Werden bestimmte kollisionsrechtliche Verweisungen und damit Sachnormen durch die Manipulation anknüpfungserheblicher Tatsachen rechtsmißbräuchlich umgangen, so werden diese Normen dennoch angewandt anstelle derjenigen, deren Anwendung beabsichtigt war.

a) Einig ist man sich weitgehend auch über die Voraussetzungen. Ein Anknüpfungsmerkmal muß in verwerflicher und von der Rechtsordnung mißbilligter Weise *geschaffen* worden sein (objektives Element: Umgehungshandlung) mit der Absicht, die Geltung eines „lästigen" Rechts zu vermeiden und die Herrschaft eines günstigeren Rechts zu erreichen (subjektives Element: Umgehungsabsicht)[34].

Die Tatsache, daß sich die Touristen beim Beginn der Kaffeefahrt und bei der Unterzeichnung des Vertrages im Ausland aufhielten, weshalb Art. 29 Abs. 1 Nr. 1-3 EGBGB nicht eingreift, ist vom Verkäufer nicht beeinflußt worden und begründet deshalb keine Gesetzesumgehung. Zu überlegen ist aber, ob nicht die Einschaltung einer türkischen Verkäuferfirma trotz des deutschen Lieferanten allein der bewußten und zweckgerichteten Umgehung des Art. 27 Abs. 3 EGBGB dient. Das setzt aber voraus, daß ohne diese Aufspaltung Art. 27 Abs. 3 EGBGB ohne weiteres anwendbar wäre, denn nur dann hätte sie anknüpfungsverändernde Wirkung. Nach h.M. ist das nicht der Fall, da sie bereits den (hier nicht manipulierten) Abschlußort im Ausland als hinreichende Auslandsberührung ansieht[35], die Art. 27 Abs. 3 EGBGB ausschaltet. Damit fehlt es insoweit am objektiven Tatbestand der Gesetzesumgehung. Folglich ist aber auch der subjektiven Seite der Gesetzesumgehung der Boden entzogen: Konnte die Gegenseite des Verbrauchers davon ausgehen, daß der Vertrag ohnehin ein internationaler ist, so kann man ihr, auch wenn man die h.M. für falsch hält[36], keine fraudulöse Umgehungs-

---

[33] Umfassend dazu auch aus rechtsvergleichender Sicht *Schurig*, FS Ferid 1988, 375. *Der Student sollte sich jedenfalls den Unterschied zum ordre public klarmachen: Dieser wehrt ausländisches Recht ab, weil es inhaltlich aus deutscher Sicht als anstößig empfunden wird, während die Gesetzesumgehung den Weg mißbilligt, auf dem die Anwendbarkeit (inhaltlich nicht zu beanstandenden) ausländischen Rechts herbeigeführt wird.*
[34] Vgl. *Firsching/v.Hoffmann*, IPR, § 6 Rdnr. 123; *Kegel*, IPR § 14 II.
[35] Vgl. oben Fn. 5.
[36] Siehe die Nachweise oben in Fn. 5.

absicht oder auch nur das Bewußtsein der Gesetzesumgehung unterstellen. Auch auf dem Boden der Mindermeinung müßte deshalb eine Gesetzesumgehung in dieser Form abgelehnt werden.

b) Einige Autoren möchten die Gesetzesumgehung aber auch auf Konstellationen ausweiten, in denen ein an sich bereits bestehender Anknüpfungspunkt in verwerflicher Weise und zu einem mißbilligten Zweck *ausgenutzt* wird[37]. Dies kann in einer Konstellation wie der vorliegenden dann der Fall sein, wenn der Verbraucher (objektiv) trotz des von ihm selbst bestimmten Grenzübertritts aufgrund besonders gewichtiger, auf sein Heimatrecht weisender Umstände Anlaß zu der Vorstellung hatte, er agiere - losgelöst vom realen Territorium - im grundsätzlichen Schutzbereich seiner Rechtsordnung, und wenn diese Einstellung durch die Gegenpartei arglistig herbeigeführt worden ist (subjektive Komponente)[38]. Liegen diese Voraussetzungen vor, muß sich der Vertragspartner des Verbrauchers so behandeln lassen, als habe der Verbraucher seine Vertragsabschlußhandlung an seinem gewöhnlichen Aufenthalt vorgenommen, womit über Art. 29 Abs. 1 Nr. 1 EGBGB das HausTWG Anwendung fände.

Im vorliegenden Fall sind aus dem Sachverhalt keine besonderen, den Arglisteinwand begründenden Faktoren erkennbar. Es ist nicht ersichtlich, daß der Verkäufer durch die für ihn agierenden Personen in auffälliger Weise mit deutschen Standards oder der Abwicklung und Herstellung in Deutschland geworben und damit den Käufer arglistig in der Vorstellung bestärkt hat, er bewege sich weiterhin im Geltungsbereich des deutschen Rechts. Die Verwendung allein der deutschen Sprache auf der Verkaufsveranstaltung reicht nicht aus, um mit dem schweren Werkzeug der Gesetzesumgehung gegen den Verkäufer vorzugehen.

Damit steht der alleinigen Anwendung des türkischen Rechts auch der Einwand der *fraus legis* nicht entgegen. Der Widerruf des K geht mangels eines Widerrufsrechts ins Leere.

A stand ein Kaufpreisanspruch gegen K zu.

B. Wirksame Abtretung

Fraglich ist, ob dieser Anspruch wirksam durch Abtretung auf die B übergegangen ist. Es ist hierbei zwischen den formellen und materiellen Voraussetzungen der Abtretung zu unterscheiden.

---

[37] *Coester-Waltjen*, FS W.Lorenz, 297 (316 f.); wohl auch *Firsching/ v. Hoffmann*, IPR, § 6 Rdnr. 124 (bei "krassem Widerspruch zum Gesetzeszweck").

[38] *Coester-Waltjen*, FS W.Lorenz, 297 (317).

I. Materielle Wirksamkeit

1. Anwendbares Recht

Nach Art. 33 Abs. 2 EGBGB ist für die rechtsgeschäftliche Forderungsabtretung das Recht maßgeblich, dem die abzutretende Forderung unterliegt[39], hier also türkisches Recht. Eine eventuelle Rückverweisung durch das türkische Kollisionsrecht ist unbeachtlich, Art. 35 EGBGB.

2. Wirksamkeit nach türkischem Recht

Nach Art. 164 OG ist für die Abtretung ein Vertrag zwischen Zessionar und Zedent erforderlich und genügend, der Einwilligung des Schuldners bedarf es nicht. Mängel der vertraglichen Einigung sind nicht ersichtlich. Damit ist die Abtretung materiell wirksam.

II. Formwirksamkeit

1. Anwendbares Recht

Die Frage, welche Formvorschriften bei der Abtretung gegebenenfalls einzuhalten sind, unterliegt gem. Art. 11 EGBGB einer gesonderten Anknüpfung. Nach Art. 11 Abs. 1 EGBGB ist alternativ das Recht, dem die Abtretung materiell unterliegt (Geschäftsstatut) oder das Recht am Ort der Abtretung maßgeblich. Hier wird mithin auf türkisches und deutsches Recht verwiesen. Es ist hinreichend, den Anforderungen eines dieser Rechte Genüge zu tun; das Recht mit den schwächeren Formvorschriften setzt sich durch.

Art. 11 Abs. 5 EGBGB, der für Verfügungen über Rechte an körperlichen Sachen eine Ausnahme von der Alternativanknüpfung macht und allein das Geschäftsstatut in Formfragen für anwendbar erklärt, ist als bewußt eng gefaßte Ausnahmevorschrift auch nicht analog auf die Abtretung einer Forderung anwendbar[40].

---

[39] *Die "Abtretung" meint hier nur das Verfügungsgeschäft. Zu unterscheiden davon ist das Grundgeschäft zwischen Alt- und Neugläubiger, aufgrund dessen die Forderung abgetreten wird (z.B. Forderungskauf, Factoring, Sicherungsabrede bei Sicherungsabtretung). Das insoweit geltende Recht ist gem. Art. 33 Abs. 1 EGBGB eigenständig, d.h. nach den Regeln der Art. 27 ff. EGBGB zu ermitteln.*

[40] Vgl. *MünchKomm/Spellenberg*, Art. 11 EGBGB Rdnr. 92 f.

Eine eventuelle Rück- oder Weiterverweisung ist im Rahmen des Art. 11 EGBGB grundsätzlich nicht zu beachten; die Vorschrift verweist unmittelbar auf die materiellen Normen des maßgeblichen Rechts[41].

2. Formwirksamkeit nach türkischem/deutschem Recht

Zwar ist nach türkischem Recht (Art. 165 Abs. 1 OG) eine Abtretung in schriftlicher Form erforderlich, nach deutschem Recht ist sie aber formlos gültig. Damit ist in Anwendung deutschen Rechts die Abtretung im vorliegenden Fall als formwirksam anzusehen.

Als Ergebnis ist folglich festzuhalten, daß die Zahlungsklage der B begründet ist.

Fall 4: Internationales Sachenrecht

Sachverhalt

Die deutsche Versicherungsgesellschaft V war Kaskoversicherer eines in München zugelassenen PKW Golf Cabrio. Dem Versicherungsvertrag lagen die Allgemeinen Bedingungen für die Kraftfahrtversicherung (AKB) zugrunde. Weiterhin war ausdrücklich die Geltung deutschen Rechts für den Vertrag vereinbart.

Der Wagen wurde Mitte Oktober 1995 in München gestohlen. Der Eigentümer E zeigte den Schaden umgehend nach dem Diebstahl bei V an, die ihm entsprechend den Kaskobedingungen eine Entschädigung auszahlte. Der PKW wurde, ohne daß die Umstände im Nachhinein genau zu rekonstruieren wären, über verschiedene andere Staaten spätestens im Februar 1996 in die Türkei verschoben. Im März 1996 kaufte in der Türkei Z das Auto von dem Gebrauchtwagenhändler G, der später im Zusammenhang mit dieser Transaktion rechtskräftig wegen Hehlerei verurteilt wurde. Zwei Monate später verkaufte Z den Wagen in Hamburg an seinen dort ansässigen türkischen Landsmann L. Die Versicherungsgesellschaft wurde auf das

---

[41] *Palandt/Heldrich*, Art. 11 EGBGB Rdnr. 1. Nur für den Fall, daß die Sachnormen des Ortsrechts zu einer Formungültigkeit führen, wird vertreten, daß zusätzlich zugunsten der Formwirksamkeit eine Weiterverweisung auf ein drittes Recht zu berücksichtigen sei, vgl. *MünchKomm/Spellenberg*, Art. 11 EGBGB Rdnr. 58. Darauf kommt es aber nur an, wenn auch das Geschäftsstatut nicht weiterhilft.

Auto aufmerksam und verlangt nunmehr, gestützt auf § 13 Abs. 7 S. 2 AKB, von L dessen Herausgabe. L wendet ein, Z habe nach türkischem Recht gutgläubig Eigentum an dem Wagen erworben, so daß er es auch wirksam auf ihn habe übertragen können. Andernfalls greife jedenfalls für ihn der Gutglaubensschutz ein. Schließlich sei er nach Art. 902 des türkischen Zivilgesetzbuches zur Herausgabe allenfalls gegen Erstattung des von ihm an Z gezahlten Kaufpreises in Höhe von DM 10.000 verpflichtet (sog. Lösungsrecht).

Muß L den Wagen an V herausgeben?

Anhang: Gesetzestexte

I. Allgemeine Bedingungen für die Kraftfahrtversicherung (AKB)
§ 13 Abs. 7 S. 1 u. 2. Werden entwendete Gegenstände innerhalb eines Monats nach Eingang der Schadensanzeige wieder zur Stelle gebracht, so ist der Versicherungsnehmer verpflichtet, sie zurückzunehmen. Nach Ablauf dieser Frist werden sie Eigentum des Versicherers...

Hinweis: § 13 Abs. 7 S. 2 AKB wird dahingehend ausgelegt, daß bereits mit Abschluß des Versicherungsvertrages das Eigentum an dem versicherten Gegenstand durch Einigung - unter einer Bedingung (Diebstahl sowie keine Wiedererlangung des PKW innerhalb einer 1-Monatsfrist nach Schadensanzeige) - sowie Abtretung des Herausgabeanspruchs gegen den Dieb auf den Versicherer übertragen wird, so daß es nach dem Ablauf der Frist keiner weiteren Willenserklärung mehr bedarf (vgl. *Stiefel/Hofmann*, Kraftfahrtversicherung, AKB- und AVSB-Kommentar, 16. Aufl. 1995, § 13 AKB Rdnr. 80).

II. Türkisches Gesetz über das internationale Privatrecht (IPRG)
Art. 23 Abs. 1. Das Eigentumsrecht und die anderen dinglichen Rechte an beweglichen und unbeweglichen Sachen unterliegen dem Recht des Ortes, an dem sie sich befinden.

III. Türkisches Zivilgesetzbuch (ZGB)
Art. 3. (1) Wo das Gesetz eine Rechtswirkung an den guten Glauben einer Person anknüpft, ist dessen Vorhandensein zu vermuten.
(2) Jedoch kann sich niemand auf den guten Glauben berufen, wenn er nach der Aufmerksamkeit, die man nach den jeweiligen Umständen von ihm verlangen konnte, nicht gutgläubig sein konnte.
Art. 687. (1) Zur Übertragung des Fahrniseigentums bedarf es des Überganges des Besitzes auf den Erwerber.

(2) Wer in gutem Glauben eine bewegliche Sache zu Eigentum übertragen erhält, wird, auch wenn der Veräußerer zur Eigentumsübertragung nicht befugt ist, deren Eigentümer, sobald er nach den Vorschriften über den Besitz (u.a. Art. 901 f.) geschützt ist.

Hinweis: Das türkische Recht kennt kein Trennungs- und Abstraktionsprinzip, folgt aber gem. Art. 687 Abs. 1 ZGB dem Traditionsprinzip. Das Eigentum geht unmittelbar aufgrund des schuldrechtlichen Vertrages, z.B. Kauf, in Verbindung mit der Besitzverschaffung über.

Art. 901. Wer eine bewegliche Sache in gutem Glauben zu Eigentum oder zu einem beschränkten dinglichen Recht übertragen erhält, ist in seinem Erwerb auch dann zu schützen, wenn sie dem Veräußerer ohne jede Ermächtigung zur Übertragung anvertraut worden war.

Art. 902. (1) Der Besitzer, dem eine bewegliche Sache gestohlen wird oder verloren geht oder sonst wider seinen Willen abhanden kommt, kann sie während fünf Jahren jedem Empfänger abfordern.

(2) Ist die Sache öffentlich versteigert oder auf dem Markt oder durch einen Kaufmann, der mit Waren der gleichen Art handelt, übertragen worden, so kann sie dem ersten und jedwedem späteren gutgläubigen Empfänger nur gegen Vergütung des von ihm bezahlten Preises abgefordert werden. Die Rückleistung erfolgt im übrigen nach den Vorschriften über die Ansprüche des gutgläubigen Besitzers.

Vorbemerkungen

I. Im Mittelpunkt des Falles stehen Fragen des internationalen Sachenrechts. Dieses ist im EGBGB bislang nicht geregelt. Für den Studenten ist es deshalb wichtig, mit den richterrechtlich geprägten Regeln und der begleitenden Diskussion im Schrifttum vertraut zu sein.

II. Der Fall weist die Besonderheit auf, daß der Wagen sich sukzessiv in verschiedenen Ländern und damit im Bereich verschiedener Sachenrechtsordnungen befand, während gleichzeitig unterschiedliche sachenrechtliche Vorgänge abliefen. Es handelt sich also um einen (mehrfachen) *Statutenwechsel*. Die Grundsatzanknüpfung im internationalen Sachenrecht an das Belegenheitsrecht (*lex rei sitae*), so einfach sie klingt, führt in einer solchen Gestaltung zu erheblichen Problemen. Der Schutz wohlerworbener Rechte einerseits und die Verkehrsinteressen andererseits erfordern eine modifizierte Anwendung[1]. Es stellt sich nicht nur die Frage nach der kollisionsrechtlichen Behandlung (zeitlich) gestreckter bzw. offener Tatbestände (hier: aufschiebend bedingte Einigung), sondern anhand des von L behaupteten Lösungsrechts auch nach dem Schicksal eines unter der bisherigen *lex rei sitae* entstandenen Rechts, wenn dieses dem neuen Belegenheitsrecht unbekannt ist.

---

[1] Vgl. *Firsching/v.Hoffmann*, IPR, § 12 Rdnr. 28.

III. Der Aufbau sollte hier der integrativen Methode folgen. Stellt man die international-privatrechtlichen Probleme voran, so besteht die Gefahr, daß dem Leser unklar bleibt, warum die spezielle Frage erörtert werden muß und in welchem Bezug sie zu dem von V geltend gemachten Herausgabeanspruch steht. Besser ist es deshalb, zunächst die Anspruchsgrundlage zu ermitteln und dann im Rahmen ihrer Tatbestandsvoraussetzungen den Einfluß der verschiedenen Veräußerungsvorgänge und des insoweit anwendbaren Rechts festzustellen.

Gliederung der Lösung

I. Qualifikation des Anspruchs der V
II. Anwendbares Recht (Vindikationsstatut)
   1. Staatsvertragliches Kollisionsrecht
   2. Autonomes Kollisionsrecht
III. Voraussetzungen des § 985 BGB
   1. Eigentum der V
      a) Eigentumserwerb durch V
         aa) Anwendbares Recht
            (1) Rechtswahl?
            (2) Anknüpfung an den *situs* der Sache
            (3) Anknüpfung an den letzten bekannten Lageort
         bb) Deutsches materielles Recht
            (1) Einigung
            (2) Übergabesurrogat
      b) Eigentumsverlust durch gutgläubigen Erwerb des Z?
         aa) Anwendbares Recht
            (1) Deutsches internationales Privatrecht
            (2) Türkisches internationales Privatrecht
         bb) Türkisches materielles Recht
            (1) Grundsatz
            (2) Gutgläubiger Erwerb vom Nichtberechtigten
      c) Eigentumsverlust durch gutgläubigen Erwerb des L?
         aa) Anwendbares Recht
         bb) Deutsches materielles Recht
   2. Besitz des L
   3. Recht zum Besitz
IV. Einreden gegen den Anspruch
   1. Anwendbares Recht
   2. Lösungsrecht des Z
   3. Lösungsrecht des L
      a) Bestand des Lösungsrechts bei Statutenwechsel
      b) Veräußerungsbeständigkeit des Lösungsrechts

Fall 4: Internationales Sachenrecht

Lösung

I. Qualifikation des Anspruchs der V

V verlangt Herausgabe des PKW von L. Da vertragliche Ansprüche offensichtlich nicht in Betracht kommen, kann der Herausgabeanspruch vorliegend nur auf die möglicherweise erlangte Eigentümerstellung[2] gestützt werden. Ein solcher Anspruch ist ein sachenrechtlicher. Es ist folglich zunächst das insoweit anwendbare Recht, das Vindikationsstatut[3], zu ermitteln.

II. Anwendbares Recht (Vindikationsstatut)

1. Staatsvertragliches Kollisionsrecht

Staatsvertragliche Regelungen des internationalen Sachenrechts bestehen für den vorliegenden Fall nicht.

Es ist daher vom autonomen deutschen Kollisionsrecht auszugehen.

2. Autonomes Kollisionsrecht

Das internationale Sachenrecht ist im deutschen internationalen Privatrecht nicht gesetzlich geregelt. Bis zu der Verwirklichung der geplanten Kodifizierung[4] gelten die von Wissenschaft und Rechtspre-

---

[2] *Wird die Herausgabe einer gestohlenen Sache geltend gemacht, ist grundsätzlich immer auch an die Ansprüche aus **Besitzschutz** zu denken, wie sie sich im deutschen materiellen Recht aus den §§ 861, 1007 und auch 823 BGB ergeben können. Da V aber nie im Besitz des PKW war, muß hier darauf nicht näher eingegangen werden. Deshalb scheidet auch ein bereicherungsrechtlicher Anspruch auf Besitzübertragung aus. Weiterhin könnte sich ein Herausgabebegehren auch auf einen deliktischen oder bereicherungsrechtlichen **Rückübereignungs**anspruch stützen. Das setzt aber voraus, daß V das Eigentum erlangt und dieses in rechtswidriger Weise bzw. ohne rechtfertigenden Grund wieder verloren hat (vgl. zum gutgläubigen Erwerb aber im materiellen deutschen Recht Palandt/Thomas § 823 Rdnr. 10; § 812 Rdnr. 98). Kommt man bei der Prüfung des § 985 BGB zum Ergebnis, daß V Eigentümerin des PKW geblieben ist, erübrigt sich also die Erörterung dieser weiteren Anspruchsgrundlagen.*

[3] *Zwar wäre es nicht falsch, von der Ermittlung "des Sachstatuts" zu sprechen. Dies könnte jedoch insofern in die Irre führen, als damit suggeriert wird, alle im vorliegenden Fall auftauchenden sachenrechtlichen Fragen müßten sich einheitlich nach einem Recht beantworten. Das ist indessen, wie sich zeigen wird, nicht der Fall.*

[4] Vgl. dazu den Referentenentwurf eines Gesetzes zur Ergänzung des IPR (abgedruckt bei *Kropholler*, IPR, Anhang), nach dem zur Regelung des

chung entwickelten und zu Gewohnheitsrecht erstarkten Anknüpfungsregeln weiter.

Demnach ist grundsätzlich für alle sachenrechtlichen Tatbestände das Recht des Lageortes, die lex rei sitae maßgeblich[5]. Dieses Recht regelt auch die Ausübung und den Schutz dinglicher Rechte. Ihm sind also die Voraussetzungen für die Durchsetzung eines dinglichen Herausgabeanspruchs zu entnehmen[6].

Hat eine Sache wie hier mehrfach den Belegenheitsort gewechselt, so ist es wichtig, den maßgebenden Zeitpunkt für die Anknüpfung zu bestimmen: Dieser ist nach allgemeiner Meinung der der Verwirklichung der in Frage stehenden juristischen Tatsache[7].

Hier befindet sich der Wagen z.Zt. des Herausgabeverlangens wieder in Deutschland. Folglich unterliegt der Anspruch deutschem Recht.

III. Voraussetzungen des § 985 BGB

1. Eigentum der V

V kann nur dann einen Anspruch aus § 985 BGB geltend machen, wenn sie Eigentümerin des PKW ist. Zunächst war ihr Versicherungsnehmer E Eigentümer des Wagens. Zu prüfen ist demnach, ob V das Eigentum von diesem erlangt und gegebenenfalls es später nicht wieder verloren hat.

---

internationalen Sachenrechts die Art. 43 - 45 neu ins EGBGB aufgenommen werden sollen. Diese Artikel enthalten allerdings keine wesentlichen Neuerungen, sondern beschränken sich auf eine gesetzliche Festschreibung der bereits bisher bestehenden h.M.

[5] Vgl. *Palandt/Heldrich*, Anh. II nach Art. 38 EGBGB Rdnr. 2; *MünchKomm/Kreuzer*, Anh. I nach Art. 38 EGBGB Rdnr. 12; *Staudinger/Stoll*, Internationales Sachenrecht, Rdnr. 57; jeweils mit ausführlichen Nachweisen von Rechtsprechung und Literatur.

[6] *MünchKomm/Kreuzer*, Anh. I nach Art. 38 EGBGB, Rdnr 31 m.w.N.

[7] *Palandt/Heldrich*, Anh. II nach Art. 38 EGBGB Rdnr. 2; *MünchKomm/Kreuzer*, Anh. I nach Art. 38 EGBGB Rdnr. 12. Faßt man die örtliche und zeitliche Komponente in einem Satz zusammen, so ergibt sich folgende Faustformel für die Anknüpfung: Alle dem Sachenrecht zugehörigen juristischen Tatsachen werden nach dem Recht des Ortes beurteilt, an dem sich die Sache zur Zeit des (möglichen) Eintritts der betreffenden Tatsache befand (vgl. *Ferid*, IPR, Rdnr. 7-8).

Fall 4: Internationales Sachenrecht   95

a) Eigentumserwerb durch V
Das Eigentum des E an dem PKW könnte möglicherweise nach Ablauf der einmonatigen Frist nach der Schadensanzeige aufgrund der dinglichen Einigung mit dem Versicherungsnehmer im Versicherungsvertrag (§ 13 Abs. 7 AKB) auf die V übergegangen sein. Auch hier ist zunächst das auf diesen Erwerbstatbestand anzuwendende Recht zu ermitteln[8].

aa) Anwendbares Recht
(1) Es ist zu erwägen, ob im internationalen Sachenrecht abweichend vom oben dargelegten Grundsatz (Maßgeblichkeit des Belegenheitsrechts) bei *rechtsgeschäftlichen* Tatbeständen wie hier der Einigung über den Eigentumsübergang in Parallele zum internationalen Schuldrecht eine (u.U. stillschweigende) Rechtswahl der Parteien anzuerkennen ist. Die h.M. lehnt dies jedoch mit guten Gründen ab[9]: Während der schuldrechtliche Vertrag nur die Beziehungen zwischen den Parteien regelt, zeichnen sich dingliche Rechte als absolute Rechte gerade durch ihre Drittwirkung auch gegenüber am Rechtsgeschäft Unbeteiligte aus, wie sich insbesondere in Zwangsvollstreckung und Konkurs zeigt. Es würde zu großer Unsicherheit führen, könnten sich die Parteien durch eine Rechtswahl dem *numerus clausus* der Sachenrechte oder den Publizitätsvorschriften des jeweiligen Belegenheitsrechts entziehen. Deshalb ist mit Rücksicht auf die Verkehrsinteressen eine Rechtswahl grundsätzlich ausgeschlossen[10].

---

[8] *Wie bereits in Fn. 3 angedeutet, ist es wichtig zu erkennen, daß mit der Feststellung, der Herausgabeanspruch als solcher unterliege dem deutschen Recht, die IPR-Problematik des Falles noch nicht ausgeschöpft ist. Jedes Tatbestandsmerkmal des § 985 BGB kann - wie hier - durch Ereignisse beeinflußt sein, die sich unter der Herrschaft eines anderen Rechts abgespielt haben. Die Frage nach dem insoweit anwendbaren Recht ist deshalb immer wieder neu zu stellen.*

[9] Vgl. *Kegel*, IPR, § 19 I a.E.; *Ferid*, IPR, Rdnr. 7-7; *Firsching/v.Hoffmann*, IPR, § 12 Rdnr. 10; *Palandt/Heldrich*, Anh. II nach Art. 38 EGBGB Rdnr. 2; *MünchKomm/Kreuzer*, Anh. I nach Art. 38 EGBGB Rdnr. 35, 67.

[10] Vgl. *v.Bar*, IPR II, Rdnr. 752 f.; *Firsching/v.Hoffmann*, IPR, § 12 Rdnr. 10; a.A. für das Mobiliarsachenrecht z.B. (mit unterschiedlichen Akzentuierungen) *Staudinger/Stoll*, Internationales Sachenrecht, Rdnr. 195 (Rechtswahl schafft Rechtsklarheit gerade bei Gebietswechseln); *Kropholler*, IPR, § 54 II (Wirkung nur *inter partes* bzw. gegenüber bösgläubigen Dritten). *Wer der Mindermeinung folgt und die Rechtswahl zulassen will, kann im vorliegenden Fall eine solche zum deutschen Recht auf die im Sachverhalt erwähnte ausdrückliche Rechtswahlklausel stützen; diese kann dahin ausgelegt werden, daß sie auch die im Vertrag enthaltenen dinglichen Rechtsgeschäfte erfassen soll, soweit dies zulässig ist. Da auch die h.M., wie zu erörtern sein wird, hier zum deutschen Recht gelangt, ergeben sich*

(2) Es bleibt also bei der Anknüpfung an den *situs* der Sache: Es ist das Recht des Ortes maßgeblich, an dem sich der PKW zum Zeitpunkt der Verwirklichung des Übereignungstatbestandes befand. Hier ist die Besonderheit zu beachten, daß im vorliegenden Fall die Einigung unter einer Bedingung stand: Das Eigentum sollte nicht sofort bei Vertragsschluß, sondern erst einen Monat nach der Schadensanzeige aufgrund eines Diebstahls übergehen. Zwischen beiden Zeitpunkten hat der PKW möglicherweise bereits seinen Standort gewechselt. Bei einem solchen *gestreckten Tatbestand* ist die Anknüpfungsregel an die „Verwirklichung" eines bestimmten Tatbestandes zu präzisieren: Maßgeblich ist allein das Recht des Staates, in dem sich der Tatbestand *vollendet*, und zwar auch hinsichtlich der Tatbestandsteile, die sich im alten Gebiet verwirklicht haben[11].

(3) Wo sich der PKW einen Monat nach dem Diebstahl befand, ist nach dem Sachverhalt nicht aufklärbar. Die Belegenheitsregel geht also ins Leere. Da man aber die Frage des anwendbaren Rechts nicht einfach offenlassen kann[12], muß man sich bei dieser Sachlage mit der Anknüpfung an den *letzten bekannten* Lageort behelfen[13]. Dieser befindet sich im vorliegenden Fall in Deutschland.

Somit ist im Ergebnis auf den Eigentumsübergang deutsches Recht anwendbar.

---

aus den unterschiedlichen Auffassungen keine Abweichungen für den weiteren Lösungsverlauf.

[11] *Soergel/Kegel*, vor Art. 7 EGBGB Rdnr. 565 m.w.N.

[12] Anders wäre dies dann, wenn nur eine genau bestimmte Zahl von Rechten in Frage kommt, also etwa feststeht, daß sich die Sache zum maßgeblichen Zeitpunkt entweder in Land X oder in Land Y befand. Dann könnte man sich ggf. mit der Feststellung begnügen, daß die Verfügung nach beiden Rechtsordnungen wirksam (oder unwirksam) ist, sich also eine Entscheidung erübrigt.

[13] *V.Bar*, IPR II Rdnr. 754; im Ergebnis ebenso, allerdings mit abweichender Begründung der österreichische OGH ZfRVgl 13 (1972), 202 m. Anm. *Mänhardt* (deutsches Recht entscheidet, weil die Vertragspartner ihren Sitz in Deutschland und dort auch den Versicherungsvertrag abgeschlossen haben); *MünchKomm/Kreuzer*, Anh. I nach Art. 38 EGBGB Rdnr. 69: Besteht die einzige Auslandsberührung darin, daß sich die Sache im Zeitpunkt der dinglichen Verfügung *in Unkenntnis* der Beteiligten im Ausland befindet, ist das Inlandsrecht als das Recht anzuwenden, zu dem der Sachverhalt die engste Beziehung aufweist (selbst wenn sich im nachhinein der genaue Belegenheitsort z.Zt. der Verfügung ermitteln läßt).

Fall 4: Internationales Sachenrecht

bb) Deutsches materielles Recht
(1) Einigung
Wie sich aus der oben wiedergegebenen Auslegung des zum Vertragsinhalt gewordenen § 13 Abs. 7 AKB ergibt, hat sich E mit V bei Abschluß des Versicherungsvertrages gem. § 929 BGB über den Eigentumsübergang geeinigt. Zwar stand die Einigung unter der aufschiebenden Bedingung, daß der Wagen gestohlen und nicht innerhalb eines Monats nach der Schadensanzeige wiedererlangt sein würde. Dies ist jedoch eingetreten, so daß die Einigung gem. § 158 Abs. 1 BGB Mitte November 1995 wirksam geworden ist.

(2) Übergabesurrogat
Die grundsätzlich nach § 929 S. 1 BGB erforderliche Besitzübergabe wurde dadurch ersetzt, daß E gem. § 931 BGB seinen künftigen[14] Herausgabeanspruch gegen den Dieb aus §§ 823 Abs. 1, Abs. 2 i.V.m. § 242 StGB und 861 BGB[15] nach §§ 398 ff. BGB wirksam abgetreten hat.
Damit ist V Eigentümer des PKW geworden.

b) Eigentumsverlust durch gutgläubigen Erwerb des Z?
V könnte das Eigentum am PKW jedoch dadurch wieder verloren haben, daß Z es gutgläubig vom nichtberechtigten G erwarb.
G selbst ist laut Sachverhalt im Zusammenhang mit dem PKW-An- und Verkauf wegen Hehlerei verurteilt worden. Ein gutgläubiger Eigentumserwerb durch ihn kommt damit nicht in Betracht. Auch sonstige Umstände, die einen zwischenzeitlichen Eigentumsübergang auf einen Dritten nahelegen könnten, sind nicht ersichtlich.
Wiederum ist zunächst zu prüfen, an welchem Recht der mögliche Erwerb durch Z zu messen ist.

aa) Anwendbares Recht
(1) Deutsches internationales Privatrecht
Das deutsche internationale Privatrecht verweist, wie oben dargelegt, hinsichtlich des auf den rechtsgeschäftlichen Eigentumsübergang anwendbaren Rechts auf das Recht des Belegenheitsortes zum Zeitpunkt des in Frage stehenden Erwerbs. Das Sachenrechtsstatut ent-

---

[14] Künftige Ansprüche reichen, vgl. *Palandt/Bassenge*, § 931 Rdnr. 3.
[15] *Bei Abtretung der Ansprüche war die internationale Komponente, die der Fall durch die Verbringung des Fahrzeugs ins Ausland gewinnen würde, nicht vorhersehbar. Eine Anspruchsabtretung nach deutschem Recht muß hier deshalb genügen, da sich der gesamte Vorgang wegen der eindeutig starken Inlandsbeziehung nach deutschem Recht richtet, vgl. MünchKomm/Kreuzer, Anh. I nach Art. 38 EGBGB Rdnr. 69.*

scheidet auch über die Möglichkeit eines gutgläubigen Erwerbs vom Nichtberechtigten[16]. Hier befand sich der Wagen während der fraglichen Transaktion zwischen G und Z in der Türkei, womit aus deutscher Sicht türkisches Recht Anwendung findet.
Diese Verweisung ist gem. Art. 4 Abs. 1 S. 1 EGBGB eine Gesamtverweisung[17], die auch das türkische IPR mit einbezieht. Damit ist eine mögliche Rück- oder Weiterverweisung durch das türkische Recht zu beachten.

(2) Türkisches internationales Privatrecht

Art. 23 Abs. 1 des türkischen IPR-Gesetzes ist zu entnehmen, daß auch das türkische Kollisionsrecht dingliche Rechte und damit auch Fragen des Eigentumserwerbs an beweglichen Sachen der lex rei sitae unterstellt.

Das türkische internationale Privatrecht nimmt daher die Verweisung an.

bb) Türkisches materielles Recht

(1) Grundsatz

Im türkischen Recht wird gem. Art. 687 Abs. 1 ZGB Eigentum an beweglichen Sachen rechtsgeschäftlich durch die Übertragung des Besitzes aufgrund eines Schuldvertrages erworben (Traditionsprinzip)[18]. Der schuldrechtliche Vertrag, z.B. Kauf, ist damit anders als im deutschen Recht nicht lediglich Kausalgeschäft für ein selbständiges Übereignungsgeschäft, sondern bewirkt (wenn er wirksam ist) grundsätzlich im Zusammenhang mit der Übergabe unmittelbar den Eigentumsübergang, sofern der Veräußerer Eigentümer des Vertragsgegenstandes war (Gegenschluß aus Art. 687 Abs. 2 ZGB). Während Zweifel an der Wirksamkeit des Kaufvertrages[19] und an der Besitzübergabe nicht gegeben sind, fehlt es hier an der letzteren Voraussetzung.

(2) Gutgläubiger Erwerb vom Nichtberechtigten

Art. 687 Abs. 2 ZGB eröffnet im türkischen Recht die Möglichkeit des gutgläubigen Eigentumserwerbs vom Nichtberechtigten. Dies setzt aber neben dem guten Glauben voraus, daß der Erwerber nach den

---

[16] Vgl. *Palandt/Heldrich*, Anh. II nach Art. 38 EGBGB Rdnr. 5; *v.Bar*, IPR II, Rdnr. 777.
[17] BGH 108, 353 (357); KG NJW 1988, 341 (342).
[18] Vgl. *Ansay*, Introduction to Turkish Law, 3. Aufl. (1987), 182; *Pulasli*, Das Eigentümer-Besitzer-Verhältnis im deutschen, schweizerischen und türkischen Recht (1979), S. 33.
[19] *Bestünde Anlaß, die Wirksamkeit des Vertrages anzuzweifeln, so müßte (als Vorfrage) zunächst das dafür maßgebliche Recht ermittelt werden, vgl. Fall 5.*

Fall 4: Internationales Sachenrecht 99

Regeln über den Besitz geschützt ist, womit auf Art. 901 ZGB verwiesen wird.
Art. 901 ZGB schützt den gutgläubig vom Nichtberechtigten erworbenen Besitz nur unter der Voraussetzung, daß die fragliche Sache dem Veräußerer vom Eigentümer *anvertraut* war. Demnach ist in der Türkei (wie in Deutschland) ein gutgläubiger Erwerb abhanden gekommener Sachen nicht möglich. Dieses Ergebnis wird verstärkt durch Art. 902 S. 1 ZGB, der ausdrücklich einen Herausgabeanspruch des Besitzers gestohlener Sachen für die Dauer von 5 Jahren normiert (nach 5 Jahren kommt Ersitzung durch den neuen Besitzer in Betracht).
Damit hat Z nicht das Eigentum an dem von ihm gekauften PKW erlangt.

c) Eigentumsverlust durch gutgläubigen Erwerb des L?
Zu erwägen ist weiterhin, ob V das Eigentum durch die Veräußerung des Wagens von Z an L verloren hat.

aa) Anwendbares Recht
Bei Veräußerung an L befand sich der Wagen (wieder) in Deutschland. Deshalb ist nunmehr deutsches Recht als lex rei sitae für den möglichen Eigentumserwerb des L maßgeblich, s.o.

bb) Deutsches materielles Recht
Da Z nach den obigen Feststellungen selbst nicht Eigentümer des PKW geworden war, hätte L seinerseits das Eigentum nur gutgläubig vom Nichtberechtigten erwerben können. Nach deutschem Recht ist aber gemäß § 935 Abs. 1 S. 1 BGB kein gutgläubiger Eigentumserwerb an abhanden gekommenen Sachen möglich.
Als Zwischenergebnis ist folglich festzuhalten: V ist Eigentümer des PKW.

2. Besitz des L
L müßte Besitzer des PKW sein.
a) Nach der oben wiedergegebenen Grundregel beurteilen sich die Voraussetzungen des von V geltend gemachten Herausgabeanspruchs und damit auch die Frage des Besitzes nach dem deutschen Belegenheitsrecht.
b) L hat die tatsächliche Gewalt über den PKW erworben und ist dessen Besitzer (§ 854 Abs. 1 BGB).

3. Ein gegenüber V wirkendes Recht zum Besitz (§ 986 BGB) steht L nicht zu. Ein mögliches Zurückbehaltungsrecht wegen des von ihm gezahlten Kaufpreises begründet kein Besitzrecht i.S.d. § 986 BGB,

weil es - wenn es besteht - den Herausgabeanspruch als solchen unberührt läßt und nur zu einer Zug-um-Zug-Verurteilung führt[20].
Damit hat V gegen L gem. § 985 BGB vorbehaltlich möglicher Einreden einen Anspruch auf Herausgabe des Wagens.

IV. Einreden gegen den Anspruch

L kann aber möglicherweise geltend machen, den PKW nur Zug-um-Zug gegen Erstattung des an Z gezahlten Kaufpreises herausgeben zu müssen. Ein Zurückbehaltungsrecht könnte sich hier aus § 902 Abs. 2 ZGB ergeben, der ein sogenanntes Lösungsrecht des redlichen Besitzers normiert: Dieser soll zur Herausgabe der vom Nichtberechtigten erworbenen Sache an den wahren Eigentümer nur gegen Erstattung des gezahlten Preises verpflichtet sein, also die Sache bis zur Zahlung zurückhalten können. Fraglich ist, ob diese Norm hier Anwendung findet[21].

1. Anwendbares Recht

Das Reichsgericht[22] setzte bei dem Umstand an, daß das Lösungsrecht keinen selbständigen Anspruch auf Einlösung der Sache, sondern „nur" ein Zurückbehaltungsrecht und damit einen Einwand gegen das Herausgabeverlangen darstellt. Daraus folge, daß es erst mit der *Geltendmachung des Herausgabeanspruchs* entstehen könne und deshalb dem Recht unterliege, dem auch dieser Anspruch unterworfen ist (Vindikationsstatut). Folgt man diesem Ansatz, so steht dem L schon deshalb kein Erstattungsanspruch zu, weil sich das Begehren der V wegen der Belegenheit des Fahrzeugs in Deutschland nach deutschem Recht richtet (s.o.), das ein solches Lösungsrecht nicht kennt.

Dieser Ansicht ist aber mit der heute ganz herrschenden Meinung[23] entgegenzutreten. Die rechtstechnische Ausgestaltung als Einwand

---

[20] Vgl. *Palandt/Bassenge*, § 986 Rdnr. 6; *MünchKomm/Medicus*, § 986 Rdnr. 17.
[21] *Eine Einrede nach § 273 BGB kommt nicht in Betracht. § 273 BGB setzt einen selbständig einklagbaren Gegenanspruch voraus und folgert daraus bei Konnexität ein Zurückbehaltungsrecht. Art. 902 Abs. 2 ZGB gibt aber keinen eigenständigen Gegenanspruch (der Besitzer kann den Eigentümer nicht auf Zahlung verklagen), sondern von vorneherein (wie etwa § 1000 BGB) nur ein Zurückbehaltungsrecht. Damit kann es auf § 273 BGB nicht ankommen, sondern "nur" darauf, ob Art. 902 ZGB direkt eingreift.*
[22] RGZ 41, 152 (156, zum Lösungsrecht nach französischem Recht, Art. 2280 C.C.).
[23] *Siehr*, ZvglRWiss 83 (1984), 100 (108 f.); *Palandt/Heldrich*, Anh. II nach Art. 38 EGBGB Rdnr. 5; *Staudinger/Stoll*, Internationales Sachenrecht,

Fall 4: Internationales Sachenrecht

gegen das Herausgabeverlangen sollte nicht den Blick darauf verstellen, daß das Lösungsrecht *funktional* eine vermittelnde Form des Gutglaubensschutzes des Erwerbers einer abhandengekommenen Sache darstellt: Er wird zwar nicht Eigentümer, muß die Sache ihrem wahren Eigentümer aber auch nicht entschädigungslos herausgeben. Er wird nicht wie beim gutgläubigen Erwerb in seinem positiven Interesse (Erwerb der Eigentümerstellung), wohl aber in seinem negativen Interesse (Ausgleich der im Vertrauen auf das Eigentum des Veräußerers geleisteten Kaufpreiszahlung) geschützt. So wie unzweifelhaft der gutgläubige Erwerb des Eigentums der lex rei sitae z.Zt. der Übereignung unterliegt (s.o.), muß sich deshalb auch die Frage des Lösungsrechts nach dem Erwerbsstatut und nicht nach dem Vindikationsstatut richten. Hier fanden nacheinander zwei Veräußerungen in verschiedenen Ländern statt (G an Z und Z an L), die getrennt zu untersuchen sind.

2. *Lösungsrecht des Z*

Die Veräußerung von G an Z fand in der Türkei statt, also unter Maßgabe des türkischen Rechts. Damit konnte Z ein Lösungsrecht erwerben, wenn die Voraussetzungen des § 902 Abs. 2 ZGB erfüllt waren. Dies ist der Fall, da der Verkäufer H berufsmäßig mit Gebrauchtwagen handelte und Z gem. § 3 ZGB als gutgläubig angesehen wird. Z hätte also gegenüber einem an ihn gerichteten Herausgabeverlangen der V ein Zurückbehaltungsrecht hinsichtlich seines Kaufpreises geltend machen können.

3. *Lösungsrecht des L*

Hier will aber *L* sich mit dem Hinweis auf das Lösungsrecht gegen V wehren, nachdem der Wagen in die Bundesrepublik zurückgebracht und dann an ihn veräußert worden war.

Sein eigener Erwerb geschah unter der Herrschaft des deutschen Rechts. Dieses entscheidet deshalb nach dem oben Gesagten auch über die Entstehung eines eigenen Lösungsrechts in seiner Person; da dem deutschen Recht ein solches fremd ist, konnte L selbst es durch diesen Vorgang nicht erwerben.

Fraglich ist aber, ob er sich auf das in der Person des Z entstandene Lösungsrecht berufen kann. Hier sind zwei Probleme zu unterscheiden: Zum einen ist zu prüfen, ob das Lösungsrecht bestehen bleibt, wenn die herauszugebende Sache später in ein anderes Land

---

Rdnr. 239; *MünchKomm/Kreuzer,* Anh. I nach Art. 38 EGBGB Rdnr. 79; IPG 1982 Nr. 15 (Hamburg), 157 (162); IPG 1980/81 Nr. 18 (Kiel), 152 (156), jeweils mit ausführlichen weiteren Nachweisen; offengelassen von BGHZ 100, 321 (326 f.).

verbracht wird, dem dieses Institut unbekannt ist. Ist dies zu bejahen, so fragt sich zum anderen, ob das Lösungsrecht auch auf eine gutgläubige Person übergeht, an die der Gegenstand in diesem anderen Land vom Lösungsberechtigten weiterveräußert wird.

a) Bestand des Lösungsrechts bei Statutenwechsel

Als unangefochtener Grundsatz im internationalen Sachenrecht gilt: Wird eine Sache aus einer Rechtsordnung in eine andere verbracht (Statutenwechsel), so übernimmt das neue Statut die Sache mit der sachenrechtlichen Prägung, die ihr das bisherige Statut verliehen hatte[24]. Dingliche Rechte an dieser Sache, die unter der bisherigen lex rei sitae entstanden sind, bleiben deshalb unter dem neuen Belegenheitsrecht als „wohlerworbenes Recht" bestehen. Das gilt auch dann, wenn es sich um ein dem neuen Statut unbekanntes Recht handelt. Einzige Einschränkung in diesem Fall ist, daß es mit der sachenrechtlichen Grundstruktur des neuen Belegenheitsrechts verträglich sein muß[25]. Dies wird im allgemeinen großzügig gehandhabt[26] und für das deutsche Recht immer dann bejaht, wenn dieses in der Funktion, wenn auch nicht in der konkreten Ausgestaltung ähnliche Rechte kennt (Funktionsäquivalenz)[27]. An diesen Maßstäben gemessen ist ein als Zurückbehaltungsrecht wirkendes Lösungsrecht mit dem deutschen Sachenrecht nicht unvereinbar, da auch dieses Einreden gegen den dinglichen Herausgabeanspruch kennt (vgl. § 1000 BGB). Damit ist das Lösungsrecht durch den bloßen Grenzübertritt nicht erloschen[28].

b) Veräußerungsbeständigkeit des Lösungsrechts

Nach einer Mindermeinung soll das Lösungsrecht auch eine Weiterveräußerung in Deutschland „überstehen" und auf den neuen gutgläubigen Besitzer übergehen, Dies wird damit begründet, daß das Lösungsrecht nach materiellem Recht an den Rechtsnachfolger weitergegeben werden könne und somit „reallastartig auf der Sache lie-

---

[24] BGHZ 39, 173 (175), st. Rspr.
[25] Z.B. BGHZ 45, 95 (97); BGHZ 100, 321 (326); *Palandt/Heldrich*, Anh. II nach Art. 38 EGBGB, Rdnr. 6; *Kropholler*, IPR, § 54 III 1 a.
[26] Vgl. z.B. BGH NJW 1991, 1418 (1420, Anerkennung einer Autohypothek nach italienischem Recht im Inland).
[27] Vgl. *Firsching/v.Hoffmann*, IPR, § 12 Rdnr. 33.
[28] So die ganz h.L.; *Siehr*, ZvglRWiss 83 (1984), 100 (108) *MünchKomm/-Kreuzer*, Anh. I nach Art. 38 EGBGB Rdnr. 79; *Staudinger/Stoll*, Internationales Sachenrecht, Rdnr. 239; IPG 1980/81 Nr. 18 S. 157; offengelassen von BGHZ 100, 321 (324); a.A. allein *Ferid*, IPR, Rdnr. 7-67, der allgemein der deutschen Rechtsordnung unbekannten dinglichen Rechten jede Wirkung im Inland absprechen will.

ge", also kollisionsrechtlich als wohlerworbenes Recht auch beim Zweiterwerber anerkannt werden müsse[29].

Dagegen wendet sich aber die ganz h.M., die ein Lösungsrecht nach einem Statutenwechsel nur dann dem Rechtsnachfolger zusprechen will, wenn das neue Sachstatut ein solches vorsieht[30]. Diese Ansicht überzeugt jedenfalls für das Lösungsrecht nach türkischem Recht[31]. Art. 902 Abs. 2 ZGB vermittelt - ausweislich seines Wortlauts - jedem gutgläubigen Empfänger einer abhanden gekommenen Sache, die einer seiner Vormänner unter dem privilegierenden Voraussetzungen dieser Norm erlangt hatte, bei jedem späteren Erwerbsvorgang (der selbst nicht diesen besonderen Umstände genügen muß) ein Zurückbehaltungsrecht nach Maßgabe *seiner* Gutgläubigkeit und des *von ihm* an den Vormann gezahlten Preises. Er erwirbt also *nicht* (derivativ) das Lösungsrecht des Vorbesitzers als insoweit Berechtigtem - denn dann müßte es (nur) auf dessen Gutgläubigkeit und dessen Kaufpreiszahlung ankommen -, sondern ein *eigenes* (originäres) Lösungsrecht. Ein neues Lösungsrecht in der Person des Erwerbers läßt sich aber ohne Mitwirkung der Rechtsordnung, welcher die Weiterveräußerung untersteht, nicht herbeiführen[32]. Da dem deutschen Recht das Lösungsrecht unbekannt ist, kann hier folglich L kein Zurückbehaltungsrecht hinsichtlich des von ihm an Z gezahlten Kaufpreises geltend machen.

Ergebnis: V kann die Herausgabe des PKW gem. § 985 BGB verlangen.

---

[29] *Siehr*, ZvglRWiss 83 (1984), 100 (113); im Ergebnis ebenso IPG 1982 Nr. 15 (Hamburg), 157 (166 ff.); *Raape*, IPR, 602; *Duden*, Der Rechtserwerb vom Nichtberechtigten an beweglichen Sachen und Inhaberpapieren im deutschen internationalen Privatrecht (1934), 54 ff, 62 ff.

[30] BGHZ 100, 321 ff. (zur inhaltsgleichen Vorschrift des Art. 934 Abs. 2 des schweizerischen ZGB); ebenso *Palandt/Heldrich*, Anh. II nach Art. 38 EGBGB Rdnr. 6; *Staudinger/Stoll*, Internationales Sachenrecht, Rdnr. 240; *MünchKomm/Kreuzer*, Anh. I nach Art. 38 EGBGB Rdnr. 79; *Stoll*, IPRax 1987, 357 (359); IPG 1980/81 Nr. 18 (Kiel), 152 (158); *Karrer*, Der Fahrniserwerb kraft guten Glaubens im Internationalen Privatrecht (1968), S. 84 f.

[31] Gleiches gilt für die Schweizer Vorschrift des Art. 934 Abs. 2 ZGB, die das Vorbild für die türkische Regelung abgab.

[32] BGHZ 100, 321 (324); *Staudinger/Stoll*, Internationales Sachenrecht, Rdnr. 240.

Fall 5: Sicherungsrechte im internationalen Sachenrecht

Sachverhalt

Der am 7.6.1975 geborene A ist österreichischer Staatsbürger und lebt mit seinen Eltern bereits seit langen Jahren in München. Durch eine Erbschaft wird er im Januar 1994 Eigentümer eines gebrauchten VW Golf. Im folgenden Sommer möchte er, bevor er zum Wintersemester das Studium der Rechtswissenschaft aufnimmt, mit dem Wagen eine große Europatour unternehmen. Da ihm dazu die finanziellen Mittel fehlen und auch die Eltern zu diesem Zwecke nicht in ihre Tasche greifen wollen, geht er am 30.4.1994 zur örtlichen Stadtsparkasse S, um einen kurzfristigen Kredit in Höhe von DM 6.000,- aufzunehmen. Die Bank will das Darlehen nur gegen eine Sicherheit auszahlen. So wird vereinbart, daß ihr zur Sicherheit der VW Golf übereignet und der Kfz-Brief übergeben wird. In der Sicherungsvereinbarung heißt es, daß A den Wagen „leihweise" weiter benutzen darf. Der die Sache bearbeitende Sparkassenangestellte, dem A flüchtig bekannt ist, läßt sich zur Legitimation nur den Führerschein vorlegen; so bleibt der S verborgen, daß A ausländischer Staatsangehöriger ist. Die Eltern unterrichtet A von dem Geschäft nicht, weil - wie er zutreffend annahm - sie dieses nicht gebilligt hätten.

Ende Mai tritt er seine Reise an. Mitte Juli kommt er nach Wien. Die Stadt und die C, die er dort kennenlernt, gefallen ihm so gut, daß er beschließt, dort eine Weile zu bleiben und das trockene Studium der Jurisprudenz auf später zu verschieben. Weil sich die Erschließung von Einnahmequellen als schwierig erweist, bietet er Ende August das Auto für ÖS 30.000 dem ihm aus München bekannten 23-jährigen B an, der ebenfalls österreichischer Staatsangehöriger und auf Verwandtenbesuch in Wien ist. B ist ob des günstigen Preises erfreut und deshalb mit dem Kauf einverstanden, auch als A ihm erklärt, zwar habe er den Wagen der S-Sparkasse sicherungsübereignet, was aber nicht schlimm sei, „weil die S gegen einen Verkauf im Ausland ohnehin nichts machen könne." Geld und Wagen einschließlich Kfz-Schein und Schlüssel wechseln den Besitzer, B kehrt mit dem neuerworbenen Kfz hocherfreut nach München zurück.

Schon Ende Oktober haben sich sowohl die Einnahmen aus dem Autoverkauf als auch die C verflüchtigt. A hält nun nichts mehr in Wien und er fährt - rechtzeitig zum Semesterbeginn - per Anhalter heim nach München. Im Januar 1995 ist das Darlehen einschließlich Zinsen zur Rückzahlung fällig. Da A immer noch nicht wieder zu Geld gekommen ist, will die Sparkasse den Wagen haben. Als A ihr von der Weiterveräu-

Fall 5: Sicherungsrechte im internationalen Sachenrecht   105

ßerung berichtet, verlangt sie von B die Herausgabe des VW Golf, schließlich sei B ja bei Erwerb des Fahrzeugs bösgläubig gewesen. B weigert sich und fordert im Gegenzug Herausgabe des Kfz-Briefs.

Sind die Ansprüche begründet? Delikts- und bereicherungsrechtliche Anspruchsgrundlagen sind nicht zu prüfen.

Anhang: Gesetzestexte

I. Österreichisches Bundesgesetz vom 15. Juni 1978 über das internationale Privatrecht (IPRG)

§ 9. (1) Das Personalstatut einer natürlichen Person ist das Recht des Staates, dem die Person angehört...

§ 12. Die Rechts- und Handlungsfähigkeit einer Person sind nach deren Personalstatut zu beurteilen.

§ 31. (1) Der Erwerb und der Verlust dinglicher Rechte an körperlichen Sachen einschließlich des Besitzes sind nach dem Recht des Staates zu beurteilen, in dem sich die Sachen bei Vollendung des dem Erwerb oder Verlust zugrunde liegenden Sachverhalts befinden.
(2) Die rechtliche Gattung der Sachen und der Inhalt der im Abs. 1 genannten Rechte sind nach dem Recht des Staates zu beurteilen, in dem sich die Sachen befinden.

Hinweis: Über den Wortlaut des nur den Inhalt dinglicher Rechte betreffenden § 31 Abs. 2 IPRG hinaus ist auch allgemein der *Fortbestand* fremder Mobiliarrechte von der Einhaltung grundlegender Wirksamkeitsvoraussetzungen des nunmehrigen Lageortes abhängig, vgl. *Rummel/Schwimann*, ABGB Bd.2, 2. Aufl. (1992), § 31 IPRG Rdnr. 8.

§ 36. Gegenseitige Verträge, nach denen die eine Partei der anderen zumindest überwiegend Geld schuldet, sind nach dem Recht des Staates zu beurteilen, in dem die andere Partei ihren gewöhnlichen Aufenthalt hat...

II. Österreichisches Allgemeines Bürgerliches Gesetzbuch (ABGB)

§ 21. (2) Unter Minderjährigen sind Personen zu verstehen, die das neunzehnte Lebensjahr noch nicht vollendet haben... Innerhalb der Gruppe der Minderjährigen sind unter Unmündigen diejenigen zu verstehen, die das vierzehnte, und unter Kindern diejenigen, die das siebente Lebensjahr nocht nicht vollendet haben.

§ 151. (1) Ein minderjähriges eheliches Kind kann ohne ausdrückliche oder stillschweigende Einwilligung seines gesetzlichen Vertreters weder verfügen noch sich verpflichten.

(2) Nach erreichter Mündigkeit kann es jedoch über Sachen, die ihm zur freien Verfügung überlassen worden sind, und über Einkommen aus eigenem Erwerb so weit verfügen und sich verpflichten, als dadurch nicht die Befriedigung seiner Lebensbedürfnisse gefährdet wird.

Hinweis: Sachen, die aus einer Erbschaft erlangt sind, sind nicht „zur freien Verfügung" überlassen, *Rummel/Pichler*, ABGB, Bd. 1, 2. Aufl. (1990), § 151 Rdnr. 5.

§ 367. Die Eigentumsklage findet gegen den redlichen Besitzer einer beweglichen Sache nicht statt, wenn er beweist, daß er diese Sache ... gegen Entgelt von jemandem an sich gebracht hat, dem sie der Kläger selbst zum Gebrauche, zur Verwahrung, oder in was immer für einer anderen Absicht anvertraut hatte...

§ 423. Sachen, die schon einen Eigentümer haben, werden mittelbar erworben, indem sie auf eine rechtliche Art von dem Eigentümer auf einen andern übergehen.

§ 424. Der Titel der mittelbaren Erwerbung liegt in einem Vertrage, in einer Verfügung auf den Todesfall; in dem richterlichen Ausspruche; oder in der Anordnung des Gesetzes.

Hinweis: Mit „Vertrag" ist hier der schuldrechtliche Vertrag gemeint; ein *abstraktes* dingliches Verfügungsgeschäft gibt es in Österreich nicht.

§ 425. Der bloße Titel gibt noch kein Eigentum. Das Eigentum und alle dinglichen Rechte überhaupt können, außer den in dem Gesetze bestimmten Fällen, nur durch die rechtliche Übergabe und Übernahme erworben werden.

§ 426. Bewegliche Sachen können in der Regel nur durch körperliche Übergabe von Hand zu Hand an einen anderen übertragen werden.

Hinweis: Zwar ist nach überwiegender Meinung zusätzlich zur rein faktischen Übergabe ein „Verfügungswille", also eine dingliche Einigung der Parteien notwendig. Diese ist aber nach Auffassung des OGH im schuldrechtlichen Grundgeschäft (Titel, s.o.) enthalten, OGH RdW 1987, 157; *Rummel/Spielbüchler*, ABGB, 1. Bd. 2. Aufl. (1990), § 425 Anm. 2.

§ 451. (1) Um das Pfandrecht wirklich zu erwerben, muß der mit einem Titel versehene Gläubiger die verpfändete Sache, wenn sie beweglich ist, in Verwahrung nehmen,... Der Titel allein gibt nur ein persönliches Recht zu der Sache, aber kein dingliches Recht auf die Sache.

Hinweis: Nach einer Entscheidung des österreichischen OGH v. 14.12.1983 (IPRax 1985, 165) hängt nach österreichischem Recht

Fall 5: Sicherungsrechte im internationalen Sachenrecht 107

nicht nur die wirksame Begründung, sondern auch der Fortbestand von Sicherungseigentum davon ab, daß die Vorschriften über die Verpfändung, insbesondere die Publizitätserfordernisse (Besitz), eingehalten sind.

Vorbemerkungen

I. Diese Klausur hat wie die vorhergehende ihren Schwerpunkt im internationalen Sachenrecht. Auch sie gewinnt ihren „Pfiff" durch einen mehrfachen Statutenwechsel der im Streit befindlichen Sache. Daran anknüpfend beschäftigt sie sich in erster Linie mit einem Thema, das in der Praxis von hoher Relevanz ist: Das Schicksal „deutscher" besitzloser Sicherungsrechte bei einer Verbringung des Sicherungsgutes ins Ausland. Gerade in der Beurteilung der besitzlosen Sicherungsrechte sind sich die Rechtsordnungen der Welt höchst uneinig, was dem Sicherungsnehmer in grenzüberschreitenden Fällen immer wieder unliebsame Überraschungen beschert. Die Konstellation entspricht spiegelbildlich der von Fall 4: Während es dort (u.a.) darum ging, wie ein der *deutschen* Rechtsordnung unbekanntes Rechtsinstitut (Lösungsrecht) nach Verbringung der Sache nach Deutschland zu behandeln ist, sind hier die Folgen daraus zu beurteilen, daß eine *ausländische* Rechtsordnung, hier die österreichische, Sicherungseigentum in der deutschen besitzlosen Form nicht kennt. In diesem Rahmen kommt es auch auf die Übereignung in Wien und damit einen weiteren Unterschied zum deutschen Recht an: Wie ist der Bereich des Sach- und des Schuldstatuts voneinander abzugrenzen, wenn in einem Land übereignet wird, das eine abstrakte dingliche Einigung nicht kennt, sondern die schuldrechtliche zusammen mit dem Besitzübergang genügen läßt? Abgerundet wird der Fall mit Fragen zur Anknüpfung der Geschäftsfähigkeit.

II. Der Grobaufbau der Klausur ist durch die beiden von S und B gestellten Ansprüche vorgegeben. Ob die Forderung des B nach Herausgabe des Kfz-Briefs begründet ist, hängt (das ahnt man schon zu Beginn der Prüfung) von der Beurteilung der Eigentumsverhältnisse am Fahrzeug ab; schon daher empfiehlt sich, ihn an zweiter Stelle zu prüfen. Zum Aufbau der Klausurlösung innerhalb des Herausgabeanspruchs der S sei auf die Vorbemerkungen zu Fall 4 verwiesen; die dortigen Überlegungen gelten auch hier.

Gliederung der Lösung

A. Herausgabeanspruch S gegen B bzgl. des VW Golf
   I. Qualifikation des Anspruchs
   II. Anwendbares Recht
   III. Anspruch aus § 985 BGB
      1. Besitz des B, Eigentum der S
      2. Übereignung A an S
         a) Wirksame Einigung nach § 929 S. 1 BGB

          aa) Auf die Geschäftsfähigkeit anwendbares Recht
              α) Deutsches Kollisionsrecht
              β) Österreichisches Kollisionsrecht
          bb) Materielles österreichisches Recht
          cc) Verkehrsschutz durch Art. 12 S. 1 EGBGB
      b) Übergabesurrogat gem. § 930 BGB
      c) Keine unzulässige Umgehung der Publizitätsvorschriften des Faustpfandrechts
      d) Verfügungsbefugnis des A
   3. Verlust des Eigentums durch Grenzübertritt?
      a) Deutsches IPR
          aa) Statutenwechsel bei Grenzübertritt
          bb) Evtl. Ausnahme vom *lex-rei-sitae*-Grundsatz für Kraftfahrzeuge?
      b) Österreichisches IPR
      c) Materielles österreichisches Recht
   4. Wiederaufleben des Sicherungseigentums mit Rückkehr nach Deutschland?
      a) Grundsatz
      b) Ausnahme: Zwischenzeitliche Veräußerung
      c) Wirksame Übereignung A an B nach österreichischem Recht?
          aa) Wirksames Grundgeschäft
              α) Anwendbares Recht
                  αα) Selbständige Vorfragenanknüpfung
                  ββ) Ermittlung des Vertragsstatuts
                      (1) Wiener UN-Abkommen über Verträge über den internationalen Warenkauf (CISG)
                      (2) Rechtswahl
                      (3) Art. 28 Abs. 2 EGBGB
                      (4) Art. 28 Abs. 5 EGBGB
              β) Wirksamkeit nach deutschem Recht
              γ) Geschäftsfähigkeit des A
          bb) Besitzübergabe
          cc) Auswirkung der Bösgläubigkeit des B
B. Herausgabeanspruch des B gegen S bzgl. des Kfz-Briefs
  I. Qualifikation des Anspruchs, anwendbares Recht
  II. Materielles deutsches Recht: Anspruch aus § 985 BGB
   1. Anwendbares Recht auf Eigentumsübergang kraft Gesetzes
   2. Eigentumsübergang nach § 952 BGB

Fall 5: Sicherungsrechte im internationalen Sachenrecht

Lösung

A. Herausgabeanspruch S gegen B bzgl. des VW Golf

I. Qualifikation des Anspruchs

Da vertragliche Beziehungen zwischen S und B nicht bestehen und delikts- und bereicherungsrechtliche Ansprüche laut Fallfrage auszuklammern sind[1], kommen hier nur dingliche Herausgabeansprüche gegen B in Betracht. Zunächst ist das insoweit anwendbare Recht zu ermitteln.

II. Anwendbares Recht

In Ermangelung sowohl einer staatsvertraglichen als auch einer ausdrücklichen gesetzlichen Regelung gilt im deutschen internationalen Sachenrecht kraft Gewohnheitsrecht der Grundsatz, daß sich sachenrechtliche Fragen nach dem Recht des Ortes beurteilen, an dem sich die Sache zur Zeit der (möglichen) Verwirklichung der betreffenden Tatsache befand. Dies gilt auch für die Ausübung und den Schutz dinglicher Rechte. Dem jeweiligen Lageortrecht sind also die Voraussetzungen für die Durchsetzung eines dinglichen Herausgabeanspruchs zu entnehmen[2].

Hier befindet sich der Wagen z.Zt. des Herausgabeverlangens des S wieder in Deutschland. Folglich unterliegen dingliche Herausgabeansprüche deutschem Recht. Zunächst kommt ein Anspruch aus § 985 BGB in Betracht.

III. Anspruch aus § 985 BGB

1. B ist Besitzer des Wagens, § 854 Abs. 1 BGB. Fraglich ist, ob S dessen Eigentümer ist.

2. Übereignung A an S
S könnte das Eigentum durch die Sicherungsübereignung von A erworben haben. Die Sicherungsübereignung geschah in Deutschland. Deshalb ist insoweit nach dem lex-rei-sitae-Grundsatz deutsches Recht maßgeblich. Zu prüfen sind die Voraussetzungen der §§ 929 ff. BGB.

a) Eine wirksame Einigung nach § 929 S. 1 BGB über den Eigentumsübergang könnte hier an der fehlenden Geschäftsfähigkeit des A scheitern.

---
[1] Zu diesen unten Fn.50.
[2] *Vgl. zum lex-rei-sitae-Grundsatz auch die Lösung zu Fall 4.*

aa) Auf die Geschäftsfähigkeit anwendbares Recht

α) Deutsches Kollisionsrecht

Zwar entscheidet das Recht, das den Geschäftsinhalt bestimmt (Wirkungsstatut), im Rahmen einer dinglichen Einigung also das - hier deutsche - Sachstatut, *ob* die Geschäftsfähigkeit als rechtsgeschäftliche Wirksamkeitsvoraussetzung notwendig ist[3]. Die *Voraussetzungen* der Geschäftsfähigkeit unterliegen aber nicht dem Wirkungsstatut, sondern werden gem. Art. 7 Abs. 1 S. 1 EGBGB gesondert angeknüpft[4]. Diese Norm verweist auf das Heimatrecht der betroffenen Person, im vorliegenden Fall also auf österreichisches Recht. Diese Verweisung ist nach Art. 4 Abs. 1 S. 1 EGBGB eine Gesamtverweisung, die das internationale Privatrecht des verwiesenen Staates mit einschließt. Das österreichische Kollisionsrecht ist also auf eine Rück- oder Weiterverweisung zu überprüfen.

β) Österreichisches Kollisionsrecht

Das österreichische IPR nimmt gemäß §§ 9 Abs. 1, 12 IPRG die Verweisung an. Damit ist die Geschäftsfähigkeit des A am österreichischen Sachrecht zu messen.

bb) Materielles österreichisches Recht

Gemäß § 21 Abs. 2 ABGB war A z.Zt. der Übereignung noch minderjährig und konnte somit nach § 151 Abs. 1 ABGB den Wagen nicht ohne Einwilligung seiner Eltern, die nach dem Sachverhalt nicht vorlag, wirksam übereignen. Auch § 151 Abs. 2 ABGB hilft nicht weiter, da ererbtes Vermögen nicht „zur freien Verfügung" überlassen ist[5].

---

[3] *Fisching/v.Hoffmann*, IPR, § 7 Rdnr. 6 a.E.
[4] Anderes gilt für solche Vorschriften, die die Fähigkeit, Rechtsgeschäfte vorzunehmen, für spezielle Sachbereiche einschränken oder erweitern: Sie bleiben in das jeweilige Wirkungsstatut eingebettet (sog. "besondere Geschäftsfähigkeiten"). So bestimmt das Erbstatut über die Testierfähigkeit (vgl. Art. 26 Abs. 5 S. 2 EGBGB, der von diesem Grundsatz stillschweigend ausgeht; a.A. allerdings *van Venrooy*, JR 1988, 485), das Eheschließungsstatut über die Heiratsfähigkeit und das Adoptionsstatut über die Adoptionsfähigkeit (vgl. § 1743 BGB).
[5] Streit herrscht darüber, welchem Recht die *Folgen* mangelnder Geschäftsfähigkeit zu entnehmen sind. Die h.M. unterstellt sie ebenso wie die Voraussetzungen dem Heimatrecht (*Palandt/Heldrich*, Art. 7 EGBGB Rdnr. 5; *v.Bar*, IPR II, Rdnr. 43; *Kropholler*, IPR, § 42 I 1;), während eine Mindermeinung insoweit das Wirkungsstatut für maßgeblich hält (*Firsching/v.Hoffmann*, IPR, § 7 Rdnr. 8; *MünchKomm/Birk*, Art. 7 EGBGB Rdnr. 35; OLG Düsseldorf FamRZ 1995, 1067). Hier kommt es wegen des sogleich zu erörternden Art. 12 S. 1 EGBGB darauf nicht an.

Fall 5: Sicherungsrechte im internationalen Sachenrecht 111

cc) Verkehrsschutz durch Art. 12 S. 1 EGBGB
Die Geschäftsunfähigkeit nach österreichischem Recht wäre aber dann unschädlich, wenn zugunsten der S Art. 12 S. 1 EGBGB eingriffe. Die Anknüpfung der Geschäftsfähigkeit an das Heimatrecht einer Person benachteiligt den anderen Vertragspartner, wenn er die fremde Staatsangehörigkeit oder zumindest den Inhalt des fremden Rechts nicht kennt. Deshalb sieht Art. 12 EGBGB unter bestimmten Voraussetzungen eine *alternative Anknüpfung* der Geschäftsfähigkeit an das Recht des Abschlußortes vor[6]. Trotz der leicht mißverständlichen Formulierung gilt Art. 12 EGBGB nicht nur im direkten Verhältnis zu A, sondern gewährt dem Vertragspartner Vertrauensschutz auch dann, wenn sich die Frage der Wirksamkeit des Rechtsgeschäfts mit dem nach seinem Heimatrecht Minderjährigen wie hier im Rahmen eines Anspruchs gegen einen Dritten stellt[7].

Wie Art. 12 S. 1 EGBGB fordert, erfolgte die Übereignung unter beiderseitiger Anwesenheit in demselben Staat, nämlich der Bundesrepublik; nach dem hier geltenden Recht wäre A zu diesem Zeitpunkt volljährig und damit geschäftsfähig gewesen (§ 2 BGB). S kannte die ausländische Staatsangehörigkeit und folglich die fehlende Geschäftsfähigkeit nach österreichischem Recht nicht. Zu überlegen ist allein, ob sie sie hätte „kennen müssen", sie ihr also infolge von Fahrlässigkeit verborgen geblieben ist (§ 122 Abs. 2 BGB[8]). Der Vorwurf der fahrlässigen Unkenntnis ist der Bank allerdings nicht zu machen: Liegen nicht besonders augenfällige Indizien vor, von denen im Sachverhalt nicht berichtet wird, ist eine Bank jedenfalls bei Kreditgeschäften dieser Größenordnung nicht gehalten, sich über die Staatsangehörigkeit ihres Kunden sowie über die in diesem Lande maßgeblichen Geschäftsfähigkeitsvorschriften zu erkundigen[9].

---

[6] Vgl. *Firsching/v.Hoffmann*, IPR, § 7 Rdnr. 10; *v.Bar*, IPR II, Rdnr. 55. Von einer Alternativanknüpfung spricht man, wenn auf zwei oder mehr Rechte verwiesen wird und sich dann die für den Begünstigten materiell vorteilhafteste Regelung durchsetzt. So liegt es bei Art. 12 EGBGB: Unter bestimmten Voraussetzungen tritt das Ortsrecht neben das Heimatrecht und schaltet das letztere aus, wenn dieses nachteiliger für den Geschäftspartner des Minderjährigen ist.

[7] *Dies folgt aus dem Charakter als Alternativanknüpfung. Art. 12 EGBGB ist nicht als Einrede zu verstehen, die nur die geschäftsunfähige Person erheben kann (und muß), vgl. MünchKomm/Spellenberg, Art. 12 EGBGB Rdnr. 51.*

[8] Dazu, daß für Art. 12 EGBGB insoweit die Begriffsbestimmung aus § 122 Abs. 2 BGB gilt, vgl. *MünchKomm/Spellenberg*, Art. 12 EGBGB Rdnr. 50.

[9] Vgl. *Palandt/Heldrich*, Art. 12 EGBGB Rdnr. 2; *Kropholler*, IPR, § 42 I 3 a). Selbst durch positive Kenntnis der Ausländereigenschaft wird der gute Glaube nicht ohne weiteres ausgeschlossen. Die Erkundigungspflicht über das Volljährigkeitsalter steigt dann aber mit der Bedeutung des Geschäfts,

Damit liegen die Voraussetzungen des Art. 12 S. 1 EGBGB vor. A ist in Anwendung deutschen Rechts geschäftsfähig und die Einigung nach § 929 S. 1 BGB wirksam.

b) Zwar ist das Kfz nicht an die Bank übergeben worden. Die Parteien haben aber ein Übergabesurrogat gem. § 930 BGB in Form eines Leihvertrages vereinbart (konkretes Besitzkonstitut[10]). Wenn auch ein *wirksames* Rechtsverhältnis für eine Besitzmittlung i.S.d § 868 BGB im Grundsatz nicht erforderlich ist[11], so ist doch notwendig, daß ein solches Verhältnis von den Parteien gewollt ist und dem mittelbaren Besitzer tatsächlich ein Herausgabeanspruch (sei es auch aus einem anderen Rechtsgrund) gegen den Besitzmittler zusteht[12]. Ein solcher Anspruch kann sich aber bei der Sicherungsübereignung nur aus dem zugrundeliegenden Sicherungs- bzw. Leihvertrag ergeben[13], weshalb dessen Wirksamkeit im vorliegenden Fall doch zu überprüfen ist. Der Leihvertrag unterliegt hier gem. Art. 28 Abs. 2 EGBGB dem deutschen Recht, da die charakteristische Leistung von der in Deutschland ansässigen Bank als Verleiher erbracht wird. Aus der Sicht des deutschen Rechts begegnet die Wirksamkeit des Vertrages keinen Bedenken; die nach dem Heimatrecht des A fehlende Geschäftsfähigkeit wird auch hier über Art. 12 S. 1 EGBGB überwunden. Damit besteht ein Herausgabeanspruch der S gegen A (§ 604 BGB) und liegen die Voraussetzungen für eine Übereignung mittels Besitzkonstitut vor.

c) Nach in Deutschland heute unbestrittener Auffassung ist die Sicherheitsübereignung gewohnheitsrechtlich anerkannt. Man sieht sie nicht als unzulässige und deshalb unwirksame Umgehung der Publizitätsvorschriften des Faustpfandrechts an[14], zumal Vorschriften wie § 6 Abs. 1 S. 3 VglO und § 51 Nr. 1 InsO die Sicherheitsübereignung ausdrücklich als mögliches Sicherungsmittel erwähnen.

---

v.Bar, IPR II, Rdnr. 59. *Der Bearbeiter, der hier hingegen Fahrlässigkeit bejaht, muß eine wirksame Übereignung verneinen. Damit ist der Fall praktisch zu Ende; es empfiehlt sich daher, ein Hilfsgutachten anzufertigen, in dem der Eigentumserwerb unterstellt wird.*

[10] Nach heute wohl h.M. reicht auch die bloße "Übereignung zur Sicherheit" als konkretes Besitzmittlungsverhältnis aus (*Palandt/Bassenge*, § 930 Rdnr. 7 m.w.N.); aus dieser Sicht ist die zusätzliche Vereinbarung eines Leihverhältnisses eine überflüssige Vorsichtsmaßnahme.

[11] *Palandt/Bassenge*, § 930 Rdnr. 6; *MünchKomm/Quack*, § 930 Rdnr. 11.

[12] *MünchKomm/Quack*, § 868 Rdnr. 15.

[13] Vgl. *MünchKomm/Quack*, Anh. §§ 929-936 Rdnr. 35.

[14] Vgl. nur *Soergel/Mühl*, § 930 BGB Rdnr. 21; allgemein zur Sicherungsübereignung und Publizität *Hromadka*, JuS 1980, 89.

Fall 5: Sicherungsrechte im internationalen Sachenrecht

d) A ist bei Übereignung Eigentümer des Wagens und zur Verfügung über ihn befugt[15].
Folglich ist die Übereignung wirksam. S ist Eigentümerin des VW Golf geworden.

3. Verlust des Eigentums durch Grenzübertritt?

S könnte das Sicherungseigentum am VW Golf aber allein dadurch wieder verloren haben, daß dieser nach Österreich verbracht wurde. Zu prüfen ist, ob der Grenzübertritt zur Anwendung österreichischen Rechts führt und welche Folgen dies gegebenenfalls hat.

a) Deutsches IPR

aa) Statutenwechsel bei Grenzübertritt

Nach dem oben wiedergegebenen lex-rei-sitae-Grundsatz beurteilen sich sachenrechtliche Fragen nach dem Recht am Belegenheitsort der Sache. Gelangt eine Sache aus einer Rechtsordnung in den räumlichen Geltungsbereich einer anderen Rechtsordnung, so ändert sich deshalb grundsätzlich mit diesem Zeitpunkt ex nunc das in dinglicher Hinsicht auf den Gegenstand anwendbare Recht (Statutenwechsel). Das neue Statut übernimmt aber die Sache mit der sachenrechtlichen Prägung, die ihr das bisherige Statut verliehen hatte[16]. Dingliche Rechte an dieser Sache, die unter der bisherigen lex rei sitae entstanden sind, bleiben deshalb unter dem neuen Belegenheitsrecht als „wohlerworbenes Recht" grundsätzlich bestehen, sofern sie mit der sachenrechtlichen Grundstruktur des neuen Rechts nicht völlig unverträglich sind[17]. Inhalt und Wirkungen des Rechts unterliegen hingegen dem neuen Statut. Gleiches gilt für Voraussetzungen, die für den *Fortbestand* (und nicht nur die Entstehung) des Rechts gegeben sein müssen[18].

bb) Eventuelle Ausnahme vom lex-rei-sitae-Grundsatz für Kraftfahrzeuge?

Möglicherweise könnte von diesem Grundsatz aber bei Kraftfahrzeugen abgewichen werden. Es werden verschiedene Ausnahmen von der Geltung der lex rei sitae für Fallgestaltungen diskutiert, in denen eine Anknüpfung an den Lageort nicht sinnvoll ist, weil er - wegen rascher Veränderungen - nicht ermittelbar ist oder als zufällig erscheint. Dar-

---

[15] Zu den wenigen Fällen, in denen Eigentümerstellung und Verfügungsbefugnis auseinanderfallen, vgl. *MünchKomm/Quack*, § 929 Rdnr. 109 f.
[16] BGHZ 39, 173 (175), st. Rspr.
[17] Vgl. dazu bereits Fall 4 (Türkisches Lösungsrecht).
[18] *Firsching/v.Hofmann*, IPR, § 12 Rdnr. 24; *MünchKomm/Kreuzer*, Anh. I nach Art. 38 EGBGB, Rdnr. 62.

unter fallen z.B. *res in transitu*[19] und dem *internationalen* Transport dienende Transportmittel, insbesondere Schiffe und Flugzeuge[20]. Eine entsprechende Ausnahme auch für Personenkraftwagen im Individualverkehr ist bislang allerdings nicht anerkannt[21].
Damit bleibt es für den vorliegenden Fall bei der Grundregel. Hinsichtlich der *Übertragung* des Sicherungseigentums gilt trotz des nachfolgenden Grenzübertritts allein deutsches Recht; nach diesem ist S wirksam Eigentümer geworden, s.o. Hinsichtlich des *Fortbestands* dieses Rechts wird hingegen auf das österreichische Recht als neues Lagerecht verwiesen. Diese Verweisung ist nach ganz h.M. eine Gesamtverweisung, ein eventueller Renvoi ist also zu beachten[22].

b) Österreichisches IPR
Aus § 31 Abs. 2 IPRG i.V.m. dem dazu gegebenen Hinweis ergibt sich, daß auch aus österreichischer Sicht für den Fortbestand und Inhalt dinglicher Rechte die jeweilige lex rei sitae gilt[23].

c) Materielles österreichisches Recht
Nach der im Hinweis zu § 451 ABGB wiedergegebenen Auffassung des OGH[24] ist Dauervoraussetzung für den *Bestand*[25] von Sicherungsei-

---

[19] Für Sachen, die sich auf dem Transport vom Land A in das Land B befinden, soll grundsätzlich das Recht etwaiger Durchgangsländer unbeachtlich sein. Welches Recht an die Stelle treten soll, ist streitig, die überwiegende Meinung spricht sich für das Recht des Bestimmungslandes aus. Vgl. im einzelnen *MünchKomm/Kreuzer*, Anh. I nach Art. 38 EGBGB, Rdnr. 126 ff.
[20] Hier soll das Recht der Flagge (Schiff) oder das des Stand- bzw. Registrierungsortes maßgeblich sein, *Firsching/v.Hoffmann*, IPR, § 12 Rdnr. 38; differenzierend nach Art des Verkehrsmittels *MünchKomm/Kreuzer*, Anh. I nach Art. 38 EGBGB, Rdnr. 131 ff.
[21] Vgl. *Kropholler*, IPR, § 54 V; *MünchKomm/Kreuzer*, Anh. I nach Art. 38 EGBGB Rdnr. 134. Anderes gilt möglicherweise für *gewerbliche* Kraftfahrzeuge, die auf Dauer dem internationalen Personen- und Güterverkehr gewidmet sind, *Firsching/v.Hoffmann*, IPR, § 12 Rdnr. 39.
[22] BGHZ 108, 353 (357); KG NJW 1988, 341 (342); *Staudinger/Stoll*, Internationales Sachenrecht, Rdnr. 69 m.w.N.; *Palandt/Heldrich*, Anh. II nach Art. 38 EGBGB Rdnr. 1.
[23] Eine Ausnahme macht § 33 Abs. 1 IPRG für registrierte Wasser-, Luft- und Eisenbahnfahrzeuge.
[24] Kritisch zur Auffassung des OGH mit guten Gründen *Rauscher*, RIW 1985, 265 (268 f.); *Schwind*, FS Kegel 1987, 599 (603 f.). Ausländisches Recht ist vom deutschen Richter und folglich auch in einer gutachterlichen Bearbeitung grundsätzlich so anzuwenden, wie es im Ausland in der Praxis angewandt wird. Gibt es eine höchstrichterliche Rechtsprechung, so ist dieser zu folgen, auch wenn man die Kritik im Schrifttum für einleuchtend hält, vgl. *Soergel/Kegel*, vor Art. 7 EGBGB Rdnr. 173 m.w.N.

gentum, daß wie bei der Verpfändung einer beweglichen Sache der Sicherungsnehmer den Besitz an der übereigneten Sache erhält. Ein besitzloses Sicherungseigentum ist demnach - anders als nach in Deutschland herrschender Meinung[26] - nicht möglich. Damit wird das Sicherungseigentum der S mit Grenzübertritt nach Österreich wirkungslos.

4. Wiederaufleben des Sicherungseigentums mit Rückkehr nach Deutschland?

a) Grundsatz

B kehrt mit dem Wagen nach Deutschland zurück. Fraglich ist daher, ob damit das Sicherungseigentum der S wiederauflebt. Dies ist der Fall, wenn es in Österreich nur „geruht" hat und nicht endgültig untergegangen ist. Die Beurteilung dieser Frage untersteht nun wiederum der neuen lex rei sitae, also dem materiellen deutschen Recht[27]. Ob aus *österreichischer* Sicht das Sicherungseigentum in Österreich endgültig untergegangen ist, ist insoweit ohne Belang. Nach der fast einhelligen Meinung zum deutschen Recht lebt das in Deutschland wirksam begründete (oder anerkannte) Sicherungseigentum, das nach einer zwischenzeitlich anwendbaren ausländischen lex rei sitae nicht anerkannt worden ist, bei der Rückkehr nach Deutschland wieder auf[28]. Für diese Auffassung sprechen gute Gründe. Man würde der fremden Rechtsordnung zuviel Macht beimessen, wenn man der grundsätzlich auf ihr Territorium beschränkten Nichtanerkennung deutscher Sicherungsrechte einen „Reinigungseffekt" auch für den Fall der Rückkehr in das alte Rechtsgebiet zuschreiben würde[29]. Insbesondere bei Kraftfahrzeugen, die mehr oder weniger häufig für grenzüberschreitende Fahrten benutzt werden, um immer wieder nach Deutschland zurückzukehren, wäre es bedenklich anzunehmen, daß schon der bloße Grenzübertritt (und sei es nur für wenige Stunden) ein Sicherungsrecht endgültig zum Erlöschen bringen könnte.

---

[25] Nicht nur für die *Übertragung* von Sicherungseigentum. Diese geschah ja noch in Deutschland, weshalb insoweit das österreichische Recht nicht gefragt ist.
[26] S.o. zu Fn. 14.
[27] *Martiny*, IPRax 1985, (168) 171.
[28] *V.Caemmerer*, FS Zepos II, (25) 34; *Martiny*, IPRax 1985, 168 (171); *MünchKomm/Kreuzer*, Anh. I nach Art. 38 EGBGB, Rdnr. 94 a.E. mit Rdnr. 91; *Kropholler*, IPR, § 54 III 1 c; *Firsching/v.Hoffmann*, IPR, § 12 Rdnr. 35; *Staudinger/Stoll*, Internationales Sachenrecht, Rdnr. 297 m.w.N.
[29] So aber *Kegel*, IPR, § 19 III, der allerdings offenbar Kraftfahrzeuge generell zu den *res in transitu* zählt und insoweit eine Ausnahme machen will; *K. Müller*, RIW 1982, 461 (462).

b) Ausnahme: Zwischenzeitliche Veräußerung

Das Wiederaufleben steht allerdings unter einem Vorbehalt: Ist während des Auslandsaufenthalts unter Mißachtung des Sicherungseigentums nach der dortigen lex rei sitae wirksam ein Recht an dem Wagen erworben worden, so bleibt dieses erhalten (und geht dem Sicherungseigentum vor), auch wenn das Fahrzeug nach Deutschland zurückkehrt[30]. Denn solange das Sicherungseigentum wirkungslos ist, kann es auch der Entstehung neuer, ihm widerstreitender Rechte nicht entgegenstehen, welche konsequenterweise auch nach der Rückkehr als wohlerworbene Rechte Anerkennung finden müssen.

Daraus folgt für den vorliegenden Fall: Trotz Rückkehr des Sicherungsguts nach Deutschland ist S nicht (wieder) sein Eigentümer, wenn B durch die Veräußerung in Wien nach österreichischer lex rei sitae wirksam Eigentum erworben hat.

c) Wirksame Übereignung A an B nach österreichischem Recht?

Nach materiellem österreichischem Recht ist die Übereignung kein abstrakt-dingliches Geschäft wie nach deutschem Verständnis. Wie sich aus den §§ 424-426 ABGB ergibt, geht das Eigentum vielmehr mit wirksamer *schuldrechtlicher* Einigung (*Titel,* darin enthalten der dingliche Verfügungswille und die Berechtigung) und der Besitzübergabe (*Modus*) über[31].

aa) Wirksames Grundgeschäft

α) Anwendbares Recht

αα) Selbständige Vorfragenanknüpfung

Auch wenn es hier „nur" um die sachenrechtlichen Auswirkungen des schuldrechtlichen Vertrages geht, ist die Frage seiner *Wirksamkeit* als Vorfrage neu anzuknüpfen, es ist also das Vertragsstatut zu ermitteln[32]. Hier unterliegt die Hauptfrage (wirksamer Eigentumsübergang) dem österreichischen Recht, weshalb sich die Frage stellt, ob selbständig (also über das deutsche Kollisionsrecht) oder unselbständig (also nach österreichischem IPR) anzuknüpfen ist[33]. Das Problem ist gesetz-

---

[30] *V.Caemmerer,* FS Zepos II, (25) 34; *MünchKomm/Kreuzer,* Anh. I nach Art. 38 EGBGB, Rdnr. 94 a.E. mit Rdnr. 91; *Firsching/v.Hoffmann,* IPR, § 12 Rdnr. 35; *Kropholler,* IPR, § 54 III 1 c.

[31] Vgl. *Koziol/Welser,* Grundriß des bürgerlichen Rechts II, 10. Aufl. (1996), 62 f., 74 f.

[32] *MünchKomm/Kreuzer,* Anh. I nach Art. 38 EGBGB Rdnr. 28. Unterscheide also: Ob dem schuldrechtlichen Vertrag dingliche *Wirkungen* zukommen, entscheidet das Sachstatut; ob er *wirksam* ist, bestimmt das Schuldstatut.

[33] Zum Streit über die Vorfragenanknüpfung allgemein *MünchKomm/ Sonnenberger,* Einl. IPR Rdnr. 385 ff.; *Schurig,* FS Kegel 1987, 549; *Kegel,* IPR, § 9; *Firsching/v.Hoffmann,* IPR, § 6 Rdnr. 47 ff. Vor einem

Fall 5: Sicherungsrechte im internationalen Sachenrecht 117

lich nicht geregelt. Nach h.M. ist wegen des Vorrangs der inneren vor der äußeren Entscheidungsharmonie grundsätzlich selbständig anzuknüpfen[34]. Unabhängig davon, ob man dem in dieser Allgemeinheit immer folgen will, überzeugt das Argument jedenfalls für die vorliegende Konstellation: Bei Mobilien, die jederzeit in ein anderes Rechtsgebiet gelangen können, ist es wichtiger, widersprechende Entscheidungen über die Gültigkeit des Kausalgeschäfts in Deutschland zu vermeiden, als einen Entscheidungseinklang mit einem fremden (welchem?) Staat anzustreben[35]. Deshalb ist hier das deutsche IPR zur Entscheidung über die Anknüpfung berufen.

ββ) Ermittlung des Vertragsstatuts

(1) Zwar hat das Wiener UN-Abkommen über Verträge über den internationalen Warenkauf (CISG)[36] gem. Art. 3 Abs. 2 EGBGB Vorrang vor den Anknüpfungsregeln des EGBGB. Es ist jedoch gem. Art. 2 lit. a) CISG auf Verträge über Waren für den persönlichen Gebrauch nicht anwendbar[37].

(2) Eine Rechtswahl (Art. 27 Abs. 1 EGBGB) ist nicht erfolgt. Allein die Vereinbarung der österreichischen Währung für die Kaufpreiszahlung ist kein hinreichendes Indiz für die stillschweigende Wahl des österreichischen Rechts[38]. Somit kommt es auf die objektive Anknüpfung nach Art. 28 EGBGB an[39].

Mißverständnis sollte man sich hüten: Auch die Anhänger der unselbständigen Vorfragenanknüpfung wollen nicht "automatisch" dasselbe *materielle* Recht anwenden, das über die Hauptfrage entscheidet, sondern lediglich das internationale Privatrecht dieser Rechtsordnung statt des deutschen IPR nach einer Verweisung befragen.

[34] Ausnahmen werden aber für einige Spezialfälle gemacht, vgl. im einzelnen *Firsching/v.Hoffmann*, IPR, § 6 Rdnr. 63 ff.

[35] Vgl. *Staudinger/Stoll*, Internationales Sachenrecht, Rdnr. 227 (anders bei Immobilien!). Für eine selbständige Anknüpfung im vorliegenden Zusammenhang sprechen sich auch *MünchKomm/Kreuzer*, Anh. I nach Art. 38 Rdnr. 28 und *Soergel/Kegel*, vor Art. 7 EGBGB Rdnr. 558 aus; ebenso BGH NJW 1969, 1760 (Grundstückskauf).

[36] BGBl. 1989 II, 588; abgedruckt in der Sammlung von *Jayme/Hausmann* - unter Nr. 48.

[37] Im übrigen fehlt es auch an der Voraussetzung des Art. 1 Abs. 1 i.V.m. Art. 10 lit. b) CISG, daß die Vertragspartner ihren gewöhnlichen Aufenthalt in verschiedenen Vertragsstaaten haben müssen.

[38] Vgl. dazu Fall 2.

[39] Bei dem Verkauf einer Sache an einen nicht gewerblich handelnden Kunden ist immer auch Art. 29 EGBGB, hier die objektive Anknüpfung des Art. 29 Abs. 2 EGBGB, ins Auge zu fassen. Es ist strittig, ob bei einem Verkauf *von Privat* an Privat Art. 29 Abs. 2 EGBGB unter Verdrängung des Art. 28 EGBGB Geltung beansprucht, so die wohl h.M. in Deutschland

(3) Art. 28 Abs. 2 EGBGB verweist auf das Recht am gewöhnlichen Aufenthaltsort des Verkäufers, weil er die für einen Kaufvertrag charakteristische Leistung erbringt[40]. Unter dem gewöhnlichen Aufenthalt ist der Ort oder das Land zu verstehen, in dem der Schwerpunkt der Bindungen einer Person in familiärer, freundschaftlicher oder beruflicher Hinsicht liegt, in dem sie ihren „Daseinsmittelpunkt" i.S. einer gewissen sozialen Eingliederung hat[41]. Der Daseinsmittelpunkt des A liegt an seinem Wohnort in München, wo er mit seiner Familie dauerhaft lebt. Der gewöhnliche Aufenthalt wird durch eine zeitweilige, urlaubsbedingte Abwesenheit mit Rückkehrwillen (auch wenn der genaue Zeitpunkt noch nicht feststeht) nicht aufgehoben[42]. Damit spricht die Vermutung des Art. 28 Abs. 2 EGBGB für die Anwendung deutschen Rechts.

(4) Zu prüfen bleibt, ob eine engere Beziehung zu Österreich für die Anwendung österreichischen Rechts streitet, Art. 28 Abs. 5 EGBGB. Dafür könnte sprechen, daß beide Vertragspartner die österreichische Staatsangehörigkeit haben. Andererseits hat der Käufer wie auch der Verkäufer seinen gewöhnlichen Aufenthalt in Deutschland. Gegen einen gemeinsamen gewöhnlichen Aufenthaltsort im Ausland vermag sich die gemeinsame Staatsangehörigkeit nicht durchzusetzen[43], insbesondere weil für die Abwicklung schuldrechtlicher Verträge die (gemeinsame oder unterschiedliche) Staatsangehörigkeit der Parteien meist ohne Belang ist[44]. Der Abschlußort in Wien begründet ebenfalls keine engere Bindung zu Österreich, weil er hier auf einer rein zufälligen Begegnung beruht[45]. Die Wahl der österreichischen Währung schließlich hat - ebenso wie bei der Frage der stillschweigenden Rechtswahl - auch auf die objektive Bestimmung des Vertragsstatuts nur einen schwachen Einfluß[46], der nicht ausreicht, um eine Abweichung von Art. 28 Abs. 2 EGBGB zu begründen. Greift somit Art. 28 Abs. 5 EGBGB nicht ein, so

---

unter Hinweis auf die Tatsache, daß die Definition des Verbrauchervertrages in Art. 29 Abs. 1 EGBGB über die Person des *Schuldners* der Leistung schweigt, *Palandt/Heldrich*, Art. 29 EGBGB Rdnr. 3 a.E.; *MünchKomm/Martiny*, Art. 29 EGBGB Rdnr. 6; *Erman/Hohloch*, Art. 29 EGBGB Rdnr. 22; a.A. *E.Lorenz*, RIW 1987, 569 (576) (nur bei einem gewerblich handelnden Anbieter, weil nur in diesem Fall die typische Ungleichgewichtslage besteht, die Art. 29 EGBGB ausgleichen soll). Der Streit kann hier jedoch dahinstehen, weil keine der Anknüpfungsvoraussetzungen des Art. 29 Abs. 1 Nr. 1-3 EGBGB erfüllt ist.

[40] Vgl. oben Fall 2.
[41] Vgl. BGH FamRZ 1981, 135; BGH NJW 1993, 2047 (2048).
[42] Vgl. *Soergel/Kegel*, Art. 29 EGBGB Rdnr. 39.
[43] Vgl. OLG Düsseldorf FamRZ 1983, 1229 (1230).
[44] Vgl. *MünchKomm/Martiny*, Art. 28 EGBGB Rdnr. 83.
[45] Vgl. zum geringen Indizwert des Abschlußortes *MünchKomm/Martiny*, Art. 28 EGBGB Rdnr. 80.
[46] *MünchKomm/Martiny*, Art. 28 EGBGB Rdnr. 86.

Fall 5: Sicherungsrechte im internationalen Sachenrecht

bleibt es über Art. 28 Abs. 2 EGBGB bei der Anwendung deutschen materiellen Rechts[47].

β) Wirksamkeit nach deutschem Recht

An der Wirksamkeit des Kaufvertrages nach deutschem Recht könnten allenfalls unter dem Gesichtspunkt des § 138 Abs. 1 BGB Zweifel bestehen, da beide Parteien wissen, daß die zu verkaufende Sache zuvor an die S sicherungsübereignet wurde und dieser nunmehr als Kreditunterlage entzogen wird. Die Veräußerung in Österreich macht die Sicherheitsübereignung zwar nicht unwirksam, da dies bereits vorher mit dem Grenzübertritt geschah. Sie verhindert aber das Wiederaufleben des Sicherungseigentums bei der Rückkehr nach Deutschland. Damit werden A's Pflichten aus der Sicherungsabrede mit S verletzt. Jedoch sind schuldrechtliche Pflichten relativ: Diese Pflichten, die Dritte nicht binden, werden auch von der Sittenordnung, auf die § 138 Abs. 1 BGB aufbaut, nicht auf die Ebene absoluter, gegen jedermann geschützter Rechtspositionen erhoben. Das Eindringen eines Dritten in die Beziehungen von Vertragspartnern kann deshalb nur ausnahmsweise ein Rechtsgeschäft sittenwidrig machen, und zwar dann, wenn sich in ihm ein *besonderes* Maß an Rücksichtslosigkeit und ein Mangel an Loyalität im Rechtsverkehr manifestiert[48]. Diese Schwelle ist hier noch nicht erreicht: A und B kommen nur die besonderen Regeln beim Statutenwechsel im internationalen Sachenrecht zugute, ohne daß sie darauf besonders hingewirkt hätten; ihr Zusammentreffen in Österreich war vielmehr rein zufällig. Anders fiele die Entscheidung möglicherweise dann aus, wenn beide aus Deutschland mit dem vorgefaßten Plan und dem alleinigen Zweck nach Österreich gefahren wären, dort unter Ausnutzung der Rechtsunterschiede und unter Umgehung des Sicherungseigentums der S den Verkauf vorzunehmen und dann zurückzukehren[49]. Da davon keine Rede sein kann, verstößt hier der Vertrag nicht gegen § 138 BGB.

---

[47] *Der Bearbeiter, der über Art. 28 Abs. 5 EGBGB hier zum österreichischen Vertragsstatut kommt, hat folgerichtig die Wirksamkeit des Kaufvertrages am österreichischen Recht zu messen. Da Informationen zum österreichischen Recht im Sachverhalt insoweit fehlen, bleibt nur der im ersten Teil dieses Buches (1. Kap., § 1 C II 2 a) erläuterte Weg, die Identität der österreichischen Lösung mit der deutschen ausdrücklich zu unterstellen und wie in der Hauptlösung mit einer an den Kriterien des § 138 BGB ausgerichteten Prüfung fortzufahren.*

[48] BGH NJW 1981, 2184 (2185); *Medicus*, BGB AT, Rdnr. 706; *Münch-Komm/Mayer-Maly*, § 138 Rdnr. 85. Als Beispiel vgl. BGH NJW 1981, 2184: Verleitung zum Vertragsbruch mit dem Versprechen, die Begleichung etwaiger Schadensersatzforderungen zu übernehmen.

[49] Vgl. *Staudinger/Stoll*, Internationales Sachenrecht, Rdnr. 194, mit dem berechtigten Hinweis, daß ein erschlichener Statutenwechsel nicht auf der

γ) A ist mittlerweile auch nach österreichischen. Recht volljährig, so daß auch die über Art. 7 EGBGB gesondert anzuknüpfende Geschäftsfähigkeit hier keine Probleme mehr aufwirft.
Damit liegt ein wirksames Grundgeschäft vor.

bb) Die nach §§ 425, 426 ABGB erforderliche Übergabe des Besitzes ist erfolgt.

cc) A war nach österreichischer lex rei sitae z.Zt. der Übereignung Eigentümer der verkauften Sache, weil das Sicherungseigentum der S nicht anerkannt wurde. Damit hat B vom Berechtigten erworben und es kommt auf seine Bösgläubigkeit hinsichtlich der Sicherungsübereignung nicht an.

Im Ergebnis hat B wirksam das Eigentum am VW Golf erlangt. Damit ist das Sicherungseigentum der S auch nach der Rückkehr nach Deutschland nicht wieder aufgelebt.

S hat keinen Herausgabeanspruch gegen B[50].

Ebene des Kollisionsrechts (etwa mit einer modifizierten *lex-rei-sitae*-Regel, die einen dolosen Ortswechsel unbeachtet läßt), sondern mit Hilfe des materiellen Rechts zu bekämpfen ist.

[50] *Nach dem Bearbeitervermerk waren delikts- und bereicherungsrechtliche Ansprüche nicht zu prüfen, weil deren ausführliche kollisionsrechtliche Behandlung den Rahmen einer Klausur gesprengt hätte, ohne zu einem von der sachenrechtlichen Lage abweichenden Ergebnis zu führen. Der Vollständigkeit halber soll aber hier kurz auf sie eingegangen werden. Auf die Verletzung eines dinglichen Rechts gestützte deliktische und bereicherungsrechtliche Herausgabeansprüche beurteilen sich nach der lex rei sitae z.Zt. der Verletzungshandlung; sei es, weil man diese Ansprüche unmittelbar dem Sachstatut unterstellen will (vgl. MünchKomm/Kreuzer, Anh. I nach Art. 38 EGBGB Rdnr. 31 f.), sei es weil die gesonderte Ermittlung des Deliktsstatuts (Kronke/Berger, IPRax 1991, 316) bzw. des Statuts der Eingriffskondiktion (Palandt/Heldrich, vor Art. 38 EGBGB Rdnr. 3 m.w.N.) ebenfalls zum Belegenheitsort der fraglichen Sache als Tatort bzw. Ort der Vermögensverschiebung führt. Weil die Übereignung A an B in Österreich stattfand, wird damit im vorliegenden Fall auf österreichisches Recht verwiesen, welches die Verweisung annimmt (§§ 48 Abs. 1, 46 S. 1 IPRG). Da aber, wie oben dargelegt, das Sicherungseigentum der S z.Zt. der Übereignung des Fahrzeugs keinen Bestand hatte, B also das Eigentum von A als Berechtigtem erworben hat, liegt nach materiellem österreichischen Recht in der Übereignung kein Eingriff in eine der S zugewiesene Rechtsposition. Schon aus diesem Grund scheidet sowohl ein Herausgabeanspruch aus unerlaubter Handlung nach §§ 1293, 1295, 1323 ABGB als auch ein solcher aus ungerechtfertigter Bereicherung (im Falle der Eingriffskondiktion sogenannter Verwendungsanspruch des § 1041 ABGB) aus.*

Fall 5: Sicherungsrechte im internationalen Sachenrecht 121

B. Herausgabeanspruch des B gegen S bzgl. des Kfz-Briefs

I. Qualifikation des Anspruchs, anwendbares Recht

Auch hier ist mangels vertraglicher Beziehungen nur ein dinglicher Anspruch des B denkbar. Da sich der herauszugebende Kfz-Brief z.Zt. des Herausgabeverlangens in Deutschland befindet, gilt insoweit also deutsches Recht als lex rei sitae.

II. Materielles deutsches Recht: Anspruch aus § 985 BGB

Ein Anspruch aus § 985 BGB setzt neben der Tatsache, daß die S Besitzerin des Briefs ist, das Eigentum des B voraus. Eine rechtsgeschäftliche Übereignung auch des Kfz-Briefs hat nach dem Sachverhalt nicht stattgefunden. B könnte aber *kraft Gesetzes* mit Übereignung des Wagens auch das Eigentum am Kfz-Brief erworben haben. Es ist zu prüfen, welchem Recht dieser Erwerbstatbestand unterliegt.

1. Anwendbares Recht auf Eigentumsübergang kraft Gesetzes

Weil es hier um den Eigentumsübergang *am Kfz-Brief* geht, kommt es auf *dessen* Belegenheitsort im maßgeblichen Zeitpunkt an. Der maßgebliche Zeitpunkt ist hier die Übereignung des Kfz, an die (möglicherweise) ein gesetzlicher Eigentumswechsel geknüpft ist. Da sich der Kfz-Brief seit Ende April 1994 und damit auch z.Zt. der Übereignung bei der S in Deutschland befindet, gilt *insoweit* deutsches Recht[51].

2. Eigentumsübergang nach § 952 BGB

Das Eigentum am Kfz-Brief kann hier nach § 952 BGB analog auf B übergegangen sein. Der Kfz-Brief ist ein Beleg über die Zulassung eines bestimmten Fahrzeugs zum Straßenverkehr, §§ 20 Abs. 3, 25 StVZO. Auch wenn in ihm der Halter des Fahrzeugs einzutragen ist (§ 25 Abs. 1 S. 1 StVZO), verbrieft er nicht das Eigentum an dem Fahrzeug. Es werden auf ihn aber die Vorschriften für Urkunden, die eine Forderung verbriefen, und insbesondere § 952 BGB entsprechend angewandt[52]. Nach § 952 BGB folgt das Recht *am* Papier dem Recht *aus* dem Papier, d.h. in analoger Anwendung: Eigentümer des Kfz-Briefs ist kraft Gesetz derjenige, der Eigentümer des Wagens ist. Damit

---

[51] Vgl. *Palandt/Bassenge*, § 952 BGB Rdnr. 1; *Palandt/Heldrich*, Anh. II nach Art. 38 EGBGB Rdnr. 5 a.E.; BGHZ 108, 353 (356). Unerheblich ist also in diesem Zusammenhang, daß die Übereignung des Kfz selbst in Österreich stattfand und dem österreichischen Recht unterliegt.
[52] Unstr., vgl. *Palandt/Bassenge*, § 952 Rdnr. 7.

ist B durch die wirksame Übereignung[53] des Kfz auch Eigentümer des Kfz-Briefs geworden.
B hat gegen S einen Anspruch auf Herausgabe des Kfz-Briefs.

Fall 6: Gerichtsstandsvereinbarung

Sachverhalt[1]

Zwischen der in Köln ansässigen K AG und der B S.A., einer Aktiengesellschaft nach belgischem Recht, die ihren Sitz in Belgien hat, bestehen langjährige Geschäftsbeziehungen, in deren Rahmen die K der B von ihr produzierte Garne lieferte. Den einzelnen Verträgen lagen in der Vergangenheit jeweils aufgrund ausdrücklicher Abrede die allgemeinen Geschäftsbedingungen der K zugrunde, in denen in deutscher Sprache bestimmt ist, daß deutsches Recht anzuwenden und Köln der Gerichtsstand für alle Streitigkeiten aus diesem Vertrag sei. Am 3.3.1994 sandte die B ein in deutscher Sprache verfaßtes Fernschreiben an K, in dem sie 70.000 kg Garn in der Qualität Wellington bef/kg 186 frei verzollt zum Preis DM 200.000,-, zahlbar innerhalb von einem Monat nach Wareneingang, bestellte.

K bestätigte der B gegenüber den Auftrag mit Schreiben vom 4.3.1994, auf dessen Rückseite die Lieferbedingungen der K abgedruckt sind.

B nahm die 6 Wochen später gelieferte Ware nicht ab. Sie stellte sich auf den Standpunkt, daß zwischen den Parteien kein Vertrag zustande gekommen sei.

K klagt daraufhin im März 1995 ihren entgangenen Gewinn in Höhe von DM 20.000,- als Schadensersatz wegen Nichterfüllung vor dem Landgericht Köln ein. K und B werden jeweils von ihren Vorständen vertreten.

Der Prozeßvertreter der B macht insbesondere die internationale Unzuständigkeit des angerufenen Gerichts geltend. Der Rechtsanwalt der K meint, ein Vertrag sei „mindestens" nach den Regeln über das kaufmän-

---

[53] *Hierbei handelt es sich um eine Vorfrage, deren Anknüpfung und materielle Lösung unter A.III.3.c bereits ausführlich behandelt wurde. Deshalb (und nur deshalb!) kann man sich an dieser Stelle mit der bloßen Feststellung der Wirksamkeit begnügen.*

[1] Nach BGH NJW 1994, 2699.

Fall 6: Gerichtsstandsvereinbarung 123

nische Bestätigungsschreiben zustandegekommen, weil B der Auftragsbestätigung unter Einbeziehung der AGB nicht widersprochen habe.

Erfolgsaussichten der Klage?

Hinweise: Ein kaufmännisches Bestätigungsschreiben hat im belgischen Recht die gleiche Bedeutung wie nach deutschem Recht. Im übrigen bestehen keine einschlägigen internationalen Handelsbräuche. Die S.A. ist nach belgischem Recht rechts- und parteifähig und wird kraft Gesetzes durch ihren Vorstand vertreten. Nach belgischem Kollisionsrecht bestimmt sich das Gesellschaftsstatut nach dem Sitz der Hauptverwaltung.

Vorbemerkungen

I. Da nach den Erfolgsaussichten der Klage gefragt ist, sind deren Zulässigkeit und Begründetheit zu prüfen, wobei der Schwerpunkt eindeutig auf dem ersteren Gesichtspunkt und hier wiederum bei der Bestimmung der internationalen Zuständigkeit des angerufenen Gerichts liegt. In diesem Rahmen muß sich der Bearbeiter zunächst mit der Gerichtsstandsklausel in den AGB der Klägerin und damit mit Art. 17 EuGVÜ auseinandersetzen - eine Vorschrift, die ebenso wichtig für die Praxis wie schwierig zu handhaben ist. In zweiter Linie kommt es auf den Gerichtsstand des Erfüllungsortes nach Art. 5 Nr. 1 EuGVÜ an. Weil nach der Rechtsprechung des EuGH der Erfüllungsort sich auch im Rahmen des EuGVÜ nach dem Vertragsstatut richtet, muß bereits an diesem Punkt das auf die vertraglichen Beziehungen der Parteien anwendbare Recht ermittelt werden. Hier stößt man auf das Wiener UN-Kaufrecht, das - anders als seine Vorgänger, die Haager Einheitlichen Kaufgesetze - im zunehmenden Maße eine bedeutende Rolle für internationale Lieferungsverträge spielt. Wenn auch keiner erwarten wird, daß Wahlfachstudenten auf diesem Gebiet Experten sind, so müssen sie doch zumindest mit den Anwendungsvoraussetzungen des UN-Kaufrechts - insbesondere auch der sog. Vorschaltlösung des Art. 1 Abs. 1 lit b) CISG - vertraut sowie in der Lage sein, seine materiellen Regelungen anhand einer Lektüre des Gesetzestextes verständig anzuwenden. Spätestens nach dieser Klausur sollte auch bekannt sein daß der Erfüllungsort für die Kaufpreiszahlung im UN-Kaufrecht abweichend vom internen deutschen Recht geregelt ist.

II. Eine entscheidende Rolle bei der Lösung sowohl im Rahmen der Gerichtsstandsvereinbarung als auch des materiellen Vertragsschlusses spielt die Frage, welche Konsequenzen sich daraus ergeben, daß der Annehmende - abweichend vom „AGB-losen" Angebot - auf seine eigenen AGB verweist. Grundsätzlich gelten im UN-Kaufrecht für den Vertragsschluß insoweit die gleichen Regeln wie im internen Recht mit der kleinen, aber nicht unwichtigen Ausnahme, daß nach Art. 19 Abs. 3 CISG „unwesentliche" Änderungen in der Annahme den Vertragsschluß nicht hindern, wenn sie nicht unverzüglich gerügt werden.

Davon zu unterscheiden ist die Fallgestaltung, daß *beide* Vertragspartner jeweils ihre eigenen AGB beifügen, was im internationalen Bereich unter dem Stichwort *battle of the forms* behandelt wird. Während das interne deutsche Recht die Theorie des letzten Wortes längst überwunden hat und heute zu der vernünftigen Lösung gelangt, daß der Vertrag, so er denn durchgeführt wird, als ohne die widersprechenden Teile beider AGB geschlossen gilt, ist dieser Weg im UN-Kaufrecht wegen Art. 19 CISG versperrt - es setzen sich die AGB des Annehmenden durch.[1]

Gliederung der Lösung

A. Zulässigkeit
   I. Internationale Zuständigkeit
      1. Anwendbarkeit des EuGVÜ
         a) Sachlicher Anwendungsbereich
         b) Zeitlicher Anwendungsbereich
         c) Räumlich/persönlicher Anwendungsbereich
      2. Zuständigkeit aus einer Gerichtsstandsvereinbarung gem. Art. 17 Abs. 1 EuGVÜ
         a) Sitz mindestens einer der Parteien in einem Vertragsstaat
         b) Vereinbarung der Zuständigkeit eines Gerichts in einem Vertragsstaat
         c) Derogation der Zuständigkeit der Gerichte eines anderen Vertragsstaates notwendig?
         d) Wirksame Vereinbarung in der von Art. 17 Abs. 1 EuGVÜ verlangten Form
            aa) Schriftliche Vereinbarung
            bb) Schriftliche Bestätigung einer mündlichen Vereinbarung („Halbe Schriftlichkeit")
            cc) Einbeziehung kraft Gepflogenheit
            dd) Einbeziehung kraft internationalem Handelsbrauch
      3. Art. 5 Nr. 1 EuGVÜ - Gerichtsstand des Erfüllungsortes
         a) Gerichtsstand des Erfüllungsortes auch bei Streit darüber, ob überhaupt ein Vertrag zustandegekommen ist?
         b) Maßgebliche Verpflichtung: Kaufpreisforderung
         c) Rechtliche Kriterien zur Bestimmung des Erfüllungsortes der Kaufpreisforderung
         d) Das für die Kaufpreisforderung maßgebliche Recht - Anwendbarkeit des CISG
            aa) Sachlicher Anwendungsbereich
            bb) Räumlich/persönlicher Anwendungsbereich:
                (1) Parteien mit Niederlassung in verschiedenen Vertragsstaaten

Fall 6: Gerichtsstandsvereinbarung

        (2) Sog. „Vorschaltlösung": Anwendbarkeit kraft Verweisung durch das IPR
    e) Der Erfüllungsort für Kaufpreisforderungen nach dem CISG
II. Sachliche Zuständigkeit
III. Örtliche Zuständigkeit
IV. Parteifähigkeit
V. Prozeßfähigkeit/organschaftliche Vertretung
B. Begründetheit
   I. Anwendbarkeit des CISG
  II. Wirksamer Vertragsschluß als Voraussetzung eines Schadensersatzanspruches nach dem CISG

Lösung

A. Zulässigkeit

I. Internationale Zuständigkeit

Die internationale Zuständigkeit deutscher Gerichte könnte sich aus den Normen des EuGVÜ ergeben[2].

1. Anwendbarkeit des EuGVÜ

a) Der sachliche Anwendungsbereich des EuGVÜ ist nach Art. 1 Abs. 1 EuGVÜ für die vorliegende zivilrechtliche Streitigkeit eröffnet. Es liegt keine Ausnahme nach Art. 1 Abs. 2 EuGVÜ vor.

b) Zeitlicher Anwendungsbereich

Das EuGVÜ ist am 1.12.1994 für die Bundesrepublik i.d.F. vom 26.5.1989 in Kraft getreten (3. Beitrittsübereinkommen von San Sebastián)[3]. Da die Klage vor einem deutschen Gericht nach diesem Datum erhoben wurde, ist gemäß Art. 29 Abs. 1 des Beitrittsübereinkom-

---

[2] *Zum Vorrang des EuGVÜ vor dem autonomen deutschen Zivilprozeßrecht s. Fall 2.*
[3] BGBl. 1994 II, 3707. *Weil die Beitrittsübereinkommen nicht nur zur Aufnahme neuer Mitglieder in das Vertragssystem des EuGVÜ führen, sondern auch zu inhaltlichen Änderungen des Abkommens genutzt werden, kann es im konkreten Fall wichtig sein und muß deshalb in einem Gutachten angesprochen werden, welche Fassung anwendbar ist. Dies gilt insbesondere für die vorliegende Aufgabe: Zu den durch das Beitrittsübereinkommen von San Sebastián geänderten Vorschriften gehört neben Art. 5 Nr. 1 und Art. 16 Nr. 1 auch der für Gerichtsstandsvereinbarungen maßgebliche Art. 17 Abs. 1 und 5 EuGVÜ.*

mens[4] die neue Fassung anwendbar. Es ist unerheblich, daß diese zum Zeitpunkt der Klageerhebung von Belgien, dem Vertragsstaat, in dem die Beklagte ihren Sitz hat, noch nicht ratifiziert worden war; es kommt allein auf den „Ursprungsstaat", d.h. auf den Staat an, vor dessen Gerichten die Klage anhängig ist.

c) Räumlich/persönlicher Anwendungsbereich

Die h.M hält das EuGVÜ nur für anwendbar, wenn ein *internationaler* Sachverhalt gegeben ist[5]. Ob dem zu folgen ist, kann hier dahingestellt bleiben, da diese Voraussetzung jedenfalls durch die in verschiedenen Staaten gelegenen Sitze[6] der Parteien erfüllt ist. Da Belgien Vertragsstaat des EuGVÜ ist, ist auch die von einem Teil der Rechtsprechung aufgestellte Forderung erfüllt, der Fall müsse darüber hinaus Berührungspunkte zu einem anderen Vertragsstaat aufweisen[7]. Wegen des Sitzes des beklagten Unternehmens in Belgien stellt auch Art. 4 Abs. 1 EuGVÜ kein Hindernis dar.

Das EuGVÜ ist demnach im vorliegenden Fall anwendbar.

2. Zuständigkeit aus einer Gerichtsstandsvereinbarung gemäß Art. 17 Abs. 1 EuGVÜ

Die internationale Zuständigkeit könnte sich aus einer Gerichtsstandsvereinbarung gemäß Art. 17 Abs. 1 EuGVÜ ergeben.

a) Erste Voraussetzung ist, daß mindestens eine der Parteien ihren Sitz in einem Vertragsstaat hat. Nach dem Sachverhalt trifft dies hier auf beide Parteien zu.

b) Es muß die Zuständigkeit eines Gerichts in einem Vertragsstaat vereinbart worden sein. Auch diese Voraussetzung ist erfüllt.

c) So wie allgemein zum Anwendungsbereich des EuGVÜ diskutiert wird, ob der zugrundeliegende Sachverhalt Berührungspunkte zu mehreren Vertragsstaaten aufweisen muß (oben 1. b), wird speziell zu Art. 17 EuGVÜ darüber gestritten, ob als weitere, ungeschriebene

---

[4] Abgedruckt in der Sammlung von *Jayme/Hausmann* unter Nr. 76.
[5] Vgl. dazu die Ausführungen bei *Kropholler*, EuZPR, vor Art. 2 Rdnr. 6 f.
[6] *Sofern in einem Klausurfall Zweifel daran auftauchen, wo sich der Sitz einer Gesellschaft befindet, ist dieser nicht vertragsautonom zu bestimmen. Vielmehr entscheidet über Art. 53 Abs. 1 S. 2 EuGVÜ das internationale Privatrecht des befaßten Gerichts, bei einem deutschen Gericht also das deutsche IPR. Nach h.M. zum deutschem IPR ist der Sitz einer Gesellschaft dort, wo sich der tatsächliche Sitz der Hauptverwaltung befindet (Sitztheorie), nach anderen kommt es hingegen auf den satzungsmäßigen Sitz an (sog. Gründungstheorie). Näher zum Streit zwischen Sitz- und Gründungstheorie unten im Text zu Fn. 33 f.*
[7] BGH, IPRax 1990, 318 (319); OLG München, IPRax 1991, 46 (47) (speziell zu Art. 17 I EuGVÜ); näher die Lösungsskizze zu Fall 2.

Fall 6: Gerichtsstandsvereinbarung

Tatbestandsvoraussetzung hinzukommen muß, daß durch die Prorogation eine aufgrund der allgemeinen Regeln des Abkommens gegebene Zuständigkeit der Gerichte eines anderen *Vertrags*staates ausgeschlossen wurde[8]. Das kann hier offen bleiben, da die Vereinbarung jedenfalls die sonst gegebene Zuständigkeit der Gerichte Belgiens als dem Sitzland der Beklagten (Art. 2 Abs. 1 EuGVÜ) derogiert.

d) Wirksame Vereinbarung in der von Art. 17 Abs. 1 EuGVÜ verlangten Form

Die Gerichtsstandsvereinbarung muß materiell und formell wirksam zustande gekommen sein. Zunächst ist zu prüfen, ob eine der besonderen Anforderungen, die Art. 17 Abs. 1 S. 2 lit a) - c) EuGVÜ alternativ an das Zustandekommen einer wirksamen Gerichtsstandsvereinbarung stellt, erfüllt sind[9].

aa) Schriftliche Vereinbarung

Nach Art. 17 Abs. 1 S. 2 lit. a) 1. Alt. EuGVÜ kann eine Gerichtsstandsvereinbarung schriftlich abgeschlossen werden. Erforderlich ist hierfür, daß jede Partei ihre Willenserklärung schriftlich abgegeben hat. Dies kann in der Form geschehen, daß beide Parteien *ein* Schriftstück

---

[8] Vgl. *Schack*, IZVR, Rdnr. 464; *Kropholler*, EuZPR, Art. 17 Rdnr. 3 ff.; *Firsching/v. Hoffmann*, IPR, § 3 Rdnr. 244. Als Argument wird dafür vorgebracht, daß wegen des Ziels des Abkommens, den Rechtsverkehr zwischen den Vertragsstaaten zu erleichtern, seine Anwendung auf Sachverhalte zu beschränken sei, die Berührungspunkte zu mehreren Vertragsstaaten aufweisen.

[9] *Grundsätzlich ist eine zweigeteilte Prüfung der Gerichtsstandsvereinbarung notwendig, die sich zum einen auf die materielle Willenseinigung zwischen den Parteien und zum anderen auf die notwendige Form erstreckt. Scheinbar stellt Art. 17 Abs. 1 S. 2 lit. a)-c) EuGVÜ nur Formerfordernisse auf. Diese sind aber in Wahrheit nicht immer von der materiellen Willenseinigung zu trennen, was sich insbes. im Rahmen der Einbeziehung kraft internationalem Handelsbrauch zeigt (vgl. Kropholler, EuZPR, Art. 17 Rdnr. 25). Die Einhaltung einer der Formen des Art. 17 Abs. 1 S. 2 lit. a)-c) EuGVÜ soll im übrigen gerade gewährleisten, daß die materielle Einigung tatsächlich feststeht. Deshalb sollte man in der Klausur zunächst die einzelnen Abschlußtatbestände des Art. 17 EuGVÜ prüfen. (Nur) Für die von diesem nicht erfaßten Fragen wie Geschäftsfähigkeit, Willensmängel, Stellvertretung ist auf das über das IPR des Forums auf die Gerichtsstandsvereinbarung für anwendbar erklärte nationale Recht zurückzugreifen. Auch wenn die Gerichtsstandsvereinbarung ein vom Hauptvertrag zu trennender eigenständiger materiellrechtlicher Vertrag (mit prozessualer Wirkung) ist, so wird doch i.d.R das Prorogationsstatut mit der lex causae des letzteren übereinstimmen, vgl. Firsching/v.Hoffmann, IPR, § 3 Rdnr. 244.*

unterzeichnen, in dem die Gerichtsstandsvereinbarung selbst enthalten ist oder in dem *ausdrücklich* auf AGB mit einer Gerichtsstandsklausel *verwiesen* wird[10]. Im vorliegenden Fall ist dies nicht geschehen. Anders als nach § 126 Abs. 2 BGB genügen aber auch *getrennte* Schriftstücke der Parteien wie ein Briefwechsel oder der Austausch von Fernschreiben, wenn nur die Einigung über die Gerichtsstandsvereinbarung aus den Schreiben selbst hervorgeht. Das ist selbstverständlich dann der Fall, wenn die Klausel in beiden Schreiben ausdrücklich enthalten ist. Ist die Klausel hingegen in den AGB nur einer der Parteien verborgen, so muß es sich bei der Willenserklärung, in der auf diese Bezug genommen wird, um das *Angebot* handeln - nur dann kann man nämlich davon ausgehen, daß in der schriftlichen - Erklärung der anderen Partei, also der Annahme, zugleich eine Zustimmung zur Gerichtsstandsklausel liegt[11]. Hier wurde die Gerichtsstandsklausel erst der Annahme beigefügt, eine weitere schriftliche Zustimmung der B zu der Klausel fehlt.

bb) Schriftliche Bestätigung einer mündlichen Vereinbarung ("Halbe Schriftlichkeit")

Nach Art. 17 Abs. 1 S. 2 lit a) 2. Alt. EuGVÜ reicht auch eine schriftliche Bestätigung einer mündlich getroffenen Gerichtsstandsvereinbarung aus. Die Einhaltung dieser sog. „halben" Schriftlichkeit setzt voraus, daß die Parteien mündlich einen Vertrag geschlossen haben, sich dabei für beide Seiten erkennbar wenigstens stillschweigend über die Zuständigkeitsregelung geeinigt haben und letzteres von einer Seite in ein Bestätigungsschreiben aufgenommen worden ist. Für die Einigung reicht es aus, wenn sich die Parteien mündlich über die Anwendung der eine Gerichtsstandsklausel enthaltenden AGB eines Vertragspartners verständigt haben und diese der anderen Seite beim Vertragsschluß vorlagen[12]. Nach einem Urteil des EuGH[13] gilt die Einigung „nach Treu und Glauben" auch dann als erzielt, wenn ein Vertrag im Rahmen laufender Geschäftsbeziehungen zwischen den Parteien mündlich geschlossen wird und feststeht, daß diese Beziehungen in ihrer Gesamtheit bestimmten AGB unterliegen, die eine Gerichtsstandsklausel enthalten (woraus dann auf eine konkludente Einigung über die AGB-Einbeziehung auch für den konkreten Fall geschlossen wird[14]).

---

[10] Bloße Beifügung oder Abdruck auf Rückseite reicht nicht, *Kropholler*, EuZPR, Art. 17 Rdnr. 32.
[11] Vgl. BGH NJW 1994, 2699 (2700); *Kropholler*, EuZPR, Art. 17 Rdnr. 30.
[12] BGH NJW 1994, 2699 (2700); *Kropholler*, EuZPR, Art. 17 Rdnr. 37.
[13] NJW 1977, 495 - *Segoura/Bonakdarian*.
[14] Vgl. *Müller*, RIW 1977, 163 (165); *Kropholler*, EuZPR, Art. 17 Rdnr. 37 mit Fn. 86.

Fall 6: Gerichtsstandsvereinbarung

In jedem Fall also ist Voraussetzung, daß der Bestätigung ein mündlicher Vertragsschluß vorangegangen ist, bei dem die AGB wenigstens konkludent einbezogen wurden. Daran fehlt es hier: Die „Auftragsbestätigung" der K hatte konstitutive Wirkung. Durch sie sollte der Vertrag erst zustandekommen. Mangels vorausgegangener mündlicher Einigung gab es nichts, was i.S.v. Art. 17 Abs. 1 S. 2 lit. a) 2. Alt. hätte bestätigt werden können[15]. Die den AGB des K unterliegende bestehende Geschäftsbeziehung reicht *allein* nicht aus.

cc) Einbeziehung kraft Gepflogenheit
Weiterhin kommt auch eine Einbeziehung der Gerichtsstandsklausel kraft „Gepflogenheit" zwischen den Parteien in Betracht. Die Gepflogenheit muß sich nach dem Wortlaut der Vorschrift gerade auf die besondere Art der *Einbeziehung* in den Vertrag, nicht auf die Geltung als solche beziehen. B wäre demnach dann an die Klausel gebunden, wenn bereits in der Vergangenheit die AGB der K jeweils durch einseitige Erklärung im Rahmen der Annahme einbezogen wurden und B dies nie beanstandet hätte, sondern die Verträge auf dieser Basis abgewickelt hätte. Aus dem Sachverhalt geht aber Gegenteiliges hervor: Bislang wurden die AGB der K immer durch eine ausdrückliche Vereinbarung der Parteien und nicht durch bloßen Hinweis in der Auftragsbestätigung zur Grundlage der Vertragsabwicklung gemacht. Mit dieser Gepflogenheit stimmt das Vorgehen der K im hier zur beurteilenden Fall nicht überein. Art. 17 Abs. 1 Satz 2 lit b) EuGVÜ greift deshalb nicht ein.

dd) Einbeziehung kraft internationalem Handelsbrauch
Zu erwägen ist weiterhin eine Einbeziehung der Gerichtsstandsklausel kraft internationalem Handelsbrauch, Art. 17 Abs. 1 Satz 2 lit c) EuGVÜ. Das Institut des kaufmännischen Bestätigungsschreibens soll nach dem Willen des Gesetzgebers als solcher internationaler Handelsbrauch gelten[16]. Jedoch hilft das hier entgegen der Auffassung der Klägerin nicht weiter, weil deren „Auftragsbestätigung" der K in Wahrheit erst die Annahme des Angebots darstellt und deshalb nicht einen (vermeintlichen oder tatsächlichen) vorangegangenen Vertragsschluß bestätigt[17]. Einen Handelsbrauch dergestalt, daß das Schweigen

---

[15] BGH NJW 1994, 2699 (2700); vgl. auch *Schlosser*, RIW 1984, 911 (912).
[16] Bericht *Schlosser* zum EuGVÜ, abgedruckt bei *Bülow/Böckstiegel/Geimer/Schütze*, Internationaler Rechtsverkehr, Bd. 1, Nr. 601, S. 176; zustimmend *Kropholler*, EuZPR, Art. 17 Rdnr. 53; *MünchKommZPO/Gottwald*, Art. 17 IZPR Rdnr. 31; *Firsching/v.Hoffmann*, IPR, § 3 Rdnr. 246.
[17] Zum kaufmännischen Bestätigungsschreiben vgl. *K. Schmidt*, Handelsrecht, 4. Aufl. (1994), S. 571 ff.

auf eine „schlichte" Annahmeerklärung, die erstmals auf AGB verweist, zu deren Einbeziehung führt, gibt es nicht.
Im Ergebnis liegt deshalb keine nach Art. 17 Abs. 1 EuGVÜ wirksame Gerichtsstandsvereinbarung vor.

3. Art. 5 Nr. 1 EuGVÜ - Gerichtsstand des Erfüllungsortes
Die internationale Zuständigkeit deutscher Gerichte könnte möglicherweise aber auf Art. 5 Nr. 1 EuGVÜ gestützt werden.
a) Nach Art. 5 Nr. 1 EuGVÜ kann eine vertragliche Verpflichtung im Land des Erfüllungsortes geltend gemacht werden. Dies gilt auch dann, wenn darüber gestritten wird, ob überhaupt ein wirksamer Vertrag zustande gekommen ist[18]. Denn wenn eine Partei nur das Nichtbestehen eines Vertrages zu behaupten brauchte, um die Zuständigkeit auszuschalten, wäre Art. 5 Nr. 1 EuGVÜ rasch bedeutungslos.

b) Maßgeblich für den Gerichtsstand des Erfüllungsortes ist diejenige Verpflichtung, die Gegenstand der Klage ist. Zu prüfen ist deshalb, wo die von der Klägerin behauptete Schadensersatzpflicht zu erfüllen wäre. Der Schadensersatzanspruch ist eine Sekundärverpflichtung, die an die Stelle der vermeintlich verletzten Primärpflicht tritt. Zur Ermittlung des Erfüllungsortes ist deshalb die Verpflichtung heranzuziehen, mit deren Nichterfüllung der Schadensersatzanspruch begründet wird[19]. Das ist im vorliegenden Fall die Kaufpreisforderung aus dem behaupteten Kaufvertrag.

c) Fraglich ist, nach welchen rechtlichen Kriterien der Erfüllungsort für die Kaufpreisforderung zu bestimmen ist. Zwar sind grundsätzlich die vom EuGVÜ verwandten Begriffe auf rechtsvergleichender Grundlage *vertragsautonom*, d.h. ohne Bindung an nationale Rechtsordnungen, auszulegen[20]. Aber es gibt Ausnahmen, wie sie z.B. in Art. 52 und 53 EuGVÜ für den Sitz- bzw. Wohnsitzbegriff ausdrücklich geregelt sind. Angesichts der Schwierigkeit, den Begriff des Erfüllungsortes allein aus dem Übereinkommen selbst zu konkretisieren, hat der EuGH eine weitere Ausnahme entwickelt für Art. 5 Nr. 1 EuGVÜ: Der Erfüllungsort bestimmt sich nach dem materiellen nationalen Recht,

---

[18] EuGH Slg. 1982, 825 (834) = IPRax 1983, 31 (33) = RIW 1982, 280 (281) - *Effer/Kantner*.
[19] EuGH Slg. 1976, 1499 (1508) = NJW 1977, 490 (491) - *de Bloos/Bouyer*; *Kropholler*, EuZPR, Art. 5 Rdnr. 12; *Firsching/v.Hoffmann*, IPR, § 3 Rdnr. 223; a.A. *Rauscher*, Verpflichtung und Erfüllungsort in Art. 5 Nr. 1 EuGVÜ (1984), 224.
[20] EuGH Slg. 1976, 1541 (1550) = NJW 1977, 489 (490) - *LTU/Eurocontrol*; vgl. auch *Kropholler*, EuZPR, Einl. Rdnr. 45; *Firsching/v.Hoffmann*, IPR, § 3 Rdnr. 192.

Fall 6: Gerichtsstandsvereinbarung   131

das nach den Kollisionsnormen des mit dem Rechtsstreit befaßten Gerichts für die streitige Verpflichtung maßgeblich ist[21]. Damit ist hier zu prüfen, welchem Recht aus der Sicht des deutschen Rechts die Kaufpreisforderung unterliegt. Es gilt also das Vertragsstatut zu ermitteln.

d) Das für die Kaufpreisforderung maßgebliche Recht
Nach Art. 3 Abs. 2 EGBGB verdrängt staatsvertragliches Einheitsrecht die Kollisionsnormen des EGBGB. Hier ist möglicherweise das Wiener UN-Kaufrecht (CISG)[22] einschlägig.
aa) Das CISG beschränkt grundsätzlich nach Art. 1 Abs. 1 CISG seinen sachlichen Anwendungsbereich auf Kaufverträge, während Gegenstand des vorliegenden Falles ein Vertrag über von K zu produzierende Garne, also (nach deutscher Terminologie) ein Werklieferungsvertrag ist. Nach Art. 3 Abs. 1 CISG sind aber auch solche Verträge vom UN-Kaufrecht erfaßt. Die Ausnahmen des Art. 2 CISG greifen nicht ein.

bb) Räumlich/persönlicher Anwendungsbereich:
(1) Nach Art. 1 Abs. 1 lit a) CISG unterfallen dem Abkommen Verträge zwischen Parteien, die ihre Niederlassung in verschiedenen Vertragsstaaten haben. Für Belgien ist das Abkommen jedoch noch nicht in Kraft getreten[23].
(2) In Frage kommt aber eine Anwendung über Art. 1 Abs. 1 lit b) CISG. Voraussetzung ist, daß das Kollisionsrecht das Recht eines Vertragsstaates, hier also deutsches Recht für anwendbar erklärt (sogenannte Vorschaltlösung[24]); einen nach Art. 95 CISG möglichen Vorbehalt gegen diese Regelung hat Deutschland nicht gemacht. Folglich sind hier (im Rahmen des Abkommens!) die Art. 27 ff. EGBGB zu prüfen.
Deutsches Recht könnte gemäß Art. 27 Abs. 1 EGBGB aufgrund einer Rechtswahl der Parteien berufen sein. Dazu müßte eine *wirksame* Einigung der Parteien über die in den AGB der Klägerin enthaltenen

---
[21] EuGH Slg. 1976, 1473 (1485) = NJW 1977, 491 - *Tessili/Dunlop*. Ihm folgt die h.M. in Deutschland, z.B. BGH NJW 1994, 2699 (2700); *Kropholler*, EuZPR, Art. 5 Rdnr. 16, dort auch zahlreiche Rspr.-Nachweise. A.A. *Schack*, IZVR, Rdnr. 271 ff.
[22] Abgedruckt in der Textsammlung *Jayme/Hausmann* unter Nr. 48. Die Abkürzung CISG beruht auf dem englischen Namen des Abkommens (*Convention on Contracts for the International Sale of Goods*).
[23] Die Staaten, für die ein internationales Übereinkommen gilt, lassen sich jeweils einer entsprechenden Fußnote in der Textsammlung von *Jayme/Hausmann* entnehmen.
[24] Vgl. dazu *MünchKomm/Martiny*, Anh. II nach Art. 28 EGBGB Rdnr. 22.

Rechtswahlklausel vorliegen[25]. Gerade wegen der Beifügung der AGB zum Antwortschreiben der K ist aber zweifelhaft, ob sich die Parteien wirksam über den (Haupt- und) Rechtswahlvertrag geeinigt haben. Dies kann an diesem Punkt der Prüfung jedoch noch offenbleiben[26]: Selbst wenn das deutsche Recht nicht in gültiger Weise zum Vertragsstatut gewählt wurde, führt zu ihm doch die objektive Anknüpfung des Art. 28 Abs. 2 EGBGB. Bei einem gegen einen Werklohn in Geld ausgeführten Werklieferungsvertrag erbringt der - hier in Deutschland ansässige - Werkunternehmer die vertragscharakteristische Leistung[27]; eine engere

---

[25] Ungenau der BGH in dem dieser Aufgabe zugrundeliegenden Urteil (BGH NJW 1994, 2699 (2700)). Er stellt allein auf die Tatsache der Rechtswahlklausel in den AGB der Klägerin ab, ohne zu prüfen, ob diese auch wirksamer Inhalt der vertraglichen Einigung der Parteien geworden ist.

[26] *Wer die Prüfung nicht offenlassen will, muß wie folgt vorgehen: Ob eine Rechtswahl wirksam zustande gekommen ist, bestimmt sich gemäß Art. 27 Abs. 4, 31 Abs. 1 EGBGB nach dem hypothetischen Vertragsstatut, d.h. nach dem Recht, das anwendbar wäre, wenn die Rechtswahl wirksam wäre. Das ist nach dem oben Gesagten über Art. 1 Abs. 1 lit. b) das CISG. Demnach ist die Einigung über die Rechtswahl an den Art. 14 ff. CISG zu messen. Zwar liegt der Einwand des Zirkelschlusses durchaus nahe: Soll die Rechtswahl erst zur Anwendbarkeit des CISG führen, so erscheint es fragwürdig, ihre Wirksamkeit nach eben diesem Abkommen zu beurteilen. Die Vorwirkung des Vertragsstatuts auf die Rechtswahl ist jedoch im Gesetz so angelegt. Art. 27 Abs. 4 EGBGB ordnet gerade an, die Rechtswahl an dem durch sie berufenen Recht zu messen. Wird außerhalb des CISG das deutsche Recht gewählt, ist deshalb unzweifelhaft, daß dieses über die Wirksamkeit der Wahl bestimmt; wird hier durch eine wirksame Rechtswahl wegen der Regelung des Art. 1 Abs. 1 lit. b) CISG das CISG berufen, dann sind dessen Vertragsschlußregeln anwendbar. Dem Ziel des Art. 27 Abs. 4 EGBG i.V.m. Art. 31 EGBGB, alle vertragsrechtlichen Probleme "von der Wiege bis an die Bahre" einem Recht zu unterstellen, wäre hier nicht gedient, würde man die Rechtswahl anhand von §§ 145 ff. BGB, den Hauptvertrag aber nach Art. 14 ff. CISG beurteilen. Zur wirksamen Einigung über den Hauptvertrag s.u.; die Ausführungen gelten gleichermaßen für den Rechtswahlvertrag. Die Diskrepanz zwischen dem Begründungsaufwand, den man für die Beurteilung der Rechtswahlklausel entfalten muß und die (wegen Art. 28 Abs. 2 EGBGB) fehlende Bedeutung, die dies für die Fallösung hat, sprechen für den im Lösungsvorschlag eingeschlagenen Weg, die Wirksamkeit der Klausel dahingestellt zu lassen. Anders wäre es nur, wenn in der Wahl des deutschen Rechts zugleich eine Abwahl des CISG läge, wie sie nach Art. 6 CISG zulässig wäre. Dies ist indessen nicht der Fall, weil auch das UN-Kaufrecht einen Bestandteil des deutschen Rechts darstellt, vgl. v.Caemmerer/Schlechtriem(-Herber), CISG-Kommentar, 2. Aufl. (1995), Art. 6 Rdnr. 16.*

[27] Vgl. oben Fall 2.

Fall 6: Gerichtsstandsvereinbarung

Beziehung zu einer anderen Rechtsordnung (Art. 28 Abs. 5 EGBGB) ist nicht ersichtlich.

Damit ist Art. 1 Abs. 1 lit. b) CISG erfüllt; das Abkommen kommt zur Anwendung.

e) Der Erfüllungsort für Kaufpreisforderungen nach dem CISG

Nach Art. 57 Abs. 1 lit. a) CISG hat der Besteller/Käufer anders als nach dem BGB (§§ 269 Abs. 1, 270 Abs. 4) die Werklohn-/Kaufpreisforderung am Ort der Niederlassung des Gläubigers zu zahlen, sofern nichts Abweichendes vereinbart ist. Damit liegt der Erfüllungsort im vorliegenden Fall in Köln.

Die internationale Zuständigkeit deutscher Gerichte für die Klage der K ist folglich nach Art. 5 Nr. 1 EuGVÜ gegeben. Die Methode des EuGH, zur Bestimmung des Erfüllungsortes i.S.d. Art. 5 Nr. 1 EuGVÜ auf das Vertragsstatut zurückzugreifen, führt also im Zusammenspiel mit dem CISG im Rahmen von Kaufpreis- (und darauf aufbauenden Schadensersatz-)Klagen zu einem Gerichtsstand beim *Kläger*. Dies widerspricht dem Grundsatz „*actor sequitur forum rei*" (Art. 2 Nr. 1 EuGVÜ), wonach am Gerichtsort des Beklagten zu klagen ist, und hat dementsprechend Kritik ausgelöst[28]. Der EuGH hat jedoch dieses Ergebnis ausdrücklich gebilligt[29].

II. Das LG Köln ist gemäß §§ 71 Abs. 1, 23 Nr. 1 GVG sachlich zuständig, weil der Streitwert DM 10.000 übersteigt.

III. Die örtliche Zuständigkeit des LG Köln ergibt sich ebenfalls aus Art. 5 Nr. 1 EuGVÜ. Nach dem klaren Wortlaut der Vorschrift (Gericht des „Ortes") ist die örtliche Zuständigkeit von der Norm ebenso erfaßt wie die internationale[30].

---

[28] Vgl. *Schack*, IZVR Rdnr. 272; *ders.*, IPRax 1986, 82 (84); *Kadner*, Jura 1997, demnächst.

[29] EuGH EuZW 1994, 763 (765) = NJW 1995, 183 (184) - *Custom Made Commercial* (zu Art. 59 Abs. 1 EKG, der inhaltlich Art. 57 Abs. 1 lit. a) CISG entspricht).

[30] *Kropholler*, EuZPR, vor Art. 5 Rdnr. 4; *Firsching/v.Hoffmann*, IPR, § 3 Rdnr. 220.

IV. Parteifähigkeit

1. Die deutsche K-AG ist gemäß § 50 Abs. 1 ZPO parteifähig, weil sie rechtsfähig ist (§ 1 Abs. 1 S. 1 AktG).
2. Fraglich ist die Parteifähigkeit der belgischen B S.A. Die Meinungen darüber, wie die Parteifähigkeit ausländischer Personenvereinigungen zu bestimmen ist, sind geteilt. Einige wollen auch hier bei § 50 Abs. 1 ZPO ansetzen und die bürgerlichrechtliche Rechtsfähigkeit entscheiden lassen, wobei letztere nach dem Heimatrecht der Gesellschaft (Gesellschaftsstatut) zu ermitteln ist[31]. Die wohl herrschende Ansicht geht hingegen von einer (ungeschriebenen) Kollisionsregel des deutschen internationalen Zivilprozeßrechts aus, wonach die Parteifähigkeit ohne Umweg über die Rechtsfähigkeit unmittelbar den prozessualen Regeln des Gesellschaftsstatuts zu entnehmen ist[32]. Die letztere Auffassung erscheint vorzugswürdig. Die besondere Schutzvorschrift des § 55 ZPO setzt für die *Prozeßfähigkeit* ausländischer natürlicher Personen den ungeschriebenen Grundsatz voraus, daß sich diese unmittelbar nach den prozessualen Normen ihres Heimatrechts richtet und nicht etwa gemäß § 52 ZPO von ihrer über Art. 7 EGBGB zu ermittelnden bürgerlichrechtlichen Geschäftsfähigkeit abhängt. Es gibt keinen Grund, die Parteifähigkeit anders zu behandeln, zumal § 50 Abs. 1 ZPO ebenso wie § 52 ZPO eine auf Inländer ausgerichtete Norm des *internen* Verfahrensrechts ist, welche nicht unmittelbar die internationalverfahrensrechtliche Frage der Parteifähigkeit ausländischer Personenzusammenschlüsse zu lösen vermag. Eine Entscheidung des Streits kann letztlich jedoch dahinstehen, wenn beide Auffassungen hier nicht zu unterschiedlichen Ergebnissen gelangen. Das ist dann der Fall, wenn die zu beurteilende Gesellschaft nach ihrem Gesellschaftsstatut sowohl rechts- als auch parteifähig ist.

Eine positive gesetzliche Regelung zur Ermittlung des Gesellschaftsstatuts fehlt. Nach h.M. und ständiger höchstrichterlicher Rspr. in Deutschland ist an den tatsächlichen Sitz der Hauptverwaltung anzu-

---

[31] *Schütze*, DIZPR, S. 72; *MünchKomm/Birk*, Art. 7 EGBGB Rdnr. 19; *Ferid*, IPR, Rdnr. 5-22.
[32] Grundlegend *Pagenstecher*, ZZP 64 (1951), 249; ebenso z.B. BGHZ 51, 27 (28); OLG Koblenz RIW 1986, 137; OLG Zweibrücken NJW 1987, 2168; *Stein/Jonas/Bork*, ZPO, § 50 Rdnr. 36; *Rosenberg/Schwab*, ZPO, § 43 I 2; *MünchKomm/Ebenroth*, nach Art. 10 EGBGB Rdnr. 285. - Einige Autoren wollen ungeachtet des unterschiedlichen dogmatischen Ansatzes beide Theorien miteinander verbinden: Parteifähig im "deutschen" Prozeß ist, wer nach Heimatrecht geschäfts- oder parteifähig ist, vgl. *MünchKomm-ZPO/Lindacher*, § 50 Rdnr. 69; *Soergel/Lüderitz*, vor Art. 7 EGBGB Rdnr. 224; *Geimer*, IZPR, Rdnr. 2203.

Fall 6: Gerichtsstandsvereinbarung   135

knüpfen (Sitztheorie)[33]. Abweichend davon will eine Mindermeinung dem Recht den Vorzug geben, nach dem die Gesellschaft gegründet wurde (Gründungstheorie[34]). Weil die B S.A. sowohl nach belgischem Recht gegründet wurde, als auch ihren tatsächliche Sitz in Belgien hat, ist nach beiden Meinungen belgisches Recht maßgeblich. Es handelt sich um eine Gesamtverweisung (Art. 4 Abs. 1 EGBGB), die das belgische Recht, das ebenso wie die h.M. in Deutschland auf den Sitz der Hauptverwaltung abstellt, annimmt. Die B S.A. ist nach belgischem Recht rechts- und parteifähig. Damit ist sie auch in einem Prozeß vor einem deutschen Gericht parteifähig.

V. Prozeßfähigkeit/organschaftliche Vertretung

Ob juristische Personen als solche prozeßfähig sind, ist umstritten[35]. Der Streit ist jedoch müßig, da unabhängig von der Position in dieser Grundsatzfrage die juristische Person nur durch ihre Organvertreter handeln kann, nach beiden Auffassungen also im Prozeß vorrangig die Frage der ordnungsgemäßen organschaftlichen Vertretung zu klären ist[36].

In entsprechender Anwendung des § 51 Abs. 1 ZPO[37] ist für die deutsche K AG der Vorstand als Organvertreter legitimiert (§ 78 Abs. 1 AktG). Durch welche Organe eine ausländische Gesellschaft vertreten wird, richtet sich ebenso wie die Frage der Parteifähigkeit nach dem Heimatrecht, also dem Gesellschaftsstatut[38]; es wurde bereits oben erläutert, daß dies der dem § 55 ZPO zugrundeliegende Gedanke ist. Der

---

[33] BGHZ 53, 181 (183); BGHZ 78, 318 (334), BGHZ 97, 269 (271); BayObLG IPRax 1986, (161) 163; *Staudinger/Großfeld*, Internationales Gesellschaftsrecht, Rdnr. 68; *Palandt/Heldrich*, Anh. zu Art. 12 EGBGB Rdnr. 2, je m.w.N.; *Firsching/v.Hoffmann*, IPR, § 7 Rdnr. 23 ff.
[34] Z.B. *Hachenburg/Behrens*, GmbHG, Bd. I, 8. Aufl. (1990), Einl. Rdnr. 125; *Knobbe-Keuk*, ZHR 154 (1990), 325 (328). Ob die Sitztheorie mit den Grundfreiheiten des EG-Vertrages vereinbar ist, ist umstritten, vgl. einerseits EuGH Slg. 1988, 5505 (5510) - *Daily Mail*: "beim derzeitigen Stand des Gemeinschaftsrechts" ja; ablehnend andererseits z.B. *Sandrock*, RIW 1989, 505 (508); *Schnichels*, Reichweite der Niederlassungsfreiheit (1995), 198.
[35] Bejahend z.B.: *Jauernig*, ZPO, § 20 II 1; verneinend z.B. *Stein/Jonas/Bork*, ZPO, § 51 Rdnr. 12.
[36] *MünchKommZPO/Lindacher*, §§ 51, 52 Rdnr. 23.
[37] Organvertreter sind keine "gesetzlichen" Vertreter, werden aber wie solche behandelt (vgl. § 26 Abs. 2 S. 1 HS 2 BGB), so daß prozessuale Regelungen über Befugnisse und Pflichten von gesetzlichen Vertretern in entsprechender Anwendung auch für Organvertreter gelten, *MünchKommZPO/Lindacher*, §§ 51, 52 Rdnr. 23.
[38] *Geimer*, IZPR, Rdnr. 2221.

Weg führt hier für die B S.A. zum belgischen Recht; nach diesem ist ebenfalls der Vorstand zur Vertretung legitimiert.
Sonstige Zulässigkeitsprobleme sind nicht ersichtlich. Die Klage ist zulässig.

B. Begründetheit

Ein Schadensersatzanspruch der K könnte sich aus Art. 74 i.V.m. Art. 61 Abs. 1 lit. b) CISG ergeben.

I. Das UN-Kaufrecht ist nach dem oben Gesagten im vorliegenden Fall anwendbar.

II. Voraussetzung eines Schadensersatzanspruches wegen der Weigerung, die Ware abzunehmen und den Kaufpreis zu zahlen, ist zunächst, daß überhaupt ein wirksamer Werklieferungsvertrag zustande gekommen ist. Dies beurteilt sich anhand Art. 14 ff. CISG. Nach dem CISG sind wie im internen deutschen Recht für die Einigung grundsätzlich übereinstimmende Willenserklärungen notwendig. Wird in der Annahmeerklärung erstmals auf die AGB des Annehmenden verwiesen, so liegt darin eine Annahme unter Änderungen, die nach Art. 19 Abs. 1 CISG als Ablehnung gilt. Eine Ausnahme besteht aber nach Art. 19 Abs. 2 CISG für den Fall, daß die Abweichung nur „unwesentlich" ist und der Offerent ihr nicht unverzüglich widerspricht. Eine Abweichung ist im Sinne dieser Vorschrift unwesentlich, wenn sie ein redlicher Vertragspartner unter den Umständen des konkreten Falls hinnehmen würde[39]. Regelmäßig wird in dem erstmaligen Verweis auf die AGB in der Annahme eine wesentliche Modifikation gesehen, weil sie die gegenseitigen Rechte und Pflichten der Parteien in nicht unerheblichem Maße gegenüber der sonst geltenden Gesetzeslage abzuändern pflegen[40]. Ob sich an dieser Beurteilung im vorliegenden Fall deshalb etwas ändert, weil bereits in der Vergangenheit die Geschäfte zwischen den Parteien den AGB der K unterlagen, braucht nicht entschieden zu werden. Art. 19 Abs. 3 CISG qualifiziert ausdrücklich Klauseln über die „Streitbeilegung", also insbesondere Gerichtsstandsklauseln[41], als wesentlich. Damit ist insgesamt für

---

[39] Vgl. *Staudinger/Magnus,* Art. 19 CISG Rdnr. 17.
[40] Vgl. LG Bielefeld, IPRax 1988, 229 (230); differenzierend, aber für den Regelfall ebenso *Herber/Czerwenka,* Internationales Kaufrecht, Art. 19 Rdnr. 18.
[41] *Staudinger/Magnus,* Art. 19 CISG Rdnr. 17. Es ist sicherlich erwägenswert, ob nicht auch die Rechtswahlklausel als Streitbeilegungsklausel betrachtet werden kann, unentschieden *v.Caemmerer/Schlechtriem(-Schlechtriem),*

Fall 6: Gerichtsstandsvereinbarung 137

die Annahme der Weg über Art. 19 Abs. 2 CISG versperrt[42]. Nach Art. 19 Abs. 1 CISG bleibt es deshalb dabei, daß die Annahme der K eine Ablehnung, verbunden mit einem neuen Angebot darstellt. Dieses hat die B nicht angenommen, insbesondere nicht stillschweigend durch Erbringung oder Annahme der vertraglichen Leistung[43]. Damit ist kein Vertrag zustande gekommen. Ein Schadensersatzanspruch der Klägerin scheidet aus[44].

Die Klage ist unbegründet.

CISG, Art. 19 Rdnr. 9. Im vorliegenden Fall kommt es darauf aber wegen der gleichzeitig enthaltenen Gerichtsstandsklausel nicht an.

[42] Gegen den Wortlaut des Art. 19 Abs. 3 CISG, der eine unwiderlegliche Vermutung für die Wesentlichkeit der Änderung nahelegt (so zu Recht *Herber/Czerwenka*, Internationales Kaufrecht, Art. 19 Rdnr. 11 m.w.N.), wird von einigen Autoren vertreten, daß es sich um eine bloße Auslegungsregel handelt, von der aufgrund der Umstände des Einzelfalls abgewichen werden darf, vgl. *Staudinger/Magnus*, Art. 19 CISG Rdnr. 16 m.w.N.; *Soergel/Lüderitz*, Art. 19 UN-KaufAbk Rdnr. 3. Eine Kenntnis dieser Auffassung wird indessen in einer Klausurbearbeitung nicht erwartet werden können. Wer allerdings einen Wertungsspielraum bejaht, wird sich im vorliegenden Fall mit der Frage auseinandersetzen müssen, ob die Änderung deshalb unwesentlich ist, weil bereits bisher die Parteien ihre Geschäfte auf der Basis der AGB der Klägerin abwickelten.

[43] Die Tatsache, daß nach den Regeln des CISG eine Annahme unter Bezugnahme auf die eigenen AGB zunächst zu einem Dissens führt, wenn dem Angebot andere AGB zugrundelagen ("battle of the forms"), wird in der Literatur zu Recht kritisiert. Verweigert wie hier der Offerent die Abwicklung des Vertrages, bleibt es beim vertragslosen Zustand; wird der Vertrag durchgeführt, so ist er auf der Grundlage der zuletzt übersandten AGB zustande gekommen (Theorie des letzten Wortes), ohne daß für deren Bevorzugung eine anerkennenswerte sachliche Begründung zu finden ist. Die im internen deutschen Recht gefundene, sachgerechtere Lösung, bei nicht übereinstimmenden AGB den Vertrag insoweit als auf der Grundlage des dispositiven Rechts geschlossen zu erachten (vgl. *Palandt/Heinrichs*, § 150 Rdnr. 4; § 2 AGBG Rdnr. 27; *Medicus*, BGB AT, Rdnr. 435), ist im Bereich des CISG nicht möglich, abweichend *Staudinger/Magnus*, CISG, Art. 19 Rdnr. 25.

[44] Wer der oben in Fn. 42 dargelegten Auffassung folgt, daß die Vermutung des Art. 19 Abs. 3 CISG für eine wesentliche Abweichung im Einzelfall widerlegt werden kann, und auf dieser Grundlage einen Vertragsschluß bejaht, kommt natürlich zu einem anderen Ergebnis: B hat dann ihre Pflicht aus Art. 53 CISG verletzt, den Kaufpreis zu zahlen, was über Art. 61 Abs. 1 lit. b) CISG zu einem Schadensersatzanspruch des Verkäufers nach Art. 74 CISG führt. Der Schaden der K besteht hier in ihrem entgangenen Gewinn. Auf dieser Grundlage kommt man deshalb dazu, daß die Klage in vollem Umfang begründet ist.

Fall 7: Internationales Eherecht

Sachverhalt

Frau F beantragt vor dem AG München - Familiengericht - die Scheidung ihrer Ehe mit M sowie die Durchführung des Versorgungsausgleichs. Beide Parteien sind Muslime afghanischer Staatsangehörigkeit, die nach der kommunistischen Machtergreifung ins Ausland geflohen sind; beide beabsichtigen, nach Ende der bürgerkriegsähnlichen Wirren nach Afghanistan zurückzukehren. F lebt seit 1983 in München und ist bestandskräftig als Asylberechtigte anerkannt (mit Bescheid des Bundesamtes für die Anerkennung ausländischer Flüchtlinge vom 11.7.1988). M lebt seit seiner Flucht in Miami, Florida.

Die Parteien hatten sich während eines 2-monatigen Praktikumsaufenthalts der F in Miami im Juli/August 1990 kennengelernt. Sie heirateten in Las Vegas am Ende der zweiten Praktikumswoche. Ende August kehrte F allein in die Bundesrepublik zurück, die Parteien haben sich seitdem nicht mehr wiedergesehen - eine Einigung über eine gemeinsame eheliche Wohnung war nicht herstellbar. M, der sich nie in Deutschland aufgehalten hat, wiedersetzt sich der Scheidung.
1. Ist das AG München - Familiengericht - für die Scheidung zuständig?
2. Welches Recht ist auf das Scheidungsbegehren anwendbar?
3. Angenommen - oder zumindest unterstellt -, eine Scheidung sei möglich, ist dann ein Versorgungsausgleich durchzuführen? Die Zuständigkeit für den Versorgungsausgleich ist nicht zu prüfen.

Anhang:

(Es ist nicht vorauszusetzen, daß für eine richtige Bearbeitung des Falles *alle* folgenden Informationen verarbeitet werden müssen.)

I. **Art. 20 Abs. 2** afghanisches ZGB:

„Die Scheidung unterliegt dem Recht des Staates, dem der Ehemann zur Zeit der Scheidung angehört."
(Zitiert nach *Bergmann/Ferid*, Internationales Ehe- und Kindschaftsrecht, Afghanistan, S. 14).

II. *Hinweise:*

1. Zum afghanischen Recht:

a) Nach afghanischem Recht sind Scheidungsgründe für eine Scheidung auf Antrag der Ehefrau gem. Art. 176 ff. ZGB: Schwere Krankheit des Mannes, Schädlichkeit des Zusammenlebens (insbes. Mißhand-

Fall 7: Internationales Eherecht 139

lung der Ehefrau), Unterhaltspflichtverletzung und mehr als drei Jahre andauerndes Verlassen der Ehefrau durch den Ehemann.

b) Das afghanische Recht kennt keinen Versorgungsausgleich oder ein ähnliches Rechtsinstitut.

c) Das afghanische Familienrecht ist durch die ehemaligen kommunistischen Machthaber und auch nach deren Sturz nicht wesentlich geändert worden.

2. Zum Recht von Florida:

a) Das Recht von Florida kennt wie das Recht aller in der Tradition des *common law* stehenden US-Bundesstaaten keine ausdrückliche Kollisionsnorm für das auf eine Scheidung anwendbare Recht. Ist ein floridianisches Gericht international für das Scheidungsverfahren zuständig, so wendet es vielmehr „automatisch" sein eigenes Recht, die *lex fori*, an. Daraus folgert man eine versteckte Verweisungsnorm für den Fall, daß es vor einem *ausländischen* Gericht auf das Kollisionsrecht von Florida ankommen sollte: Ist das ausländische Gericht aus der Sicht Floridas (d.h. bei spiegelbildlicher Anwendung der floridianischen Zuständigkeitsnormen) international zuständig, so soll es auch sein eigenes Recht auf die Scheidung anwenden.

b) Ein Gericht in Florida ist nach Section 61.021 *Florida Statutes* für ein Scheidungsverfahren international zuständig, wenn zumindest eine der Parteien bei Antragstellung seit 6 Monaten ihre *residence* in Florida hat. Es ist hinreichend, wenn der Antragsteller dort ansässig ist; ob der Antragsgegner in einem anderen Staat wohnt, ist unerheblich. Die *residence* entspricht in etwa dem deutschen Begriff des gewöhnlichen Aufenthaltes.

c) Die materiellen Scheidungsvoraussetzungen sind in Sec. 61.052 *Florida Statutes* geregelt. Demnach wird eine Ehe geschieden, wenn sie unheilbar zerrüttet ist. Eine Mindesttrennungsdauer ist nicht vorgesehen.

d) Nach dem Recht von Florida ist bei Scheidung eine Aufteilung von Versorgungsanwartschaften als Teil der güterrechtlichen Auseinandersetzung zwischen den Eheleuten möglich.

e) Es ist zu unterstellen, daß das internationale Ehegüterrecht von Florida für die Aufteilung etwaiger Versorgungsanwartschaften im vorliegenden Fall floridianisches Recht beruft.

Vorbemerkungen

I. Der Grobaufbau der Lösung bietet aufgrund der drei präzisen und voneinander im wesentlichen unabhängigen Fragen nach der Zuständigkeit (nicht nur der internationalen!), dem Scheidungs- und dem Versorgungsausgleichsstatut keine besonderen Schwierigkeiten; auf das materielle Recht ist im Rahmen dieser Fragestellung nur ganz am Rande in Bezug auf etwaige Hilfsanknüpfungen einzugehen.

II. Die durch die Fragen primär angesprochenen Normen (§ 606 a Abs. 1 Ziff. 1 ZPO, Art. 14 Abs. 1, Art. 17 Abs. 1 und 3 EGBGB) sind bei sorgfältigem Lesen des Gesetzestextes und bei einem gewissen Verständnis für die Grundfunktionsweise nicht schwer zu beherrschen. Anderes gilt für die sich in ihrem Rahmen stellenden Probleme des Allgemeinen Teils, die den vorliegenden, relativ schlichten Sachverhalt erst interessant machen.

III. Die genannten Vorschriften und insgesamt das internationale Personen-, Familien- und Erbrecht knüpfen vorrangig an die Staatsangehörigkeit der betroffenen Personen an. Bei Personen, die aus dem Staat, dessen Angehörige sie sind, aufgrund politischer oder religiöser Verfolgung geflohen sind, wird es aber vielfach als unangemessen empfunden, sie während ihres fluchtbedingten, u.U. lebenslangen Auslandsaufenthalts gerade in den persönlichsten Angelegenheiten der gesetzgeberischen Gewalt des Verfolgerstaates zu unterwerfen[1]. Der Diskriminierung des Flüchtlings durch seinen Heimatstaat (auch) mittels besonderer privatrechtlicher Normen wäre damit Tür und Tor geöffnet. Deshalb hat sich ein Sonderkollisionsrecht für Flüchtlinge entwickelt, in dem entweder die Anknüpfung an die Staatsangehörigkeit ersetzt wird durch eine solche an den Wohnsitz bzw. den gewöhnlichen Aufenthalt, oder die Betroffenen den Staatsangehörigen des Zufluchtsstaates gleichgestellt werden. Der deutsche Gesetzgeber hat es mit Ausnahme der Regelung für staatenlose Personen in Art. 5 Abs. 2 EGBGB bislang versäumt, sich des Problems des Personalstatuts von Flüchtlingen in seinen allgemeinen Vorschriften anzunehmen. Einschlägig ist vielmehr eine Fülle von Einzelgesetzen und internationalen Abkommen[2], was das internationale Flüchtlingsrecht besonders unübersichtlich macht[3]. Eine vertiefte Beherrschung dieses Gebiets kann von Studenten des Wahlfachs nicht verlangt werden. Bekannt sein sollten aber zumindest die zentralen Vorschriften der Genfer Flüchtlingskonvention und die besonderen Regelungen im AsylVfG für Asylberechtigte. Die hier gestellte Aufgabe dient deshalb dazu, sich mit diesen Normen in der Fallbearbeitung vertraut zu machen.

IV. Ein zweiter Schwerpunkt des Falles ist der Renvoi. Zum einen stellt sich im Rahmen des Art. 14 Abs. 1 Nr. 3 EGBGB exemplarisch die Frage, wann die Beachtung einer Rückverweisung dem „Sinn" der Verweisung auf ein fremdes Recht widerspricht. Zum anderen ist eine Lösung für den Fall zu suchen, daß das ausländische Recht ein in einer deutschen Kollisionsnorm vorausgesetztes Rechtsinstitut gar nicht kennt und folglich dafür auch keine eigene Kollisionsregel bereithält. Schließlich wird auch der Problemkreis einer grundrechtswidrigen ausländischen Kollisionsnorm kurz gestreift.

---

[1] Vgl. *Lass,* Der Flüchtling im deutschen Internationalen Privatrecht (1995), 2 m.w.N.
[2] Siehe den Überblick bei *Palandt/Heldrich,* Anh. Art. 5 EGBGB Rdnr. 3 ff.
[3] *Jayme,* IPRax 1981, 73.

Fall 7: Internationales Eherecht

Gliederung der Lösung

A. Zuständigkeit des AG München - Familiengericht - für die Scheidung
  I. Internationale Zuständigkeit
    1. § 606a ZPO Abs. 1 Ziff. 1 ZPO: Zuständigkeit kraft Staatsangehörigkeit
    2. Genfer Flüchtlingskonvention
    3. AsylVfG
  II. Sachliche Zuständigkeit
  III. Funktionelle Zuständigkeit
  IV. Örtliche Zuständigkeit
B. Das auf die Scheidung anwendbare Recht
  I. Deutsches IPR
    1. Die Anknüpfungsleiter des Art. 14 Abs. 1 EGBGB
      a) Nr. 1
      b) Nr. 2
      c) Nr. 3
    2. Gesamt- oder Sachnormverweisung
      a) Meinungsstand
      b) Rückverweisung durch das afghanische IPR
  II. Materielles afghanisches Recht
  III. Hilfsweise Anknüpfung an deutsches Recht, Art. 17 Abs. 1 S. 2 EGBGB
    1. Voraussetzungen
    2. Deutsches Personalstatut des Antragstellers - Anwendung von Art. 12 Genfer Flüchtlingskonvention auch auf „Exklusivnormen"?
C. Versorgungsausgleich
  I. Regelanknüpfung nach Art. 17 Abs. 3 S. 1 EGBGB
    1. Verweisung auf das Scheidungsstatut nach Art. 17 Abs. 1 S. 1 EGBGB
    2. Gesamtverweisung - Rückverweisung durch das afghanische IPR?
  II. Materielles afghanisches Recht
  III. Hilfsweise Anwendung des deutschen Rechts, Art. 17 Abs. 3 S. 2 EGBGB

Lösung

A. Zuständigkeit für die Scheidung

I. Internationale Zuständigkeit

1. Die internationale Zuständigkeit deutscher Gericht für ein Scheidungsverfahren bestimmt sich nach § 606 a Abs. 1 ZPO, da es sich um eine Ehesache i.S.d. § 606 Abs. 1 S. 1 ZPO handelt. Hier ist möglicherweise § 606 a Abs. 1 Ziff. 1 ZPO einschlägig. Zwar hat F nicht die deutsche Staatsangehörigkeit, sie könnte aber als Flüchtling, der nach dem Sachverhalt in Deutschland wohnt, einer Deutschen gleichgestellt sein. Die Grundlage hierfür bildet die Genfer Flüchtlingskonvention.

2. Genfer Flüchtlingskonvention
a) Gem. Art. 16 Abs. 2 des Genfer UN-Abkommens über die Rechtstellung der Flüchtlinge v. 28.7.1951 (Genfer Flüchtlingskonvention, GFK)[4] ist ein Flüchtling in dem Staat, in dem er seinen gewöhnlichen Aufenthalt hat, hinsichtlich des „Zugangs" zu Gerichten den Staatsangehörigen dieses Staates gleichgestellt[5]. Daraus folgert die h.M.: Ein Flüchtling mit gewöhnlichem Aufenthalt in Deutschland ist Deutscher i.S.d. § 606 a ZPO[6], womit hier die internationale Zuständigkeit über § 606 a Abs. 1 Nr. 1 ZPO eröffnet sein könnte. Eine andere Auffassung will Flüchtlinge und Asylberechtigte im Rahmen des § 606 a ZPO nicht wie Deutsche, sondern wie Staatenlose behandeln[7]. Dann folgt die

---

[4] BGBl. 1953 II 559, in Kraft für die Bundesrepublik Deutschland seit dem 22.4.1954, BGBl. 1954 II 619; das Abkommen ist auszugsweise abgedruckt in der Sammlung von *Jayme/Hausmann* unter Nr. 5; Art. 16 allerdings unter Nr. 109.

[5] *Art. 12 Abs. 1 der Genfer Konvention ist hier nicht einschlägig. Er hat Auswirkungen nur im IPR, nicht im internationalen Verfahrensrecht und besagt, daß immer dann, wenn das deutsche Kollisionsrecht als Anknüpfungspunkt die Staatsangehörigkeit für maßgeblich erklärt, bei Flüchtlingen stattdessen auf den Wohnsitz/Aufenthalt abgestellt wird. Vgl. unten Text zu Fn. 18.*

[6] BGH NJW 1982, 2732 = IPRax 1984, 33 (34) (zu § 606 b ZPO aF); *MünchKommZPO/Walter*, § 606 a Rdnr. 14; *MünchKomm/Winkler v. Mohrenfels*, Art. 17 EGBGB Rdnr. 254; *Stein/Jonas/Schlosser*, ZPO, 20. Aufl., § 606 b Rdnr. 4.

[7] OLG München, IPRax 1989, 238 (239); *Hirschberg*, NJW 1972, 361 (363 f.); *Kropholler*, HdbIZVR Bd. 1/III Rdnr. 58; *Zöller/Geimer*, § 606a Rdnr. 77; *Kilian*, IPRax 1995, 9 (10).

Fall 7: Internationales Eherecht 143

internationale Zuständigkeit aus § 606 a Abs. 1 Nr. 3 ZPO, so daß sich eine Stellungnahme zu dem Streit hier erübrigt[8].

b) Ein gewöhnlicher Aufenthalt erfordert, daß der Ort des Aufenthaltes einer Person zu deren *Daseinsmittelpunkt* geworden ist. Es entscheiden hierbei allein *objektive* Umstände wie insbesondere Dauer[9] und Beständigkeit des Aufenthalts und eine gewisse (sich meist aus der Aufenthaltsdauer ergebende) soziale Integration; nicht erforderlich oder hinreichend ist der *Wille* der Person, einen Ort zu ihrem gewöhnlichen Aufenthalt zu machen[10].

Hier lebt F seit 1980 in Deutschland. Diese erhebliche Zeitspanne bewirkt zusammen mit den daraus erwachsenden faktischen Bindungen, daß sie dort auch ihren gewöhnlichen Aufenthalt hat. In Florida befand sie sich nur zu einem kurzzeitigen Praktikum, hatte dort also nach den obigen Kriterien keinen abweichenden gewöhnlichen Aufenthalt begründet.

c) Flüchtling im Sinne der Konvention ist, wer sich außerhalb seines Heimatlandes befindet aus begründeter Furcht vor Verfolgung wegen Rasse, Religion, Nationalität, Zugehörigkeit zu einer bestimmten sozialen Gruppe oder politischer Überzeugung, und den Schutz des Heimatstaates nicht in Anspruch nehmen kann oder will (Art. 1 A 2 GFK). Eine zeitliche Begrenzung auf Fluchtgründe, die vor dem 1. Januar 1951 entstanden sind, besteht gegen den Wortlaut von Art. 1 A GFK aufgrund des Genfer Protokolls von 1967 nicht (mehr)[11], so daß das

---

[8] Hauptargument der Mindermeinung gegen die zuständigkeitsrechtliche Gleichstellung der Flüchtlinge mit deutschen Staatsangehörigen ist die Überlegung, daß dann auch § 606 a Abs. 1 Nr. 1 Fall 2 ZPO (ehemalige deutsche Staatsangehörigkeit) entsprechend angewandt werden müßte und damit auch solche Flüchtlinge sich an deutsche Gerichte wenden könnten, die ihren gewöhnlichen Aufenthalt gar nicht mehr in der Bundesrepublik haben, vgl. zuletzt *Kilian*, IPRax 1995, 9 (10). Doch ist dies wenig überzeugend, da Art. 16 GFK seinem Wortlaut nach gerade auf den *gegenwärtigen* gewöhnlichen Aufenthalt abstellt und deshalb eine Gleichstellung mit Personen *früherer* deutscher Staatsangehörigkeit nicht fordert, vgl. *Lass*, Der Flüchtling im deutschen internationalen Privatrecht, 179; *MünchKommZPO/Walter*, § 606 a Rdnr. 16.
[9] Als (grobe) Faustregel kann man sich merken, daß ab einer Dauer von 6 Monaten ein Aufenthalt zu einem gewöhnlichen wird, vgl. *Firsching/v.Hoffmann*, IPR, § 5 Rdnr. 76, es sei denn, der Aufenthalt ist von vornherein auf eine bestimmte, relativ kurze Zeitspanne begrenzt (Bsp.: Studienaufenthalt für ein Jahr im Ausland).
[10] BGH NJW 1975, 1068; BGH NJW 1981, 520; im einzelnen *Firsching/v.Hoffmann*, IPR, § 5 Rdnr. 72 ff.
[11] Art I des Genfer Protokolls über die Rechtsstellung der Flüchtlinge vom 31.1.1967 (BGBl. 1969 II 1294), abgedruckt in der Sammlung von *Jayme/Hausmann* unter Nr. 6.

Abkommen auch auf neuere Flüchtlingsbewegungen, insbesondere also auch auf Afghanistanflüchtlinge anzuwenden ist[12]. Nicht erfaßt werden solche Personen, die ihr Land lediglich wegen wirtschaftlicher Unzufriedenheit verlassen haben (Wirtschaftsflüchtlinge). Das mit der Sache im Einzelfall befaßte Gericht hat über die Eigenschaft einer Person als Flüchtling grundsätzlich in eigener Verantwortung *inzident* zu entscheiden. Es ist prinzipiell nicht an vorgängige Verwaltungsentscheidungen (insbesondere ausländischer Behörden) gebunden; eine solche ist allenfalls ein *Indiz* für das Vorliegen einer Verfolgung und einer hierdurch bedingten Flucht[13].

3. AsylVfG

Anders könnte es aber im Falle einer Anerkennung als Asylberechtigte durch das deutsche Bundesamt für die Anerkennung ausländischer Flüchtlinge liegen. Gem. § 2 AsylVfG genießen „Asylberechtigte" im Bundesgebiet den Status eines Flüchtlings nach der Genfer Flüchtlingskonvention. Asylberechtigt ist kraft Gesetzes, wer als politisch Verfolgter die materiellen Voraussetzungen des Art. 16 a GG erfüllt; die Anerkennung als Asylberechtigter durch das zuständige Bundesamt nach einem Asylantrag gem. § 13 AsylVfG hat insoweit nur deklaratorische Wirkung[14]. Dem Wortlaut des § 2 AsylVfG ist deshalb nicht zu entnehmen, daß dem Asylantrag bereits stattgegeben sein muß, soll der Flüchtlingsstatus nach der GFK erlangt werden. Dennoch ist die Vorschrift (ebenso wie die Vorgängervorschrift des § 3 AsylVfG a.F.) nach allgemeiner Meinung dahingehend zu verstehen, daß nur dem *anerkannten* Asylsuchenden diese Rechtsstellung verliehen werden soll[15]. Begründet wird dies damit, daß nur der *Kerngehalt* des Asylrechts (insbesondere keine Zurückweisung an der Grenze) unmittelbar an der konstitutiven Wirkung des Asylgrundrechts teilhat, während darüber hinausgehende Vergünstigungen wie eben der Flüchtlingsstatus von einer besonderen staatlichen Zuerkennung und damit vom Anerkennungsbescheid abhängen[16].

Die verwaltungsrechtliche Anerkennung, ist sie erfolgt, *bindet* dann aber in der Folge Behörden und Gerichte, verbietet also eine eigene Inzidentprüfung durch das Gericht. Damit ist für den vorliegenden Fall festzuhalten, daß F aufgrund des bestandskräftigen Bescheides des Bundesamtes für die Anerkennung ausländischer Flüchtlinge ohne

---

[12] *Palandt/Heldrich*, Anh. nach Art. 5 EGBGB Rdnr. 21.
[13] *Palandt/Heldrich*, Anh. nach Art. 5 EGBGB Rdnr. 26.
[14] Vgl. *Kanein/Renner*, Ausländerrecht, 6. Aufl. (1993), GG Rdnr. 16.
[15] BGH FamRZ 1993, 47 (48); *Kanein/Renner*, Ausländerrecht, § 2 AsylVfG Rdnr. 6; *Firsching/v.Hoffmann*, IPR, § 5 Rdnr. 35.
[16] Vgl. *Kanein/Renner*, Ausländerrecht, GG Rdnr. 16.

Fall 7: Internationales Eherecht 145

besondere Sachprüfung durch das Gericht als Flüchtling i.S.d. Konvention gilt. Die internationale Zuständigkeit deutscher Gerichte ist demnach gegeben.

II. Sachliche Zuständigkeit

Das Amtsgericht ist nach § 23 a Nr. 4 GVG i.V.m. § 606 Abs. 1 S.1 ZPO sachlich zuständig.

III. Funktionelle Zuständigkeit

Die funktionelle[17] Zuständigkeit des Familiengerichts ergibt sich aus § 23b Abs. 1 Nr. 1 GVG.

IV. Örtliche Zuständigkeit

Die örtliche Zuständigkeit knüpft gem. § 606 Abs. 2 S. 2 HS 2 ZPO an den gewöhnlichen Aufenthalt der klagenden Ehefrau an, da andere, grundsätzlich vorrangige zuständigkeitsbegründende Merkmale der Absätze 1 und 2 nicht erfüllt sind. F hat nach dem Sachverhalt ihren derzeitigen Lebensmittelpunkt und damit ihren gewöhnlichen Aufenthalt in München.

Damit ist das AG München - Familiengericht - für das Scheidungsverfahren im vorliegenden Fall zuständig.

B. Das auf die Scheidung anwendbare Recht

I. Deutsches IPR

Nach Art. 17 Abs. 1 EGBGB ist für die Scheidung das allgemeine Ehewirkungsstatut z.Zt. des Eintritts der Rechtshängigkeit des Scheidungsantrags maßgeblich. Es ist deshalb die Anknüpfungsleiter des Art. 14 Abs. 1 EGBGB zu prüfen.

1. Art. 14 Abs. 1 EGBGB

a) In Betracht kommt zunächst eine Anknüpfung an die gemeinsame afghanische Staatsangehörigkeit der Eheleute, Art. 14 Abs. 1 Nr. 1 EGBGB. Hier ist jedoch zu beachten, daß, wie oben dargelegt, F gem. § 2 AsylVfG den Status eines Flüchtlings nach der Genfer Flüchtlingskonvention hat. Das hat nicht nur über Art. 16 GFK Auswirkungen im

---
[17] Zum Begriff s.o. 1. Teil, 1. Kapitel, § 1 C I 3.

internationalverfahrensrechtlichen Bereich, sondern nach Art. 12 Abs. 1 GFK auch im internationalprivatrechtlichen: Das Personalstatut eines Flüchtlings bestimmt sich nach dem Recht des Landes seines Wohnsitzes. Gemeint ist damit, daß immer dann, wenn das Kollisionsrecht eines Mitgliedsstaates des Abkommens als Anknüpfungspunkt die Staatsangehörigkeit für maßgeblich erklärt, bei Flüchtlingen stattdessen das Wohnsitzrecht zum Zuge kommt[18]. Der im Abkommen nicht definierte Begriff des „Wohnsitzes" wird allgemein i.S.v. gewöhnlichem Aufenthalt gelesen[19], so daß hier für F nach den obigen Ausführungen zu ihrem gewöhnlichen Aufenthalt nicht auf afghanisches, sondern auf deutsches Recht verwiesen wird. Ob auch M als Flüchtling gilt und er damit wegen seines gewöhnlichen Aufenthaltes in Florida ein US-amerikanisches bzw. floridianisches Personalstatut hat, kann dahinstehen, weil auch in diesem Fall kein *gemeinsames* Personalstatut gegeben wäre. Art. 14 Abs. 1 Nr. 1 EGBGB ist demnach nicht einschlägig.

b) Nach Art. 14 Abs. 1 Nr. 2 EGBGB ist hilfsweise der letzte gemeinsame gewöhnliche Aufenthalt entscheidend, sofern wenigstens einer der Ehegatten diesen beibehalten hat. Hier hatte M seinen gewöhnlichen Aufenthalt während der gesamten Ehedauer in Florida und F, wie oben festgestellt, in Deutschland. In Florida befand sie sich nur zu einem zeitlich begrenzten Praktikum, was ihren gewöhnlichen Aufenthalt nicht berührt. Damit aber hatten die Ehegatten zu keinem Zeitpunkt während der Ehe einen *gemeinsamen* gewöhnlichen Aufenthalt[20].

c) Folglich kommt es nach Art. 14 Abs. 1 Nr. 3 EGBGB auf die sich aus sonstigen Umständen ergebende gemeinsame engste Bindung an eine bestimmte Rechtsordnung an, wobei eine umfassende Würdigung der Faktoren im konkreten Einzelfall notwendig ist. In Betracht kommen gemeinsame soziale Bindungen an ein Recht durch Herkunft, Kultur, Sprache oder berufliche Tätigkeit, ein gemeinsamer *einfacher*, aber doch nicht nur ganz vorübergehender Aufenthalt in einem bestimmten Land, die beabsichtigte Begründung eines gemeinsamen gewöhnlichen Aufenthalts oder einer gemeinsamen Staatsan-

---

[18] Vgl. *Palandt/Heldrich*, Anh. nach Art. 5 EGBGB Rdnr. 20, 27; *Firsching/v. Hoffmann*, IPR, § 5 Rdnr. 32. *Zu möglichen Ausnahmen bei "Exklusivnormen" unten III.2.*

[19] *V.Bar*, IPR I, Rdnr. 186; *Palandt/Heldrich*, Anh. nach Art. 5 EGBGB Rdnr. 27.

[20] *Bearbeiter, die hier fälschlicherweise einen gemeinsamen gewöhnlichen Aufenthalt in Florida bejahen und damit zum Recht Floridas als Ehewirkungsstatut kommen, müssen in gleicher Weise wie in der in Fn. 23 und 29 beschriebenen Hilfslösung weiter vorgehen, haben aber damit wichtige Probleme des Falles ausgespart.*

Fall 7: Internationales Eherecht

gehörigkeit und als „Notnagel" schließlich auch der Heiratsort, soweit er nicht völlig zufällig ist und durch andere Faktoren verstärkt wird[21].
Hier weist zum Recht von Florida nur der schlichte gemeinsame Aufenthalt für einige Wochen. Zum Heiratsort in Nevada haben beide Ehegatten keine weiteren Beziehungen. Die gemeinsame Herkunft, Kultur, Sprache und Religion weisen hingegen ebenso nach Afghanistan wie auch die Absicht der späteren Rückkehr dorthin. Zwar muß man bedenken, daß der Entschluß zur Flucht aus dem Heimatstaat eine gewisse Distanzierung von diesem Staat zum Ausdruck bringt, der gerade Art. 12 GFK Rechnung tragen will, indem die Anknüpfung an die Staatsangehörigkeit durch die an den jetzigen gewöhnlichen Aufenthalt ersetzt wird. Deshalb sollte man nicht leichthin das bei Flüchtlingen verdrängte gemeinsame Heimatrecht auf dem Umweg über die gemeinsame engste Verbindung wieder durchschlagen lassen. Andererseits muß aber die Flucht vor staatlicher Verfolgung nicht notwendig die Ablehnung der *Rechtsordnung* des betreffenden Landes bedeuten. Dies jedenfalls insofern nicht, als hier das islamisch geprägte Familienrecht die staatliche Umwälzung unbeschadet überstanden hat. In einer solchen Konstellation erscheint es als angemessen, eine Differenzierung zwischen den Repräsentanten der staatlichen Macht einerseits und dem bürgerlichen Recht andererseits vorzunehmen. Beruht das Sonderkollisionsrecht für Flüchtlinge auf dem generell-abstrahierenden Gedanken, das politische Unwerturteil über ein Verfolgerregime auch auf dessen Privatrechtsordnung zu projizieren[22], so erlaubt die „offene" Formulierung des Art. 14 Abs. 1 Nr. 3 EGBGB eine Abweichung von diesem Grundsatz, wenn seine Prämisse im Einzelfall nicht erfüllt ist.
Die engste gemeinsame Verbindung führt hier also zum afghanischen Recht[23].

2. Gesamt- oder Sachnormverweisung

a) Fraglich ist, ob die Verweisung auf das Recht der gemeinsamen engsten Verbindung nach der Grundregel des Art. 4 Abs. 1 Hs. 1 EGBGB eine Gesamtverweisung darstellt, so daß eine eventuelle Rück- oder Weiterverweisung durch das afghanische IPR zu beachten

---

[21] BGH NJW 1993, 2047 (2049); vgl. auch *Kropholler*, IPR, § 45 I 3 c); *Spickhoff*, JZ 1993, 336 (341 f.).
[22] Vgl. *Lass*, Der Flüchtling im deutschen Internationalen Privatrecht, 2, 7.
[23] *Es ist selbstverständlich ebenso vertretbar, die Wertung des Art. 12 GFK auf Art. 14 Abs. 1 Nr. 3 EGBGB "durchschlagen" zu lassen und unter Hinweis auf die Flüchtlingseigenschaft die gemeinsame Verbindung zum Verfolgerstaat als irrelevant abzulehnen. In diesem Fall bliebe wohl nur übrig, auf die Verbindung nach Florida abzustellen, wo der Ehemann seinen gewöhnlichen Aufenthalt hat und sich die Eheleute kennengelernt haben. Zur weiteren Lösung auf dieser Basis unten Fn. 29.*

wäre, oder ob ausnahmsweise nach dem Sinn der Verweisung eine Sachnormverweisung vorliegt, Art. 4 Abs. 1 HS 2 EGBGB.

Die Meinungen sind geteilt: Die wohl h.M. nimmt eine Sachnormverweisung an, weil die Anknüpfung des Art. 14 Abs. 1 Nr. 3 EGBGB auf einer Würdigung des Einzelfalles beruht. Unabhängig von typisierenden Kriterien wie der Staatsangehörigkeit oder dem gewöhnlichem Aufenthalt wird aufgrund einer *konkreten* Wertung des Einzelfalls das Recht gesucht, mit dem die Parteien sich tatsächlich am engsten verbunden fühlen. Dann scheint es geradezu widersinnig, in der Folge eine Rück- oder Weiterverweisung auf ein Recht zu befolgen, mit dem die Parteien zwangsläufig weniger verbunden sind[24].

Gewichtige Stimmen in der Literatur vertreten allerdings eine andere Auffassung: Wenn schon bei den „starken" Anknüpfungen an die gemeinsame Staatsangehörigkeit bzw. den gemeinsamen gewöhnlichen Aufenthalt (Art. 14 Abs. 1 Nr. 1 und 2 EGBGB) unstreitig ein Renvoi zu beachten sei, dann müsse dasselbe erst recht für die nur „schwache" Beziehung gelten, die Art. 14 Abs. 1 Nr. 3 EGBGB zu dem verwiesenen Recht herstellt[25]. Es sei kaum einsichtig, wenn sich das eigene Kollisionsrecht die vorrangige Anknüpfung an eine gemeinsame Staatsangehörigkeit (Art. 14 Abs. 1 Nr. 1 EGBGB) durch den Renvoi im Interesse internationaler Entscheidungsharmonie aus der Hand nehmen ließe, man eine nur hilfsweise Anknüpfung hingegen ohne Ansehung des fremden Kollisionsrechts durchsetzen wollte.

Eine Entscheidung des Meinungsstreits kann hier dahinstehen, wenn das afghanische IPR keine Rück- oder Weiterverweisung ausspricht und die Diskussion sich deshalb nicht auswirkt.

b) Art. 20 Abs. 2 des afghanischen ZGB beruft das Heimatrecht des Mannes im Zeitpunkt der Scheidung.

aa) Es ist ohne Bedeutung, ob M aus deutscher Perspektive möglicherweise als Flüchtling im Sinne der Genfer Flüchtlingskonvention anzusehen ist. Die Auslegung einer Rückverweisungsnorm hat immer aus der Sicht des fremden Rechts zu erfolgen. Aus der Sicht des afghanischen Rechts[26] sind die Ehegatten ohne Ansehung ihrer Flucht afghanische Staatsangehörige, haben also nicht das Personalstatut des Aufnahmelandes. Auch aus afghanischer Sicht ist deshalb afghanisches Sachrecht berufen.

---

[24] Vgl. *Palandt/Heldrich*, Art. 4 EGBGB Rdnr. 8 m.w.N.; *Böhmer/Siehr*, Das gesamte Familienrecht, Bd. II, 1.8.1.3; *Siehr*, FS Ferid (1988), 433 (441); *Henrich*, Internationales Familienrecht (1989), 36; *Stoll*, IPRax 1984, 1 (2 f.); *Stoll*, FS Keller (1989), 511 (521).

[25] *V. Bar*, IPR II, Rdnr. 208; *MünchKomm/Sonnenberger*, Art. 4 EGBGB Rdnr. 22; *Kropholler*, IPR, § 24 II 3 a); *Firsching/v.Hoffmann*, IPR, § 6 Rdnr. 116; *Rauscher*, NJW 1988, 2151.

[26] *Afghanistan ist nicht Vertragsstaat der Genfer Konvention.*

Fall 7: Internationales Eherecht

bb) Aus deutscher Sicht verstößt Art. 20 Abs. 2 ZGB zwar gegen den Gleichheitssatz des Art. 3 Abs. 2 GG. Ausländisches Recht ist aber allenfalls über die ordre-public-Klausel des Art. 6 EGBGB an deutschen Grundrechten zu messen. Art. 6 EGBGB wehrt nun nach seinem Wortlaut nur das grundlegenden deutschen Gerechtigkeitsvorstellungen zuwiderlaufende *Endergebnis* der Subsumtion eines Sachverhaltes unter Rechtsnormen ab und dient nicht der *abstrakten* Überprüfung einer ausländischen Bestimmung[27]. Das Ergebnis der Anwendung des Art. 20 Abs. 2 ZGB (Maßgeblichkeit afghanischen Rechts) ist aber gerade das vom deutschen Recht ebenfalls gebilligte und keinesfalls grundgesetzwidrige Ziel[28].

Nimmt folglich das afghanische IPR die Verweisung des deutschen Kollisionsrechts an, so kommt es auf den obigen Streit nicht an. Zur Anwendung kommt (zunächst) materielles afghanisches Recht[29].

II. Materielles afghanisches Recht

Die im Anhang zum Aufgabentext wiedergegebenen Scheidungsvoraussetzungen sind hier offensichtlich nicht gegeben. Eine Scheidung auf Antrag der Ehefrau ist demnach nicht möglich.

---

[27] Vgl. *Firsching/v.Hoffmann*, IPR, § 6 Rdnr. 150.
[28] Vgl. *Firsching/v.Hoffmann*, IPR § 6 Rz. 151; *Kropholler*, IPR § 24 II 3 b) mit § 36 II 1 (Verstoß gegen den ordre public nur bei gleichberechtigungswidriger Rück- oder Weiterverweisung). Andere stellen sich auf den Standpunkt, ein für die Partei spürbares Ergebnis werde erst durch die Anwendung von *Sach*normen erzielt, ausländisches Kollisionsrecht sei also bereits deswegen unabhängig von der durch sie ausgesprochenen Verweisung faktisch der Kontrolle anhand des deutschen ordre public entzogen; vgl. *Palandt/Heldrich*, Art. 6 EGBGB Rdnr. 7, 9; *MünchKomm/Sonnenberger*, Art. 6 EGBGB Rdnr. 46; *Soergel/Kegel*, vor Art. 7 EGBGB Rdnr. 21. Im Ergebnis ergibt sich daraus hier keine Abweichung.
[29] *Bearbeiter, die sich oben für eine engste Verbindung zu Florida entschieden haben, müßten hier das floridianische Kollisionsrecht prüfen. Nach den Hinweisen im Anhang zum Aufgabentext wird auf das deutsche Recht zurückverwiesen, wenn deutsche Gerichte bei spiegelbildlicher Anwendung der Zuständigkeitsvorschriften Floridas für die Scheidung international zuständig sind. Letzteres ist nach Section 61.021 Florida Statutes zu bejahen, da die Antragstellerin bereits seit Jahren ihren gewöhnlichen Aufenthalt und damit auch ihre "residence" in Deutschland hat. Damit kommt es hier darauf an, auf welche Seite man sich in dem Streit stellt, ob Art. 14 Abs. 1 Nr. 3 EGBGB eine Sachnorm- oder Gesamtverweisung ist. Nach ersterer Auffassung kommt man zur Anwendung des Rechts von Florida, folgt man der zweiten Meinung, führt die Rückverweisung zum deutschen Recht.*

III. Hilfsweise Anknüpfung an das deutsche Recht[30]

Es könnte aber gem. Art. 17 Abs. 1 S. 2 EGBGB hilfsweise materielles deutsches Scheidungsrecht anwendbar sein.

1. Es ist für die subsidiäre Anwendung deutschen Rechts nach einhelliger Meinung nicht erforderlich, daß nach der primär berufenen Rechtsordnung ein absolutes Scheidungsverbot besteht, sondern es reicht aus, daß im *konkreten Fall* die für eine Scheidung erforderlichen Voraussetzungen nicht oder zur Zeit nicht erfüllt sind[31]. Diese Voraussetzung ist nach dem oben Festgestellten hier gegeben.

2. Weiterhin müßte der die Scheidung begehrende Ehegatte Deutscher sein. F hat, wie oben festgestellt, gem. § 2 AsylVfG den Status eines Flüchtlings nach der Genfer Flüchtlingskonvention und könnte daher gem. Art. 12 GFK als Deutsche i.S.v. Art. 17 Abs. 1 S. 2 EGBGB gelten. Allerdings ist zweifelhaft, ob auf Flüchtlinge, die kraft ihres gewöhnlichen Aufenthalts in Deutschland ein deutsches Personalstatut besitzen, auch solche Normen Anwendung finden, die nicht allgemein an die Staatsangehörigkeit anknüpfen, sondern eine einseitige Privilegierung (ausschließlich) von Deutschen bezwecken (sog. Exklusivnormen[32]).

Die früher h.M. zu Art. 17 Abs. 3 EGBGB a.F. ging dahin, daß Art. 12 GFK nur die Funktion der Bereitstellung einer Ersatzanknüpfung hat, den Flüchtling nicht aber in jeder Hinsicht mit den jeweiligen Staatsangehörigen des Gastlandes gleichstellen soll. Ausdrückliche Inländernormen sollten daher auf deutsche Staatsangehörige beschränkt bleiben[33].

Heute ist man überwiegend anderer Ansicht und hält Art. 17 Abs. 1 S. 2 EGBGB auch auf Flüchtlinge für anwendbar[34]. Dem ist zuzustim-

---

[30] *Bearbeiter, die nach dem oben in Fn. 29 beschriebenen Weg zum Recht von Florida als Scheidungsstatut gelangt sind, kommen nicht zu dieser hilfsweisen Anwendung deutschen Rechts, weil - trotz der insoweit dürren Angaben im Sachverhalt - davon auszugehen ist, daß die Ehe nach dem Zerrüttungsprinzip der Sec. 61.052 Florida Statutes geschieden werden kann. Auch für den, der über eine Rückverweisung das deutsche Recht für das Scheidungsstatut hält, hat die Hilfsanknüpfung des Art. 17 Abs. 1 S. 2 EGBGB selbstverständlich keine Bedeutung.*

[31] *MünchKomm/Winkler v. Mohrenfels*, Art. 17 EGBGB Rdnr. 55.

[32] Zum Begriff etwa *v.Bar*, IPRax 1985, 272.

[33] Nachweise bei *MünchKomm/Winkler v. Mohrenfels*, Art. 17 EGBGB Rdnr. 53. So auch heute noch *Kegel*, IPR, § 20 VII 2 a cc zu Art. 17 Abs. 1 S. 2 EGBGB n.F.

[34] *MünchKomm/Winkler v. Mohrenfels*, Art. 17 EGBGB Rdnr. 53; *Palandt/Heldrich*, Art. 17 EGBGB Rdnr. 9, *Erman/Hohloch*, Art. 17 EGBGB Rdnr. 23; *v.Bar*, IPR II, Rdnr. 254; *Lass*, Der Flüchtling im deutschen Internationalen Privatrecht, 169.

Fall 7: Internationales Eherecht

men, denn der Übergang zur Anknüpfung an den gewöhnlichen Aufenthalt bei Flüchtlingen bezweckt, ihnen eine neue rechtliche „Heimat" zu geben und zielt damit in dieser Hinsicht sehr wohl auf die Gleichstellung mit den Staatsangehörigen ihres gewöhnlichen Aufenthaltsortes, hier also mit Deutschen, ab.
Damit kommt deutsches materielles Scheidungsrecht zur Anwendung.

C. Versorgungsausgleich

I. Regelanknüpfung nach Art. 17 Abs. 3 S. 1 EGBGB

1. Art. 17 Abs. 3 S. 1 EGBGB verweist ausdrücklich auf das Scheidungsstatut nach Art. 17 Abs. 1 S. 1 EGBGB, selbst wenn tatsächlich über Art. 17 Abs. 1 S. 2 EGBGB nach deutschem Recht geschieden wird[35]. Also ist grundsätzlich afghanisches Recht maßgeblich.
2. Die Verweisung ist nach Art. 4 Abs. 1 S. 1 HS 1 EGBGB eine Gesamtverweisung[36], so daß das afghanische Kollisionsrecht zu prüfen ist[37]. Eine ausdrückliche Kollisionsnorm für den Versorgungsausgleich

---

[35] *Palandt/Heldrich*, Art. 17 EGBGB Rdnr. 19 m.w.N.; unzutreffend OLG Karsruhe, IPRax 1990, 52 (53) mit abl. Anm. *Jayme*, 33.
[36] Vgl. *MünchKomm/Winkler v. Mohrenfels*, Art. 17 EGBGB Rdnr. 190.
[37] *a) Studenten, die zum deutschen Recht als Scheidungsstatut gelangt sind, kommen über Art. 17 Abs. 3 S. 1 EGBGB auch hinsichtlich des Versorgungsausgleichs zum deutschen Recht. Demnach ist ein Versorgungsausgleich zwingend durchzuführen, § 1587 BGB. Zu beachten ist die Einschränkung des Art. 17 Abs. 3 S. 1 HS 2 EGBGB, wonach dies nur gilt, wenn das Heimatrecht zumindest einer der Ehegatten ein vergleichbares Rechtsinstitut kennt. Da aufgrund ihrer Flüchtlingseigenschaft das Heimatrecht der F das deutsche Recht als das Recht an ihrem gewöhnlichen Aufenthaltsort ist, spielt diese Einschränkung vorliegend im Ergebnis allerdings keine Rolle.*
b) Wer Art. 14 Abs. 1 Nr. 3 EGBGB im vorliegenden Fall als Sachnormverweisung zum Recht von Florida aufgefaßt hat, muß dieses Recht auf eine Rückverweisung prüfen. Eine solche scheidet nicht schon deshalb aus, weil eine ausdrücklich auf Versorgungsanwartschaften gerichtete Kollisionsnorm nicht zu finden ist. Ordnet das fremde Kollisionsrecht bestimmte materiellrechtliche Rechtsinstitute anders als das deutsche ein, so ist diese abweichende Qualifkation zu akzeptieren, weil es insoweit um die Auslegung fremden Rechts geht, das nicht an den Kategorien des deutschen Rechts ausgerichtet sein muß (vgl. MünchKomm/Winkler v. Mohrenfels, Art. 17 EGBGB Rdnr. 190). Nach dem Hinweis im Sachverhalt ordnet Florida den Ausgleich von Versorgungsanwartschaften als güterrechtliches Problem ein, das im konkreten Fall nach heimischem floridianischen Recht zu lösen ist. Ein Versorgungsausgleich wäre demnach auf dessen Basis durchzuführen. Art. 17 Abs. 3 S. 1 HS 2 EGBGB ist aus dem oben unter a) genannten Grund ohne Bedeutung.

fehlt allerdings im afghanischen IPR, weil dieses oder ein vergleichbares Rechtsinstitut im materiellen Recht dieses Landes unbekannt ist. Einige Autoren wollen daraus schließen, daß eine Rückverweisung ausscheidet: Das fremde Recht könne nicht eine Verweisung für ein Rechtsinstitut aussprechen, das ihm selber fremd ist[38]. Dieser Ansatz ist jedoch nicht richtig: Jedes Kollisionsrecht ist gelegentlich gezwungen, Rechtsinstitute zu qualifizieren und einer bestimmten Kollisionsnorm zuzuordnen, für die es im eigenen materiellen Recht kein Pendant gibt[39]. Im deutschen IPR ist dafür ein markantes Beispiel die Frage nach der kollisionsrechtlichen Behandlung der Morgengabe der islamischen Rechtsordnungen. Macht eine Ehefrau vor einem zuständigen deutschen Gericht einen Anspruch auf Zahlung der ihr (angeblich) zustehenden Morgengabe geltend, so kann der deutsche Richter nicht den Rechtsstreit mit dem Argument unentschieden lassen, dieses Rechtsinstitut sei dem deutschen materiellen und folglich auch dem deutschen IPR unbekannt, womit das für die Entscheidung anwendbare Recht nicht bestimmt werden könne. Darin läge eine unzulässige Rechtsverweigerung. Deshalb muß das Gericht die Morgengabe derjenigen deutschen Kollisionsnorm unterwerfen, der sie ihrer Funktion nach am nähesten steht[40]. Entsprechendes gilt für ausländische Rechtsordnungen: Auch ein afghanischer Richter, bei dem ein Antrag auf Durchführung des Versorgungsausgleichs gestellt wird, kann (seine Zuständigkeit vorausgesetzt) einer Entscheidung und damit der Bestimmung des für diese maßgeblichen Rechts nicht ausweichen. Fraglich ist deshalb allein, wie ein deutscher Richter vorzugehen hat, wenn - wie vorliegend - nicht festzustellen ist, welche kollisionsrechtliche Regelung ein afghanisches Gericht bilden würde, beispielsweise deshalb, weil ein solcher Fall in Afghanistan noch nie verhandelt wurde. Ein Teil der Literatur will es dann bei der Verweisung des deutschen Recht zur ausländischen Rechtsordnung belassen, diese also hilfsweise wie eine Sachnormverweisung behandeln[41]. Es besteht aber kein Grund, von den allgemeinen Regeln bei Nichtfeststellbarkeit des Inhalts ausländischen Rechts abzuweichen[42]. Nach

---

[38] Vgl. *Jayme*, NJW 1978, 2417 (2419) unter Bezugnahme auf eine Entscheidung des AG München; *Firsching*, DNotZ 1978, 440 (442); OLG Bamberg, FamRZ 1979, 930 (931).

[39] Vgl. *Adam*, IPRax 1987, 98 (100).

[40] Zum Streit über die Qualifikation der Morgengabe vgl. *Heldrich*, IPRax 1983, 64 f.; *MünchKomm/Siehr*, Art. 15 EGBGB Rdnr. 87; BGH NJW 1987, 2161 = IPRax 1988, 109.

[41] *MünchKomm/Sonnenberger*, Art. 4 EGBGB Rdnr. 55, 63, womit er sich im Ergebnis der Meinung oben in Fn. 38 annähert; vgl. auch *Sonnenberger*, FS Beitzke 1979, 739 (751): Kein Renvoi, solange ein positiver Inhalt der ausländischen Kollisionsnorm nicht sichergestellt ist.

[42] Zutreffend *Kegel*, IPR, § 10 VI a.E.

wohl h.M. ist in einem solchen Fall eine größtmögliche Annäherung an den unbekannten tatsächlichen Rechtszustand in dem fremden Land dadurch anzustreben, daß man auf das *wahrscheinlich* geltende Recht zurückgreift, also etwa auf die Lösungen, die die Praxis in verwandten oder Vorbildrechtsordnungen für das fragliche Problem entwickelt hat. Hilft auch das nicht weiter, kommt als Notlösung die Sichtweise der deutschen *lex fori* zur Anwendung[43]. Der letztere Weg muß denn auch hier beschritten werden, da im Sachverhalt kein Hinweise gegeben sind, wie andere islamische Rechtsordnungen die Frage angehen. Es ist also zur Lösung des Falls davon auszugehen, daß der afghanische Richter den Versorgungsausgleich ebenso qualifizieren würde wie der deutsche, nämlich als Scheidungsfolge, und deshalb auch ohne eine ausdrückliche Anordnung wie in Art. 17 Abs. 3 EGBGB die Kollisionsnorm für die Scheidung anwendet[44]. Daraus folgt hier, daß das afghanische IPR über Art. 20 Abs. 2 ZGB (s.o.) die Verweisung annimmt[45].

II. Materielles afghanisches Recht

Die Durchführung des Versorgungsausgleichs ist demnach nicht möglich, weil er dem materiellen afghanischem Recht unbekannt ist.

III. Hilfsweise Anwendung deutschen Rechts, Art. 17 Abs. 3 S. 2 EGBGB

Die Voraussetzungen für eine hilfsweise Anwendung deutschen Rechts über Art. 17 Abs. 3 S. 2 EGBGB sind hier nicht erfüllt, weil M sich nie in Deutschland aufgehalten hat, also keine inländischen Anwartschaften erworben haben kann (Nr. 1) und die allgemeinen Ehe-

---

[43] Vgl. *Palandt/Heldrich*, Einl. vor Art. 3 EGBGB Rdnr. 36; *Kegel*, IPR, § 15 V 2; *Firsching/v. Hoffmann*, IPR, § 3 Rdnr. 141 ff. Der BGH will ohne Umweg über das wahrscheinliche Recht grundsätzlich direkt auf die deutsche *lex fori* zurückgreifen, BGHZ 69, 387 (394) = NJW 1978, 496 (498).

[44] Vgl. zu dieser Lösung *Henrich*, IPRax 1991, 197; *Palandt/Heldrich*, Art. 17 EGBGB Rdnr. 2; *MünchKomm/Winkler v. Mohrenfels*, Art. 17 EGBGB Rdnr. 192; *Firsching/v.Hoffmann*, IPR, § 8 Rdnr. 55.

[45] *Im Ergebnis ändert sich nichts, wenn der Bearbeiter - was selbstverständlich gut vertretbar ist - sich einer der anderen zu dem Problem vertretenen Auffassungen anschließt. Diejenigen, die einen Renvoi schon deshalb ausschließen wollen, weil der Versorgungsausgleich in Afghanistan unbekannt ist, kommen ebenso zum afghanischen Sachrecht wie die, die (nur) bei Nichtfeststellbarkeit des Inhalts des fremden IPR die deutsche Verweisung als Sachnormverweisung behandeln wollen.*

wirkungen (dazu oben im Rahmen der Ermittlung des Scheidungsstatuts) während der ganzen Ehe afghanischem und damit einem Recht unterlagen, das den Versorgungsausgleich nicht kennt (Nr. 2).

Ergebnis: Ein Versorgungsausgleich ist nicht durchzuführen.

Fall 8: Internationale Rechtshängigkeit im Scheidungsverfahren

Sachverhalt[1]

Die Parteien, damals deutsche Staatsangehörige, schlossen am 5. Dezember 1973 in Deutschland vor dem Standesbeamten die Ehe. Sie sind jüdischen Glaubens. Im Jahre 1987 zogen sie nach Erhalt eines Einwanderungsvisums nach Israel, um sich dort niederzulassen.

Am 9. Januar 1990 brachte die Ehefrau F beim Rabbinatsgericht einen Antrag auf Scheidung der Ehe an und kehrte am folgenden Tag nach Deutschland zurück, während M in Israel blieb. Am 21. Juni 1990 reichte die Ehefrau, anwaltlich vertreten, auch beim Amtsgericht - Familiengericht - ihres neuen deutschen Wohnortes einen Scheidungsantrag ein. Der Anwalt des M beantragt, diesen Antrag abzuweisen, weil dem Verfahren vor deutschen Gerichten das bereits vorher in Israel eingeleitete und noch nicht abgeschlossene Verfahren entgegenstünde.

Darf das Amtsgericht in der Sache entscheiden?

Anhang: Gesetzestexte

I. Israelisches Staatsangehörigkeitsgesetz, 5712-1952

§ 1. Die israelische Staatsangehörigkeit wird erworben:
aufgrund der Rückkehr nach § 2...

§ 2. a) Jeder Einwanderer nach dem Rückkehrgesetz, 5710-1950, ist israelischer Staatsangehöriger aufgrund der Rückkehr...
b) Die Staatsangehörigkeit aufgrund der Rückkehr erwirbt:
...
(3) wer in Israel nach der Staatsgründung einwanderte - am Tag seiner Einwanderung...

---

[1] Nach BGH NJW-RR 1994, 642.

Fall 8: Internationale Rechtshängigkeit im Scheidungsverfahren 155

II. Israelisches Rückkehrgesetz, 5710-1950

§ **1.** Jeder Jude ist berechtigt, in das Land Israel einzuwandern.

§ **2.** a) Die Einwanderung erfolgt aufgrund eines Einwanderungsvisums.

b) Ein Einwanderungsvisum wird jedem Juden erteilt, der seinen Willen bekundet, sich in Israel niederzulassen...

Hinweise:

a) Das Rabbinatsgericht ist ein *geistliches* (religiöses), kein staatliches Gericht, das aber nach § 1 des israelischen Gesetzes über die Gerichtsbarkeit der Rabbinatsgerichte (Nr. 5713-1953) für Scheidungsverfahren von Juden in Israel ausschließlich zuständig ist.

b) Bei einer Scheidung in Israel handelt es sich nach h.M. um eine Privatscheidung. Zwar erläßt das Rabbinatsgericht bei Schlüssigkeit des Scheidungsantrags ein Urteil, daß die Ehe geschieden *werden solle*. Tatsächlich geschieden wird sie aber allein durch die Übergabe des unter Aufsicht des Rabbinatsgerichts geschriebenen Scheidebriefes (Get) durch den Ehemann an die Ehefrau. Das Rabbinatsgericht übt insoweit nur eine Hilfsfunktion aus, indem es die Zulässigkeit und Rechtmäßigkeit des Scheidungsverlangens überprüft und gegebenfalls die Scheidung anordnet. Vollzogen wird die Scheidung aber nicht *durch* Richterspruch, wenngleich der Vollzug im Gericht protokolliert wird. Das Gericht kann den Vollzug der Scheidung durch Übergabe des Scheidebriefs zwar mit Zwangsmitteln erzwingen, sie aber nicht durch eine eigene Entscheidung ersetzten.

Vorbemerkungen

I. Der Falltext ist kurz und einfach, und simpel erscheint auch die Fallfrage. Das Gericht kann eine Sachentscheidung treffen, wenn der Antrag zulässig ist - auf seine Begründetheit ist hier also nicht einzugehen, was die Fallösung relativ knapp hält und auch Aufbauschwierigkeiten gar nicht erst aufkommen läßt. Doch um die gestellte Frage beantworten zu können, sind genügend schwierige Überlegungen anzustellen, um damit eine anspruchsvolle Klausur zu füllen.

II. Der Kernpunkt des Falles ist der vom Antragsgegner erhobene Einwand der anderweitigen Rechtshängigkeit. Dieser aus dem internen Recht vertraute Einwand erhält in grenzüberschreitenden Fällen besondere Brisanz; der Student muß die einzelnen Voraussetzungen sorgfältig herausarbeiten und prüfen. Bereits die Frage, ob in beiden Verfahren über den identischen Streitgegestand gestritten wird und ob es sich bei dem ausländischen Erstverfahren vor dem Rabbinatsgericht um ein *gerichtliches* Verfahren im Sinne des § 261 Abs. 3 Nr. 1 ZPO handelt, ist nicht so leicht zu beantworten. Von zentraler Bedeutung ist weiterhin zu erkennen, daß der Einwand der Rechtshängigkeit voraussetzt, daß die am Ende des israelischen Verfahrens zu erwartende Entscheidung in Deutschland anerkennungsfähig ist. Und hier erschließt sich auch der besondere „Dreh" der Klausur: Privatscheidungen im Ausland unter behördlicher Partizipation werden zwar für die Zwecke der Rechtshängigkeit einem „echten" gerichtlichen Scheidungsverfahren gleichgestellt; im Rahmen der Anerkennung gilt aber nicht, wie daraus auf den ersten Blick gefolgert werden könnte, die ebenfalls verfahrensrechtliche Vorschrift des § 328 ZPO, sondern es sind die materiellen Voraussetzungen nach dem Scheidungsstatut zu prüfen.

Gliederung der Lösung

I. Internationale Zuständigkeit
II. Sachliche und funktionelle Zuständigkeit
III. Örtliche Zuständigkeit
IV. Anwaltszwang
V. Einwand der anderweitigen Rechtshängigkeit
   1. Streit über den *identischen Streitgegenstand*
   2. Streit vor einem anderen *Gericht*
      a) Verfahren vor einem *ausländischen* Gericht
      b) Verfahren vor einem ausländischen *religiösen* Gericht
      c) Anerkennungsprognose
         aa) Besonderes Anerkennungsverfahren zu durchlaufen?
         bb) Anerkennungsvoraussetzungen
            (1) Privatscheidungen und Scheidungsstatut
            (2) Ermittlung des Scheidungsstatuts
               (a) Ursprünglich allein deutsche Staatsangehörigkeit
               (b) Nachträglicher Erwerb der israelischen Staatsangehörigkeit
               (c) Auswirkungen auf die deutsche Staatsangehörigkeit
               (d) Vorrang der deutschen Staatsangehörigkeit bei deutsch-ausländischen Doppelstaatern
            (3) Scheidungsvoraussetzungen nach deutschem materiellen Recht

Fall 8: Internationale Rechtshängigkeit im Scheidungsverfahren 157

Lösung

Das Familiengericht kann in der Sache entscheiden, wenn der Antrag zulässig ist.

I. Internationale Zuständigkeit

Die Scheidung ist eine Ehesache i.S.d. § 606 Abs. 1 S. 1 ZPO. Die internationale Zuständigkeit folgt deshalb aus § 606 a Abs. 1 Nr. 1 2. Alt. ZPO, weil die Eheleute jedenfalls bei Eheschließung (ausschließlich) Deutsche waren; ob sie es immer noch sind, kann hier dahinstehen[2].

II. Sachliche und funktionelle Zuständigkeit

Die sachliche Zuständigkeit des Amtsgerichts folgt aus § 23 a Nr. 4 GVG, die funktionelle[3] des Familiengerichts aus § 23 b Abs. 1 Nr. 1 GVG.

III. Örtliche Zuständigkeit

Das Amtsgericht - Familiengericht - am Wohnort der Antragstellerin ist nach § 606 Abs. 2 S. 2 ZPO örtlich zuständig, da sich der Antragsgegner laut Sachverhalt nach wie vor in Israel aufhält.

IV. Anwaltszwang

Beide Parteien sind anwaltlich vertreten. Der Anwaltszwang des § 78 Abs. 2 Nr. 1 ZPO ist somit beachtet.

V. Einwand der anderweitigen Rechtshängigkeit

Der Scheidungsantrag könnte aber unzulässig sein, weil ein Scheidungsverfahren bereits vor dem Rabbinatsgericht schwebt und M möglicherweise deshalb gem. §§ 608, 261 Abs. 3 Nr. 1 ZPO den Einwand der anderweitigen Rechtshängigkeit erheben kann.

1. Voraussetzung ist neben der hier unproblematischen Identität der Parteien in beiden Verfahren zunächst, daß über den *identischen Streitgegenstand* gestritten wird. Daran könnte man im Hinblick darauf zweifeln, daß, wie aus dem zum Sachverhalt gegebenen Hinweis

---

[2] Aus verfassungsrechtlicher Sicht kritisch zu dieser sog. "Antrittszuständigkeit" *Geimer*, FS Schwind 1993, 17 (25 f.).
[3] Zum Begriff s.o. 1. Teil, 1. Kapitel, § 1 C I 3.

folgt, vor dem Rabbinatsgericht nur die Anordnung der Scheidung begehrt werden kann, welche dann im Wege der Privatscheidung vollzogen wird, während der Antrag zum deutschen Gericht auf den (rechtsgestaltenden) Ausspruch der Scheidung selbst gerichtet ist. Zwar ist im internen deutschen Recht eine Identität nur dann gegeben, wenn der zugrundeliegende Sachverhalt *und* der Klageantrag im zweiten Prozeß mit dem ersten Verfahren übereinstimmen[4]. Unter Berücksichtigung des Umstands aber, daß in internationalen Fällen die Fassung des Antrags häufig vom jeweiligen materiellen Recht bestimmt wird, das das Gericht seiner Entscheidung zugrundelegen wird, kann man hier die Identität der Anträge nicht im gleichen Maße fordern. Beide im vorliegenden Fall betriebenen Verfahren sollen in eine Scheidung münden, in beiden Verfahren überprüft das Gericht, ob die materiellen Voraussetzungen dafür vorliegen. Der rechtstechnische Unterschied, daß das israelische Gericht zwar ein Scheidungsurteil ausspricht, dadurch die Scheidung aber nicht vollzogen ist, erscheint vor dem Hintergrund des Zwecks der Vorschrift (kein doppeltes Verfahren in derselben Sache) marginal. Ist in der Sache dasselbe gewollt, ist es gerechtfertigt, von einer Identität der Verfahrensgegenstände auszugehen[5].

2. Der Begriff der Rechtshängigkeit in § 261 Abs. 3 Nr. 1 ZPO setzt weiterhin voraus, daß der Streit vor einem anderen *Gericht* schwebt.

a) Verfahren vor einem ausländischen Gericht
Die Vorschrift ist abgestellt auf ein Verfahren vor einem *deutschen* Gericht. Eine Mindermeinung möchte es generell ablehnen, der in-

---

[4] So der herrschende zweigliedrige Streitgegenstandsbegriff, vgl. *MünchKommZPO/Lüke*, vor § 253 Rdnr. 31 ff.
[5] Ebenso zum Ausgangsfall des BGH (NJW-RR 1994, 642) *Henrich*, IPrax 1995, 86 (87); *Geimer*, LM, Art. 17 EGBGB 1986 Nr. 6: Gleichgültig wie die Scheidung rechtstechnisch geschieht, ist es dem Ehemann nicht zuzumuten, sich gegen ein und dasselbe Petitum in zwei Staaten zur Wehr zu setzen. Der BGH selbst äußert sich im Urteil nur zur *Anerkennungsfähigkeit* einer möglichen Scheidungsanordnung des Rabbinatsgerichts, was aber allein dann erforderlich ist, wenn die Rechtshängigkeit grundsätzlich auch bei einer Privatscheidung zu berücksichtigen ist. Zur weiten Auslegung des Begriffs der Identität des Streitgegenstandes im internationalen Bereich vgl. auch die Entscheidungen des EuGH zu Art. 21 EuGVÜ (EuGH Slg. 1987, 4861 (4876) = RIW 1988, 818 (820) - *Gubisch/Palumbo*; EuGH Slg. 1994 I, 415 = EuZW 1995, 309 - *Tatry*) und *Kropholler*, EuZPR, Art. 21 Rdnr. 6 f.: Die Annahme einer Identität ist nicht auf den Fall der formalen Identität zweier Klagen zu beschränken. Klageantrag und Klagegrund müssen nicht vollkommen übereinstimmen.

Fall 8: Internationale Rechtshängigkeit im Scheidungsverfahren 159

ländischen Rechtshängigkeit eine ausländische gleichzustellen[6]. Dem kann man mit der h.M. folgendes entgegenhalten. Da die ausländische Gerichtstätigkeit der inländischen grundsätzlich gleichwertig ist, ist auch ein ausländisches Gerichtsverfahren zu beachten, um die Gefahr doppelter Beanspruchung der Gerichte und widersprechender Entscheidungen soweit wie möglich zu verhindern[7]. Stützen läßt sich dies im Gesetz vor allem auf § 328 ZPO. Wenn (unter bestimmten Voraussetzungen) die Wirkungen eines im Ausland *abgeschlossenen* Verfahrens anerkannt werden, und damit die Durchführung eines zweiten Verfahrens mit demselben Streitgegenstand im Inland wegen der *res-iudicata*-Wirkung unzulässig wird, dann ist es nur konsequent, auch ein noch nicht abgeschlossenes ausländisches Verfahren zu berücksichtigen, um nicht einen unwürdigen Wettlauf der Gerichte um den Eintritt der Rechtskraft zu fördern[8]. Daß § 328 Abs. 1 Nr. 3 1. Alt. ZPO dem deutschen Urteil auch dann Vorrang einräumt, wenn es später als das ausländische (möglicherweise auch aufgrund erst später eingetretener Rechtshängigkeit) ergangen ist, steht dem nicht entgegen, sondern ist nur eine im Interesse des internen Entscheidungseinklangs getroffene Regelung eines eingetretenen, aber unerwünschten Konflikts.

Die Rechtshängigkeit vor einem ausländischen Gericht ist deshalb - im Grundsatz - wie eine inländische Rechtshängigkeit zu behandeln[9].

b) Verfahren vor einem ausländischen religiösen Gericht

Im vorliegenden Fall schwebt das Verfahren vor dem Rabbinatsgericht, d.h. einem religiösen, keinem staatlichen Gericht. Fraglich ist, ob dieser Umstand die Anwendung von § 261 Abs. 3 Nr. 1 ZPO ausschließt. Im internen deutschen Recht ist Voraussetzung, daß es sich um ein *staatliches* Gericht i.S.d. Art. 92 GG handelt, ein Schiedsverfahren reicht z.B. nicht aus. Die Anforderungen an ausländische Gerichte müssen aber schwächer sein, weil es nicht Zweck der Vorschrift ist, die deutsche Gerichtsorganisation ins Ausland zu „exportieren". Es muß genügen, wenn eine mit *staatlicher Autorität* versehene Stelle handelt, die befugt ist, über Rechtsstreitigkeiten zu entscheiden. Dar-

---

[6] *Schütze*, DIZPR, 177 f. Ähnlich ist die traditionelle Sichtweise in vielen romanischen Rechtsordnungen, vgl. z.B. den früheren Art. 3 der italienischen ZPO, jetzt ersetzt durch Art. 7 Abs. 1 des italienischen IPR-Gesetzes vom 31. Mai 1995 (Aussetzung des Verfahrens bei ausländischer Rechtshängigkeit).
[7] *Schack*, IZVR, Rdnr. 747.
[8] *Geimer*, IZPR, Rdnr. 2686; *Schack*, IZVR, Rdnr. 747.
[9] So die fast einhellige Meinung in Deutschland, vgl. aus der Rspr. BGH FamRZ 1982, 917; BGH NJW 1986, 2195; *Schack*, IZVR, Rdnr. 748; *Geimer*, IZPR, Rdnr. 2685; *MünchKommZPO/Lüke*, § 261 Rdnr. 74.

unter fallen auch geistliche Gerichte, wenn und sobald der zuständige Staat ihre Entscheidungen auch mit weltlicher Wirkung versehen hat[10]. Diese Voraussetzung ist hier gegeben, weil das Rabbinatsgericht nach dem oben wiedergegebenen Gesetz in Israel das Monopol für Scheidungsverfahren unter Juden hat. Damit kann grundsätzlich auch ein Verfahren vor dem Rabbinatsgericht den Einwand der Rechtshängigkeit begründen.

c) Anerkennungsprognose

Der Grundsatz der Beachtlichkeit einer ausländischen Rechtshängigkeit bedarf einer Einschränkung. Er greift nur dann ein, wenn die das Verfahren beendende Entscheidung in Deutschland *anerkennungsfähig* wäre. Das ist die Konsequenz aus der obigen Auffassung, daß die Berücksichtigung der ausländischen Rechtshängigkeit die Vorstufe zur Anerkennung eines ausländischen Urteils darstellt. Ist nicht zu erwarten, daß die ausländische Entscheidung in Deutschland anerkannt wird, so treffen die für die Beachtung der ausländischen Rechtshängigkeit angeführten Argumente (insbesondere die Vermeidung möglicherweise widersprüchlicher, aber grundsätzlich gleichwertiger Entscheidungen) nicht zu. Vielmehr kann in diesem Fall ein (u.U. dringendes) Bedürfnis der Parteien gegeben sein, den Rechtsstreit im Inland parallel zum ausländischen Verfahren durchzuführen, um hier einen vollstreckungsfähigen Titel zu erlangen.

Die Beachtung der ausländischen Rechtshängigkeit hängt daher von einer positiven Anerkennungsprognose ab[11].

aa) Besonderes Anerkennungsverfahren?

Zu prüfen ist, ob das Gericht die Prognose über die Anerkennungsfähigkeit der möglicherweise aus dem rabbinatsgerichtlichen Verfahren folgenden Scheidung in eigener Verantwortung im Rahmen seiner Urteilsbegründung vornimmt, oder ob nicht vielmehr in einem besonderen Verfahren darüber zu entscheiden ist; im letzteren Fall käme hier keine Entscheidung in der Sache in Betracht, sondern es wäre das Verfahren gem. § 148 ZPO zunächst auszusetzen.

Zwar besteht im Grundsatz im deutschen Zivilprozeßrecht kein besonderes Anerkennungsverfahren für ausländische Gerichtsentscheide. Das befaßte deutsche Gericht hat deshalb die Voraussetzungen für eine Anerkennung jeweils inzident festzustellen. Eine Ausnahme gilt aber gerade für Ehescheidungen. Hier ist gem. Art. 7 § 1 Abs. 1 S. 1 Fam-

---

[10] *Staudinger/Spellenberg*, Internationales Verfahrensrecht in Ehesachen, § 328 ZPO Rdnr. 177 m.w.N.
[11] BGH NJW-RR 1994, 642 m.w.N.; *Kropholler*, IPR, § 60 I 2 b); *Firsching/v. Hoffmann*, IPR, § 3 Rdnr. 66; *Schack*, IZVR, Rdnr. 754; *Geimer*, IZPR, Rdnr. 2688.

Fall 8: Internationale Rechtshängigkeit im Scheidungsverfahren

RÄndG[12] grundsätzlich ein förmliches Anerkennungsverfahren vor der zuständigen Landesjustizverwaltung zu durchlaufen[13], deren Entscheidung dann eine auch das Gericht bindende *Feststellungswirkung* zukommt. Dem Verfahren unterliegen jedenfalls auch Privatscheidungen, bei denen wie hier eine Behörde oder eine mit staatlicher Autorität versehene religiöse Stelle *mitgewirkt* hat[14].
Das gilt allerdings nach dem eindeutigen Wortlaut der Vorschrift nur, wenn eine bereits *ergangene* Entscheidung anerkannt werden soll. Ist „nur" zu prüfen, ob eine in der Zukunft möglicherweise noch ergehende Entscheidung anerkannt werden könnte, ist Art. 7 § 1 FamRÄndG nicht einschlägig. Die *Anerkennungsprognose* kann das Gericht auch bei Ehescheidungen inzident in eigener Verantwortung erstellen[15].
Eine Aussetzung ist hier also nicht erforderlich.

bb) Anerkennungsvoraussetzungen

Damit kommt es hier darauf an, ob die Voraussetzungen für eine Anerkennung vorliegen.

---

[12] Abgedruckt in der Sammlung *Jayme/Hausmann* unter Nr. 101.
[13] Eine Unterausnahme wird nach S. 2 dann gemacht, wenn ein Gericht im Land der gemeinsamen Staatsangehörigkeit der Eheleute entschieden hat (bzw. der Tatbestand einer Privatscheidung vollständig in diesem Land verwirklicht wurde). Sind deutsche Doppelstaater beteiligt, ist allerdings nach h.M. entspr. Art. 5 Abs. 1 S. 2 EGBGB unabhängig von der effektiven auf die deutsche Staatsangehörigkeit abzustellen, vgl. *Staudinger/ Spellenberg*, Internationales Verfahrensrecht in Ehesachen, § 328 ZPO Rdnr. 581 m.w.N. Zur (Doppel-) Staatsangehörigkeit der Parteien im vorliegenden Fall s.u. im Text zu Fn. 23.
[14] *Palandt/Heldrich*, Art. 17 EGBGB Rdnr. 12 a.E.; *Firsching/v.Hoffmann*, IPR, § 8 Rdnr. 69; *Schack*, IZVR, Rdnr. 895; einen umfassenden Anwendungsbereich nehmen an: *Staudinger/Spellenberg*, Internationales Verfahrensrecht in Ehesachen, § 328 ZPO Rdnr. 561; *MünchKomm-ZPO/Gottwald*, § 328 Rdnr. 159; *Kropholler*, IPR, § 46 IV 4 b). Begründung: Trotz des Wortlauts von Art. 7 § 1 FamRÄndG ("Entscheidungen") unterliegen zur Vermeidung sinnwidriger Differenzierungen auch reine Privatscheidungen ohne jede Behördenbeteiligung dem Anerkennungsverfahren; diese Ansicht scheint uns überzeugend. Beispiele für Privatscheidungen unter Mitwirkung von Behörden sind neben der israelischen Scheidung solche, die der behördlichen Beurkundung oder der Eintragung in ein Personenstandsregister bedürfen; vgl. *Kegel*, IPRax 1983, 22 (24); ob diese Mitwirkung zur Wirksamkeit der Scheidung erforderlich ist oder nur klarstellende, deklaratorische Funktion hat, ist unerheblich, BGHZ 82, 34 (42).
[15] *Geimer*, IZPR, Rdnr. 3025 m.w.N; *Martiny*, in: HdbIntZVR III/1, Rdnr. 1665.

(1) Da vorrangige staatsvertragliche Regelungen nicht bestehen[16], ist das autonome deutsche Recht anzuwenden. Maßgeblich für die Anerkennung einer ausländischen streitigen Entscheidung in Ehesachen ist grundsätzlich § 328 Abs. 1 Nr. 1-4 ZPO[17]. Damit stellt sich zunächst die Frage, ob hier eine streitige gerichtliche Entscheidung vorliegt. Mit der Entscheidung des Rabbinatsgerichts wird die Ehe der Parteien noch nicht geschieden. Das Gericht stellt nur fest, daß die Ehe geschieden werden muß, ohne selbst einen rechtsgestaltenden Akt vorzunehmen. Die Rechtsgestaltung erfolgt erst durch die Übergabe des Scheidungsbriefes, die trotz der gerichtlichen Protokollierung als Privatakt angesehen werden muß[18]. Der auf Hoheitsakte ausgerichtete § 328 ZPO

---

[16] Der deutsch-israelische Anerkennungs- und Vollstreckungsvertrag von 1977, BGBl. 1980 II 926 (in der Sammlung *Jayme/Hausmann* nicht abgedruckt), ist nach seinem Art. 4 Abs. 1 Nr. 1 auf Statusentscheidungen nicht anwendbar.

[17] Zu beachten ist, daß für Ehesachen nach Art. 7 § 1 Abs. 1 S. 2 FamRÄndG das Erfordernis der Gegenseitigkeit nicht besteht - in der primär Verfahrensfragen regelnden Vorschrift ist also auch eine materielle Modifikation der Anerkennungsvoraussetzungen enthalten. Für Entscheidungen der freiwilligen Gerichtsbarkeit (z.B. Sorgerechtssachen, Vormundschaftssachen) findet sich die Anerkennungsregelung in § 16 a FGG.

[18] A.A. *Scheftelowitz*, FamRZ 1995, 593 (594), der wegen der zwingenden Mitwirkung des Gerichts und der von den Parteien einzuhaltenden prozeduralen Vorschriften die Scheidung nach jüdischem Recht trotz ihres Vollzuges durch die Parteien als gerichtliche Scheidung ansehen will; ebenso (ohne eingehende Begründung) *Falk*, FamRZ 1995, 1251 (1252) Fn. 9a. Wer dieser Auffassung folgt, hat § 328 ZPO anzuwenden und zu prüfen, ob eines der dort genannten Anerkennungshindernisse eingreift. Zunächst ist unter spiegelbildlicher Anwendung deutscher Gesetze die internationale Zuständigkeit israelischer Gerichte zu ermitteln (§ 328 Abs. 1 Nr. 1 ZPO). Diese könnte sich aus § 606 a Abs. 1 Nr. 1 ZPO (Staatsangehörigkeit des Gerichtslandes) ergeben. Das ist jedoch zweifelhaft, weil beide Parteien sowohl die israelische als auch die deutsche Staatsangehörigkeit (vgl. dazu die Ausführungen in der Hauptlösung) besitzen. Es ist nicht abschließend geklärt, ob sich die deutsche Staatsangehörigkeit in entsprechender Anwendung der internationalprivatrechtlichen Regelung des Art. 5 Abs. 1 S. 2 EGBGB durchsetzt, die effektive Staatsangehörigkeit zu ermitteln ist oder der schlichte Besitz der Nationalität des Gerichtsstaates unabhängig von Effektivität oder Konkurrenz mit der deutschen Staatsangehörigkeit ausreicht, vgl. *Martiny*, in: HdbIZVR III/1 Rdnr. 748. Auch § 606 a Abs. 1 Nr. 2 ZPO (gemeinsamer gewöhnlicher Aufenthalt im Gerichtsstaat) hilft nicht sicher weiter, weil die Ehefrau unmittelbar nach Anbringung des Scheidungsantrags beim Rabbinatsgericht Israel verlassen hat. Maßgeblicher Zeitpunkt ist der der Rechtshängigkeit (§ 261 Abs. 1, Abs. 3 Nr. 2 ZPO), weshalb geklärt werden müßte, ob diese in Israel bereits mit Zugang des Begehrens bei Gericht oder erst mit Zustellung beim Prozeßgegner (wie nach § 253 Abs. 1 ZPO) eintritt. Einer Entscheidung be-

Fall 8: Internationale Rechtshängigkeit im Scheidungsverfahren 163

paßt auf private Rechtsgeschäfte nicht. Folglich ist zu entscheiden, ob man hier auf den die Ehe auflösenden Privatakt oder auf die gerichtliche Entscheidung, die nur einen Zwischenschritt bei der Auflösung der Ehe ist, abstellt. Für letzteres spricht, daß grundsätzlich auch Feststellungsurteile, denen der Ausspruch des Rabbinatsgerichts gleichgestellt werden könnte, anerkennungsfähig sind. Bei der Prüfung der Identität des Streitgegenstandes wurde aber die Betonung auf das Auflösungsbegehren mit ehebeendender Wirkung in beiden Verfahren gelegt. Daher erscheint es auch hier konsequent, die Anerkennung nur auf den ehebeendenden Akt zu beziehen. Die der Anerkennungsprüfung unterliegende Entscheidung ist daher nicht das Urteil des Rabbinatsgerichts, sondern der private Akt der Übergabe des Scheidungsbriefes. Eine Scheidung verliert ihren Charakter als Privatscheidung nicht dadurch, daß ein Gericht zwar mitwirkt, seine Tätigkeit aber nicht *konstitutiv* ist[19]. Für die Anerkennung einer solchen Privatscheidung sind die Normen des IPR und nicht die verfahrensrechtlichen Regelungen des § 328 ZPO anzuwenden. Folge ist, daß es für die Anerkennung einer Privatscheidung darauf ankommt, ob die materiell-rechtlichen Voraussetzungen nach dem über Art. 17 EGBGB ermittelten Scheidungsstatut vorliegen[20].

---

dürfen jedoch beide Zweifelsfragen nicht, weil nach § 606 a Abs. 1 Nr. 4 ZPO es jedenfalls ausreicht, daß der Ehemann nach wie vor seinen gewöhnlichen Aufenthalt in Israel hat; der Anerkennungsprognose nach § 606 a Abs. 1 Nr. 4 HS 2 ZPO bedarf es nicht, § 606 a Abs. 2 ZPO. Damit ist die spiegelbildliche internationale Zuständigkeit der israelischen Gerichte gegeben. Anerkennungshindernisse nach § 328 Abs. 1 Nr. 2-4 ZPO sind nicht ersichtlich; § 328 Abs. 1 Nr. 5 ZPO ist in Ehesachen nach Art. 7 § 1 Abs. 1 S. 2 FamRÄndG nicht anwendbar, s.o. Fn. 17. Damit ist auf dem Boden dieser Auffassung die Anerkennungsprognose positiv; das deutsche Gericht darf wegen der entgegenstehenden Rechtshängigkeit in Israel nicht in der Sache entscheiden.

[19] *Staudinger/Spellenberg*, Internationales Verfahrensrecht in Ehesachen, § 328 ZPO Rdnr. 494.
[20] Vgl. BGH NJW-RR 1994, 642 (643); *Staudinger/Spellenberg*, Internationales Verfahrensrecht in Ehesachen, § 328 ZPO Rdnr. 499 m.w.N.; *Kropholler*, IPR, § 46 IV 4; *Firsching/v.Hoffmann*, IPR, § 8 Rdnr. 70. *Der Bearbeiter muß sich also bei ausländischen Privatscheidungen folgende etwas vertrackte Situation klarmachen: 1. Hinsichtlich der **Rechtshängigkeit** wird eine Privatscheidung dann einer gerichtlichen gleichgestellt, wenn wie im vorliegenden israelischen Fall ein zwingendes gerichtliches Verfahren auf Zulassung/Anordnung der Scheidung vor deren eigentlichem Vollzug durch Rechtsgeschäft schwebt. 2. Bezüglich des **Anerkennungsverfahrens** nach Art. 7 § 1 FamRÄndG gilt: Es ist zu durchlaufen, wenn eine bereits **vollzogene** Scheidung anzuerkennen ist (etwa als Vorfrage im Rahmen einer geplanten Wiederheirat); nach h.M. wird eine Privatscheidung davon erfaßt, wenn eine ausländische Behörde*

(2) Ermittlung des Scheidungsstatuts

Nach Art. 17 Abs. 1 EGBGB unterliegt die Scheidung dem Recht, das für allgemeine Ehewirkungen bei Rechtshängigkeit des Scheidungsantrags, hier also zum Zeitpunkt der Einreichung des Antrags beim Rabinatsgericht, maßgeblich ist.

Das Ehewirkungsstatut seinerseits wird über die Anknüpfungsleiter des Art. 14 Abs. 1 EGBGB ermittelt. Eine Rechtswahl nach Art. 14 Abs. 2-4 EGBGB ist hier nicht getroffen worden, so daß deren einzelnen Zulässigkeitsvoraussetzungen nicht zu prüfen sind. Es kommt nach Art. 14 Abs. 1 Nr. 1 EGBGB die Anknüpfung an das Recht der gemeinsamen Staatsangehörigkeit in Betracht. Welche Staatsangehörigkeit eine Person besitzt, entscheidet jeweils das Staatsangehörigkeitsrecht des betreffenden Staates[21]; kein Staat kann bestimmen, wie die Staatsangehörigkeit eines fremden Landes erworben wird. Im Folgenden ist deshalb sowohl aus der Sicht des deutschen als auch des israelischen Rechts zu untersuchen, welchem Staat die Parteien angehören.

(a) Zunächst waren nach dem Sachverhalt beide Ehepartner Deutsche. Fraglich ist, wie sich die Einwanderung nach Israel ausgewirkt hat.

(b) *Aus israelischer Sicht* haben die Eheleute mit dem Tag der Einwanderung nach Israel als Juden nach § 2 des israelischen Staatsangehörigkeitsgesetzes i.V.m. § 1 f. des Rückkehrgesetzes „automatisch", also kraft Gesetzes, die israelische Staatsangehörigkeit erworben.

(c) Zu prüfen bleibt, ob sich *aus deutscher Sicht* Auswirkungen auf die deutsche Staatsangehörigkeit ergeben. Nach § 25 Abs. 1 RuStAG[22] verliert nur der seine deutsche Staatsangehörigkeit, der *auf seinen Antrag* eine ausländische Staatsangehörigkeit erwirbt. Hier geschah der Erwerb der israelischen Staatsangehörigkeit kraft Gesetzes auch ohne dahingehenden Willen der Ehegatten. Dem Antrag auf Erteilung eines

---

*"irgendwie", und sei es nur sehr am Rande durch eine deklaratorische Registrierung o.ä., mitgewirkt hat, die bereits oben (Fn. 14) für richtig gehaltene Mindermeinung will **jede** Privatscheidung dem Verfahren unterwerfen. Ob das Anerkennungsverfahren nach Art. 7 § 1 Abs. 1 S. 3 FamRÄndG dann nicht notwendig ist, wenn Privatscheidungen ganz im gemeinsamen Heimatland der Parteien vollzogen wurden, ist streitig; bei deutschen Doppelstaatern setzt sich entsprechend Art. 5 Abs. 1 S. 2 EGBGB immer die deutsche Staatsangehörigkeit durch, so daß die Ausnahme in dieser Konstellation nicht eingreifen kann. 3. Die **Anerkennungsvoraussetzungen** sind bei Privatentscheidungen, bei denen ein Gericht oder eine Behörde nicht konstitutiv mitgewirkt hat, im Rahmen der Anerkennung nicht § 328 ZPO zu entnehmen, sondern es ist danach zu fragen, ob die materiell-rechtlichen Voraussetzungen des über Art. 17 EGBGB bestimmten Scheidungsstatuts vorliegen.*

[21] Vgl. *Palandt/Heldrich*, Art. 5 EGBGB Rdnr. 1; *Firsching/v.Hoffmann*, IPR, § 5 Rdnr. 37.

[22] Abgedruckt in der Textsammlung von *Jayme/Hausmann* unter Nr. 143.

Fall 8: Internationale Rechtshängigkeit im Scheidungsverfahren 165

Einreisevisums ist allein der Wunsch zu entnehmen, sich in Israel niederlassen zu wollen; einem Antrag auf Erwerb der israelischen Staatsangehörigkeit kann er deshalb nicht gleichgestellt werden[23]. Damit haben die Eheleute die deutsche Staatsangehörigkeit durch die Einbürgerung in Israel nicht verloren.

(d) Beide Ehepartner waren also zum Zeitpunkt der Antragseinbringung beim Rabbinatsgericht Doppelstaater mit sowohl deutscher als auch israelischer Staatsangehörigkeit. Welche Staatsangehörigkeit bei Mehrstaatern das Scheidungsstatut bestimmt, richtet sich nach Art. 5 Abs. 1 EGBGB. Grundsätzlich ist die sog. „effektive" Staatsangehörigkeit maßgeblich, d.h. es wird auf das Recht des Staates verwiesen, zu dem die betreffende Person (im maßgeblichen Zeitpunkt) aufgrund von objektiv bestimmbaren Merkmalen die engste Verbindung hat, wobei insbesondere der gewöhnliche Aufenthalt ein wichtiges Kriterium sein kann. Bei deutsch-ausländischen Doppelstaatern gilt allerdings gemäß Art. 5 Abs. 1 S. 2 EGBGB eine Sonderregel: Unabhängig von der effektiven Staatsangehörigkeit hat hier immer die deutsche Nationalität Vorrang[24]. Folglich sind beide Parteien hier wie Nur-Deutsche zu behandeln; es gilt nach Art. 17 Abs. 1 EGBGB i.V.m. Art. 14 Abs. 1 Nr. 1 EGBGB für die Scheidung deutsches materielles Recht.

(3) Scheidungsvoraussetzungen nach deutschem materiellen Recht

Die Voraussetzungen für eine Scheidung nach deutschem Recht sind in §§ 1564 ff. BGB geregelt. § 1564 S. 1 BGB schreibt vor, daß eine Ehe nur durch ein Gericht geschieden werden kann. Ist diese Norm anwendbar, so ist bereits aus diesem Grund die israelische Privatscheidung nicht anzuerkennen, ohne daß es auf die Scheidungsgründe der §§ 1565 ff. BGB ankäme. Die Anwendbarkeit der Vorschrift hängt davon ab, ob sie (auch) materiellrechtlichen Charakter hat oder sich in einem formalen bzw. verfahrensrechtlichen Gehalt erschöpft; im letzteren Fall wäre sie, da Art. 17 EGBGB nur das materielle deutsche Recht beruft, von der Verweisung nicht erfaßt und stünde somit

---

[23] Vgl. BGH NJW-RR 1994, 642 (643); *Makarov/v.Mangoldt*, Deutsches Staatsangehörigkeitsrecht, Losebl., Bd. I (Stand 1993), § 25 RuStAG Rdnr. 32.

[24] Als Gründe für die Sonderbehandlung deutsch-ausländischer Doppelstaater werden in der Gesetzesbegründung Rechtssicherheit, Praktikabilität durch vermehrte Anwendung der deutschen lex fori und die sich aus der Anknüpfung an die effektive Staatsangehörigkeit ergebende Verunsicherung angeführt (BT-Drucks. 10/504, 40 f.). Zu Recht kritisch zu dieser Lösung weite Teile der Literatur, z.B. *MünchKomm/Sonnenberger*, Art. 5 EGBGB Rdnr. 10 ff.; *Kropholler*, IPR, § 37 II 1 a); *Firsching/v.Hoffmann*, IPR, § 5 Rdnr. 22. De lege lata ist dem Gesetzgeber jedoch selbstverständlich Folge zu leisten.

(lägen die übrigen Voraussetzungen vor) der Anerkennung der israelischen Privatscheidung nicht entgegen.

Verfahrensrechtlich wäre die Norm dann zu qualifizieren, wenn ihr Aussagegehalt sich darauf beschränkte, die Durchführung eines gerichtlichen Verfahrens anzuordnen[25]. Die h.M. entnimmt ihr aber mehr. Kommt in § 1564 BGB die Grundentscheidung des deutschen Scheidungs- und Scheidungsfolgenrechts zum Ausdruck, daß über die Scheidung einer Ehe immer ein Gericht zu befinden hat, so folgt daraus zugleich, daß keine unmittelbar wirkende Vereinbarung der Ehegatten über die Scheidung einer Ehe zugelassen ist. Das „Verbot" einer rechtsgeschäftlichen Einigung der Parteien über die Beendigung ihrer Ehe ist aber eine materiellrechtliche Regelung[26].

Die Argumentation der h.M. läßt sich durch einen Hinweis auf Art. 17 Abs. 2 EGBGB untermauern. Nach dieser Ausnahmevorschrift sind Privatscheidungen, die im Inland ohne gerichtliches Verfahren vollzogen worden sind, generell unwirksam, auch (und gerade) dann, wenn sie einem ausländischen Scheidungsstatut unterliegen, das die Privatscheidung zuläßt[27]. Damit setzt die Norm gerade voraus, daß es sich um eine Frage handelt, die „eigentlich" nach dem Scheidungsstatut zu beantworten ist, also materiell-rechtlichen Charakter hat.

Als Ergebnis ist damit festzuhalten: Die Scheidung der Ehe der Parteien unterliegt deutschem materiellen Recht, das eine Privatscheidung nicht zuläßt. Eine Privatscheidung, die am Ende des in Israel geführten Verfahrens stehen würde, kann demnach in Deutschland nicht anerkannt werden. Ist aber die Anerkennungsprognose negativ, so kann das derzeit schwebende Verfahren in Israel auch nicht den Einwand der Rechtshängigkeit gegenüber dem vor dem deutschen Gericht gestellten Scheidungsantrag begründen. Sonstige Zulässigkeitsprobleme sind nicht ersichtlich. Damit ist der Antrag zulässig, das Familiengericht kann in der Sache entscheiden.

---

[25] So im Ergebnis OLG Koblenz, IPRax 1988, 178 mit zustimmender Anm. *Jayme.*
[26] Vgl. BGHZ 110, 267 (276); *Palandt/Heldrich*, Art. 17 EGBGB Rdnr. 35; *Firsching/v.Hoffmann*, IPR, § 8 Rdnr. 70.
[27] Vgl. *MünchKomm/Winkler v. Mohrenfels*, Art. 17 EGBGB Rdnr. 89.

Fall 9: Internationales Abstammungsrecht

Sachverhalt[1]

Der deutsche Staatsangehörige V heiratete am 29.1.1982 in Deutschland die M, die aus der früheren jugoslawischen Teilrepublik Bosnien-Herzegowina stammt. Am 5.8.1983 wurde die Tochter T, am 5.9.1986 der Sohn S geboren. T und S sind allein deutsche Staatsangehörige. Zum Zeitpunkt der Geburt der Kinder war M jugoslawische Staatsangehörige. Alle Beteiligten lebten und leben in Stuttgart.

Durch Verbundurteil des Amtsgerichts - Familiengericht - Stuttgart vom 19.4.1993 wurde die Ehe geschieden und der Mutter die elterliche Sorge über die Kinder übertragen.

V hat am 21.8.1992 vor dem Amtsgericht Stuttgart Ehelichkeitsanfechtungsklage gegen beide Kinder eingereicht. Er trägt vor, er habe 1991 erstmals Hinweise auf Umstände erhalten, die dafür sprechen, daß er nicht ihr wahrer Vater sei. Diese Hinweise hätten sich im Januar 1992 durch einen Anruf aus Jugoslawien verdichtet. Die Klage wurde am 4.10.1992 zugestellt.

1. Ist das Amtsgericht Stuttgart international zuständig?
2. Welches Recht ist anwendbar? Ist die Anfechtung verfristet?

Hinweis: In der Föderativen Sozialistischen Republik Jugoslawien lag die Gesetzgebungskompetenz auf dem Gebiet des Familienrechts seit 1971 bei den Teilrepubliken und autonomen Gebieten, vgl. *Bergmann/Ferid*, Internationales Ehe- und Kindschaftsrecht, Jugoslawien, S. 20 f.

Anhang: Gesetzestexte

I. Jugoslawisches Gesetz vom 15. Juli 1982 zur Lösung von Gesetzeskollisionen mit den Vorschriften anderer Staaten für bestimmte Verhältnisse (IPR-Gesetz)
Art. 41. Auf die Anerkennung, Bestätigung oder Anfechtung der Vaterschaft bzw. Mutterschaft ist das Recht des Staates anzuwenden, dessen Staatsangehörigkeit die Person, deren Vaterschaft oder Mutterschaft anerkannt, bestätigt oder angefochten wird, zur Zeit der Geburt des Kindes besaß.

Hinweis: Es ist für die Klausurbearbeitung davon auszugehen, daß die heute unabhängige Republik Bosnien-Herzegowina zur Lösung von IPR-Fragen auf das IPR-Gesetz Jugoslawiens zurückgreift.

---

[1] Nach BGH NJW 1994, 2360.

II. Jugoslawisches Gesetz betreffend die Entscheidung über Gesetzes- und Zuständigkeitskollisionen in Status-, Familien- und Erbbeziehungen vom 27. Februar 1979 (ILRG)

Art. 28. (1) Für die Feststellung oder Anfechtung der Vaterschaft bzw. der Mutterschaft ist das Recht der [jugoslawischen Teil-]Republik bzw. des Autonomen Gebietes maßgeblich, auf deren Territorium sich der Wohnsitz der Person befindet, die als der mutmaßliche Vater bzw. die Mutter (...) gilt; hat aber der mutmaßliche Vater bzw. die mutmaßliche Mutter keinen Wohnsitz auf dem Territorium der SFR Jugoslawien, so ist das Recht der Republik maßgeblich, deren Staatsangehörige der mutmaßliche Vater oder die mutmaßliche Mutter ist.

(2) Hat der mutmaßliche Vater bzw. die mutmaßliche Mutter nicht die Staatsangehörigkeit der SFR Jugoslawien und ist nach den Regeln des internationalen Rechts für die Feststellung oder Bestreitung der Vater- bzw. Mutterschaft das Recht der SFR Jugoslawien anzuwenden, so ist das Recht der Republik bzw. des Autonomen Gebietes, auf deren Territorium der mutmaßliche Vater bzw. die mutmaßliche Mutter den Wohnsitz hat, maßgeblich; haben sie aber keinen Wohnsitz auf dem Territorium der SFR Jugoslawien, dann ist das Recht der Republik bzw. des Autonomen Gebietes maßgeblich, auf deren Territorium sich der Wohnsitz des Kindes befindet oder - wenn sich aber der Wohnsitz des Kindes nicht auf dem Territorium der SFR Jugoslawien befindet - das Recht der Republik, deren Staatsangehöriger er ist.

III. Bosnisches Gesetzes über die Familie v. 29.5.1979 (FamG)

Art. 125. Die Klage auf Bestreitung der Vaterschaft ... kann innerhalb einer Frist von 6 Monaten nach dem Tag der Kenntnisnahme der Tatsache, aus der geschlossen werden kann, daß der Kläger nicht der Vater des Kindes ist, oder spätestens bis zur Vollendung des zehnten Lebensjahres des Kindes erhoben werden.

Hinweis: Die Vorschriften zur Vaterschaftsanfechtung ergreifen auch den Fall der Ehelichkeitsanfechtung.

Vorbemerkungen

I. Im Falltext finden sich auffallend viele und genaue Daten. Der Bearbeiter, der hierbei stutzig wird und sich zugleich erinnert, daß das „neue" IPR in Deutschland am 1.9.1986 in Kraft getreten ist, kommt damit bereits zum ersten Schwerpunkt dieser Aufgabe, nämlich zum intertemporalen Kollisionsrecht. Es fragt sich, ob die Ehelichkeitsanfechtung hinsichtlich der T wegen ihrer vor diesem Stichtag liegenden Geburt altem oder neuem IPR unterliegt. Entscheidend ist, ob es sich trotz der erst viel später erfolgenden Anfechtung um einen „abgeschlossenen" Vorgang i.S.d. Art. 220 Abs. 1 EGBGB handelt. Über die Definition dieses Begriffes herrscht ein Streit, der auch den heutigen

Fall 9: Internationales Abstammungsrecht 169

Studenten der Wahlfachgruppe geläufig sein sollte. Intertemporale Probleme werden die Praxis noch lange begleiten und können in der Ausbildung deshalb (noch) nicht vernachlässigt werden.

II. Ähnliches gilt auch für das zweite Problem, das auf den ersten Blick abseitig scheinen mag: Was gilt, wenn auf das Recht eines Staates verwiesen wird, der heute - d.h. zum Zeitpunkt der zu fällenden Entscheidung - gar nicht mehr existiert? Die Zerfallserscheinungen nicht nur im ehemaligen Jugoslawien, sondern im gesamten östlichen Europa haben dieser Problematik neue Aktualität verliehen. Die Gerichte, so auch der BGH in der hier zugrundeliegenden Entscheidung und das OLG Stuttgart[2] als Vorinstanz, hüllen sich zumeist in Schweigen, wie sie zu der von ihnen gefundenen Lösung gekommen sind - ein Grund mehr, sich darüber einmal in einer Klausur Gedanken zu machen. Für eine gute Bearbeitung kommt es dabei weniger darauf an, die hier in der Musterlösung vertretene Meinung zu treffen; wichtiger ist, das Problem zu sehen und sich mit ein oder zwei Argumenten für eine vertretbar erscheinende Lösung zu entscheiden.

III. Schließlich beleuchtet der Fall auch die Schwierigkeiten, die sich daraus ergeben, daß der Gesetzgeber mit kollisionsrechtlichen Mitteln, hier mit der Alternativanknüpfung des Art. 19 Abs. 1 S. 2 EGBGB, ein bestimmtes *materiellrechtliches* Ergebnis, hier „die Ehelichkeit", zu begünstigen versucht. Soll damit nur die Begründung der Ehelichkeit favorisiert oder auch deren Anfechtung erschwert werden? Wie steht es bei Alternativanknüpfungen mit der Beachtlichkeit eines Renvoi?

IV. Aufbaumäßig sollte auch dieser Fall angesichts der eng umgrenzten Aufgabenstellung keine Probleme bereiten: Die Frage nach der internationalen Zuständigkeit kann für beide Anfechtungen gemeinsam beantwortet werden. Beim in der Sache anwendbaren Recht empfiehlt sich hingegen, getrennt vorzugehen, weil sich nur bei T die oben angesprochene intertemporale Problematik stellt, welche - jedenfalls nach h.M. - zur Anwendung des Art. 18 EGBGB a.F. führt, während die Anfechtung bezüglich S nach Art. 19 EGBGB n.F. zu beurteilen ist.

Gliederung der Lösung

Frage 1: Internationale Zuständigkeit
Frage 2: Anwendbares Recht/Verfristung der Anfechtung
A. Ehelichkeitsanfechtung bzgl. T
   I. Anwendbares Recht
      1. Intertemporales Kollisionsrecht
         a) „Materiellrechtliche Abgeschlossenheit"
         b) „Kollisionsrechtliche Abgeschlossenheit"
         c) Gestreckte Tatbestände
      2. Art. 18 Abs. 1 EGBGB a.F.
   II. Materielles deutsches Recht

---

[2] OLG Stuttgart FamRZ 1993, 471.

B. Ehelichkeitsanfechtung bzgl. S
  I. Keine intertemporale Problematik
 II. Grundsatzanknüpfung: Art. 19 Abs. 1 S. 1 EGBGB n.F.
III. Zwischenergebnis nach Art. 19 Abs. 1 S. 1 EGBGB
IV. Ausschluß der Ehelichkeitsanfechtung wegen Art. 19 Abs. 1 S. 2 EGBGB?
    1. Verweisung auf das Heimatrecht der Mutter
       a) Verweisung auf das Recht eines heute gespaltenen Staates
       b) Gesamtverweisung?
    2. Anfechtungsfrist nach bosnischem Recht
    3. Ausschluß der Anfechtung nach deutschem Recht?

Lösung

Frage 1: Internationale Zuständigkeit

Die Klage des V berührt den ehelichen Status der Kinder. Als Personenstandssache fällt sie deshalb aus dem sachlichen Anwendungsbereich des EuGVÜ heraus, Art. 1 Abs. 2 Nr. 1 EuGVÜ[3]. Da die Entscheidung über die Ehelichkeit eines Kindes auch keine Schutzmaßnahme i.S.d. Art. 1 Minderjährigenschutzabkommen (MSA) ist[4], ist die internationale Zuständigkeit auf das autonome deutsche Zivilprozeßrecht zu stützen. Gem. § 640 Abs. 2 Nr. 2 ZPO handelt es sich bei der Anfechtung der Ehelichkeit eines Kindes um eine Kindschaftssache. Somit ist § 640 a Abs. 2[5] ZPO anwendbar. Die internationale Zuständigkeit ergibt sich aus § 640 a Abs. 2 Nr. 1 ZPO (weil jedenfalls V Deutscher ist), und aus § 640 a Abs. 2 Nr. 2 ZPO (weil alle Beteiligten ihren Lebensmittelpunkt und damit ihren gewöhnlichen Aufenthalt in Deutschland haben).

---

[3] Vgl. *Kropholler*, EuZPR, Art. 1 Rdnr. 21 f.
[4] KG OLGZ 1977, 452 (456); *Palandt/Heldrich*, Anh. zu Art. 24 EGBGB Rdnr. 14; *MünchKomm/Siehr*, Anh. zu Art. 19 EGBGB Rdnr. 98. Das Argument ist, daß Abstammungsfragen nicht vorrangig unter dem Gesichtspunkt des Kindeswohls beantwortet zu werden pflegen, wie es für "Schutz-"maßnahmen kennzeichnend ist.
[5] *§ 640 a Abs. 1 ZPO betrifft allein die **örtliche** Zuständigkeit. Abgesehen von den in § 641 ZPO genannten Streitsachen (für die § 641 a ZPO gilt) sind Kindschaftssachen im allgemeinen Gerichtsstand des Beklagten, §§ 12 ff. ZPO, anhängig zu machen. § 640 a Abs. 1 ZPO trifft Vorsorge für den Fall, daß ein solcher im Inland fehlt. Deshalb ist die Reihenfolge der Absätze in § 640 ZPO leicht irreführend: § 640 Abs. 1 ZPO interessiert erst, wenn die internationale Zuständigkeit über § 640 Abs. 2 ZPO bejaht wurde und §§ 12 ff. ZPO für die Begründung der örtlichen Zuständigkeit ausfallen.*

Fall 9: Internationales Abstammungsrecht 171

Frage 2: Anwendbares Recht / Verfristung der Anfechtung

A. Ehelichkeitsanfechtung bzgl. T

I. Anwendbares Recht

Ist das MSA nicht einschlägig (s.o.), so ist - da andere internationale Konventionen ebenfalls nicht eingreifen - auch die Frage nach dem anwendbaren Recht anhand des autonomen deutschen Kollisionsrechts zu beantworten.

1. Intertemporales Kollisionsrecht

T wurde vor Inkrafttreten des IPR-Neuregelungsgesetzes am 1.9.1986 geboren. Fraglich ist deshalb, ob die Anfechtung ihrer Ehelichkeit altem oder neuem IPR unterliegt. Dies bestimmt sich nach Art. 220 Abs. 1 EGBGB. Nach dieser Vorschrift bleibt auf „abgeschlossene Vorgänge" das bisherige Kollisionsrecht anwendbar. Streitig ist, was ein abgeschlossener Vorgang in diesem Sinne ist. Es stehen sich zwei Meinungen gegenüber:

a) „Materiellrechtliche Abgeschlossenheit"

Nach einer Mindermeinung in der Literatur kommt es auf die Abgeschlossenheit eines Vorgangs aus materiellrechtlicher Sicht an. Ein Vorgang ist demnach abgeschlossen, wenn nach dem Statut, das von einer vor dem 1.9.1986 geltenden Kollisionsnorm berufen wird, bereits vor diesem Zeitpunkt *materielle* Rechtsfolgen ausgelöst worden sind[6].

b) „Kollisionsrechtliche Abgeschlossenheit"

Die h.M., insbesondere die fast einhellige Rechtsprechung, stellt hingegen auf eine ausschließlich kollisionsrechtliche Sichtweise ab. Ein Vorgang gilt dann als abgeschlossen, wenn kollisionsrechtlich das auf ihn anzuwendende Sachrecht bereits abschließend bestimmt, d.h. unwandelbar fixiert worden ist[7]. Abgeschlossene Vorgänge sind damit alle unwandelbar angeknüpften Rechtsverhältnisse, deren Anknüpfungstatbestand sich vor dem Stichtag des 1. 9. 1986 verwirklicht hat[8].

---

[6] *MünchKomm/Sonnenberger*, Art. 220 EGBGB Rdnr. 12; *Rauscher*, IPRax 1987, 137 (138), *Hepting*, StAZ 1987, 188 (189); *Staudinger/Dörner*, Art. 220 EGBGB Rdnr. 20.
[7] BGH NJW 1993, 2305 (2306).
[8] BGH NJW 1994, 2360; *Palandt/Heldrich*, Art. 220 EGBGB Rdnr. 2 f. m.w.N.

Über die Unwandelbarkeit entscheidet dabei das neue Recht[9].

Hier kommen beide Auffassungen hinsichtlich der Frage der Ehelichkeit der T zu demselben Ergebnis, wenn auch mit unterschiedlichen Begründungen: Die h.M. stellt darauf ab, daß mit der Geburt des Kindes kollisionsrechtlich (Art. 19 Abs. 1 S. 1 EGBGB n.F.) das auf die eheliche Abstammung anzuwendende Sachrecht unwandelbar fixiert ist. Da die Geburt vor dem 1.9.1986 lag, ist das maßgebliche Statut für die eheliche Abstammung nach altem Kollisionsrecht zu ermitteln. Aus der Sicht der Mindermeinung ist entscheidend, daß nach dem vom alten Kollisionsrecht (Art. 18 Abs. 1 EGBGB a.F.) berufenen deutschen Recht zugleich mit der ehelichen Geburt auch materiellrechtliche Rechtsfolgen eintreten (z.b. gemeinsames Sorgerecht der Eltern). Für die eheliche Abstammung der T ist damit nach beiden Meinungen jedenfalls im Grundsatz das alte Kollisionsrecht maßgeblich. Eine Entscheidung, welcher Meinung zu folgen ist, erübrigt sich[10].

---

[9] Vgl. z.B. BGH NJW-RR 1991, 386; *Palandt/Heldrich* Art. 220 EGBGB Rdnr. 2; a.M. *Kaum*, IPRax 1987, 280 (284). *Nach h.M. ist deshalb wie folgt zu prüfen: Wurde der Tatbestand einer **neuen** Kollisionsnorm bereits vor dem 1.9.1986 vollständig verwirklicht und ist durch die Anknüpfung dieser Kollisionsnorm das anwendbare Recht unwandelbar fixiert (z.B. Erbstatut mit Tod des Erblassers)? Wenn ja, ist das maßgebliche Statut mit Hilfe des alten Kollisionsrechts zu ermitteln.*

[10] *Es dürfte durchaus den Regelfall darstellen, daß die materiellrechtliche und die kollisionsrechtliche Auffassung zu demselben Ergebnis führt und der Klausurbearbeiter sich deshalb einer Stellungnahme enthalten kann: Ist der Tatbestand einer Kollisionsnorm erfüllt, treten jedenfalls dem Grunde nach zumeist auch materielle Rechtsfolgen ein. In den seltenen Konstellationen, in denen das nicht der Fall ist, muß man sich mit einem Argument für die eine oder andere Seite entscheiden: Für die h.M. kann man ins Feld führen, daß Art. 220 EGBGB als eine Übergangsregel für das Kollisionsrecht konzipiert ist und deshalb ein kollisionsrechtliches Verständnis naheliegt. Auch wird der materiellrechtlichen Interpretation vorgeworfen, sie unterliege einem Zirkelschluß: Sie setzt das Bestehen desjenigen Rechtes voraus, nach welchem ein Vorgang als abgeschlossen gelten kann, impliziert also bereits die Entscheidung für das intertemporal anwendbare Kollisionsrecht, die mit Hilfe des Begriffes erst getroffen werden soll (Palandt/Heldrich, Art. 220 EGBGB Rdnr. 2). Dieses Argument kann auch in der Klausur verwandt werden, selbst wenn seine Berechtigung zweifelhaft ist. Dem Kollisionsrecht wohnt nicht selten ein hypothetisches Element inne, wie sich z.B. im Vertragsrecht zeigt: Ob eine Rechtswahl wirksam zustandegekommen ist, richtet sich nach dem Recht, das anwendbar wäre, wäre sie wirksam (Art. 27 Abs. 4, 31 Abs. 1 EGBGB). Für die Auffassung der materiellrechtlichen Abgeschlossenheit schließlich spricht der Vertrauensschutz. Der Bürger kann sich darauf verlassen, daß die Rechtswirkungen der vom alten IPR bezeichneten Sachnormen, an denen er bis zum Stichtag sein Verhalten zumindest*

Fall 9: Internationales Abstammungsrecht 173

c) Gestreckte Tatbestände
Hier ist jedoch die Besonderheit zu beachten, daß zwar die Geburt der T vor dem 1.9.1986 liegt und damit die Ehelichkeit nach altem Kollisionsrecht beurteilt wird, die *Anfechtung* der Ehelichkeit allerdings erst nach dem Stichtag geltend gemacht wird (sog. gestreckter Tatbestand). Fraglich ist deshalb, ob für die Anfechtung unter diesem Gesichtspunkt das neue Kollisionsrecht gelten soll. Vom Standpunkt der h.M. ist die Antwort eindeutig, und zwar verneinend: Die Anfechtung der Ehelichkeit unterliegt ebenso wie deren Feststellung dem Ehelichkeitsstatut[11]. Zeitlicher Anknüpfungspunkt für dieses (unwandelbare) Statut ist nach Art. 19 Abs. 1 EGBGB die Geburt des Kindes. Liegt diese vor dem 1.9.1986, so gilt somit auch für die Anfechtung, unabhängig vom Zeitpunkt ihrer Geltendmachung, altes Kollisionsrecht[12]. Nach der Mindermeinung ist ebenso zu entscheiden. Auch hier ist die Geburt der maßgebliche Vorgang, weil sich aus ihr die materiellrechtlichen, d.h. statusrechtlichen Folgen der (Nicht-) Ehelichkeit ableiten[13].

Das anwendbare Recht ist deshalb über Art. 18 Abs. 1 EGBGB a.F. zu bestimmen[14].

---

potentiell ausgerichtet hatte, nicht nachträglich wieder entfalllen (Kaum, IPRax 1987, 284; Staudinger/Dörner, Art. 220 EGBGB Rdnr. 19).

[11] Allg. Meinung, vgl. *MünchKomm/Schwimann*, Art. 19 EGBGB Rdnr. 9, 43; *Palandt/Heldrich*, Art. 19 EGBGB Rdnr. 7; *Firsching/v.Hoffmann*, IPR, § 8 Rdnr. 127.

[12] BGH NJW 1994, 2360; *Palandt/Heldrich*, Art. 220 EGBGB Rdnr. 4; Unrichtig OLG Stuttgart FamRZ 1993, 471 und AG Rottweil FamRZ 1990, 1030 (1031), die darauf abstellen, daß die Voraussetzungen der Anfechtung - etwa Kenntnis der sie stützenden Umstände und rechtzeitige Geltendmachung - erst nach dem Stichtag des 1.9.1986 entstanden sind. Hierbei handelt es sich jedoch um *materiellrechtliche* Bedingungen, auf die es auf dem Boden der "kollisionsrechtlichen Abgeschlossenheit" nicht ankommt.

[13] *MünchKomm/Sonnenberger*, Art. 220 EGBGB Rdnr. 13. A.A. *Staudinger/Dörner*, Art. 220 EGBGB Rdnr. 37 mit 24, offenbar aufgrund der Erwägung, daß die Anfechtung als solche vor dem Stichtag noch keine Rechtswirkungen entfaltet hat. Auf dem Boden der von ihm für die materiellrechtliche Sichtweise gegebenen Begründung (oben Fn.9), wegen des Vertrauensschutzes dürfe die Anwendung einer neuen Kollisionsnorm nicht zur rückwirkenden Maßgeblichkeit eines anderen Sachrechts führen, erscheint dies wenig konsequent. Denn die Anfechtung wirkt gerade auf den Zeitpunkt der Geburt zurück. Unentschlossen *MünchKomm/Schwimann*, Art. 19 EGBGB Rdnr. 9, der das neue IPR nur für die Ehelichkeitsanfechtung durch das *Kind* für maßgeblich hält.

[14] *Diejenigen Bearbeiter, die sich der von Dörner (oben Fn.13) vertretenen Auffassung anschließen, müssen die weitere Lösung an Art. 19 Abs. 1 EGBGB n.F. ausrichten, dazu unten Teil B.*

2. Art. 18 Abs. 1 EGBGB a.F.

Art. 18 Abs. 1 EGBGB a.F. verweist für die Anfechtung der Ehelichkeit auf deutsches Recht, wenn der die eheliche Abstammung anfechtende Ehemann der Mutter des Kindes deutscher Staatsangehöriger ist. Das ist hier der Fall.

Die Anwendung des Art. 18 Abs. 1 EGBGB a.f. setzt (ebenso wie Art. 19 Abs. 1 EGBGB n.F.) weiterhin voraus, daß die Mutter in einer gültig geschlossenen Ehe lebt[15], was als Vorfrage gegebenenfalls über Art. 13 EGBGB (alter Fassung[16]) gesondert anzuknüpfen und zu prüfen ist. Im vorliegenden Fall sind aus dem Sachverhalt keine Anhaltspunkte dafür ersichtlich, daß in dieser Hinsicht irgendwelche Probleme bestehen, so daß dieser Punkt nicht weiter zu verfolgen ist.

II. Materielles deutsches Recht

Die materielle Ausschlußfrist des § 1594 Abs. 1 BGB ist noch nicht abgelaufen. Für den Erfolg der Klage käme es deshalb auf eine materielle Prüfung der Voraussetzungen des § 1591 BGB an[17].

B. Ehelichkeitsanfechtung bezüglich S

I. Die intertemporale Problematik stellt sich hier in Bezug auf die Anknüpfung der Anfechtungsvoraussetzungen nicht. Nach allen Auffassungen ist neues Kollisionsrecht anwendbar, weil S nach dem 1.9.1986 geboren ist, die Frage seiner Abstammung also keinesfalls einen bereits vor diesem Stichtag abgeschlossenen Vorgang i.S.d. Art. 220 EGBGB darstellen kann.

---

[15] Für Art. 18 Abs. 1 EGBGB a.F. BGHZ 43, 213 (218); für Art. 19 Abs. 1 EGBGB n.F. *Palandt/Heldrich*, Art. 19 EGBGB Rdnr. 6 m.w.N.

[16] *Auch hier unterscheiden sich kollisionsrechtliche und materiellrechtliche Auffassung im Ergebnis nicht: Die erstere Auffassung stellt darauf ab, daß nach Art. 13 Abs. 1 EGBGB n.F. das Eheschließungsstatut sich unwandelbar nach der Staatsangehörigkeit der Brautleute bei Eheschließung richtet, während nach der zweiten Meinung entscheidet, daß mit der Eheschließung bereits materiellrechtliche Rechtsfolgen eintreten. Beides führt über Art. 220 Abs. 1 EGBGB bei einer Eheschließung vor September 1986 zum alten Recht.*

[17] Zur Beiwohnungs- und Vaterschaftsvermutung und deren Widerlegung im Prozeß sowie den dazu zur Verfügung stehenden Beweismittel vgl. *Gernhuber/Coester-Waltjen*, Familienrecht, § 51 VII.

Fall 9: Internationales Abstammungsrecht　　　　　　　　　　175

II. Grundsatzanknüpfung: Art. 19 Abs. 1 S. 1 EGBGB n.F.

Nach Art. 19 Abs. 1 S. 1 EGBGB beurteilt sich die eheliche Abstammung und damit auch deren Anfechtung grundsätzlich[18] nach dem Recht, dem nach Art. 14 Abs. 1[19] EGBGB die allgemeinen Wirkungen der Ehe der Mutter bei der Geburt des Kindes unterliegen. Wegen der unterschiedlichen Staatsangehörigkeit der Eheleute kommt nach Art. 14 Abs. 1 Nr. 2 EGBGB deutsches Recht als das Recht des gemeinsamen gewöhnlichen Aufenthaltsortes zur Anwendung[20].

III. Damit ist als Zwischenergebnis wie oben für T festzuhalten:

Die Anfechtung unterliegt deutschem Recht und ist noch nicht verfristet.

IV. Ausschluß der Ehelichkeitsanfechtung wegen Art. 19 Abs. 1 S. 2 EGBGB?

Gem. Art. 19 Abs. 1 S. 2 EGBGB ist ein Kind aus gemischt-nationaler Ehe auch dann ehelich, wenn das Recht eines der dort genannten Staaten es für ehelich hält. Sollte also das Heimatrecht der Mutter[21] wegen Verfristung der Anfechtung das Kind unabhängig vom Vorliegen materieller Anfechtungsgründe als nunmehr unanfechtbar ehelich einstufen, wäre zu der Frage Stellung zu nehmen, ob damit auch die

---

[18] Das Kind kann alternativ auch nach dem Recht seines gewöhnlichen Aufenthalts anfechten, Art. 19 Abs. 1 S. 4 EGBGB, der Vater hingegen nicht.

[19] Wegen der ausdrücklichen Beschränkung auf Absatz 1 des Art. 14 bleibt ein eventuell *gewähltes* Ehewirkungsstatut nach Art. 14 Abs. 2 - 4 EGBGB außer Betracht.

[20] *Die Ehe selbst ist vor 1986 geschlossen worden. Nicht verfehlt wäre es also, sich in dieser Hinsicht erneut die intertemporale Frage zu stellen, ob das Ehewirkungsstatut nach altem oder neuem IPR zu bestimmen ist. Die Lösung findet sich in Art. 220 Abs. 2 EGBGB. Die Wirkungen familienrechtlicher Rechtsverhältnisse und damit auch die allgemeinen Wirkungen einer Ehe unterliegen ab dem 1.9.1986 dem neuen IPR. Deshalb konnte auch im Wortlaut des selbst erst seit diesem Zeitpunkt geltenden Art. 19 Abs. 1 S. 1 EGBGB unmittelbar auf Art. 14 EGBGB n.F. verwiesen werden. Weil Art. 19 Abs. 1 S. 1 EGBGB mit dieser Technik schon die intertemporale Entscheidung vorwegnimmt, muß Art. 220 Abs. 2 in einer Klausurlösung nicht angesprochen werden; es gleichwohl zu tun, wäre sicherlich aber kein Fehler.*

[21] Das Heimatrecht des Vaters ist hier mit dem ohnehin die eheliche Abstammung regelnden deutschen Recht identisch und eröffnet demnach keine zusätzliche Alternative.

Beseitigung der Ehelichkeit durch Anfechtung nach deutschem Recht ausgeschlossen ist.

1. Verweisung auf das Heimatrecht der Mutter

a) Verweisung auf das Recht eines heute gespaltenen Staates

Die Mutter war z.Zt. der Geburt jugoslawische Staatsangehörige. Zu klären ist zunächst, welche Rolle es für die daraus folgende Verweisung auf das „jugoslawische" Recht spielt, daß sich aus der ehemaligen föderativen Republik Jugoslawien mehrere unabhängige Staaten mit einer jeweils eigenen Rechtsordnung abgespalten haben, darunter auch Bosnien-Herzegowina. Grundsätzlich liegt es so, daß die Verweisung auf ein ausländisches Recht das *gegenwärtig* geltende Recht meint, unabhängig davon, wann der zu beurteilende Sachverhalt spielt. Ist das Recht des Staates, auf den verwiesen wird, geändert worden, so liegt es an den Übergangsvorschriften des neuen Rechts zu entscheiden, ob dieses auch „Altfälle" erfassen soll[22]. Im Falle der Staatsabspaltung kommen aber bei einem Verweis auf das „gegenwärtige" Recht mehrere Rechte in Betracht, und es stellt sich die Frage, welches unter ihnen tatsächlich berufen werden soll. Zur Lösung kann man auf den Rechtsgedanken des Art. 4 Abs. 3 EGBGB zurückgreifen, indem man die nachträgliche Staatsspaltung der ursprünglichen Rechtsspaltung gleichstellt: Zunächst ist mit Hilfe der interlokalen Regeln des *alten* Staates zu bestimmen, welches Gebiet (und nunmehr unabhängige Staat) zur Entscheidung berufen ist (Art. 4 Abs. 3 S. 1 EGBGB). Fehlen solche interlokalen Regeln[23], ist entsprechend Art. 4 Abs. 3 S. 2 EGBGB das Recht desjenigen Nachfolgestaates maßgeblich, mit dem der Sachverhalt am engsten verbunden ist[24]. Daraus ergibt sich im vorliegenden Fall: Zwar bestanden im alten Jugoslawien interlokale Regeln. Art. 28 ILRG hält aber für die vorliegende Konstellation keine Lösung parat, da weder der anfechtende Vater noch das Kind jugoslawische Staatsangehörige sind bzw. waren oder einen Wohnsitz in Jugoslawien haben oder hatten. Demnach ist hilfsweise in Analogie zu Art. 4 Abs. 3 S. 2 EGBGB das Recht von Bosnien-Herzegowina als das Recht anzuwenden, das (von den zur Auswahl stehenden Teilrechten Ex-Jugoslawiens) über die Herkunft der Mutter mit dem Sachverhalt am engsten verbunden ist[25].

---

[22] *Soergel/Kegel*, vor Art. 7 EGBGB Rdnr. 148.
[23] *Etwa weil im alten Staat vor der Abspaltung überall einheitliches Recht galt.*
[24] Vgl. *Soergel/Kegel*, vor Art. 7 EGBGB Rdnr. 149.
[25] *Die hier vertretene Lösung beim Verweis auf das Recht eines nicht mehr existenten Staates ist sicher nicht die einzig mögliche. Denkbar wäre es z.B. auch, darauf abzustellen, die Staatsangehörigkeit welchen Nachfolgestaates die Mutter heute hat, da (und sofern) sich daraus ableiten läßt,*

Fall 9: Internationales Abstammungsrecht

b) Gesamtverweisung?
Fraglich ist, ob es sich bei dieser Verweisung nach dem Grundsatz des Art. 4 Abs. 1 S. 1 HS 1 EGBGB um eine Gesamtverweisung handelt. Ist dem so, dann ist das IPR von Bosnien- Herzegowina zu einer eventuellen Rück- oder Weiterverweisung zu befragen. Hierzu kommt es nach Art. 4 Abs. 1 S. 1 HS 2 EGBGB ausnahmsweise dann nicht, wenn dies „dem Sinn der Verweisung widerspricht" (Sachnormverweisung). Nach h.M. ist zu differenzieren: Die alternative Anknüpfung des Art. 19 Abs. 1 S. 2 EGBGB - wie auch allgemein Alternativanknüpfungen - bezweckt eine *materielle* Privilegierung des Kindes, indem ein bestimmtes *Sach*ergebnis durch eine zusätzliche Anknüpfung gefördert wird (Ehelichkeit). Diese Privilegierung sollte nicht dadurch zunichte gemacht werden, daß - wenn das IPR des Heimatrechts auf das nach Art. 19 Abs. 1 S. 1 EGBGB ohnehin anwendbare Ehewirkungsstatut verweist - der Kreis der anwendbaren Sachrechte wieder eingeengt wird. Dem Günstigkeitsgedanken der Alternativanknüpfung widerspricht aber nicht die (zusätzliche) Beachtung einer Weiterverweisung *auf eine andere Rechtsordnung*, weil dadurch eine weitere Möglichkeit erschlossen wird, zu dem gewünschten Ergebnis zu kommen. Deshalb ist eine subsidiäre bzw. Alternativanknüpfung grundsätzlich eine *Sachnormverweisung*. Führt aber die Anwendung der Sachvorschriften des Rechts, auf das verwiesen wird, nicht zum angestrebten Ziel (hier der Ehelichkeit), kann auch auf das durch eine *Weiter*verweisung ermittelte Recht eines Drittstaates zurückgegriffen werden[26]. Eine Mindermeinung vertritt eine abweichende Auffassung und hält Alternativanknüpfungen generell für reine Sachnormverweisungen[27].

Eine Auseinandersetzung mit der Mindermeinung ist hier nicht erforderlich. Da nach dem Hinweis zum Sachverhalt in Bosnien-Herzegowina das ehemalige jugoslawische IPR weitergilt und dieses nach dem abgedruckten Art. 41 IPRG nicht weiter-, sondern auf das deutsche Personalstatut des Ehemannes und damit zugleich auf das Ehewirkungsstatut zurückverweist, ist auch nach h.M. diese (den Kreis der anwendbaren Rechte einengende) Rückverweisung nicht zu beachten. Ohne daß es einer Entscheidung des Meinungsstreits bedarf, ist deshalb in der vorliegenden Konstellation auf die bosnischen Sachnormen zurückzugreifen.

---

daß sie diesem Teilgebiet des ehemaligen Staates bereits bei der Geburt des Kindes am engsten verbunden war.
[26] *Palandt/Heldrich*, Art. 4 EGBGB Rdnr. 7; *MünchKomm/Sonnenberger*, Art. 4 EGBGB Rdnr. 22, *Lüderitz*, IPR, Rdnr. 159; *Kropholler*, IPR, § 24 II 3 c.
[27] *Rauscher*, NJW 1988, 2151 (2153 f.); *Ebenroth/Eyles*, IPRax 1989, 1 (10).

2. Anfechtungsfrist nach bosnischem Recht

Nach Art. 125 des bosnischen Gesetzes über die Familie ist die Vaterschaftsanfechtung wegen der Versäumnis der 6-Monatsfrist ab Kenntnis der maßgeblichen Umstände verfristet.

3. Ausschluß der Anfechtung nach deutschem Recht?

Steht somit fest, das nach dem bosnischen Heimatrecht der Mutter eine Anfechtung nicht mehr möglich wäre, so fragt sich, ob damit auch eine Ehelichkeitsanfechtung nach deutschem Recht ausscheidet. Es ist streitig, ob die alternative Anknüpfung des Art. 19 Abs. 1 S. 2 EGBGB zugunsten der Ehelichkeit des Kindes nur für deren (leichtere) *Begründung* oder auch für die (strengeren) Voraussetzungen ihrer *Beseitigung* durch Anfechtung gilt. Der Wortlaut läßt beide Möglichkeiten offen: „Ist das Kind auch dann ehelich..." könnte einerseits nur auf die Begründung der ehelichen Abstammung bezogen werden. Andererseits: Die Ehelichkeit eines Kindes wird auch und gerade durch den Ausschluß ihrer Bekämpfung begünstigt. Eine Mindermeinung spricht sich deshalb für die zweite Auffassung aus: Ist die Anfechtung nach dem Heimatstatut eines Elternteils verfristet, ist eine Anfechtung nach dem Ehewirkungsstatut nicht mehr möglich[28].

Die h.M.[29] sieht dies anders: Der in Art. 19 Abs. 1 S. 2 EGBGB zum Ausdruck kommende Grundsatz der Förderung der Ehelichkeit beschränkt sich auf die Begründung der ehelichen Geburt. Er hat keine Sperrwirkung gegenüber einer Anfechtung nach dem Ehewirkungsstatut, wenn nach diesem das Kind ehelich geboren wurde. Das heißt: Ist das Kind nach dem Ehewirkungsstatut ehelich, kann auch nach diesem Recht angefochten werden.

Für die h.M. spricht zum einen der Normzweck: Der Gesetzgeber dachte vornehmlich an das Kind, das zwar von der Mutter und ihrem Ehemann abstammt, aber nach dem Ehewirkungsstatut gleichwohl nicht als ehelich gilt, z.B. weil es schon vor der Eheschließung gezeugt oder die Ehe der Eltern für nichtig erklärt worden war. Das Ziel war hingegen nicht, die Ehelichkeitsanfechtung um jeden Preis zu verhindern, denn auch das Interesse an der Feststellung der wahren Abstammung (und Beseitigung der falschen Zuordnung) verdient Schutz[30]. Zum anderen ist das Prinzip des Vertrauensschutzes zu beachten. Der deutsche Ehemann wird auf die Maßgeblichkeit deutschen Rechts (und damit auch dessen Anfechtungsfristen) vertrauen, weil die Ehe in seinem Heimatstaat geschlossen und geführt wurde, die Kinder dort geboren wurden

---

[28] OLG Stuttgart, IPRax 1993, 414 (415); *Kegel*, IPR, § 20 IX 2.
[29] BGH NJW 1994, 2360 (2361) m.w.N.; *Henrich*, IPRax 1993, 392 f.; *Ferid/Böhmer*, IPR, Rdnr. 8-254/255; *Firsching/v.Hoffmann*, IPR, § 8 Rdnr. 128.
[30] *Henrich*, IPRax 1993, 392 (394).

und die deutsche Staatsangehörigkeit haben und insgesamt der Schwerpunkt der persönlichen Beziehungen der Beteiligten dort liegt. Er wird sich nicht über die Länge der Anfechtungsfristen nach bosnischem Recht informieren. Dieses Vertrauen verdient den gleichen Schutz wie das Interesse des Kindes an seiner Ehelichkeit[31]. Damit ist allein deutsches Recht für die Anfechtung maßgeblich. Sie ist nicht verfristet[32].

Fall 10: **Elterliche Sorge und Unterhalt**

Sachverhalt

Frau F und Herr M sind italienische Staatsangehörige. Sie lernten sich in Deutschland kennen, wo beide aufgewachsen sind. Sie heirateten im Juni 1986 in Deutschland, begründeten aber ihren gemeinsamen Ehewohnsitz in Mailand. Aus dieser Ehe ging der gemeinsame Sohn K, geb. am 1. April 1987, hervor, der ebenfalls die italienische Staatsangehörigkeit hat.

Die Ehegatten lebten bis Mitte 1994 mit dem Kind in Mailand. Im August 1994 trennte sich F von ihrem Ehemann und zog nach Deutschland zurück. Anläßlich eines Besuches im Oktober 1994 holte sie das Kind beim Vater nach vorheriger Absprache ab, brachte es jedoch entgegen dieser Vereinbarung nicht zu diesem zurück, sondern nahm es mit sich nach Deutschland. M erstattete daraufhin Strafanzeige beim zuständigen Polizeirevier in Mailand.

F und K leben seitdem in München, K besucht dort die Schule und wird vom neuen Partner der Mutter mit betreut; er spricht fließend deutsch.

F beantragt am 2.11.1995 - anwaltlich vertreten - vor dem Amtsgericht München - Familiengericht -
1. die alleinige Übertragung des Sorgerechts für K auf sie;

---

[31] BGH NJW 1994, 2360 (2361); *Henrich*, IPRax 1993, 392 (394).
[32] Von dem hier dargelegten Problem ist der Fall zu unterscheiden, daß das Kind nach dem Ehewirkungsstatut *nicht*ehelich geboren, nach einem Heimatrecht der Eltern aber ehelich ist. Dann unterliegt auch nach h.M. die Anfechtung diesem Heimatrecht, weil diesem nicht mehr Bindungswirkung verliehen werden kann, als es selbst in sich trägt, vgl. *Ferid/ Böhmer*, IPR, Rdnr. 8-249,2; *Beitzke*, IPRax 1986, 40 (42); *Firsching/ v. Hoffmann*, IPR, § 8 Rdnr. 128.

2. die Verurteilung des M zur Zahlung von Trennungsunterhalt für sie selbst sowie
3. - im eigenen Namen - zur Zahlung von Kindesunterhalt für K.

Sind die Anträge zulässig? Welches Recht ist jeweils anwendbar?

Hinweis: Nach italienischem Recht steht während einer bestehenden Ehe das Sorgerecht für eheliche Kinder kraft Gesetzes beiden Elternteilen gemeinsam zu. Die *Entziehung* des Sorgerechts eines Elternteils ist nach Art. 330 Codice Civile (C.C.) nur unter krassen, hier nicht einschlägigen Voraussetzungen möglich. Die *Ausübung* des Sorgerechts durch einen Elternteil kann aber bei einer (drohenden) Pflichtverletzung durch richterliche Anordnung gem. Art. 333 C.C. beschränkt und damit insoweit dem anderen Elternteil allein übertragen werden.

Vorbemerkungen

I. Das internationale Kindschafts- und Unterhaltsrecht, das den Gegenstand dieser Klausur bildet, ist sowohl in prozessualer wie auch in kollisionsrechtlicher Hinsicht in besonderem Maße von internationalen Abkommen geprägt. Die erste und nicht geringste Schwierigkeit besteht deshalb darin zu erkennen, welche der Abkommen einschlägig sind und möglicherweise die autonomen Regeln von ZPO, FGG und EGBGB verdrängen.

II. Der Schwerpunkt der Klausur liegt beim Minderjährigenschutzabkommen (MSA), und hier wiederum bei den Auswirkungen von dessen Art. 3. Der Streit, wie diese Vorschrift zu verstehen ist, ist ein „Klassiker" des IPR, der deshalb jedem Wahlfachstudenten geläufig sein muß. Auch wer sich bereits anhand eines Lehrbuchs mit den verschiedenen Theorien beschäftigt hat, wird feststellen, daß es gar nicht so einfach ist, deren Auswirkungen anhand eines konkreten Falles zu bestimmen und an der richtigen Stelle einzuordnen. Gedanken machen muß sich der Bearbeiter ferner zu dem Problem, welche Auswirkungen eine (in der Praxis bedauerlicherweise gar nicht so seltene) grenzüberschreitende Kindesentführung durch einen Elternteil bei einer zerrütteten Ehe auf den gewöhnlichen Aufenthaltsort des Kindes hat; die Vorschrift des Art. 5 Abs. 3 EGBGB zu kennen, ist hier nur die „halbe Miete".

III. Der Trennungsunterhalt für die Ehefrau wirft keine besonders schwierigen Probleme auf. Der Bearbeiter hat vor allem zu erkennen, daß sich die internationale und örtliche Zuständigkeit auf das EuGVÜ stützt und dieses eine Sonderregel bereithält, die es dem (vermeintlichen) Unterhaltsgläubiger ermöglicht, in Ausnahme zum Prinzip *actor sequitur forum rei*[1] an seinem eigenen Wohnsitz zu klagen.

IV. Was den Kindesunterhalt anbelangt, so geht es hier vorrangig um die Frage der Prozeßstandschaft der Mutter, die die Klage ja in eigenem Namen erhebt. Die Prozeßstandschaft ist an der Grenze zwischen materiellem und Prozeß-

---

[1] Sinngemäß: Der Kläger hat die Klage im Gerichtsstand des Beklagten, also an dessen Wohnsitz, zu erheben.

Fall 10: Elterliche Sorge und Unterhalt

recht angesiedelt, entsprechend macht auch ihre Zuordnung zum internationalen Zivilprozeß- oder internationalen Privatrecht nicht unerhebliche Schwierigkeiten.

V. Hinsichtlich des Aufbaus sollte der Bearbeiter der Vorgabe durch die Fallfragen folgen und sich zuerst - jeweils getrennt - der Zulässigkeit der Anträge widmen und sodann die Frage des jeweils in der Sache anwendbaren Rechts klären. Weniger schön ist es, die Zulässigkeit der Anträge gemeinsam zu prüfen, weil hinsichtlich der internationalen Zuständigkeit jeweils ganz unterschiedliche Normen eine Rolle spielen und die Prozeßführungsbefugnis nur im Rahmen des Kindesunterhalt zu erörtern ist.

Gliederung der Lösung

A. Zulässigkeit der Anträge
  I. Sorgerecht
    1. Internationale Zuständigkeit
      a) §§ 43, 35 b FGG
      b) Verdrängung durch einen vorrangigen Staatsvertrag?
      c) EuGVÜ
      d) Haager Kindesentführungsabkommen
      e) Europäisches Sorgerechtsübereinkommen
      f) Minderjährigenschutzabkommen (MSA)
        aa) Anwendungsbereich des MSA
          (1) Sachlicher Anwendungsbereich
          (2) Räumlich/persönlicher Anwendungsbereich
            (a) Art. 12 MSA
            (b) Gewöhnlicher Aufenthalt in einem Vertragsstaat
        bb) Internationale Zuständigkeit deutscher Behörden, Art. 1 MSA
        cc) Einfluß des Art. 3 MSA
          (1) Schrankentheorie
          (2) Anerkennungstheorie
          (3) Heimatrechtstheorie
    2. Sachliche, funktionelle und örtliche Zuständigkeit
  II. Trennungsunterhalt
    1. Internationale Zuständigkeit
      a) Art. 7 f. des Haager Übereinkommens über die Anerkennung und Vollstreckung von Unterhaltsentscheidungen v. 2.10.1973
      b) EuGVÜ
        aa) Anwendungsbereich
          (1) Sachlicher Anwendungsbereich
          (2) Zeitlicher Anwendungsbereich
          (3) Räumlich/persönlicher Anwendungsbereich

             bb) Internationale Zuständigkeit nach dem EuGVÜ
        2. Sachliche und funktionelle Zuständigkeit
        3. Örtliche Zuständigkeit
   III. Kindesunterhalt
        1. Internationale und örtliche Zuständigkeit
        2. Sachliche und funktionelle Zuständigkeit
        3. Klageberechtigung (Prozeßführungsbefugnis)
           a) Prozeßführungsbefugnis der *lex fori* oder dem
               Unterhaltsstatut zu entnehmen?
           b) Vorrang des Haager Unterhalts-Übereinkommens von
               1973 vor Art. 18 EGBGB?
           c) Art. 18 Abs. 1 S. 1 EGBGB
           d) § 1629 Abs. 3 S. 1 BGB
B. Anwendbares Recht
   I. Sorgerecht
   II. Trennungsunterhalt
   III. Kindesunterhalt

Lösung

A. Zulässigkeit der Anträge

I. Sorgerecht

1. Internationale Zuständigkeit

a) Grundsätzlich ergibt sich die internationale Zuständigkeit in Sorgerechtsangelegenheiten aus §§ 43, 35 b FGG.

b) Diese autonome deutsche Regelung könnte aber von vorrangigen Staatsverträgen verdrängt werden[2].

c) Es könnte das EuGVÜ einschlägig sein. Aus seinem sachlichen Anwendungsbereich sind allerdings gem. Art. 1 Abs. 2 Nr. 1 EuGVÜ „Personenstands"-Sachen ausgenommen. Dieser Begriff umfaßt auch Sorgerechtsstreitigkeiten[3].

d) Näher liegt - schon seinem Namen nach - das Haager Kindesentführungsabkommen[4]. Es regelt nach seinem Art. 1 jedoch nur die inter-

---

[2] Zum Verhältnis von Staatsverträgen, die die Bundesrepublik geschlossen hat, zum autonomen deutschen Recht vgl. oben Fall 2.

[3] Unstr., vgl. *Kropholler*, EuZPR, Art. 1 Rdnr. 22.

[4] Haager Abkommen über die zivilrechtlichen Aspekte internationaler Kindesentführung v. 25.10.1980, BGBl. 1990 II, 207; für die Bundesrepublik Deutschland in Kraft getreten am 1.12.1990, BGBl. 1991 II, 329. Es ist in der Sammlung von *Jayme/Hausmann* abgedruckt unter

Fall 10: Elterliche Sorge und Unterhalt

nationale Zuständigkeit und das Verfahren für Entscheidungen über die schnelle Rückführung eines entführten Kindes[5], zielt also allein auf die Wiederherstellung eines vor der Entführung bestehenden *faktischen* Obhutsverhältnisses ab. Damit sind Sorgerechtsentscheidungen von diesem Abkommen nicht berührt.

e) Das Europäische Sorgerechtsübereinkommen[6] betrifft die Anerkennung und Vollstreckung von Sorgerechtsentscheidungen sowie - insoweit in Konkurrenz zum Haager Kindesentführungsabkommen[7] - die tatsächliche Wiederherstellung von bestehenden Sorgerechtsverhältnissen (vgl. Art. 7 f. des Abkommens)[8]. Auf den Ausspruch einer Sorgerechtsentscheidung ist es nicht anwendbar.

f) Einschlägig ist aber möglicherweise das Haager Übereinkommen über die Zuständigkeit der Behörden und das anzuwendende Recht auf dem Gebiet des Schutzes von Minderjährigen vom 5.10.1961 (Minderjährigenschutzabkommen, MSA[9]). Die internationale Zuständigkeit des angegangenen Gerichts könnte sich aus Art. 1 MSA ergeben. Zunächst ist zu prüfen, ob der Anwendungsbereich des MSA eröffnet ist.

Nr. 114. Dieses Abkommen ist gemäß Art. 34 in seinem Anwendungsbereich vorrangig vor dem sogleich zu erörternden, umfassenden Minderjährigenschutzabkommen.

[5] *Firsching/v.Hoffmann*, IPR, § 8 Rdnr. 113; *Palandt/Heldrich*, Anh. zu Art. 24 EGBGB, Rdnr. 60; vgl. zum Abkommen auch *Siehr*, StAZ 1990, 330; *Hüßtege*, IPRax 1992, 369 (370 f.), *Kropholler*, IPR, § 48 II 1; *Bruch*, FamRZ 1993, 745.

[6] Luxemburger Europäisches Übereinkommen über die Anerkennung und Vollstreckung von Entscheidungen über das Sorgerecht für Kinder und die Wiederherstellung von Sorgeverhältnissen v. 20.5.1980, BGBl. 1990 II, 220, für die Bundesrepublik in Kraft seit dem 1.2.1991, BGBl. 1991 II, 392; in der Textsammlung von *Jayme/Hausmann* abgedruckt unter Nr. 91.

[7] Die beiden Abkommen gelten grundsätzlich nebeneinander und haben unterschiedliche Vertragsstaaten. Im Falle der Konkurrenz ist aber in Deutschland gem. § 12 des SorgeRÜbkAG (*Jayme/Hausmann*, Nr. 114a) das Haager Kindesentführungsabkommen vorrangig; *Hüßtege*, IPRax 1992, 369 (370); *Firsching/v.Hoffmann*, IPR, § 8 Rdnr. 121.

[8] Vgl. zum Sorgerechtsübereinkommen *Böhmer*, IPRax 1984, 282; *Hüßtege*, IPRax 1992, 369; (370 f.); *Siehr*, StAZ 1990, 330 (333); *Kropholler*, IPR, § 48 II 2.

[9] BGBl. 1971 II, 219; für die Bundesrepublik in Kraft getreten am 17.9.1971, BGBl. 1971 II, 1150, bei *Jayme/Hausmann* abgedruckt unter Nr. 35.

aa) Anwendungsbereich des MSA

(1) Sachlicher Anwendungsbereich

Das MSA ist nach seinem Art. 1 anwendbar, soweit es sich um Maßnahmen zum Schutz eines Minderjährigen handelt. Der Begriff der Schutzmaßnahmen ist weit zu interpretieren; er umfaßt allgemein solche behördliche oder gerichtliche Einzelmaßnahmen, die die Rolle der Eltern ergänzen oder ersetzen[10]. Die Regelung der elterlichen Sorge bei getrennt lebenden oder geschiedenen Eltern ist unstreitig eine Maßnahme zum Schutze des Kindes[11]. Der sachliche Anwendungsbereich ist somit eröffnet.

(2) Räumlich/persönlicher Anwendungsbereich

Die Vorschriften des MSA sind gem. Art. 13 MSA immer dann anzuwenden, wenn ein Minderjähriger betroffen ist, der seinen gewöhnlichen Aufenthalt in einem der Vertragsstaaten des MSA hat. Unerheblich ist daher zunächst sowohl die Staatsangehörigkeit des Kindes als auch die Frage, ob das MSA von seinem Heimatstaat ratifiziert ist; einen insoweit möglichen Vorbehalt nach Art. 13 Abs. 3 MSA hat die Bundesrepublik nicht erklärt.

(a) Minderjähriger ist gem. Art. 12 MSA, wer sowohl nach seinem Heimatrecht als auch nach dem Recht des gewöhnlichen Aufenthalts Minderjähriger ist. Bei einem zur Zeit des Antrags achtjährigen Kind ist die Minderjährigkeit ohne vertiefte Prüfung zu bejahen.

(b) Gewöhnlicher Aufenthalt in einem Vertragsstaat

Seinen gewöhnlichen Aufenthalt könnte K hier möglicherweise (noch) in Italien oder (schon) in Deutschland haben. Beide Staaten sind Vertragsstaaten des MSA[12]. Das Abkommen ist deshalb anwendbar, ohne daß bereits entschieden werden müßte, in welchem der beiden Staaten K tatsächlich seinen gewöhnlichen Aufenthalt hat.

---

[10] Vgl. *Palandt/Heldrich*, Anh. zu Art. 24 EGBGB Rdnr. 13; *Firsching/v.Hoffmann*, IPR, § 8 Rdnr. 99; *Kropholler*, IPR, § 48 I 1, jeweils mit zahlreichen Beispielen. Nach deutschem Recht sind neben Sorgerechtsentscheidungen insbesondere Umgangs- und Herausgaberegelungen sowie Maßnahmen nach den §§ 1628, 1631, 1666 und 1666 a BGB erfaßt. Nicht hierher gehören vor allem Statusfragen, Unterhaltsansprüche (wohl aber eine Pflegerbestellung zur Geltendmachung von Unterhalt) und *kraft Gesetzes* eintretende Folgen.

[11] Statt aller *Kropholler*, IPR, § 48 I 1.

[12] Das MSA gilt in Italien seit dem 23.4.1995, vgl. die Bek. vom 4.4.1995, BGBl. 1995 II, 330.

bb) Internationale Zuständigkeit deutscher Behörden, Art. 1 MSA

Hingegen sind die deutschen Behörden gem. Art. 1 MSA für die Sorgerechtsentscheidung nur dann international zuständig, wenn der gewöhnliche Aufenthalt des Kindes gerade in der Bundesrepublik bejaht werden kann. Der Begriff ist hier ebenso zu verstehen wie im autonomen deutschen Kollisionsrecht. Der gewöhnliche Aufenthalt besteht an dem Ort, der den tatsächlichen Mittelpunkt der Lebensführung des Minderjährigen bildet (Daseinsmittelpunkt). Es kommt insoweit auf den Schwerpunkt seiner sozialen Beziehungen, insbesondere in familiärer Hinsicht an. Wichtiges Indiz für eine gewisse Eingliederung ist die tatsächliche Dauer des Aufenthalts, wobei man sich als Faustregel an einer Mindestdauer von 6 Monaten orientieren kann[13]; weitere maßgebliche Umstände sind etwa die Beherrschung der Sprache am neuen Aufenthaltsort, der Schulbesuch oder Freundschaften. Der gewöhnliche Aufenthalt ist überwiegend *faktischer* Natur. Ein subjektives Element, also der positive Wille, diesen Ort zum Daseinsmittelpunkt zu machen, ist ebensowenig erforderlich wie rechtliche Merkmale eine Rolle spielen: Anders als beim *Wohnsitz* des Minderjährigen nach materiellem deutschen Recht (§ 11 BGB) gibt es keinen vom tatsächlichen Lebensmittelpunkt unabhängigen, von den sorgeberechtigten Eltern abgeleiteten gewöhnlichen Aufenthaltsort[14].

Fraglich ist, was gelten soll, wenn der Aufenthalt des Minderjährigen gegen den Willen eines Sorgeberechtigten in ein anderes Land verlegt wird. Die Entführung eines Kindes führt nach dem auch im Rahmen des MSA zu berücksichtigenden Grundgedanken des Art. 5 Abs. 3 EGBGB *allein* nicht zu einem neuen gewöhnlichen Aufenthalt. Da aber nach dem oben Gesagten der Begriff rein faktisch zu verstehen ist, ist nicht ausgeschlossen, daß sich infolge der anhand der obigen Kriterien zu prüfenden Eingliederung des Kindes in die neue Umwelt nach einer gewissen Zeit der neue Aufenthaltsort zum gewöhnlichen Aufenthaltsort wandelt[15]. Weil es nicht um die Bestrafung des „Kidnappers" geht, kommt es insoweit nicht auf die *Rechtmäßigkeit* der Verlegung des Auf-

---

[13] Ist der Aufenthalt von vorneherein auf Dauer angelegt, wie bei einem "gewöhnlichen" Familienumzug, kann allerdings ein gewöhnlicher Aufenthalt auch unmittelbar mit dem Umzug begründet werden. Art. 12 Abs. 1 Haager Kindesentführungsabkommen setzt - unabhängig vom Begriff des gewöhnlichen Aufenthalts - eine 1-Jahres-Frist, nach deren Ablauf die Rückgabe des entführten Kindes nicht mehr verlangt werden kann.

[14] Zum Ganzen s. *Palandt/Heldrich*, Anh. zu Art. 24 EGBGB Rdnr. 10; *Firsching/v.Hoffmann*, IPR, § 8 Rdnr. 98 mit § 5 Rdnr. 72-83.

[15] Allg. Meinung, vgl. *Palandt/Heldrich*, Anh. Art. 24 EGBGB Rdnr. 12 m.w.N.; *Firsching/v.Hoffmann*, IPR, § 8 Rdnr. 98; BGH NJW 1981, 520; OLG München FamRZ 1993, 349.

enthalts an, sondern allein darauf, ob bereits eine Integration in das neue Umfeld stattgefunden hat.

Im vorliegenden Fall lebt K nach dem Sachverhalt bereits seit über einem Jahr in München, besucht dort die Schule und ist in die neue Familie seiner Mutter integriert. Er beherrscht die Sprache des neuen Aufenthaltslandes. All dies spricht für einen neuen gewöhnlichen Aufenthalt in Deutschland.

Damit sind nach Art. 1 MSA wegen des gewöhnlichen Aufenthaltes des Kindes in Deutschland grundsätzlich die deutschen Gerichte für die Sorgerechtsentscheidung international zuständig. Zu beachten ist allerdings der in Art. 1 MSA vorgesehene Vorbehalt für Art. 3 MSA.

cc) Einfluß des Art. 3 MSA

Nach Art. 3 MSA ist ein gesetzliches Gewaltverhältnis (sog. ex-lege-Gewaltverhältnis) anzuerkennen, das nach dem Recht des Staates besteht, dem das Kind angehört. Ein gesetzliches Gewaltverhältnis ist ein solches, das ohne staatlichen Akt unmittelbar aus der gesetzlichen Ordnung hervorgeht, wie z.B. nach deutschem Recht die kraft Gesetzes bestehende elterliche Sorge nach § 1626 BGB für ein eheliches Kind. K ist italienischer Staatsangehöriger. Auch nach seinem Heimatrecht besteht kraft Gesetzes die elterliche Sorge beider ehelichen Eltern. Streitig ist, welche Bedeutung ein solches ex-lege-Gewaltverhältnis über Art. 3 MSA für die internationale Zuständigkeit der Gerichte im Aufenthaltsstaat hat. Es existieren hierzu drei Meinungen[16], von denen heute nur noch die beiden letzteren vertreten werden:

(1) Schrankentheorie[17]

Bei Bestehen eines ex-lege-Gewaltverhältnisses nach dem Heimatrecht ist *keine* internationale Zuständigkeit des Aufenthaltslandes nach Art. 1 MSA gegeben. Das Gewaltverhältnis bildet also eine absolute Schranke gegen Schutzmaßnahmen jeder Art. Die Aufenthaltsbehörden können dann nur im Rahmen von Art 8, 9 MSA in Notfällen tätig werden.

---

[16] Vgl. die Darstellungen bei *Firsching/v.Hoffmann*, IPR, § 8 Rdnr. 100 ff.; *Kropholler*, IPR, § 48 I 3; *Lüderitz*, IPR, Rdnr. 376.

[17] BGHZ 60, 68 (74) = NJW 1973, 417 (418); *v.Overbeck*, ZfRvgl 1975, 207 (213 f.; heute anderer Auffassung, s. Fn. 21); *Kropholler*, NJW 1971, 1721 (1724 f., heute anderer Auffassung, s. Fn. 18); weitere Nachweise bei *Staudinger/Kropholler*, vor Art. 18 EGBGB Rdnr. 351.

Fall 10: Elterliche Sorge und Unterhalt

(2) Anerkennungstheorie[18]
Art. 3 MSA besagt nur, daß bei einer zu treffenden Schutzmaßnahme ein nach dem Heimatrecht des Minderjährigen bereits bestehendes gesetzliches Gewaltverhältnis nicht ignoriert werden darf (sondern als bestehend anzuerkennen ist). Die Aufenthaltszuständigkeit fehlt danach nur für solche Maßnahmen, die gerade darauf gestützt werden, daß es nach dem Aufenthaltsrecht an einem gesetzliches Gewaltverhältnis insgesamt fehlt; *Eingriffe* in ein grundsätzlich anerkanntes exlege-Gewaltverhältnis sind aber im Rahmen des Aufenthaltsrechts zulässig, wobei die Eigenheiten des Heimatrechts - so weit wie nach dem Aufenthaltsrecht vertretbar - berücksichtigt werden.

(3) Heimatrechtstheorie (h.M.)[19]
Ein nach Heimatrecht des Kindes bestehendes gesetzliches Gewaltverhältnis schließt die internationale Zuständigkeit der Gerichte des Aufenthaltsstaates nicht schlechthin aus. Denn dieses Gewaltverhältnis wird durch Art. 3 MSA nicht weitergehend geschützt als nach seinem eigenen internen Recht. Das heißt: Eingriffe in das Gewaltverhältnis sind in dem Rahmen statthaft (und für sie besteht auch die internationale Zuständigkeit), in dem *das Heimatrecht* des Kindes sie selbst zuläßt[20].

Die Schrankentheorie vereitelt den Schutzzweck der Konvention, weil sie das Gewaltverhältnis unantastbar macht. Sie entspricht daher nicht dem Sinn der Konvention. Für die Anerkennungstheorie spricht der Wortlaut des Art. 3 MSA und die *ratio legis*, die dem Aufenthaltsstaat die Möglichkeit geben will, rasch und sicher, d.h. auf der Grundlage des eigenen, bekannten Rechts, die erforderlichen Schutzmaßnahmen zu treffen. Diese Theorie wird deshalb auch in anderen Vertrags-

---

[18] *Kropholler*, Minderjährigenschutzabkommen, 2. Aufl. (1977), 76; *Staudinger/Kropholler*, vor Art. 18 EGBGB Rdnr. 408; *Ferid/Böhmer*, IPR, Rdnr. 8-230 ff.; *Böhmer/Siehr*, Das gesamte Familienrecht II, 7.5 Rdnr.105 ff.; *Henrich*, IPRax 1982, 9 (10 f.).
[19] BGH FamRZ 1984, 686 (687); *Palandt/Heldrich*, Anh. Art. 24 EGBGB Rdnr. 25; *Schurig*, FamRZ 1975, 459 (461 f.); *Rahm/Künkel/Paetzold*, Handbuch des Familiengerichtsverfahrens, VIII Rdnr. 453 ff.; *Jayme*, IPRax 1984, 121 (123); *ders.*, IPRax 1985, 23 f.
[20] Bereits hier sei aber vermerkt: Wenn auch das Heimatrecht den zulässigen **Rahmen** absteckt, so sind gem. Art. 2 MSA doch die Maßnahmen des aufgrund des gewöhnlichen Aufenthalts des Kindes zuständigen Gerichts selbst nach dessen innerstaatlichen Recht zu treffen. Das heißt, die jeweilige Rechtsgrundlage für einen Eingriff ist nicht im Heimat-, sondern im Aufenthaltsrecht zu suchen.

staaten des MSA allgemein vertreten[21]. Die in Deutschland herrschende Heimatrechtstheorie sucht hingegen den Kompromiß zwischen Aufenthalts- und Staatsangehörigkeitsprinzip. Dieser Kompromiß ist aber teuer erkauft. Denn er entspricht zwar der deutschen Grundeinstellung im Kollisionsrecht, die das Staatsangehörigkeitsprinzip in den Vordergrund stellt, verfehlt aber das zentrale Anliegen des MSA, das - aus gutem Grund - ein möglichst einfaches und schnelles Handeln der Aufenthaltsbehörden anstrebt[22]. Die Heimatrechtstheorie erfordert demgegenüber häufig, insbesondere bei „exotischeren" Rechten, langwierige und komplizierte Gutachten, um zu klären, inwieweit das Heimatrecht des Minderjährigen einen Eingriff in ein gesetzliches Gewaltverhältnis zuläßt.

Zu folgen ist deshalb der Anerkennungstheorie[23].

Da die Übertragung des alleinigen Sorgerechts auf die Ehefrau (wenn sie denn erfolgt) das bisher bestehende gemeinsame Sorgerecht nicht ignoriert, sondern gerade voraussetzt, also anerkennt, steht Art. 3 MSA demnach einer internationalen Zuständigkeit der deutschen Gerichte nicht entgegen[24].

---

[21] Vgl. *v.Overbeck*, FS Deschenaux, 447; *Loussouarn*, Clunet 88 (1961), 654 (686); *Battifol*, Rev.crit.dr.int. 50 (1961), 461; *Soumampouw*, Neth.Int.Law Rev. 26 (1979), 60 (68); *Koopmans*, WPNR 1977, 86; *A.Bucher*, ZSR N.F. 99 I (1980), 442 (444).

[22] So zu Recht *Böhmer/Siehr*, Das gesamte Familienrecht II, 7.5, Art. 1 Rdnr. 108.

[23] *Der Bearbeiter, der in einer Klausur der Heimatrechtstheorie folgen will, sollte demgegenüber gerade den Kompromiß, der auch dem Heimatrecht ein "Mitspracherecht" einräumt (so Firsching/v.Hoffmann, IPR, § 8 Rdnr. 101), als überzeugend herausstellen.*

[24] *Komplizierter wird es an dieser Stelle für die Bearbeiter, die der Heimatrechtstheorie folgen wollen. Die Prüfung gestaltet sich dann dreistufig: Nach der (für den vorliegenden Fall bereits oben getroffenen) Feststellung, daß ein ex-lege-Gewaltverhältnis nach dem Heimatrecht besteht, ist zu ermitteln, ob nach dem Heimatrecht auch ein Eingriffsrecht in dieses Gewaltverhältnis besteht. Schließlich ist dann zu ergründen, wie weit diese Eingriffsbefugnis reicht, um so die Grenzen der internationalen Zuständigkeit der Aufenthaltsbehörden abzustecken. Nach den Angaben zum Sachverhalt sind nach italienischem Recht Eingriffe in das ex-lege-Gewaltverhältnis in Form des gemeinsamen Sorgerechts beider Eltern während bestehender Ehe gem. Art. 330, 333 C.C. möglich; eine Sorgerechtsentziehung (Art. 330 C.C.) ist allerdings nur unter krassen, hier nicht gegebenen Voraussetzungen statthaft, während eine Ausübungsregelung (Art. 333 C.C.) bei jeder Pflichtverletzung durch einen Elternteil möglich ist. Folglich ist, folgt man der Heimatrechtstheorie, das deutsche Gericht allenfalls zuständig für eine solche Ausübungsregelung, nicht aber für die beantragte Sorgerrechtsübertragung auf die F (was ja eine Sorgerechtsentziehung des anderen Teils bedingt). Da eine Ausübungs-*

Fall 10: Elterliche Sorge und Unterhalt

Im Ergebnis ist deshalb das deutsche Gericht für die beantragte Sorgerechtsübertragung international zuständig.

2. Sachliche, funktionelle und örtliche Zuständigkeit

Das MSA regelt nur die internationale Zuständigkeit. Für die Bestimmung der sachlichen, funktionellen[25] und örtlichen Zuständigkeit ist deshalb auf das autonome deutsche Recht zurückzugreifen. Bei der Regelung des Sorgerechts für ein eheliches Kind handelt es sich um eine Familiensache i.S.d. § 621 Abs. 1 Nr. 1 ZPO. Nach § 621 a Abs. 1 S. 1 ZPO sind jedoch im wesentlichen die Verfahrensvorschriften des FGG anwendbar (FG-Familiensache). Die funktionelle Zuständigkeit des Familiengerichts beruht auf § 1672 BGB i.V.m. § 1671 Abs. 1 BGB und § 621 Abs. 1 Nr. 1 ZPO. Sie ersetzt die sonst in FG-Kindschaftssachen übliche Zuständigkeit des Vormundschaftsgerichts, § 64 Abs. 3 S. 2 FGG. Sachlich ist das Amtsgericht zuständig, § 64 Abs. 1 FGG. Die örtliche Zuständigkeit der Gerichte am derzeitigen Wohnort des K ergibt sich aus den §§ 43, 36 FGG. Das Amtsgericht München - Familiengericht - ist folglich für die Entscheidung über den Antrag zuständig.

Ergebnis: Der Antrag ist zulässig[26].

---

regelung aber als minus in der beantragten Übertragung enthalten ist, wird man die Klage, folgt man der Heimatrechtstheorie, nicht insgesamt als unzulässig abweisen, sondern in diesem Rahmen als teilweise zulässig behandeln.

[25] Zum Begriff s.o. 1. Teil, 1. Kapitel, § 1 C I 3.
[26] Art. 16 Haager Kindesentführungsabkommen erklärt unter bestimmten Voraussetzungen eine Sorgerechtsentscheidung solange für unzulässig, als noch offen ist, ob das Kind nach dem Kindesentführungsabkommen an seinen ursprünglichen Aufenthaltsort zurückzubringen ist; die Wiederherstellung des *status quo ante* soll nicht durch eine verfrühte Sorgerechtsübertragung auf den entführenden Elternteil verhindert werden. Die Norm spielt hier schon deshalb keine Rolle, weil das Abkommen zeitlich nicht anwendbar ist. Es erfaßt nach seinem Art. 35 Abs. 1 i.V.m. Art. 4 nur solche Fälle, in denen das Kind nach Inkrafttreten des Abkommens aus einem Vertragsstaat entführt wird; Italien ist aber erst mit Wirkung vom 1.5.1995 dem Abkommen beigetreten (BGBl. 1995 II 485). Im übrigen sind auch die sachlichen Tatbestandsmerkmale das Art. 16 nicht erfüllt. Er setzt voraus, daß den Gerichten des Aufenthaltsstaates über die zentrale Behörde (Art. 24) offizielle Mitteilung darüber gemacht wird, daß das Kind i.S.v. Art. 3 Kindesentführungsabkommen widerrechtlich nach Deutschland verbracht worden ist. Das ist im vorliegenden Fall nicht geschehen.

II. Trennungsunterhalt

1. Internationale Zuständigkeit

Auch hier ist vorrangig zu prüfen, ob sich die internationale Zuständigkeit hinsichtlich des Trennungsunterhalts aus einem internationalen Abkommen ergibt.

a) Art. 7, 8 des Haager Übereinkommens über die Anerkennung und Vollstreckung von Unterhaltsentscheidungen v. 2.10.1973[27] enthalten Zuständigkeitsregelungen für die Entscheidung über Unterhaltsansprüche. Wie aber schon der Name des Abkommens verrät, geht es hier nur um die Zuständigkeitskriterien, die erfüllt sein müssen, soll eine bereits ergangene Entscheidung eines Vertragsstaates gem. Art. 4 des Abkommens in einem anderen Vertragsstaat *anerkannt* und vollstreckt werden (sog. indirekte oder Anerkennungszuständigkeit[28]). Die (direkte) internationale Entscheidungszuständigkeit kann auf diese Normen nicht gestützt werden[29].

b) EuGVÜ

Die internationale Zuständigkeit könnte aber dem EuGVÜ zu entnehmen sein.

aa) Anwendungsbereich

(1) Sachlicher Anwendungsbereich

Da es sich bei der Unterhaltsstreitigkeit um eine Zivilsache handelt, ist der sachliche Anwendungsbereich des EuGVÜ gem. Art. 1 Abs. 1 EuGVÜ eröffnet; eine der Ausnahmen des Art. 1 Abs. 2 EuGVÜ ist nicht gegeben. Daß Unterhaltssachen nach dem Willen des Gesetzgebers nicht unter Art. 1 Abs. 2 Nr. 1 EuGVÜ fallen, ergibt sich bereits aus der Existenz der speziellen Norm des Art. 5 Nr. 2 EuGVÜ[30].

(2) Zeitlicher Anwendungsbereich

Das EuGVÜ ist am 1.12.1994 für die Bundesrepublik Deutschland in der Fassung des dritten Beitrittsübereinkommens von San Sebastián vom 26.5.1989 in Kraft getreten[31]. Da die Klage nach diesem Datum

---

[27] BGBl. 1986 II, 826; in Kraft getreten für die Bundesrepublik am 1.4.1987, BGBl. 1987 II, 220.
[28] Vgl. dazu *Schack*, IZVR Rdnr. 828 ff.
[29] Dies übersehen manchmal sogar höchste Gerichte, z.B. BGH NJW 1985, 552 = IPRax 1985, 224 mit abl. Anm. *Henrich*, 207; OGH ZfRVgl 1971, 120 (121) mit abl. Anm. *Hoyer*, OGH ZfRVgl 1972, 205 (209) mit abl. Anm. *Mänhardt*.
[30] *Kropholler*, EuZPR, Art. 1 Rdnr. 23.
[31] BGBl. 1994 II, 3707.

erhoben wurde, ist im vorliegenden Fall diese neueste Fassung maßgeblich (vgl. Art. 29 Abs. 1 des Beitrittsübereinkommens[32]).

(3) Räumlich/persönlicher Anwendungsbereich
Ob ein „internationaler Sachverhalt" Anwendungsvoraussetzung des EuGVÜ ist, ist streitig, kann hier aber dahingestellt bleiben, da durch die italienische Staatsangehörigkeit der Beteiligten und den Wohnsitz des Antragsgegners Auslandsberührung gegeben ist. Gleiches gilt für die Frage, ob Berührungspunkte zu mehreren Vertragsstaaten notwendig sind, weil Italien das EuGVÜ ratifiziert hat[33].

bb) Internationale Zuständigkeit nach dem EuGVÜ
Da der Unterhalt am gewöhnlichen Aufenthaltsort der (vermeintlich) Unterhaltsberechtigten eingeklagt wird, ergibt sich die internationale Zuständigkeit des deutschen Gerichts für diese Klage aus Art. 5 Nr. 2 1. Alt. EuGVÜ.

2. Sachliche und funktionelle Zuständigkeit
Die sachliche und funktionelle[34] Zuständigkeit des Amtsgerichts - Familiengericht - beruht auf §§ 23 a Nr. 2, 23 b Nr. 6 GVG.

3. Örtliche Zuständigkeit
Nach seinem Wortlaut bestimmt Art. 5 Nr. 2 EuGVÜ nicht nur die internationale Zuständigkeit des Staates, in dessen Gebiet das in Frage kommende Gericht seinen Sitz hat, sondern unmittelbar auch die *örtliche* Zuständigkeit gerade am Ort des gewöhnlichen Aufenthaltes des Unterhaltsberechtigten. Das Amtsgericht München - Familiengericht - ist deshalb ohne Rückgriff auf das autonome deutsche Zivilprozeßrecht örtlich zuständig.

Ergebnis: Die Klage auf Trennungsunterhalt ist ebenfalls zulässig.

III. Kindesunterhalt

1. Internationale und örtliche Zuständigkeit
Art. 3 des Haager Übereinkommens über die Anerkennung und Vollstreckung von Entscheidungen auf dem Gebiet der Unterhaltspflicht gegenüber Kindern v. 15.4.1958[35] betrifft ebenso wie das bereits oben

---

[32] Diese Norm ist abgedruckt in der Textsammlung von *Jayme/Hausmann* unter Nr. 76.
[33] Vgl. dazu oben Fall 2.
[34] Zum Begriff s.o. 1. Teil, 1. Kapitel, § 1 C I 3.
[35] BGBl. 1961 II 1006; abgedruckt bei *Jayme/Hausmann* unter Nr. 87.

erwähnte Haager Übereinkommen über die Anerkennung und Vollstreckung von Unterhaltsentscheidungen von 1973[36] nur die Anerkennungszuständigkeit, ohne eine Aussage über die Entscheidungszuständigkeit zu machen.

Damit ergibt sich auch hier die internationale und zugleich die örtliche Zuständigkeit des Gerichts in München aus Art. 5 Nr. 2, 1. Alt. EuGVÜ[37].

2. Sachlich und funktionell[28] ist das Amtsgericht aus §§ 23 a Nr. 2, 23 b Nr. 5 GVG zuständig.

3. *Klageberechtigung (Prozeßführungsbefugnis)*
F macht ein Recht des K nicht als dessen Vertreterin, sondern in eigenem Namen geltend. Wer ein fremdes Recht in eigenem Namen (als Prozeßstandschafter) einklagen will, bedarf einer besonderen Prozeßführungsbefugnis[39]. Sie kann sich aus dem Gesetz oder aus einer Ermächtigung durch den materiell Berechtigten ergeben (gesetzliche oder gewillkürte Prozeßstandschaft). Da eine Ermächtigung durch K als den Träger des (behaupteten) Rechts hier nicht in Betracht kommt, müßte es sich um eine gesetzliche Prozeßstandschaft handeln. Fraglich ist, nach welcher Rechtsordnung sich das Bestehen einer solchen Befugnis richtet.

a) Betrachtet man die Prozeßführungsbefugnis als Prozeßvoraussetzung, so könnte möglicherweise aus dem verfahrensrechtlichen Zusammenhang auf die Anwendbarkeit der lex fori geschlossen wer-

---

[36] Oben bei Fn. 27. Im Verhältnis zwischen den Staaten, die sowohl das Abkommen von 1985 als auch das von 1973 ratifiziert haben, ist allein das letztere anzuwenden, vgl. dessen Art. 29.

[37] Zwar könnte man daran denken, auch Art. 5 Nr. 2 2. Alt. EuGVÜ hier anzuwenden und die internationale Zuständigkeit für den Kindesunterhalt darauf stützen, daß über ihn in Zusammenhang mit der oben als "Personenstandssache" i.S.d. EuGVÜ qualifizierten Sorgerechtsentscheidung zu urteilen ist. "In Zusammenhang" meint aber mehr als eine bloße objektive Klagehäufung, sondern einen echten Entscheidungsverbund, d.h. einen Zwang zu einer gemeinsamen Entscheidung mehrerer Sachen, wie er im deutschen Recht in § 623 ZPO (Verbund von Scheidungsantrag und Folgesachen) und § 643 ZPO (Verbund von Vaterschaftsfeststellung und Unterhaltsklage) vorgesehen ist, vgl. *MünchKommZPO/Gottwald*, IZPR, Art. 5 EuGVÜ Rdnr. 20. Außerhalb eines Scheidungsverfahrens besteht zwischen einer Sorgerechtsentscheidung und dem Kindesunterhalt kein solcher Entscheidungsverbund.

[38] Zum Begriff s.o. 1. Teil, 1. Kapitel, § 1 C I 3.

[39] Vgl. *Baumgärtel/Prütting*, Einführung in das Zivilprozeßrecht, S. 28 ff.

Fall 10: Elterliche Sorge und Unterhalt

den[40]. Auf diesen Standpunkt stellt sich im Grundsatz die h.M. in Deutschland[41], jedenfalls soweit es um die *Zulässigkeit*[42] der *gewillkürten* Prozeßstandschaft geht; umstritten ist hingegen die Frage, nach welchem Recht sich die wirksame *Erteilung* der Ermächtigung richtet[43].

b) Andere Überlegungen gelten aber für die *gesetzliche* Prozeßstandschaft. Hier stehen im Regelfall - und besonders in Unterhaltssachen - materiell-rechtliche Anliegen im Vordergrund[44]. So soll § 1629 Abs. 3 S. 1 BGB das Kind vor einer Beteiligung am Elternstreit und vor einer Klage gegen einen Elternteil vor Scheidung der Ehe schützen. Dieser Kindesschutz hat mit verfahrensrechtlichen Überlegungen nichts zu tun[45]. Daher kann hier nicht die *lex fori*, sondern nur die *lex causae*, also die Rechtsordnung, der das eingeklagte Recht unterliegt, maßgeblich sein. Art. 18 Abs. 6 Nr. 2 EGBGB stützt diese kollisionsrechtliche Einordnung: Er legt ausdrücklich fest, daß das materiell-rechtliche Unterhaltsstatut die Klageberechtigung umfaßt. Alle Unterhaltsklagen von Berechtigten, die den gleichen gewöhnlichen Aufenthalt haben, sollen ohne Ansehung der jeweiligen *lex fori* in dieser besonderen Frage möglichst einheitlich entschieden werden. Damit ist das Unterhaltsstatut bereits hier im Rahmen der Zulässigkeit über Art. 18 EGBGB zu ermitteln.

---

[40] Der Grundsatz, daß verfahrensrechtliche Fragen der *lex fori*, also dem eigenen Recht des Gerichts, unterliegen, wird zwar heute immer noch in vielen Werken erwähnt (vgl. *Geimer*, IZPR, Rdnr. 319 ff.; *Schack*, IZVR, Rdnr. 39 ff.). Es muß dabei jedoch immer eingeräumt werden, daß es sich um ein Prinzip mit unklaren Konturen und zahlreichen Ausnahmen handelt, so daß der angebliche Grundsatz wenig hilfreich ist. Siehe auch *Coester-Waltjen*, Internationales Beweisrecht, Rdnr. 102-144.

[41] Vgl. BGH NJW 1981, 2640; BGH IPRax 1995, 168 (169); *Geimer*, IZPR, Rdnr. 2243; *Schack*, IZVR, Rdnr. 558.

[42] Zu den Voraussetzungen einer gewillkürten Prozeßstandschaft im deutschen Recht vgl. *Baumgärtel/Prütting*, Einführung in das Zivilprozeßrecht, S. 29 f.

[43] Zum Meinungsstand vgl. *Gottwald*, IPRax 1995, 157.

[44] Ein Beispiel aus dem deutschen Recht für eine gesetzliche Prozeßstandschaft aus *prozessualer* Motivation ist allerdings § 265 Abs. 2 ZPO (Prozeßstandschaft des Veräußerers der streitbefangenen Sache für den Erwerber); hier bleibt es bei der *lex fori*, vgl. *Schack*, IZVR, Rdnr. 552.

[45] Vgl. *Gernhuber/Coester-Waltjen*, Familienrecht, § 58 IV 2. *Schack*, IZVR, Rdnr. 553 möchte die Regelung hingegen als prozessual einordnen und - in sich folgerichtig - § 1629 Abs. 3 S. 1 EGBGB ebenso wie den oben Fn. 44 erwähnten § 265 Abs. 2 ZPO als Teil der *lex fori* anwenden. Er verkennt aber, daß dieser Auffassung die gesetzliche Regelung des Art. 18 Abs. 6 S. 2 EGBGB entgegensteht, dazu sogleich.

Art. 18 EGBGB übernimmt inhaltlich die Regelungen des Haager Übereinkommens über das auf Unterhaltspflichten anwendbare Recht vom 2.10.1973[46]. Dieses ist zwar selbst in Deutschland unmittelbar geltendes Recht und geht deshalb grundsätzlich gemäß Art. 3 Abs. 2 S. 1 EGBGB den Kollisionsnormen des EGBGB vor. Ob Art. 3 Abs. 2 EGBGB fordert, internationale Abkommen auch gegenüber *inhaltsgleichen* Vorschriften des EGBGB vorrangig anzuwenden[47], ist umstritten[48]. Werden die allgemeinen Grundsätze des Abkommens (z.B. in Fragen der Auslegung, der Verweisung in Mehrrechtsordnungen, der Sachnormverweisung, der möglicherweise nur beschränkten *ordre-public*-Prüfung) beachtet, so ist es aber jedenfalls unschädlich auf die inhaltsgleichen Normen des EGBGB zurückzugreifen[49].

c) Da K seinen gewöhnlichen Aufenthalt in Deutschland hat, weist für den vorliegenden Fall Art. 18 Abs. 1 S. 1 EGBGB auf das deutsche Recht als das für das Unterhaltsbegehren maßgebliche Recht. Zwar wäre nach Art. 18 Abs. 1 S. 2 EGBGB hilfsweise auch das Recht der gemeinsamen Staatsangehörigkeit von Unterhaltsberechtigtem und -verpflichtetem anwendbar, wenn das zunächst berufene Recht einen Unterhaltsanspruch unter den jeweils gegebenen Umständen des Einzelfalls (überhaupt) nicht gewährt. Aus dem Sachverhalt sind jedoch keine Gründe ersichtlich, die hier einen Anspruch des Kindes gegen seinen Vater aus § 1610 BGB vollständig ausschlössen (etwa: eigene Einkünfte, eigenes großes Vermögen); auf die konkrete Höhe kommt es dabei ebensowenig an wie auf die tatsächliche Durchsetzbarkeit[50]. Folglich bleibt es dabei, daß das Unterhaltsstatut das deutsche Recht ist.

d) Daraus folgt, daß sich die Frage der gesetzlichen Prozeßstandschaft nach § 1629 Abs. 3 S. 1 BGB richtet. Da die Eltern des Kindes getrennt leben und sich das Kind K in der tatsächlichen Obhut der F befindet, ist diese nicht nur berechtigt, sondern sogar verpflichtet, ihre Alleinvertretungsmacht aus § 1629 Abs. 2 S. 2 BGB in Form der Prozeß-

---

[46] BGBl. 1986 II, 837; in Kraft getreten für die Bundesrepublik am 1.4.1987, BGBl. 1987 II 225; abgedruckt bei *Jayme/Hausmann* unter Nr. 29.
[47] So offenbar BGH NJW 1991, 2212 (2213).
[48] Vgl. *Palandt/Heldrich*, Art. 3 EGBGB Rdnr. 8 m.w.N.; *Firsching/v.Hoffmann*, IPR, § 1 Rdnr. 81.
[49] *Wegen der Inhaltsgleichheit der Normen macht es in der Sache keinen Unterschied (wohl aber in der Bezeichnung der Kollisionsnorm), wenn man anderer Auffassung ist und Art. 18 EGBGB durch das Haager Unterhalts-Abkommen verdrängt sieht.*
[50] Vgl. *MünchKomm/Siehr*, Anh. I nach Art. 18 EGBGB, Rdnr. 117. Die Vorschrift ist nicht mißzuverstehen als eine Art Günstigkeitsvergleich: Sie greift nicht ein, wenn das Aufenthaltsrecht lediglich *geringere* Ansprüche als das gemeinsame Heimatrecht vorsieht, *Kropholler*, IPR, § 47 II 2 b.

Fall 10: Elterliche Sorge und Unterhalt

standschaft auszuüben, d.h. in eigenem Namen den Unterhaltsanspruch des Kindes einzuklagen.
Die Klage ist also auch insoweit zulässig.

B. Anwendbares Recht

I. Sorgerecht

Das für die Sorgerechtsentscheidung maßgebliche Recht ist Art. 2 Abs. 1 MSA zu entnehmen. Aus dieser Vorschrift folgt das sogenannte Gleichlaufprinzip: Das nach Art. 1 MSA zuständige deutsche Gericht (s.o.) hat (innerhalb seiner Zuständigkeit) sein eigenes materielles, also deutsches Recht anzuwenden. Damit ist für die beantragte Maßnahme grundsätzlich § 1672 BGB maßgeblich, und das Gericht hat gem. §§ 1672, 1671 Abs. 2 BGB eine am Wohl des Kindes orientierte Ermessensentscheidung zu treffen. Diese Entscheidung könnte auch, wie beantragt, in einer vollständigen Sorgerechtsübertragung liegen. Bei der Ermessensausübung ist jedoch darauf Rücksicht zu nehmen, daß nach dem *Heimat*recht lediglich eine Ausübungsregelung getroffen werden könnte. Da das deutsche Aufenthaltsrecht keinen weiteren Eingriff *fordert* (sondern nur zuläßt), sollte sich deshalb auch nach der hier vertretenen Anerkennungstheorie das Gericht zum Wohl des Kindes auf eine bloße Ausübungsübertragung beschränken, um verschärfte Streitigkeiten der Eltern und hinkende Rechtsverhältnisse zu vermeiden[51].

---

[51] Vgl. *Böhmer/Siehr*, Das gesamte Familienrecht II, 7.5, Art. 1 Rdnr. 108. - *Der Bearbeiter, der oben im Rahmen der Zuständigkeitsfrage der Heimatrechtstheorie gefolgt ist, muß hier anders vorgehen. Zwar ist auch hier Art. 2 Abs. 1 MSA der Ausgangspunkt, nach dem die Behörde ihre Maßnahme nach ihrem eigenen Recht, hier also nach dem deutschen, zu treffen hat. Die Befugnisnorm für Eingriffe in das bestehende gemeinsame Sorgerecht der Eltern ist demnach ebenfalls § 1672 BGB. Da aber nach dieser Theorie schon die internationale Zuständigkeit auf den Rahmen beschränkt ist, innerhalb dessen nach dem Heimatrecht Eingriffe zulässig sind, muß sich der Umfang der Maßnahmen jedoch darauf beschränken, was auch nach dem Heimatrecht möglich wäre. Daraus folgt für den vorliegenden Fall: Da das italienische Heimatrecht außer bei hier nicht vorliegenden krassen Umständen keine Sorgerechtsübertragung zuläßt, sondern nur eine Ausübungsregelung vorsieht, kann auf § 1672 BGB gestützt auch nur eine solche erfolgen. Die Beschränkung auf eine Ausübungsregelung ist also nach der Anerkennungstheorie eine Sache der Ermessensausübung, nach der Heimatrechtstheorie hingegen zwingend vorgegeben.*

II. Trennungsunterhalt

Die Frage, welchem Recht der Anspruch der F auf Unterhalt unterliegt, ist über Art. 18 EGBGB zu beantworten. Da es hier um einen Unterhaltsanspruch bei *faktischem* Getrenntleben geht, führt Art. 18 Abs. 1 S. 1 EGBGB zum Recht am gewöhnlichen Aufenthaltsort der vermeintlich Unterhaltsberechtigtem und damit zum deutschen Recht[52]. Nur wenn dieses der F einen Unterhaltsanspruch vollständig verwehren würde - was wegen der insoweit fehlenden Angaben im Sachverhalt nicht überprüfbar ist - fände über Art. 18 Abs. 1 S. 2 EGBGB hilfsweise italienisches Recht Anwendung.

III. Kindesunterhalt

Es wurde bereits oben im Rahmen der Prüfung der Prozeßführungsbefugnis festgestellt, daß der Unterhaltsanspruch des Kindes über Art. 18 Abs. 1 S. 1 EGBGB deutschem Recht unterliegt.

Fall 11: Internationales Erbrecht

Sachverhalt

Der türkische Staatsangehörige E stirbt kinderlos am 19. März 1995 an seinem Wohnsitz in München. Er hinterläßt keine letztwillige Verfügung. Seine Ehefrau und seine Eltern sind ebenso vorverstorben wie sein einziger Bruder B. B, der in der Schweiz lebte und 1970 die dortige Staatsangehörigkeit angenommen hatte, hat zusammen mit seiner Ehefrau, die ebenfalls schweizerische Staatsangehörige ist, in Zürich durch Adoptionsentscheid der zuständigen kantonalen Behörde vom 16.10.1978 unter Anwendung schweizerischen Rechts den am 10.03.1975 geborenen A an Kindes Statt angenommen. Auch A hat die

---

[52] Anders ist es beim *nachehelichen* Unterhalt nach der Scheidung. Hier ist das Scheidungsstatut maßgeblich, Art. 18 Abs. 4 S. 1 EGBGB. Entsprechend entscheidet gemäß Art. 18 Abs. 4 S. 2 EGBGB das Trennungsstatut, wenn nach einer ausländischen Rechtsordnung (z.B. gerade nach der italienischen) ein gerichtliches *Trennungs*urteil ergangen ist, das die Ehe nicht wie eine Scheidung dem Bande nach auflöst, sondern nur eine Trennung von Tisch und Bett anordnet, also den Zwang zur ehelichen Lebensgemeinschaft aufhebt.

Fall 11: Internationales Erbrecht

schweizerische Staatsangehörigkeit. Andere als gesetzliche Erben in Betracht kommende Personen sind nicht vorhanden.

Der Nachlaß des E besteht aus einer Eigentumswohnung in München und Bankguthaben bei einer Münchener Bank.

A, der inzwischen seinen Wohnsitz zum Studium nach München verlegt hat, beantragt im Mai 1995 beim Amtsgericht München - Nachlaßgericht - unter Beachtung der gesetzlichen Formerfordernisse - einen Erbschein, der ihn beschränkt auf das im Inland belegene Vermögen als Alleinerben kraft Gesetzes ausweist.

Erfolgsaussichten des Antrags?

Hinweis: Beachte das deutsch-türkische Nachlaßabkommen, Anlage zu Art. 20 des Konsularvertrages zwischen dem Deutschen Reich und der Türkischen Republik v. 28.5.1929, abgedruckt in der Sammlung von *Jayme/Hausmann* unter Nr. 40.

Anhang: Gesetzestexte

I. Türkisches Gesetz über das internationale Privatrecht (IPRG):

Art. 18. (1) Hinsichtlich der Fähigkeit und der Voraussetzungen der Adoption wird für jeden der Beteiligten sein Heimatrecht im Zeitpunkt der Adoption angewandt.

(2) Die Wirkungen der Adoption unterliegen dem Heimatrecht des Annehmenden, im Falle der gemeinschaftlichen Adoption dem Recht, das die allgemeinen Wirkungen der Ehe regelt...

II. Türkisches Zivilgesetzbuch (ZGB):

Art. 257. Das angenommene Kind trägt den Familiennamen des Annehmenden und wird sein Erbe, es behält sein Erbgut in seiner natürlichen Familie.

Hinweis: Aus dieser Norm wird geschlossen, daß rechtliche Beziehungen *nur* zwischen dem Adoptivkind und den Adoptiveltern begründet werden, nicht aber zu den Verwandten der letzteren.

Art. 440. (1) Die Erben eines Verstorbenen, der keine Nachkommen hat, sind sein Vater und seine Mutter.

(2) Vater und Mutter, die vor dem Verstorbenen gestorben sind, werden durch ihre Nachkommen vertreten, die in jeder Stufe durch Rechtsnachfolge Erben geworden sind. Gibt es von einer Seite keine Erben, so geht die gesamte Erbschaft auf die Erben der anderen Seite über.

III. Schweizerisches Bundesgesetz über das Internationale Privatrecht vom 18.12.1987 (IPRG)

Art. 77 Abs. 1. Die Voraussetzungen der Adoption in der Schweiz unterstehen schweizerischem Recht.

Art. 91 Abs. 1. Der Nachlaß einer Person mit letztem Wohnsitz im Ausland untersteht dem Recht, auf welches das Kollisionsrecht des Wohnsitzstaates verweist.

IV. Schweizerisches Zivilgesetzbuch vom 10.12.1907 (ZGB)

Art. 267 Abs. 1. Das Adoptivkind erhält die Rechtsstellung eines Kindes der Adoptiveltern.

Art. 458 ZGB. (1) Hinterlässt der Erblasser keine Nachkommen, so gelangt die Erbschaft an den Stamm der Eltern.

(3) An die Stelle von Vater oder Mutter, die vorverstorben sind, treten ihre Nachkommen, und zwar in allen Graden nach Stämmen.

Vorbemerkungen

I. Da nach den Erfolgsaussichten des Erbscheinsantrags gefragt ist, ist sowohl seine Zulässigkeit als auch die Begründetheit zu prüfen.

II. Das Erbscheinsverfahren ist ein beliebter Rahmen für Prüfungsfragen aus dem internationalen Erbrecht. Hier kann man sich insbesondere mit dem von der Rspr. entwickelten Gleichlaufprinzip auseinandersetzen, nach dem deutsche Gerichte für einen unbeschränkten Erbschein nur dann international zuständig sind, wenn in der Sache deutsches Erbrecht Anwendung findet; die Literatur lehnt diesen Sonderweg für das Nachlaßverfahren überwiegend ab.

III. Das deutsche internationale Erbrecht geht vom Grundsatz der Nachlaßeinheit aus: Die gesamten Rechtsbeziehungen zum Nachlaß, egal wo dieser belegen ist, sollen sich nach einem Recht, nämlich dem Heimatrecht des Erblassers, richten, Art. 25 Abs. 1 EGBGB. In Ausnahmefällen kann es dennoch dazu kommen, daß ein Nachlaß mehreren Rechten unterliegt: Zum einen aufgrund der Rechtswahlmöglichkeit (nur) für in Deutschland belegenes unbewegliches Vermögen, Art. 25 Abs. 2 EGBGB, zum zweiten aufgrund eines Teilrenvoi, wenn das ausländische Heimatrecht des Erblassers seinerseits dem Prinzip der Nachlaßeinheit nicht folgt, drittens wegen eines vorrangigen Einzelstatuts nach Art. 3 Abs. 3 EGBGB und zum vierten schließlich aufgrund von Sonderregeln in bilateralen Staatsverträgen. Der letztere Gesichtspunkt spielt hier eine Rolle und führt zu einer Nachlaßspaltung: Der Nachlaß ist - gedanklich - in zwei völlig unabhängige Vermögensmassen zu teilen, die unterschiedlichen Rechten unterliegen und deshalb auch ein unterschiedliches Schicksal haben können.

IV. Ein weiterer Schwerpunkt der Aufgabe ist das Spannungsverhältnis zwischen Erb- und Adoptionsstatut. Da A nicht ein Blutsverwandter des Erblassers ist, kommt er nur dann als Erbe in Betracht, wenn die Adoption in Deutschland als wirksam anzuerkennen ist und sie bejahendenfalls eine in erbrechtlicher Hinsicht genügende Verwandschaftsbeziehung gerade zum Erblasser herstellt. In ersterer Hinsicht ist wichtig zu erkennen, daß sich die Anerkennung einer Dekretadoption, also einer durch eine Behörde oder ein Gericht ausgesprochenen Adoption (im Gegensatz zu einer Vertragsadoption), nach der *verfahrensrechtlichen* Anerkennungsvorschrift des § 16 a FGG richtet; es ist also nicht notwendig, über die Kollisionsnormen des EGBGB das Adoptionsstatut und dessen materiellen Voraussetzungen zu ermitteln. In letzterer Hinsicht besteht ein Streit, inwieweit das Erb- oder das Adoptionsstatut über die Erbberechtigung des adoptierten Kindes entscheidet.

V. Der Aufbau der Begründetheitsprüfung ergibt sich zwangsläufig aus den obigen Überlegungen: Ist festgestellt, daß der bewegliche und unbewegliche Nachlaß verschiedenen Rechten unterworfen ist, so muß die Erbenstellung des K für beide Nachlaßteile getrennt untersucht werden. In diesem Rahmen ist dann zunächst - als Vorfrage - die Wirksamkeit der Adoption zu untersuchen und dann die Frage zu beantworten, ob aus ihr auch ein Erbrecht folgt.

Gliederung der Lösung

A. Zulässigkeit
  I. Internationale Zuständigkeit
    1. Staatsvertragliche Regelungen
    2. Autonomes deutsches Recht
  II. Sachliche Zuständigkeit
  III. Örtliche Zuständigkeit
  IV. Inhaltliche Bestimmtheit des Antrags
  V. Antragsberechtigung
  VI. Formerfordernisse der §§ 2254 ff. BGB
B. Begründetheit
  I. Anwendbares Erbrecht (Erbstatut)
    1. Deutsch-türkisches Nachlaßabkommen
    2. Gesamt- oder Sachnormverweisung
    3. Folge der Nachlaßspaltung
  II. Umfang des Erbstatuts/Abgrenzung zum Adoptionsstatut
    1. Maßgeblichkeit des Adoptionsstatuts für das Erbrecht des adoptierten Kindes
    2. Maßgeblichkeit des Erbstatuts
    3. Vermittelnde Meinung (h.M.)
  III. Wirksamkeit der Adoption
    1. Vorfragenanknüpfung
    2. Voraussetzungen des § 16 a FGG
      a) § 16 a Nr. 1 FGG
      b) § 16 a Nr. 2 - 4 FGG
  IV. Erbenstellung des A
    1. Erbrecht bzgl. des beweglichen Vermögens (türkisches Erbstatut)

2. Erbrecht bzgl. des unbeweglichen Vermögens (deutsches Erbstatut)
V. Ergebnis hinsichtlich des Erbscheins

Lösung

A. Zulässigkeit

I. Internationale Zuständigkeit

1. Staatsvertragliche Regelungen

Das EuGVÜ ist auf dem Gebiet des Erbrechts sachlich nicht einschlägig, Art. 1 Abs. 2 Nr. 1 EuGVÜ. Das deutsch-türkische Nachlaßabkommen enthält in seinem § 15 eine Regelung der internationalen Zuständigkeit für auf die Erbschaft bezogene (Leistungs- oder Feststellungs-)Klagen, nicht aber für den Antrag auf Erteilung eines Erbscheins.

2. Autonomes deutsches Recht

Die internationale Zuständigkeit der deutschen Nachlaßgerichte in Nachlaßsachen ist im autonomen deutschen Recht - anders als in anderen Bereichen der Freiwilligen Gerichtsbarkeit (§§ 35 b, 43 b FGG) - nicht ausdrücklich geregelt. Nach Auffassung der Rspr. setzt sie voraus, daß auf den Erbfall in der Sache (ganz oder teilweise) deutsches Erbrecht Anwendung findet (Gleichlaufprinzip[1]). Die Literatur vertritt hingegen überwiegend die Meinung, daß hier ebenso wie bei der internationalen Zuständigkeit in ZPO-Verfahren vorzugehen sei: Fehlt es an einer ausdrücklichen Bestimmung der internationalen Zuständigkeit, so ist sie in Anlehnung an die Vorschriften über die *örtliche* Zuständigkeit zu bestimmen, wobei es keine Rolle spielt, ob man dies mit einer analogen Anwendung oder der Doppelfunktionstheorie begründet. Maßgeblich wäre demnach hier § 73 FGG[2].

Für die Lösung der Rechtsprechung wird vorgebracht, daß das Gleichlaufprinzip die Rechtsanwendung vereinfache. Wenn die Gerichte in Fällen der Anwendbarkeit ausländischen Rechts - grundsätzlich - nicht zuständig sind, müssen sie stets nur ihr eigenes, vertrautes

---

[1] Z.B. BayObLGZ 86, 466 (469); BayObLG NJW-RR 1991, 1098 (1099); BayObLG FamRZ 1994, 330 (331); weitere Nachweise bei *Palandt/Heldrich*, Art. 25 EGBGB Rdnr. 18.

[2] *Heldrich*, Internationale Zuständigkeit und anwendbares Recht (1969), 211 ff.; *ders.*, NJW 1967, 417 (419 f.); *Kegel*, IPR, § 21 IV 1; *MünchKomm/Sonnenberger*, Einl. IPR Rdnr. 318.

Recht anwenden. Wegen des engen Zusammenhangs zwischen materiellem und Verfahrensrecht bestehe zudem die Gefahr, daß das fremde materielle Recht bei seiner Anwendung im Rahmen des deutschen Verfahrensrechts inhaltlich verfälscht würde[3]. Beide Argumente überzeugen nicht. Es gehört zur Grundlage unseres differenzierten Verweisungssystems, daß es in manchen Fällen durchaus gerechter und den Parteiinteressen dienlicher ist, in einem deutschen Gerichtsverfahren ausländisches Recht mit all den Problemen seiner Ermittlung und praktischen Handhabung anzuwenden, statt sich (hier über eine Zuständigkeitsbeschränkung) auf das bekannte und deshalb einfachere eigene Recht zurückzuziehen. Auch die Abstimmung von materiellem und Verfahrensrecht kann in jedem Rechtsgebiet Schwierigkeiten aufwerfen, denen man auf verschiedene Weise zu begegnen vermag. Es ist kein Grund ersichtlich, warum gerade das internationale Erbrecht hier eine Sonderstellung einnehmen sollte[4]. Der Hinweis schließlich, § 2369 BGB mit seiner ausdrücklichen Ermöglichung eines gegenständlich beschränkten Erbscheins bei Anwendung ausländischen Rechts zeige, daß im Grundsatz die Zuständigkeit deutscher Gerichte an die Geltung deutschen Rechts gekoppelt sei, hat ebenfalls wenig Überzeugungskraft. Aus den Materialien zum BGB ergibt sich, daß der Gesetzgeber in § 2369 BGB gerade keine umfassende Regelung der internationalen Zuständigkeit in Nachlaßsachen beabsichtigte[5].

Die Existenz des § 2369 BGB bewirkt aber immerhin für den vorliegenden Fall, daß es im Ergebnis nicht darauf ankommt, ob man der herrschenden Lehre oder der Rechtsprechung folgt, ohne daß man für diese Feststellung bereits an dieser Stelle das anwendbare Recht ermitteln müßte:

Schließt man sich der Literatur an, so folgt die internationale Zuständigkeit deutscher Gerichte für die Erteilung eines Erbscheins über § 73 Abs. 1 FGG aus der Tatsache, daß der Wohnsitz des Erblassers zur Zeit seines Todes in Deutschland lag. Hält man sich an die Rechtsprechung, so ist eine deutsche Zuständigkeit nach dem Gleichlaufprinzip im Grundsatz zwar nur bei Anwendung deutschen Rechts gegeben; soweit der Erbfall ausländischem Recht unterliegt, ergibt sich die internationale Zuständigkeit gem. § 2369 BGB aber aus dem Umstand, daß in der Bundesrepublik Nachlaßgegenstände belegen sind. Daß die Zuständigkeit aus § 2369 BGB für einen sogenannten Fremdrechtserbschein anders als beim Eigenrechtserbschein nach § 2353 BGB gegenständlich auf das inländische Vermögen begrenzt ist, wirkt

---

[3] *V.Bar*, IPR II, Rdnr. 390.
[4] Vgl. *Rehm*, MittBayNot 1994, 275 (276); *MünchKomm/Sonnenberger*, Einl. IPR Rdnr. 318.
[5] Ausführlich *Heldrich*, NJW 1967, 417 (419).

sich vorliegend nicht aus, da der Antrag des A ohnehin auf letzteres beschänkt ist.

Die deutschen Gerichte sind international zuständig.

II. Sachliche Zuständigkeit

Sachlich ist gemäß § 72 FGG das Amtsgericht zuständig.

III. Örtliche Zuständigkeit

Da der Erblasser zur Zeit seines Todes den Wohnsitz in München hatte, beruht die örtliche Zuständigkeit des Amtsgerichts München auf § 73 Abs. 1 FGG.

IV. Inhaltliche Bestimmtheit des Antrags

Wegen der strengen Bindung des Nachlaßgerichts an den Erbscheinsantrag[6] ist es erforderlich, daß der Antrag auf einen bestimmten Inhalt des Erbscheins gerichtet ist. Es muß dem Nachlaßgericht möglich sein, den begehrten Erbschein ohne Ergänzung oder Einschränkung gegenüber dem Inhalt des Antrags zu erteilen[7]. Erforderlich ist deshalb insbesondere eine genaue Bezeichnung des beanspruchten Erbteils, die Angabe einer etwaigen gegenständlichen Beschränkung des Erbscheins und (grundsätzlich) auch des Berufungsgrundes (gesetzliche oder testamentarische Erbfolge[8]). Die Voraussetzungen sind im vorliegenden Fall gegeben.

V. Antragsberechtigung

Einen Erbschein kann nicht jeder beantragen, sondern nur derjenige, dem aus einer bestimmten Rechtsstellung zum Nachlaß ein Antragsrecht erwächst. Dem Erben, dessen Legitimation der Erbschein dienen soll, steht ein solches Antragsrecht zu. Grundsätzlich muß der Antragsteller seine Berechtigung *nachweisen*; andernfalls ist der Antrag unzulässig. Eine Ausnahme gilt aber gerade beim Erben: Hier folgt die Antragsberechtigung aus der bloßen *Behauptung* seiner Erbenstellung, weil diese selbst im Verfahren ja erst festgestellt werden soll[9].

---

[6] Dazu näher unten im Text zu Fn. 35.
[7] *MünchKomm/Promberger*, § 2353 Rdnr. 102.
[8] *Palandt/Edenhofer*, § 2353 Rdnr. 11; zu den Ausnahmen vgl. *MünchKomm/Promberger*, § 2353 Rdnr. 103.
[9] Vgl. *Palandt/Edenhofer*, 2353 Rdnr. 12.

Fall 11: Internationales Erbrecht

Der Antrag auf Erteilung eines Erbscheins als (Allein-)Erbe enthält die Behauptung, Erbe zu sein[10].
Damit ist A als antragsberechtigt anzusehen.

VI. Die Förmlichkeiten der §§ 2254 ff. BGB sind laut Sachverhalt erfüllt.

Der Antrag ist somit zulässig.

B. Begründetheit

Der Antrag ist begründet, wenn A hinsichtlich des im Inland belegenen Vermögens tatsächlich Alleinerbe des E ist. Zunächst ist das anwendbare Erbrecht zu ermitteln.

I. Anwendbares Erbrecht (Erbstatut)

1. Deutsch-türkisches Nachlaßabkommen

Gem. Art. 3 Abs. 2 EGBGB haben die Kollisionsnormen des deutschtürkischen Nachlaßabkommens Vorrang vor den entsprechenden Regeln des EGBGB. § 14 Nachlaßabkommen enthält eine geteilte Verweisung: Bewegliches Vermögen wird nach dem Heimatrecht des Erblassers, unbeweglicher Nachlaß nach der lex rei sitae vererbt. Welche Nachlaßgegenstände als beweglich oder unbeweglich anzusehen sind, bestimmt nach § 12 Abs. 3 Nachlaßabkommen das jeweilige Belegenheits(sach-)recht.

Hier liegt der gesamte Nachlaß in Deutschland, womit die Einteilung dem deutschen Recht folgt. Kontoguthaben sind Forderungen gegen die kontoführende Bank und als solche bewegliches Vermögen. Wohnungseigentum ist als grundeigentumsgleiches Recht unbewegliches Vermögen[11]. Folglich tritt im vorliegenden Fall eine Nachlaßspaltung ein: Für die Erbfolge in die Konten gilt über § 14 Abs. 1 Nachlaßabkommen türkisches, für die Eigentumswohnung nach § 14 Abs. 2 Nachlaßabkommen deutsches Erbrecht.

---

[10] Sowohl nach deutschem (§ 1943 BGB) als auch nach türkischem Recht (Art. 545 ff. ZGB) setzt der Anfall der Erbschaft an den Erben weiterhin voraus, daß die Erbschaft von diesem angenommen wurde. Der Antrag auf Erteilung eines Erbscheins als (Allein-)Erbe enthält jedoch nicht nur die Behauptung der Erbschaft, sondern wird selbst auch als konkludente Annahmeerklärung angesehen, *MünchKomm/Leipold*, § 1943 Rndr. 5 m.w.N.

[11] Eingehend zur kollisionsrechtlichen Abgrenzung von beweglichem und unbeweglichem Vermögen nach deutschem Recht: *Dörner*, DNotZ 1988, 67 (94 f.).

2. Gesamt- oder Sachnormverweisung

Soweit hier auf türkisches Recht verwiesen wird, stellt sich die Frage, ob es sich um eine Gesamtverweisung handelt, bei der nach Art. 4 Abs. 1 S. 1 HS 1 EGBGB das (autonome) türkische IPR nach einer Rück- oder Weiterverweisung zu befragen ist. Der Wortlaut des Abkommens selbst ist indifferent, da es nicht etwa ausdrücklich auf die *Sach*vorschriften oder das *inner*staatliche Recht des jeweiligen Landes verweist. Deshalb ist nach Art. 4 Abs. 1 S. 1 HS 2 EGBGB der Sinn der Verweisung entscheidend. Kollisionsnormen in Staatsverträgen bezwecken die einheitliche Rechtsanwendung in den Vertragsstaaten, welche durch eine Gesamtverweisung unter Einschluß des autonomen IPR gefährdet würde. Insbesondere bei einem bilateralen Vertrag wäre es unverständlich, würde man einerseits für beide Vertragspartner einheitliches Kollisionsrecht schaffen, andererseits es aber dem jeweiligen nationalen IPR überlassen, ob diesem im Einzelfall Folge zu leisten ist. Folglich ist hier von einer Sachnormverweisung i.S.d. Art. 4 Abs. 1 S. 1 HS 2 EGBGB auszugehen[12] und eine eventuelle Rückverweisung durch das autonome türkische Recht nicht zu beachten.

Es ist auf den Erbfall also hinsichtlich der Konten türkisches, hinsichtlich der Eigentumswohnung deutsches Sachrecht anwendbar[13].

---

[12] Vgl. dazu *Firsching/v.Hoffmann*, IPR, § 6 Rdnr. 107; *MünchKomm/Sonnenberger*, Art. 4 EGBGB Rdnr. 58 ff.; *Palandt/Heldrich*, Art. 4 EGBGB Rdnr. 13.

[13] *Derjenige Bearbeiter, der der Rspr. folgt, kann an dieser Stelle die oben offengelassene Frage, inwieweit die internationale Zuständigkeit nach dem Gleichlaufprinzip bzw. aus § 2363 BGB begründet ist, beantworten: Deutsche Gerichte sind international zuständig für einen **allgemeinen (Eigenrechts-)Erbschein** nach § 2353 BGB in Bezug auf das unbewegliche Vermögen in Deutschland, weil insoweit deutsches Erbrecht Anwendung findet. Der "allgemeine" Erbschein ist in diesem Fall jedoch territorial (Vermögen in Deutschland) und sachlich (unbewegliches Vermögen) begrenzt (übliche Formulierung des Erbscheins in diesem Fall: "In Anwendung deutschen Rechts wird in Bezug auf den im Inland befindlichen unbeweglichen Nachlaß hiermit bezeugt, ..."). Im übrigen, d.h. im Hinblick auf das bewegliche Vermögen, ist wegen der Maßgeblichkeit türkischen Erbrechts die internationale Zuständigkeit für einen **Fremdrechtserbschein** nach § 2369 BGB gegeben ("Unter Beschränkung auf den im Inland befindlichen beweglichen Nachlaß wird in Anwendung türkischen Rechts hiermit bezeugt,..."). Beide Erbscheine können in einer Urkunde zusammengefaßt werden (Palandt/Edenhofer, § 2369 Rdnr. 9). Auch diese komplizierte verfahrenstechnische Folge spricht für die abweichende Position der Literatur.*

Fall 11: Internationales Erbrecht

3. Folge der Nachlaßspaltung

Folge der Nachlaßspaltung ist, daß das tatsächlich einheitliche Vermögen des Erblassers rechtlich in verschiedene, eigenständige Teilnachlässe zerfällt. Die erbrechtliche Lage ist hinsichtlich jeder dieser Vermögensmassen selbständig nach dem jeweils anwendbaren Recht zu untersuchen[14]. Damit ist auch die Erbenstellung des A gesondert nach beweglichem und unbeweglichem Vermögen zu ermitteln.

II. Umfang des Erbstatuts

Der Beurteilung durch das Erbstatut unterliegen grundsätzlich alle Fragen, die nach deutscher Auffassung erbrechtliche sind. Darunter fällt insbesondere die Bestimmung des Kreises der gesetzlichen Erben und ihrer Erbquoten[15]. Die Erbenstellung des A hängt hier aber möglicherweise von der Beurteilung der Wirksamkeit und der Folgen der in der Schweiz ausgesprochenen Adoption ab. Zweifelhaft ist, inwieweit sich auch diese Fragen nach dem Erbstatut beantworten. Hier ist zunächst zu unterscheiden: Ob die Adoption in Deutschland *wirksam* ist, ist - weil es um ein für die Hauptfrage präjudizielles Rechtsverhältnis geht - eine Vorfrage, die einer eigenen Anknüpfung unterliegt. Anderes gilt für die erbrechtlichen *Folgen* der Adoption: Mit der (möglichen) Feststellung, daß die Adoption *wirksam* ist, ist noch nicht die Frage entschieden, ob aus ihr auch erbrechtliche *Wirkungen* im Verhältnis zu Blutsverwandten des Adoptivvaters erwachsen. Es ist streitig, welchem Recht insoweit die Antwort zu entnehmen ist.

1. Einige Autoren halten das Recht für maßgeblich, das der Adoption zugrundeliegt (Adoptionsstatut)[16]. Dafür spricht, daß die Voraussetzungen, die das Adoptionsstatut für eine wirksame Adoption aufstellt, oft gerade von den gewollten Folgen abhängen[17]: Für eine Volladoption bestehen i.d.R. höhere Hürden als für eine schwache Adoption. Deshalb wäre es unpassend, die Voraussetzungen der einen und die (erbrechtlichen) Folgen einer anderen Rechtsordnung zu entnehmen.

---

[14] Vgl. *Staudinger/Firsching*, vor Art. 24-26 EGBGB aF Rdnr. 360 f.; *MünchKomm/Birk*, Art. 25 EGBGB, Rdnr. 131-146.
[15] Vgl. *Palandt/Heldrich*, Art. 25 EGBGB Rdnr. 10 m.w.N.
[16] *Lüderitz*, FamRZ 1988, 881 (882); *ders.*, IPR, Rdnr. 394 (Erbstatut aber dann maßgeblich, wenn es *ausdrücklich* Adoptivkinder in die Erbfolge aufnimmt oder ausschließt, was i.d.R. allerdings nicht der Fall ist); *Raape*, IPR, 5. Aufl. (1961), § 14 III (S. 105 f.); *Firsching/v.Hoffmann*, IPR, § 8 Rdnr. 148.
[17] Vgl. *MünchKomm/Klinkhardt*, Art. 22 EGBGB Rdnr. 44.

2. Andere wollen die erbrechtlichen Wirkungen einer Adoption allein nach dem Erbstatut bestimmen[18] und begründen dies mit der Notwendigkeit der Gleichbehandlung aller Erben. Die gesetzlichen Erben müssen alle nach dem Erbstatut berufen sein; in dessen Rahmen ist deshalb auch zu prüfen, welche Bedeutung einer ausländischen Adoption beizumessen ist[19].

3. Letztlich zutreffend erscheint es, mit der h.M.[20] eine differenzierende Haltung einzunehmen. Ausgangspunkt ist, daß das Erbstatut bestimmt, wer Erbe ist. Das ist unzweifelhaft für leibliche Abkömmlinge. Ob Adoptivkinder diesen gleichzustellen sind, ist im Grundsatz ebenfalls eine Frage, die nur das Erbstatut beantworten kann. Dies gilt schon aus dem Aspekt des Vertrauensschutzes für den Erblasser: Bei der Entscheidung, ob eine letztwillige Verfügung notwendig und wie diese auszugestalten ist, wird er sich i.d.R. von der Beurteilung der gesetzlichen Erbfolge durch das Erbstatut leiten lassen.

Stellt das Erbstatut Adoptivabkömmlinge leiblichen Abkömmlingen gleich, so setzt es aber (stillschweigend) eine bestimmte rechtliche Verwandtschaftsbeziehung voraus, wie sie die Adoption nach dem eigenen Recht begründet. Welchen Grad einer Verwandtschaftsbeziehung eine *ausländische* Adoption vermittelt, kann seinerseits nur diesem ausländischen Recht selber entnommen werden. Es handelt sich hier um eine Art Substitution: Die von den materiellen Normen des Erbstatuts „an sich" gemeinte Adoption des eigenen Rechts wird ersetzt durch die ausländische Adoption, sofern diese in erbrechtlicher Hinsicht in etwa wirkungs- und funktionsgleich ist[21].

Ein verläßliches Anzeichen dafür, daß die durch die Adoption begründete Verwandtschaft hinreichend stark ist, um sie der ein Erbrecht vermittelnden Adoption des Erbstatuts funktionell gleichzustellen, ergibt sich, wenn das Adoptionsstatut, wäre es auch für die Erbfolge maßgeblich, das Adoptivkind am Nachlaß des Erblassers beteiligen würde[22]. Ist dies nicht der Fall, etwa weil dieses Recht ein Adoptivkind zwar als Verwandten des Erblassers bezeichnet, es aber erbrechtlich

---

[18] *Beitzke*, IPRax 1990, 36 (37 f.); *Ferid*, IPR, Rdnr. 8-372,1; *Staudinger/Firsching*, vor Art. 24-26 a.F. Rdnr. 282; Art. 24 Rdnr. 54.

[19] Vgl. *Beitzke*, IPRax 1990, 36 (38).

[20] *Müller*, NJW 1985, 2056 (2060); *Soergel/Kegel*, Art. 22 Rdnr. 73; BGH IPRax 1990, 55 = BGH FamRZ 1989, 378 (379); *Kropholler*, IPR, § 51 III c; *Palandt/Heldrich*, Art. 22 EGBGB Rdnr. 6.

[21] Ausführlich zur Substitution *Neuhaus*, IPR, 351 ff.

[22] BGH FamRZ 1989, 378 (379) = IPRax 1990, 55. - Weil die h.M. somit die Erbberechtigung (wenn auch nur als Indiz) auch anhand des Adoptionsstatuts überprüft, besteht im praktischen Ergebnis kaum ein Unterschied zu der von *MünchKomm/Klinkhardt*, Art. 22 EGBGB Rdnr. 45, vertretenen *Doppelqualifikation*. Nach dieser Auffassung erbt das Adoptivkind nur, wenn sowohl das Erb- als auch das Adoptionsstatut dies vorsehen.

Fall 11: Internationales Erbrecht

hinter entsprechende Blutsverwandte zurücksetzt, so fehlt es i.d.R. an einer hinreichend starken Verwandschaft für ein Erbrecht nach dem Erbstatut.

Auf der Basis dieser Meinung muß wie folgt weiter vorgegangen werden: Zunächst ist zu klären, ob die ausländische Adoption im Inland wirksam ist. Ist das zu bejahen, hat für die Frage der Erbenstellung des A eine Doppelprüfung zu erfolgen: Zum einen muß ermittelt werden, ob einem Adoptivkind nach dem Erbstatut ein Verwandtenerbrecht zusteht; nur wenn dies der Fall ist, ist zum anderen zu ergründen, ob auch aus der Sicht des Adoptionsstatuts durch die Adoption eine ein Erbrecht rechtfertigenden Verwandtschaftsbeziehung zum Erblasser entsteht. Wegen des gespaltenen Erbstatuts muß zwischen dem beweglichen und unbeweglichen Vermögen unterschieden werden.

III. Wirksamkeit der Adoption

1. Vorfragenanknüpfung

Ob die Adoption wirksam ist, ist nach dem oben Gesagten als *Vorfrage* im Rahmen des hauptsächlich zu ermittelnden Erbrechts des A zu prüfen. Die Anknüpfung von Vorfragen ist im Grundsatz umstritten, wenn die Hauptfrage (Erbrecht) wie hier einem ausländischen Sachrecht unterliegt[23]. Handelt es sich bei dem Gegenstand der Vorfrage aber um die gestaltende Wirkung einer ausländischen *richterlichen* oder *behördlichen Entscheidung*, so ist man sich einig: Es kommt nicht darauf an, ob sie den über eine selbständige oder unselbständige Anknüpfung zu ermittelnden materiellen Normen des Adoptionsstatuts entspricht, sondern „nur" darauf, ob diese Entscheidung im Inland anzuerkennen ist[24]. Welche Norm über die Anerkennung entscheidet, ist als Frage des deutschen internationalen Verfahrensrecht aus deutscher Sicht zu beurteilen[25]. Der behördliche oder gerichtliche Ausspruch einer Adoption ist nach deutschem Verständnis ein Akt der freiwilligen Gerichtsbarkeit, vgl. §§ 1752 BGB, 35 FGG. Damit sind hier die Anerkennungsvoraussetzungen des § 16 a FGG maßgeblich.

---

[23] Ausführlich zum Streit zwischen selbständiger und unselbständiger Vorfragenanknüpfung *Firsching/v.Hoffmann*, IPR, § 6 Rdnr. 42 ff.
[24] Vgl. speziell zur Adoption *MünchKomm/Klinkhardt*, Art. 22 EGBGB Rdnr. 80; einprägsam *Lüderitz*, FamRZ 1988, 881: "Verfahrensrecht geht dem materiellen IPR vor."
[25] Unerheblich ist daher, ob der Herkunftsstaat selbst die Entscheidung als eine der streitigen Gerichtsbarkeit ansieht oder sie als behördliche ganz dem Bereich der Gerichte entzieht: die Qualifikation geschieht im Verfahrensrecht *lege fori*, *Ferid*, IPR, Rdnr. 2-25; *MünchKomm/Klinkhardt*, Art. 22 EGBGB Rdnr. 82.

Zwar ist diese Vorschrift erst mit dem IPR-Neuregelungsgesetz 1986 eingeführt worden, während die hier zu beurteilende Annahme als Kind bereits länger zurückliegt[26]. Anders als bei internationalprivatrechtlichen Verweisungsnormen, die in der Vergangenheit liegende Sachverhalte nur dann regeln, wenn besondere intertemporale Regeln (Art. 220 EGBGB) dies festschreiben, sind aber (international-)verfahrensrechtliche Vorschriften vom (deutschen) Gericht immer dann zu beachten, wenn sie zum Zeitpunkt der von ihm zu fällenden Entscheidung gelten, unabhängig davon, ob sie erst nach dem materiell zu beurteilenden Sachverhalt eingeführt wurden[27].

2. Voraussetzungen des § 16 a FGG

a) § 16 a Nr. 1 FGG

Gem. § 16 a Nr. 1 FGG ist - neben der hier unzweifelhaft gegebenen Wirksamkeit der Entscheidung in der Schweiz - erste Anerkennungsvoraussetzung, daß die ausländische Behörde aus deutscher Sicht international zuständig war. Zu dieser Prüfung muß man die deutschen Zuständigkeitsvorschriften hypothetisch auf den Urteilsstaat übertragen[28], wobei es grundsätzlich auf diejenigen Vorschriften ankommt, die im Zeitpunkt des Erlasses der ausländischen Entscheidung galten. Hilfsweise sind aber auch nachträgliche Änderungen der deutschen Regeln über die internationale Zuständigkeit zu beachten, soweit sie sich *zugunsten* der Anerkennung auswirken[29].

Demnach muß hier nicht erörtert werden, ob die Zürcher Behörden unter der Geltung des § 66 FGG a.F. aus deutscher Sicht international zuständig waren, da jedenfalls die Kriterien des § 43 b Abs. 1 Nr. 1 FGG n.F. spiegelbildlich erfüllt sind, weil alle an der Adoption Beteiligten zum maßgeblichen Zeitpunkt Schweizer Staatsbürger waren.

b) Anerkennungshindernisse nach § 16 a Nr. 2 - 4 FGG sind im vorliegenden Fall nicht ersichtlich.

---

[26] Vgl. *Beitzke*, IPRax 1990, 36 (37), der die Wirksamkeit einer 1949 ausgesprochenen Adoption in einem 1988 vom BGH entschiedenen Fall nicht an § 16 a FGG, sondern über Art. 22 EGBGB a.F. am Adoptionsstatut messen will.

[27] Vgl. *Lüderitz*, FamRZ 1988, 881; neues Prozeßrecht wird deshalb mit Inkrafttreten sogar für zu diesem Zeitpunkt bereits anhängige Verfahren wirksam, *MünchKommZPO/Lüke*, Einl. Rdnr. 291.

[28] Sog. Spiegelbildprinzip, vgl. *MünchKomm/Klinkhardt*, Art. 22 Rdnr. 83; *Keidel/Kuntze/Winkler(-Zimmermann)*, FGG, § 16 a Rdnr. 5.; *Gottwald*, IPRax 1984, 57 (59).

[29] Vgl. *Hepting*, IPRax 1987, 161 (162); *MünchKomm/Klinkhardt*, Art. 22 EGBGB Rdnr. 83; *Martiny*, in: HdbIZVR III/1 (1984), Rdnr. 232, 774 ff.

Fall 11: Internationales Erbrecht

Die Adoption ist deshalb als für die deutsche Rechtsordnung wirksam anzuerkennen.

IV. Erbenstellung des A

1. Erbrecht bzgl. des beweglichen Vermögens (türkisches Erbstatut)

A ist nicht blutsverwandt mit E. Die Adoption durch den Bruder B könnte ihm aber die Stellung eines Neffen verschafft haben, der nach Art. 440 türk. ZGB hier mangels näherer Verwandter als Alleinerbe erbt.

a) Die *Wirksamkeit* der Adoption wurde oben geprüft und bejaht.

b) Nach der hier vertretenen Meinung muß für die erbrechtlichen *Wirkungen* zunächst das türkische Erbstatut danach befragt werden, ob es einem Adoptivkind ein Verwandtenerbrecht zubilligt; nur wenn dies zu bejahen ist, kommt es in einem zweiten Schritt darauf an, ob nach dem Adoptionsstatut die Adoption eine für das Erbrecht hinreichende Verwandtschaftsbeziehung entstehen läßt.

Aus Art. 257 des türkischen ZGB ist zu folgern, daß nach türkischem Recht ein Adoptivkind beim Tod seines Adoptivonkels nicht erbberechtigt sein soll.

Damit scheidet A hinsichtlich des beweglichen Vermögens als Erbe aus; auf die Sicht des Adoptionsstatuts kommt es nicht an[30].

2. Erbrecht bzgl. des unbeweglichen Vermögens (deutsches Erbstatut)

Zu prüfen bleibt die Erbberechtigung des A am unbeweglichen Vermögen. Erbstatut ist, wie oben festgestellt, das deutsche Recht. Damit bildet § 1925 Abs. 1 BGB den Ausgangspunkt. A ist Erbe, wenn er ein Abkömmling der Erblassereltern ist. Ob er dies ist, hängt davon ab, ob ihm die Adoption eine solche Stellung verschafft. Die Wirksamkeit der Adoption ist bereits festgestellt. Hinsichtlich ihrer Wirkungen in erbrechtlicher Hinsicht kommt es auf das Ergebnis der zweigeteilten Prüfung anhand des Erb- und des Adoptionsstatuts an.

---

[30] *Zu dem gleichen Ergebnis kommen die Bearbeiter, die sich der Meinung anschließen, daß allein das Erbstatut für die Frage des Erbrechts maßgeblich sein soll (oben Fn. 18). Wer jedoch die Auffassung für überzeugender hält, nach der nur das Adoptionsstatut zu befragen ist (oben Fn. 16), kommt hier (ausschließlich) zum Adoptionsstatut, das - dazu sogleich im Haupttext - das Schweizer Recht ist. Da dieses das Adoptivkind in jeder Hinsicht einem leiblichen Kind der Adoptiveltern gleichstellt (siehe auch insoweit die Hauptlösung), ihm also auch ein Erbrecht nach deren Verwandten gewährt, ist in diesem Fall A Alleinerbe nach seinem Onkel (Art. 458 ZGB).*

Nach deutschem Recht ist die Adoption eines minderjährigen Kindes als Volladoption ausgestaltet. Das Adoptivkind wird gem. § 1754 Abs. 1 BGB einem leiblichen ehelichen Kind seiner Adoptiveltern gleichstellt. Damit wird zugleich ein umfassendes Verwandtschaftsverhältnis zu den Annehmenden und deren Verwandten hergestellt[31]. Daraus folgt auch ein Erbrecht nach dem Bruder eines Adoptivelternteils. Aus deutscher Sicht wäre damit ein Erbrecht des A nach seinem Adoptivonkel begründet.

Es ist aber weiter zu fragen, ob auch nach der Beurteilung des Adoptionsstatuts die Adoption eine in erbrechtlicher Hinsicht tragfähige Verwandtschaftsbeziehung zum Erblasser schafft. Dazu ist zunächst zu ermitteln, welches Recht das Adoptionsstatut ist. Man könnte daran denken, dieses über Art. 22 EGBGB zu bestimmen. Es ist aber zu beachten, daß es hier um eine nach § 16 a FGG anzuerkennende Dekretadoption einer ausländischen Behörde geht. In einem solchen Fall kann das Adoptionsstatut, also das Recht, das über Voraussetzungen und Wirkungen der Adoption entscheidet, nur das Recht sein, das von der ausländischen Behörde tatsächlich angewandt wurde[32]. Die kantonale Behörde hat hier Schweizer materielles Recht zugrunde gelegt. Damit ist dieses das Adoptionsstatut.

Art. 267 Abs. 1 ZGB stellt das Adoptivkind uneingeschränkt, also auch in erbrechtlicher Hinsicht, einem leiblichen Kind seiner Adoptiveltern gleich und behandelt es gleichrangig mit diesen als Verwandte der Geschwister der Adoptiveltern.

Schafft somit das Adoptionsstatut eine hinreichend starke Verwandtschaftsbeziehung zum Erblasser, um A einem nach deutschem Recht adoptierten Kind gleichzustellen, ist A bezüglich des unbeweglichen Vermögens Alleinerbe nach E[33].

V. Ergebnis hinsichtlich des Erbscheins

Fraglich ist, wie sich das gefundene Ergebnis im Erbscheinsverfahren niederschlägt.

---

[31] Vgl. *Palandt/Diederichsen*, § 1754 Rdnr. 2.
[32] Vgl. *MünchKomm/Klinkhardt*, Art. 22 EGBGB Rdnr. 93 a.E.; *Kropholler*, IPR, § 51 III c a.E. Anders ist es bei einer ausländischen *Vertrags*adoption: hier ist der Weg über Art. 22 EGBGB zu gehen.
[33] *In dieser Konstellation wirkt sich der Meinungsstreit über den richtigen Ansatz zur Beurteilung der erbrechtlichen Wirkungen einer Adoption im Ergebnis nicht aus. Ist das Adoptivkind sowohl nach Erb- als auch nach Adoptionsstatut erbberechtigt, kommen hier auch diejenigen, die nur dem ersteren oder nur dem letzteren das Wort erteilen wollen, zu einer Erbberechtigung des A.*

Fall 11: Internationales Erbrecht 211

A ist nach der hier vertretenen Auffassung Alleinerbe nur des unbeweglichen Vermögens des E[34]. Er hat aber einen Erbschein als Alleinerbe des gesamten im Inland belegenen Nachlasses beantragt. Nach einhelliger Ansicht unterliegt das Nachlaßgericht einer strengen Bindung an den Antrag. Es darf weder vom Antrag inhaltlich abweichen noch auch ihm nur teilweise stattgeben[35]. Trägt wie hier die materielle Rechtslage den Antrag nur in beschränktem Umfang, hat der Antrag deshalb grundsätzlich *insgesamt* keinen Erfolg. Dennoch ist das Nachlaßgericht nicht gezwungen, den Antrag vollständig abzuweisen. In Analogie zu § 18 GBO hat es die Möglichkeit, eine Zwischenverfügung zu erlassen, mit der dem Antragsteller nahegelegt wird, seinen Antrag entsprechend der materiellen Rechtslage abzuändern, d.h. hier auf das unbewegliche Vermögen zu beschränken[36]. Kommt A einer solchen Zwischenverfügung nach, wird auf den abgeänderten Antrag hin ein Erbschein erteilt, der ihn als Alleinerbe des in Deutschland belegenen unbeweglichen Nachlasses des E ausweist[37].

---

[34] *Folgt ein Bearbeiter hingegen der Auffassung, daß allein das Adoptionsstatut über die Erbberechtigung entscheidet, ist A auch Erbe des beweglichen Vermögens. Sein Antrag ist dann in vollem Umfang begründet; das Nachlaßgericht hat den beantragten Erbschein zu erteilen.*
[35] *Vgl. MünchKomm/Promberger, § 2353 Rdnr. 101 m.w.N.*
[36] *Vgl. zur Zwischenverfügung Hilger, BWNotZ 1992, 113 (114).*
[37] *Komplizierter sind die Überlegungen für diejenigen Bearbeiter, die im Rahmen der internationalen Zuständigkeit der Auffassung der Rechtsprechung und damit dem Gleichlaufprinzip gefolgt sind. Sie mußten bei der hier vorliegenden materiellrechtlichen Nachlaßspaltung von einer getrennten Zuständigkeit zur Erteilung eines Eigen- und eines Fremdrechtserbscheins je nach anwendbarem Recht ausgehen, näher oben Fn. 13. Dem Anliegen des A, als Erbe des gesamten Nachlasses ausgewiesen zu werden, konnte dann aber ohnehin nur mit zwei Erbscheinen, einem Eigenrechtserbschein für das unbewegliche und einem Fremdrechtserbschein für das bewegliche Vermögen, Rechnung getragen werden. Legt man deshalb sein Schreiben so aus, daß es eigentlich zwei Anträge auf zwei (in einer Urkunde zusammenzufassende) Erbscheine beinhaltet, so stellt sich die Sachlage wie folgt dar: Ein Antrag (bzgl. des beweglichen Vermögens) ist erfolglos, der andere (bzgl. des unbeweglichen Vermögens) ist in vollem Umfang begründet. Folglich ist auf den zweiten Antrag hin ein gegenständlich beschränkter Eigenrechtserbschein zu erteilen; der erste Antrag ist als unbegründet zurückzuweisen. Einer Zwischenverfügung bedarf es hier nicht.*

Fall 12: Internationales Ehe- und Erbrecht

Sachverhalt

Am 1. September 1993 verstarb an seinem letzten Wohnsitz in Garmisch-Partenkirchen der österreichische Staatsangehörige E. Er war in erster und einziger Ehe mit der deutschen Staatsangehörigen F verheiratet. Die Ehe wurde am 30. April 1965 in Tirol geschlossen, wo auch der erste gemeinsame eheliche Wohnsitz begründet wurde. Bereits 1966 zog die Familie aber nach Garmisch-Partenkirchen um. Aus der Ehe sind drei Kinder (K1-K3) hervorgegangen, die alle noch leben.

Der Erblasser hat nicht testiert. Ein Ehe- oder ein Erbvertrag liegt nicht vor. Der Nachlaß besteht ausschließlich aus in der Bundesrepublik belegenem beweglichen Vermögen sowie einem während der Ehe erworbenen Hausgrundstück in Garmisch-Partenkirchen im Alleineigentum des Erblassers.

Eine Einantwortung durch ein österreichisches Gericht ist nicht erfolgt.

F und K1-K3 beantragen einen Erbschein. Wer ist zu welchem Anteil Erbe nach E?

Anhang: Gesetzestexte

I. Österreichisches Bundesgesetz über das internationale Privatrecht vom 15. Juni 1978 (IPRG)

§ 9 Abs. 1. Das Personalstatut einer natürlichen Person ist das Recht des Staates, dem die Person angehört.

§ 28 Abs. 1. Die Rechtsnachfolge von Todes wegen ist nach dem Personalstatut des Erblassers im Zeitpunkt seines Todes zu beurteilen.

§ 31 Abs. 1. Der Erwerb und der Verlust dinglicher Rechte an körperlichen Sachen einschließlich des Besitzes sind nach dem Recht des Staates zu beurteilen, in dem sich die Sachen bei Vollendung des dem Erwerb oder Verlust zugrunde liegenden Sachverhalts befinden.

§ 32. Für dingliche Rechte an einer unbeweglichen Sache ist der § 31 auch dann maßgebend, wenn diese Rechte in den Anwendungsbereich einer anderen inländischen Verweisungsnorm fallen.

Hinweis: Nach h.M. in Österreich betrifft diese Norm im Erbrecht allein die Art und Weise des sachenrechtlichen Erwerbsvorgangs an den Nachlaßgegenständen (Von-Selbst-Erwerb, Erwerb kraft Eintra-

Fall 12: Internationales Ehe- und Erbrecht

gung oder Einantwortung etc.), berührt aber nicht die Frage, *wer* Erbe wird.

II. Österreichisches Allgemeines bürgerliches Gesetzbuch (ABGB) vom 1. Juni 1811

§ 732. Wenn der Erblasser eheliche Kinder des ersten Grades hat, so fällt ihnen die ganze Erbschaft zu; sie mögen männlichen oder weiblichen Geschlechts; sie mögen bei Lebzeiten des Erblassers oder nach seinem Tode geboren sein. Mehrere Kinder teilen sich die Erbschaft nach ihrer Zahl in gleiche Teile...

§ 757 Abs. 1. Der Ehegatte des Erblassers ist neben ehelichen Kindern des Erblassers und deren Nachkommen zu einem Drittel des Nachlasses ... gesetzlicher Erbe.

§ 797 Abs. 1. Niemand darf eine Erbschaft eigenmächtig in Besitz nehmen. Das Erbrecht muß vor Gericht verhandelt und von demselben die Einantwortung des Nachlasses, das ist die Übergabe in den rechtlichen Besitz, bewirkt werden.

Hinweis: Aus dieser Norm folgt nach unbestrittener Ansicht in Österreich, daß erst mit der gerichtlichen Einantwortung des materiell Erbberechtigten der Nachlaß im Wege der Universalsukzession mit dinglicher Wirkung auf diesen übergeht. Die Einantwortung ist ein gerichtlicher Beschluß, der in einem bestimmten Verfahren, der sog. Verlassenschaftsabhandlung ergeht. Gemäß § 799 ABGB setzt die Einleitung der Verlassenschaftsabhandlung eine an das Gericht gerichtete Annahmeerklärung („Erbserklärung") des Erben voraus. Im einzelnen ist das Verfahren im Außerstreitgesetz geregelt. Es wird von österreichischen Gerichten regelmäßig ohne Einantwortungsbeschluß eingestellt („armutshalber abgetan"), wenn kein Nachlaß in Österreich betroffen ist.

§ 1237. Haben Eheleute über die Verwendung ihres Vermögens keine besondere Übereinkunft getroffen; so behält jeder Ehegatte sein voriges Eigentumsrecht, und auf das, was ein jeder Teil während der Ehe erwirbt, und auf was immer für eine Art überkommt, hat der andere keinen Anspruch.

Vorbemerkungen

I. Der Fall ist zwar in ein Erbscheinsverfahren eingebettet. Die Fallfrage ist aber, um unnötigen Ballast zu sparen, auf die Erbstellung und -quoten der Antragsteller, also auf die Begründetheitsprüfung beschränkt. Verfahrensrechtliche Fragen sind nicht zu beantworten.

II. Der Fall erscheint harmlos und ist auch eine im deutsch-österreichischen Grenzgebiet keineswegs selten anzutreffende Konstellation. Dennoch hat er es in sich. Zunächst ergeben sich Schwierigkeiten daraus, daß das österreichische Erbstatut den dinglichen Eigentumsübergang auf die Erben an eine gerichtliche „Einantwortung" knüpft, die aber bei einem ausschließlich im Ausland belegenen Nachlaß gar nicht stattfindet. Hier gilt es, eine praxistaugliche Ersatzlösung zu finden. Der Schwerpunkt des Falles ist allerdings ein anderer: Dem deutschen Studierenden ist § 1371 Abs. 1 BGB bekannt, der im Rahmen der gesetzlichen Zugewinngemeinschaft die Erbquote des überlebenden Ehegatten zu Lasten der anderen Erben erhöht. Welche Rolle diese Norm im vorliegenden Fall spielt, setzt zunächst die Klärung voraus, ob für die Ehe des Erblassers deutsches Ehegüterrecht gilt. Hier kommt nun die ebenso wichtige wie schwierige Norm des Art. 220 Abs. 3 EGBGB ins Spiel, die, anders als der Standort in Art. 220 EGBGB vermuten ließe, nicht nur intertemporale Fragen klärt, sondern auch eigene Anknüpfungen bereithält. Wie diese Regelung in einem Gutachten handzuhaben ist, soll diese Klausur zeigen.

III. Kommt man zu dem Ergebnis, daß die Eheleute in der deutschen Zugewinngemeinschaft lebten, so kann man damit allerdings noch nicht „automatisch" auch § 1371 Abs. 1 BGB anwenden. Diese Norm ist inhaltlich auf das materielle deutsche Erbrecht abgestimmt. Was soll gelten, wenn tatsächlich aber ein ausländisches Recht die Erbfolge regelt? Darüber herrscht ein bereits seit langem schwelender Streit, der zum Standardwissen eines jeden Wahlfachstudenten gehören muß, weil er mit Fragen der Qualifikation und der Angleichung auf elementare Probleme des internationalen Privatrechts zurückführt.

IV. Der Aufbau ist auch hier durch den Gedankengang vorgegeben. Zunächst ist das Erbstatut zu ermitteln, dann die sich aus diesem ergebenden Erbquoten sowie der Erbgang festzustellen. Sodann muß das Ehegüterstatut gefunden und die Anwendbarkeit des § 1371 Abs. 1 BGB diskutiert werden.

Gliederung der Lösung

I. Das anwendbare Recht (Erbstatut)
  1. Staatsvertragliche Regelungen
  2. Autonomes deutsches internationales Privatrecht
     a) Verweisungsnorm
     b) Gesamtverweisung
  3. Österreichisches internationales Privatrecht
     a) § 28 Abs. 1 IPRG i.V.m. § 9 Abs. 1 S. 1 IPRG
     b) §§ 32, 31 Abs. 1 IPRG
II. Umfang des Erbstatuts
III. Rechtslage nach dem Erbstatut
  1. Erbfolge und Erbquoten
  2. Erbgang
     a) Immobiliarvermögen
     b) Mobiliarvermögen
        aa) Grundsatz
        bb) Modifizierte Anwendung der österreichischen Regeln im vorliegenden Fall?

Fall 12: Internationales Ehe- und Erbrecht 215

IV. Einfluß des Ehegüterrechts
  1. Das Ehegüterstatut
     a) Staatsvertragliche Regelung
     b) Autonomes deutsches internationales Privatrecht
        aa) Anknüpfung bis zum 8. April 1983
           (1) Gemeinsame Staatsangehörigkeit, Art. 220 Abs. 3 S. 1 Nr. 1 EGBGB
           (2) (Konkludente) Rechtswahl/Gemeinsame Vorstellung vom anwendbaren Recht nach Art. 220 Abs. 3 S. 1 Nr. 2 EGBGB
              (aa) „Unterstellen" unter eine Rechtsordnung
              (bb) „Ausgehen" von der Anwendbarkeit einer bestimmten Rechtsordnung
           (3) Heimatrecht des Ehemannes, Art. 220 Abs. 3 S. 1 Nr. 3 EGBGB
        bb) Anknüpfung ab 9.4.1983 (Art. 220 Abs. 3 S. 2 u. 3 EGBGB)
  2. Gesetzlicher Güterstand nach deutschem Güterrecht: Zugewinngemeinschaft
  3. Anwendbarkeit des § 1371 Abs. 1 BGB
     a) Erbrechtliche Qualifikation
     b) Doppelqualifikation
     c) Güterrechtliche Qualifikation
V. Angleichung

Lösung

I. Das anwendbare Recht (Erbstatut)

Um zu bestimmen, wer zu welchem Anteil Erbe nach dem Erblasser ist, ist zunächst das in erbrechtlicher Hinsicht anwendbare Recht (Erbstatut) zu ermitteln.

1. Staatsvertragliche Regelungen

Eine staatsvertragliche Regelung erbrechtlicher Art, die nach Art. 3 Abs. 2 EGBGB Vorrang hätte, besteht im Verhältnis zur Republik Österreich nicht[1].

Das Erbstatut ist daher nach den Vorschriften des EGBGB zu bestimmen.

---

[1] Das deutsch-österreichische Nachlaßabkommen vom 5.2.1927 (RGBl. II, 505) ist nicht mehr anwendbar. Siehe dazu *Ferid/Firsching*, Internationales Erbrecht, Bd. IV "Österreich" Grdz. C III Rdnr. 33.

2. Autonomes deutsches internationales Privatrecht

a) Verweisungsnorm

Gemäß Art. 25 Abs. 1 EGBGB richtet sich die Erbfolge nach einem österreichischen Staatsangehörigen nach österreichischem Recht. Eine Rechtswahl, wie sie Art. 25 Abs. 2 EGBGB ermöglicht, hat der Erblasser für sein in der Bundesrepublik belegenes Immobiliarvermögen nach dem Sachverhalt nicht getroffen.

b) Gesamtverweisung

Nach Art. 4 Abs. 1 S. 1 EGBGB ist diese Verweisung eine Gesamtverweisung. Es ist also das österreichische internationale Privatrecht nach einer möglichen Rück- oder Weiterverweisung zu befragen.

3. Österreichisches internationales Privatrecht

a) Auch das österreichische IPR unterwirft nach § 28 Abs. 1 IPRG i.V.m. § 9 Abs. 1 S. 1 IPRG die Erbfolge dem Recht der Staatsangehörigkeit des Erblassers; eine Rückverweisung wird nicht ausgesprochen.

b) Zu überlegen ist, ob dies auch für das unbewegliche Vermögen gilt, das in der Bundesrepublik belegen ist. Man könnte aus §§ 32, 31 Abs. 1 IPRG schließen, daß insoweit für die Erbfolge auf das Recht am Belegenheitsort, die lex rei sitae, hier also deutsches Recht, zurückverwiesen wird. Wie aber bereits im Bearbeiterhinweis erläutert, führt ein solches Verständnis in die Irre. Diese Normen betreffen allein die Art und Weise des *dinglichen* Erwerbsvorgangs, also den *Modus* des Eigentumsübergangs auf die Erben (Erbgang)[2], während über die Frage der erbrechtlichen Berufung (*Titulus*, Erbfolge), also darüber, *wer* und zu welchem Anteil Erbe wird, unabhängig von der Art der Nachlaßgegenstände über § 28 Abs. 1 IPRG allein das Heimatrecht des Erblassers entscheidet[3]. Daraus folgt: Die Bestimmung der Erbfolge am deutschen Hausgrundstück unterliegt auch aus österreichischer Sicht dem materiellen österreichischen Recht. Nur für die dingliche Wirkung des Erbfalls in Bezug auf unbewegliches Vermögen, also für die Frage, wie der nach österreichischem Recht bestimmte Erbe dinglicher Rechtsinhaber der Immobilie wird, spricht das österreichische IPR nach §§ 32, 31 Abs. 1 IPRG eine Rückverweisung auf die deutsche lex rei sitae aus. Die Rückverweisung wird vom deutschen Recht angenommen, Art. 4 Abs. 1 S. 3 EGBGB.

---

[2] Also etwa: "automatischer" Eigentumsübergang auf die Erben mit dem Tod des Erblassers oder erst mit der sog. Einantwortung der Erben oder der Eintragung ins Grundbuch.

[3] Vgl. *Palandt/Heldrich*, Art. 25 EGBGB Rdnr. 2; *S. Lorenz*, IPRax 1990, 206; *Rummel/Schwimann*, ABGB-Komm., Bd. 2, 2. Aufl. (1992), § 32 IPRG.

Fall 12: Internationales Ehe- und Erbrecht 217

II. Umfang des Erbstatuts
Das Erbstatut regelt grundsätzlich *alle* erbrechtlichen Fragen[4]. Ihm obliegt also insbesondere die Bestimmung des Kreises der gesetzlichen Erben und ihrer Quoten (Intestaterbfolge), ebenso wie es über Voraussetzungen und Wirkung einer Verfügung von Todes wegen entscheidet (gewillkürte Erbfolge); nur Fragen, die mit der *Form* einer Verfügung von Todes wegen zusammenhängen, unterliegen nach Art. 26 Abs. 1-4 EGBGB einer gesonderten Anknüpfung. Die Verweisung auf das österreichische Erbstatut schließt, wie bereits angedeutet, auch die dinglichen Wirkungen des Erbfalls (Erbgang) ein. Im vorliegenden Fall ergibt sich aus der partiellen Rückverweisung des österreichischen Rechts insoweit allerdings eine Nachlaßspaltung: Der dingliche Rechtsübergang am in Deutschland belegenen Grundstück ist nach deutschem Recht zu beurteilen.

Eine gesonderten Betrachtung erfordert schließlich das Problem, inwieweit sich aus dem Ehegüterrecht eine Modifikation der Erbquoten ergeben kann (unten IV).

III. Rechtslage nach dem Erbstatut

1. Erbfolge und Erbquoten
Die Erbfolge und die den einzelnen Erben zustehenden Quoten sind folglich (zunächst) anhand des österreichischen Rechts zu beurteilen. Aus §§ 732, 757 Abs. 1 ABGB ergibt sich, daß die Ehefrau F zu 1/3 erbberechtigt ist, während den drei Kindern K1-K3 je 2/9 (=1/3 aus 2/3) zustehen.

2. Erbgang
Fraglich ist aber, ob die genannten Personen bereits mit dinglicher Wirkung Inhaber des Nachlasses geworden sind[5].

---
[4] Vgl. die Erläuterungen bei *Palandt/Heldrich*, Art. 25 EGBGB Rdnr. 10; *Firsching/v.Hoffmann*, IPR, § 9 Rdnr. 31.
[5] *Man könnte daran denken, die Sachverhaltsfrage nach dem oder die "Erben" des Erblassers allein auf die Erbfolge, d.h. die Bestimmung der erbenden Personen und ihrer Erbanteile zu beschränken. Damit wird aber verkannt, daß sich die Frage hier im Rahmen eines Erbscheinsverfahrens stellt. Der Erbschein soll die Rechtsnachfolge am Nachlaß insbesondere im Hinblick auf die Verfügungsbefugnis bezeugen. Deshalb kann in ihm nur derjenige als "Erbe" bezeichnet werden, der nicht nur erbberechtigt ist, sondern auf den auch bereits die Rechtsinhaberschaft an dem Nachlaß übergegangen ist. Folglich muß auch dieser Aspekt, der Erbgang, untersucht werden. In rein internen Fällen macht sich diese Zweiteilung nicht bemerkbar, weil nach deutschem*

a) Immobiliarvermögen

Nach dem oben Gesagten ist hinsichtlich des Rechtsübergangs am deutschen Grundstück kraft Rückverweisung des österreichischen Rechts das deutsche Recht maßgeblich. Damit gilt § 1922 BGB: Mit dem Todesfall ist das Eigentum am Grundstück in Garmisch-Partenkirchen auf die Erben übergegangen.

b) Mobiliarvermögen

aa) Grundsatz

Die Erbfolge am Mobiliarvermögen bestimmt sich hingegen nach österreichischem Recht. Nach der Erläuterung im Bearbeitervermerk geht der Nachlaß anders als nach deutschem Rechtsverständnis nicht im Wege des Vonselbst-Erwerbs sofort mit dem Erbfall auf den oder die Erben über. Es bedarf vielmehr gemäß §§ 797 ff. AGBG einer mit der „Erbserklärung" (Annahmeerklärung) des Erben einzuleitenden „Verlassenschaftsverhandlung", die zur „Einantwortung" des Nachlasses führt. Erst dadurch vollzieht sich der eigentliche Rechtserwerb des Erben[6].

bb) Modifizierte Anwendung der österreichischen Regeln im vorliegenden Fall?

Fraglich ist, wie dem Erfordernis der förmlichen Einantwortung im vorliegenden Fall Rechnung zu tragen ist. Zunächst wäre daran zu denken, den Erben die Durchführung eines Verlassenschaftsverfahren vor einem österreichischen Gericht aufzuerlegen, um die Einantwortung und damit den dinglichen Rechtsübergang zu erreichen. Wie im Bearbeitervermerk mitgeteilt, stellen jedoch österreichische Gerichte ein etwaiges vom Erbberechtigten angestrengtes Verlassenschaftsverfahren ohne Einantwortung ein, wenn - wie hier - *ausschließlich* im Ausland belegenes Vermögen betroffen ist[7]. Deutsche Gerichte hingegen können nach h.M. mit ihren eigenen verfahrensrechtlichen Mitteln (insoweit gilt die *lex fori*), denen ein Verlassenschaftsverfahren nach österreichischem Muster unbekannt ist, eine förmliche Einantwortung nicht durchführen[8]. Damit haben die Erben in einer Konstellation wie der vorliegenden keine Möglichkeit zu erreichen, daß ihnen der Nachlaß förmlich eingeantwortet wird. In einer solchen Lage muß

Recht der Rechtsübergang an die Erbberechtigung gekoppelt ist. Wer erbberechtigt ist, ist mit dem Tode des Erblassers "automatisch" Inhaber des Nachlasses, § 1922 BGB.

[6] Rummel/Welser, §§ 797, 798 Rdnr. 5.
[7] Vgl. *Firsching*, DNotZ 1963, 338; LG Köln MittRhNotK 1990, 286.
[8] Vgl. BayObLGZ 1967, 201; BayObLGZ 1971, 44.

mit der h.M. angenommen werden, daß deutsche Gerichte ausnahmsweise einen Erbschein allein aufgrund der „Erbserklärung" erteilen dürfen. Denn bereits dadurch entsteht ein seinerseits vererbliches Recht, Erbe zu sein. Es wäre im übrigen leere Förmelei, vom Erben den Antrag auf Einantwortung vor einem österreichischen Gericht zu verlangen, wenn bereits feststeht, daß dies ohnehin nicht zum gewünschten Erfolg führen kann[9]. Die Erbserklärung, also die Annahme der Erbschaft, ist konkludent im hier bereits gestellten Erbscheinsantrag enthalten[10].

Folglich ist als Zwischenergebnis festzuhalten: Nach dem Erbstatut ist die Ehefrau F Erbin zu 1/3, die Kinder K1-K3 sind Erben zu je 2/9.

IV. Einfluß des Ehegüterrechts

Eine Modifikation der Erbquoten könnte sich durch den Einfluß des Ehegüterrechts ergeben, zu denken ist insbesondere an § 1371 Abs. 1 BGB. Diese Norm setzt voraus, daß die Eheleute im (deutschen) gesetzlichen Güterstand der Zugewinngemeinschaft lebten. Es ist deshalb zunächst zu ermitteln, ob deutsches Ehegüterrecht für die Ehe[11] des Erblassers galt und, wenn ja, ob damit auch § 1371 Abs. 1 BGB Anwendung findet.

1. Das Ehegüterstatut

a) Eine staatsvertragliche Regelung besteht im Verhältnis zu Österreich nicht[12].

---

[9] Vgl. LG Köln MittRhNotK 1990, 286.
[10] BayObLGZ 1967, 203 f.
[11] *Die Frage, ob überhaupt eine wirksame Ehe besteht, ist für den in ihr geltenden Güterstand eine Vorfrage, die es über die gesonderte Anknüpfung des Art. 13 EGBGB (bzw. Art. 220 Abs. 1 EGBGB, 13 EGBGB a.F. bei "Altehen") zu prüfen gilt. Sind jedoch - wie hier - aus dem Sachverhalt insoweit keine Anhaltspunkte für Probleme ersichtlich, kann man diesen Punkt in der Niederschrift der Lösung (nicht aber bei der gedanklichen Vorbereitung!) vernachlässigen.*
[12] Das Haager Ehewirkungsabkommen vom 17.5.1905 (RGBl. 1912, 453, 475), das auch Verweisungsnormen für ehegüterrechtliche Fragen enthält, ist von der Bundesrepublik Deutschland zum 23.8.1987 gekündigt worden (BGBl. 1986 II 505). Es galt zuletzt ohnehin nur noch im Verhältnis zu Italien, BGBl. 1955 II 188 zu C. Ob das Abkommen in diesem Rahmen für "Altehen" (also Ehen, die - wie hier - vor der Kündigung geschlossen wurden) aus dem Grundsatz der Unwandelbarkeit des einmal begründeten Güterrechtsstatuts weitergilt (so z.B. der niederländische Hoge Raad, Urteil vom 27.03.1981, Nederlandse Jurisprudentie 1981 No. 335; vgl. dazu *Klinke*, IPRax 1983, 132 und *Ultsch*, MittBayNot 1994, 279), ist umstritten (Nachweise zum Streitstand bei OLG Karlsruhe, IPRax 1990,

b) Autonomes deutsches internationales Privatrecht

Die Ehe wurde am 30.4.1965 geschlossen. Deshalb kann nicht ohne weiteres das seit 1986 geltende neue IPR Anwendung finden. Für güterrechtliche Fragen besteht eine spezielle Übergangsnorm in Art. 220 Abs. 3 EGBGB, die intertemporale Regeln mit einer eigenen Anknüpfungsleiter für Altfälle verbindet[13]. Da es hier um eine Ehe aus

---

122), kann letztlich jedoch offenbleiben: Da Art. 2 Abs. 1 des Abkommens, der an die Staatsangehörigkeit des Ehemannes z.Zt. der Eheschließung anknüpft, ebenso wie die frühere deutsche Kollisionsnorm des Art. 15 a.F. EGBGB verfassungswidrig und daher nicht mehr anwendbar ist (vgl. BGH FamRZ 1986, 1200; FamRZ 1987, 679; FamRZ 1988, 40 (41); anders aus dem Grundsatz des favor conventionis heraus *Jayme*, BerDtGesVölkR Bd. 16 (1975) 40 f.; *ders*., IPRax 1983, 130), müßte auch unter Geltung des Abkommens hilfsweise in entsprechender Anwendung auf Art. 220 Abs. 3 EGBGB zurückgegriffen werden (vgl. BGH FamRZ 1988, 40 (41); OLG Karlsruhe, IPRax 1990, 122).

[13] *Die Regelung des Art. 220 Abs. 3 EGBGB ist sehr verschachtelt. Für die Klausurbearbeitung sollte man sich zunächst die zeitliche Dreiteilung merken: Für Ehen, die vor dem 1. April 1953 geschlossen wurden, bleibt es bei Art. 15 EGBGB a.F. (mit zusätzlicher Rechtswahlmöglichkeit), während Eheschließungen nach dem 8. April 1983 zu Art. 15 EGBGB n.F. führen (zu den Gründen für die Wahl dieser Daten vgl. Firsching/v.Hoffmann, IPR, § 8 Rdnr. 42). Kompliziert wird es für Ehen aus der Zeit zwischen diesen Eckdaten. Hier stellt Art. 220 Abs. 3 S. 1 EGBGB zunächst für die Zeit bis zum 8. April 1983 die Anknüpfungsleiter der Nr. 1-3 zur Verfügung, während für güterrechtsrelevante Vorgänge (insbesondere Scheidung und Tod), die später eintreten, wiederum Art. 15 EGBGB n.F. gelten soll. D.h.: Wird die Ehe nach dem 8. April 1983 geschieden oder tritt der Tod später ein, so bestimmen sich das Güterstatut und eventuelle Ausgleichsansprüche im Grundsatz allein nach Art. 15 EGBGB n.F. (vgl. BGH IPRax 1987, 114 (115)). Zwar werden sich - wie hier auch - Klausuren i.d.R. auf solche späteren Ereignisse beziehen. Dennoch kann man sich leider nicht unter lapidarem Hinweis auf Art. 220 Abs. 3 S. 2 EGBGB mit einer Prüfung des Art. 15 EGBGB n.F. begnügen, sondern muß zuvor auch die Anknüpfung für die Zeit bis 1983 erörtern. Denn war zum einen nach Art. 220 Abs. 3 S. 1 Nr. 2 das Recht maßgeblich, dem die Ehegatten sich unterstellt haben bzw. von dessen Geltung sie ausgegangen sind, so wirkt nach Ansicht des BGH diese Anknüpfung über den 8.4. 1983 hinaus und es kommt nicht zu einem Statutenwechsel (BGH NJW 1987, 583 (584), BGH FamRZ 1987, 679 (682)). War zum anderen nach Art. 220 Abs. 3 S. 1 Nr. 3 EGBGB zunächst an das Mannesrecht anzuknüpfen, so ist gemäß Art. 220 Abs. 3 S. 3 EGBGB bei der Anwendung des Art. 15 Abs. 1 EGBGB n.F. nicht auf das allgemeine Ehewirkungsstatut bei Eheschließung, sondern am 9. April 1983 abzustellen. Die Konsequenz, wie sie sich auch in der hier vorgegebenen Lösung widerspiegelt, ist, zunächst die Anknüpfung bis zum*

Fall 12: Internationales Ehe- und Erbrecht

dem Zeitraum zwischen dem 31. März 1953 und dem 9. April 1983 geht, ist Abs. 3 S. 1-4 einschlägig. Demnach ist zwischen der Anknüpfung bis zum 8. April 1983 und für die Zeit danach zu unterscheiden.

aa) Anknüpfung bis zum 8. April 1983
(1) Gemeinsame Staatsangehörigkeit, Art. 220 Abs. 3 S. 1 Nr. 1 EGBGB
Nach Art. 220 Abs. 3 S. 1 Nr. 1 EGBGB ist vorrangig an die gemeinsame Staatsangehörigkeit der Eheleute bei Eheschließung anzuknüpfen. Laut Sachverhalt besteht eine solche nicht, weil der Ehemann Österreicher war, die Ehefrau aber (ausschließlich) Deutsche war und ist[14].

---

8. April 1983 anhand der Anknüpfungsleiter zu prüfen und dann erst auf den späteren Zeitraum einzugehen.

[14] *Die Feststellung im Sachverhalt, daß die Ehefrau (ausschließlich) deutsche Staatsangehörige ist, sollte dem Bearbeiter das Eingehen auf ein diffiziles Problem ersparen, das nun zumindest in der Fußnote angerissen werden soll:* Tatsächlich könnte die Ehefrau nach §§ 2 Nr. 2, 4 Abs. 1 des österreichischen Staatsbürgerschaftsgesetzes v. 10.7.1945 in der am Tag der Eheschließung (30.4.1965) geltenden Fassung vom 4.11.1949 (BGBl. Nr. 276/1949; vgl. *Seeler,* Das Staatsangehörigkeitsrecht Österreichs, 2. Aufl. 1966) durch die Heirat die österreichische Staatsangehörigkeit zur deutschen (die nach § 25 Abs. 1 RuStAG bei einem ex-lege-Erwerb einer fremden Staatsangehörigkeit nicht verloren geht) hinzuerworben haben. Es stellt sich in dieser Konstellation die Frage, ob es im Rahmen von Art. 220 Abs. 3 S. 1 Nr. 1 EGBGB allein auf die Nationalität der Ehegatten *vor* der Eheschließung ankommt oder ob auch eine *durch* die Heirat erlangte Staatsangehörigkeit beachtlich ist. Letzteres wird im Schrifttum vertreten (*Staudinger/Dörner,* Art. 220 EGBGB Rdnr. 91; a.A. mit beachtlichen Gründen z.B. *S.Lorenz,* Das intertemporale internationale Ehegüterrecht nach Art. 220 III EGBGB und die Folgen eines Statutenwechsels (1991), 66 f.; für die gleiche Problematik im Rahmen des Art. 15 Abs. 1 EGBGB n.F. i.V.m. Art. 14 Abs. 1 Nr. 1 EGBGB *Palandt/Heldrich,* Art. 15 EGBGB Rdnr. 17). Einfluß auf das Ergebnis hat diese Auffassung in einem Fall wie dem vorliegenden wegen des Vorrangs der deutschen Staatsangehörigkeit allerdings nicht. Dieser Vorrang läßt sich auf zweierlei Weise begründen. Nach der Rspr. ergibt sich aus Art. 5 Abs. 1 S. 2 EGBGB (BGH NJW 1987, 583 (585); BGH NJW 1988, 638 (640); OLG Frankfurt, FamRZ 1987, 1147 (1148); KG IPRax 1988, 106 (108); OLG Karlsruhe IPRax 1990, 122 (123)). Das Schrifttum hingegen meint, eine teleologische Auslegung des Art. 220 Abs. 3 S. 1 Nr. 1 und Art. 220 Abs. 3 S. 5 EGBGB spreche gegen die Anwendung des Art. 5 Abs. 1 S. 2 EGBGB auf vor dem 1.3.1986 geschlossene Ehen. Es solle vielmehr für Altehen bei der früheren Handhabung der Mehrstaater bleiben, d.h. auch für deutsch-ausländische Doppelstaater auf die "effektive" Staatsangehörigkeit nach Art. 5 Abs. 1 S. 1 EGBGB ankommen (*Jayme,* IPRax 1987, 95 (96); *Schurig,* IPRax 1988, 88 (90); *MünchKomm/Siebr,* Art. 15 EGBGB, Rdnr. 151; *S.Lorenz,* Intertemporales Ehegüterrecht (1991), 65; *Staudinger/ Dörner,* Art. 220 EGBGB Rdnr. 93). Die effektive Staatsangehörigkeit ist hier die deutsche, da die Ehefrau

(2) (Konkludente) Rechtswahl/Gemeinsame Vorstellung vom anwendbaren Recht nach Art. 220 Abs. 3 S. 1 Nr. 2 EGBGB

Hilfsweise ist nach Art. 220 Abs. 3 S. 1 Nr. 2 zu prüfen, ob die Eheleute sich einem Recht unterstellt haben oder von dessen Geltung ausgegangen sind[15].

(aa) Das „Unterstellen" unter eine Rechtsordnung meint eine echte *Rechtswahl*, die formlos und auch in bloß konkludenter Weise getroffen werden kann[16]. Erforderlich ist aber ein konkreter, objektiv geäußerter rechtsgeschäftlicher Wille beider Ehegatten zur Wahl eines bestimmten Güterstatuts[17]. An diesen Kriterien gemessen, ist dem Sachverhalt eine Rechtswahl - insbesondere in Ermangelung eines Ehevertrages - nicht zu entnehmen[18].

(bb) Fraglich ist, ob die Eheleute, ohne eine eigentliche Rechtswahl treffen zu wollen, gemeinsam von der Anwendbarkeit einer bestimmten Rechtsordnung „ausgegangen" sind. Das ist dann der Fall, wenn sie willentlich, auch wie selbstverständlich, eine bestimmte Güterrechtsordnung in das Konzept ihrer Ehe einbezogen haben, weil sie sich in der einen oder anderen Weise über die (damalige) Gesetzeslage informiert hatten[19]. Es muß aber eine *gemeinsame* Vorstellung der Ehegatten feststellbar sein; bloßes einseitiges Verhalten läßt darauf allein keine hinreichend sicheren Schlüsse zu[20]. Objektive Indizien für ein gemeinsames „Ausgehen" von einem bestimmten Recht können neben einem Ehevertrag, gemeinschaftlichem Testament oder einem Erbvertrag, welche auf Rechtsinstitute oder -begriffe einer bestimmten Rechtsordnung aufbauen, insbesondere sein: Erklärungen der Ehepartner über ihren Güterstand gegenüber Dritten, z.B. Kreditgebern, sowie die bei

---

des Erblassers ihren Wohnsitz z.Zt. der Eheschließung in Deutschland hatte, die Ehegatten dort später auch ihren gemeinsamen Ehewohnsitz begründeten und nichts für eine engere Verbindung zu Österreich spricht.

[15] Vgl. dazu *Schurig*, IPRax 1988, 88 (90 ff.).
[16] *Staudinger/Dörner*, Art. 220 EGBGB Rdnr. 95.
[17] KG IPRax 1988, 106.
[18] Ohnehin sind Fälle einer echten Rechtswahl kaum vorstellbar. Den Ehegatten stand nach altem deutschen Kollisionsrecht keine Rechtswahlbefugnis zu. Waren sie rechtlich beraten, kann kaum davon ausgegangen werden, daß sie eine (damals) rechtsunwirksame Wahl treffen wollten; rechtsunkundige Parteien werden sich hingegen überhaupt keine Gedanken über die Wahl eines bestimmten Ehegüterstatuts gemacht haben. Es bleiben folglich allein die Fälle übrig, in denen die Parteien die Rechtswahlmöglichkeit eines ausländischen Kollisionsrechts ausnutzen wollten oder irrig von einer solchen Möglichkeit nach deutschem Recht ausgingen, vgl. *Staudinger/Dörner*, Art. 220 EGBGB Rdnr. 95, *S.Lorenz*, Intertemporales Ehegüterrecht, 69; *Schurig*, IPRax 1988, 88 (91).
[19] Vgl. *Schurig*, IPRax 1988, 88 (91).
[20] Vgl. KG IPRax 1988, 106; OLG Karlsruhe IPRax 1990, 122 (123).

etwaigem gemeinsamen Grunderwerb gewählte Eigentumsform, wenn sie güterrechtlich nur nach einer Rechtsordnung möglich ist (z.B. Eintragung als „Eigentümer in Gütergemeinschaft nach niederländischem Recht")[21].

Im vorliegenden Fall könnte insoweit die Eintragung des Erblassers als *Allein*eigentümer des während der Ehe erworbenen Grundstücks Bedeutung erlangen. Sowohl nach österreichischem (§ 1237 ABGB) als auch nach deutschem Recht (§ 1363 Abs. 2 BGB) besteht aber in Ermangelung abweichender Vereinbarungen der Ehegatten während der Ehe Gütertrennung (im deutschen Recht kombiniert mit einem schuldrechtlichen Zugewinnausgleich nach Ende der Ehe, in Österreich mit einer Aufteilung der ehelichen Ersparnisse nach §§ 81 ff. öEheG nur bei Scheidung, Aufhebung oder Nichtigerklärung der Ehe) und keine erzwungene Gütergemeinschaft. Damit kann nach beiden Rechtsordnungen jeder Ehegatte während der Ehe Gegenstände zu seinem Alleineigentum erwerben[22]. Die Eintragung ist deshalb güterrechtlich indifferent und im vorliegenden Zusammenhang ohne Aussagekraft.

(3) Heimatrecht des Ehemannes, Art. 220 Abs. 3 S. 1 Nr. 3 EGBGB
Sind die Tatbestandsvoraussetzungen der Art. 220 Abs. 3 S. 1 Nr. 1 und 2 EGBGB nicht erfüllt, richten sich gemäß Art. 220 Abs. 3 S. 1 Nr. 3 EGBGB die güterrechtlichen Beziehungen der Ehegatten zunächst nach dem Heimatrecht des Ehemannes zur Zeit der Eheschließung, somit also nach dem Recht Österreichs[23].

bb) Anknüpfung ab 9.4.1983 (Art. 220 Abs. 3 S. 2 u. 3 EGBGB)
Die Anknüpfung an das Heimatrecht des Ehemannes gilt jedoch nur zeitlich begrenzt. Für die Zeit nach dem 8.4.1983 unterliegen die güterrechtlichen Wirkungen einer Ehe, die vorher nach Art. 220 Abs. 3 S. 1 Nr. 3 EGBGB zu bestimmen waren, der Anknüpfung nach Art. 15 EGBGB n.F. Hierbei ist gemäß Art. 220 Abs. 3 S. 3 EGBGB als Eheschließungszeitpunkt der 9.4.1983 zu fingieren, d.h. die Kriterien, anhand derer Art. 15 EGBGB über den Verweis auf Art. 14 EGBGB das maßgebliche Ehegüterstatut bestimmt, sind auf diesen Stichtag zu beziehen[24]. Für den vorliegenden Fall heißt das, daß nach Art. 15 Abs. 1 i.V.m. Art. 14 Abs. 1 Nr. 2 EGBGB wegen des gemeinsamen Wohnsitzes in der Bundesrepublik Deutschland am 9.4.1983 seit diesem Datum deutsches Güterrecht gilt. Der neue deutsche Güterstand erfaßt das *gesamte am Stichtag vorhandene (und später erwor-*

---

[21] Vgl. ausführlich dazu *Henrich*, IPRax 1987, 93 f.; *Staudinger/Dörner*, Art. 220 EGBGB Rdnr. 100.
[22] Zum österreichischen Recht: *Rummel/Petrasch*, ABGB, § 1237 Rdnr. 1.
[23] Zur Frage der Verfassungswidrigkeit dieser Anknüpfung s.u. Fn. 26.
[24] *Palandt/Heldrich*, Art. 15 EGBGB Rdnr. 13.

bene) Vermögen der Ehegatten[25]. Es findet also keine Aufspaltung in zwei Vermögensmassen statt; auch das bis zum 8.4.1983 unter der Herrschaft des österreichischen Rechts (und damit der Gütertrennung ohne Zugewinnausgleich) erworbene Vermögen wird nunmehr von den neuen Regeln erfaßt[26]. Wegen dieser „Rückwirkung" des neuen Güterstandes kommt es im vorliegenden Fall nicht darauf an, ob es eine verfassungskonforme Lösung des Gesetzgebers ist, die vom BVerfG als Hauptanknüpfung im Rahmen des Art. 15 EGBGB a.F. für verfassungswidrig erklärte Berufung des Mannesrechts als Hilfsanknüpfung für Altehen auf der letzten Stufe der Anknüpfungsleiter des Art. 220 Abs. 1 S. 1 EGBGB wieder einzuführen[27].

2. *Gesetzlicher Güterstand nach deutschem Güterrecht: Zugewinngemeinschaft*

Gilt für die Ehe des Erblassers deutsches Güterrecht, so folgt daraus, daß die Eheleute mangels einer abweichenden ehevertraglichen Vereinbarung im Güterstand der Zugewinngemeinschaft nach §§ 1363 ff. BGB lebten.

3. *Anwendbarkeit des § 1371 Abs. 1 BGB*

Mit der Geltung deutschen Güterrechts für die Ehe des Erblassers ist jedoch noch nicht zwangsläufig über die Anwendung des § 1371 Abs. 1 BGB im vorliegenden Fall entschieden. Dies hängt vielmehr davon ab, ob diese Regelung auch als güterrechtliche i.S.d. der Kollisionsnormen der Art. 220 Abs. 3, 15 EGBGB einzustufen ist („Qualifikation"[28]). Nur in diesem Fall ist sie nämlich von der Verweisung auf das deutsche Güterrecht erfaßt. Die Meinungen hierzu sind geteilt.

---

[25] BGH FamRZ 1986, 1200 (1202); BGH FamRZ 1987, 679 (680).

[26] BGH FamRZ 1987, 679 (680); *Palandt/Heldrich*, Art. 15 EGBGB Rdnr.13; *Ultsch*, MittBayNot 1994, 280; a.A. *S.Lorenz*, Intertemporales Ehegüterrecht, 119 ff.; *Staudinger/Dörner*, Art. 220 EGBGB Rdnr. 127 (Abwicklung des alten Güterstandes zum Stichtag).

[27] Vgl. die Kritik z.B. von *Schurig*, IPRax 1988, 88 (91 f.) *Basedow*, NJW 1986, 2974; *Puttfarken*, RIW 1987, 838; *Rauscher*, NJW 1987, 536; *Münch-Komm/Siehr*, Art. 15 EGBGB Rdnr. 163: *Staudinger/Dörner*, Art. 220 EGBGB Rdnr. 69 ff. Der BGH hält in ständiger Rechtsprechung daran fest, daß die Regelung verfassungsgemäß sei; BGH NJW 1987, 583 (585); BGH NJW 1988, 638 (639); im Schrifttum zustimmend *Palandt/Heldrich*, Art. 15 EGBGB Rdnr. 10, *S.Lorenz*, Intertemporales Ehegüterrecht, 113 ff., *Lichtenberger*, DNotZ 1987, 297. Das BVerfG hat in seinem Nichtannahmebeschluß vom 21.6.1988 (FamRZ 1988, 920) (nur) die Regelung des Art. 220 Abs. 3 S. 2 verfassungsrechtlich abgesegnet.

[28] Vgl. allgemein zur Qualifikation *Kropholler*, IPR, §§ 14 ff.; *Firsching/v. Hoffmann*, IPR, § 6 Rdnr. 1 ff.; *Lüderitz*, IPR, Rdnr. 124 ff.

Fall 12: Internationales Ehe- und Erbrecht

a) Erbrechtliche Qualifikation
Nach einer in einem Teil des Schrifttums vertretenen Auffassung[29] ist § 1371 Abs. 1 BGB, weil er eine Erhöhung der Erbquote unabhängig davon vorsieht, ob tatsächlich ein Zugewinn erzielt wurde, nicht als güter-, sondern als erbrechtliche Norm zu qualifizieren und damit nicht dem Güterrechts-, sondern dem Erbstatut unterworfen. Damit wäre die Vorschrift im vorliegenden Fall nicht anwendbar.

b) Doppelqualifikation
Zum gleichen Ergebnis führt eine weiterhin vertretene Meinung, nach der § 1371 Abs. 1 BGB wegen seines güterrechtlichen Ausgangspunkts einerseits und seiner erbrechtlichen Regelungstechnik andererseits „doppelt" zu qualifizieren sei: Er sei nur in solchen Fällen anwendbar, in denen *sowohl Erb- als auch Güterrechtsstatut das deutsche Recht* sei[30].

c) Güterrechtliche Qualifikation
Die Rechtsprechung ist beiden Meinungen bislang nicht gefolgt. Sie vertritt nahezu einhellig eine rein güterrechtliche Qualifikation: Unabhängig vom Erbstatut sei § 1371 Abs. 1 BGB immer dann anwendbar, wenn deutsches Güterrecht gilt[31].

Die Position der Rechtsprechung ist im Hinblick auf die systematische Einbettung des § 1371 S. 1 BGB in das materielle Ehegüterrecht und die Abhängigkeit der Erbquotenerhöhung von einem bestimmten Güterstand vorzugswürdig. Für sie spricht auch der Normzweck: Die Vorschrift soll in erster Linie eine bestimmte Sonderordnung des Vermögens der Eheleute während und aufgrund der Ehe abwickeln. Das ist ein güterrechtliches Anliegen. Einen erbrechtlichen Anstrich hätte die Norm nur, wenn sie - was nicht der Fall ist - den Ehegatten ohne Ansehung des Güterstandes aufgrund der Ehe als solcher am Vermögen des vorverstorbenen Ehepartners beteiligen wollte[32]. Etwaige Ungereimtheiten

---

[29] *Staudinger/Firsching*, vor Art. 24-26 EGBGB a.F. Rdnr. 227; *Raape*, IPR, 5. Aufl. (1961), S. 336; vorsichtig in diese Richtung auch *Bärmann*, AcP 157 (1958/59) 145, 198 f.

[30] *Ferid*, IPR, Rdnr. 8-130; *Staudinger/Gamillscheg* (10./11. Aufl.), Art. 15 EGBGB Rdnr. 335; *MünchKomm/Birk*, Art. 25 EGBGB Rdnr. 156; *MünchKomm/Siehr*, Art. 15 EGBGB Rdnr. 102; *Schröder*, Die Anpassung von Kollisions- und Sachnormen (1961), 91 f.

[31] BayObLG FamRZ 1975, 416 (417); BayObLGZ 1980, 276 (284); OLG Karlsruhe NJW 1990, 1420 (1421); LG Memmingen IPRax 1985, 41 (42); im Schrifttum ebenso z.B. *Soergel/Kegel*, Art. 15 EGBGB Rdnr. 9; *Palandt/Heldrich*, Art. 15 EGBGB Rdnr. 26; *Staudinger/v.Bar*, Art. 15 EGBGB Rdnr. 101 f; *Schurig*, IPRax 1990, 389 (391).

[32] *Soergel/Kegel*, Art. 15 EGBGB Rdnr. 9.

wegen des Zusammentreffens mit einem ausländischen Erbrecht nötigen nicht zu einer abweichenden Qualifikation, sondern können im Wege der Angleichung beseitigt werden[33].

Damit erhöht sich die Erbquote der Witwe des Erblassers (vorbehaltlich der sogleich vorzunehmenden Angleichung) gemäß § 1371 Abs. 1 BGB um 1/4 auf (1/3 + 1/4 =) 7/12. Die drei Kinder erhielten demnach je 5/36 (5/12:3).

V. Angleichung

Die Anwendung des § 1371 Abs. 1 BGB neben einem ausländischen Erbstatut kann dann zu einem unbefriedigenden, weil unbilligen Ergebnis führen, wenn der überlebende Ehegatte durch die Zusammenfügung zweier Rechtsordnungen und die damit verbundene *Normenhäufung* mehr erhalten würde, als jedes der beiden Rechte, für sich genommen, ihm erb- und güterrechtlich zusammen gewähren würde. So liegt es hier: Eine Quote von 7/12 wäre weder nach deutschem Ehegüter- und Erbrecht (§§ 1931 Abs. 1 S. 1, 1371 Abs. 1 BGB: Erbquote von 1/4 + 1/4 = 1/2) noch nach österreichischem Recht (§ 757 Abs. 1 ABGB: Quote von 1/3 ohne güterrechtliche Erhöhung, vgl. § 1237 ABGB und Gütertrennung) möglich. Beließe man es dabei, käme es zu einer ungerechtfertigten Bevorzugung des überlebenden Ehegatten zu Lasten der anderen Erben, die in der Intention keiner der beteiligten Rechtsordnungen liegt. Die güterrechtliche Erhöhung des deutschen Rechts baut auf der vergleichsweise niedrigen gesetzlichen Erbquote von 1/4 auf, während die höhere österreichische Erbquote von 1/3 einkalkuliert, daß güterrechtlich nichts mehr hinzukommen kann. Deshalb ist man sich einig, daß die Lösung im Konfliktsfall zu modifizieren ist. Zweifelhaft ist allerdings der Weg. In Betracht kommt eine Anpassung auf *kollisionsrechtlicher* und auf *materiellrechtlicher* Ebene[34]. Wählt man die erstere Methode, so läßt sich der Wertungswiderspruch dadurch beseitigen, daß man die nach Erb- und Güterrecht gespaltene Anknüpfung für den Einzelfall aufgibt und die Beteiligung des Ehegatten am Nachlaß (egal, ob auf erb- oder güterrechtlicher Basis) entweder nur dem Erbstatut[35] oder nur dem Güterstatut[36] entnimmt. Eine solche „Entweder-oder"-Lösung würde

---

[33] So auch *Lüderitz*, IPR, Rdnr. 199.
[34] Ausführlich zur Anpassung und ihrer Methoden *Kegel*, IPR, § 8; *Kropholler*, IPR § 34; *Firsching/v.Hoffmann*, IPR, § 6 Rdnr. 31 ff.; *Lüderitz*, IPR, Rdnr. 192 ff.
[35] Vgl. z.B. *Keller/Siehr*, Allgemeine Lehren des internationalen Privatrechts, § 35 III 2 für den umgekehrten Fall, daß die Ehefrau bei gespaltener Anknüpfung leer ausgeht; differenzierend *Kegel*, IPR § 8 III 2.
[36] So wohl *Firsching/v.Hoffmann*, IPR, § 6 Rdnr. 36.

aber verkennen, daß es nicht darum geht, die Wertung einer der beteiligten Rechtsordnungen der anderen insgesamt vorzuziehen, sondern nur eine *übermäßige* Kumulation von materiellrechtlichen Rechtspositionen zu vermeiden. Vorzuziehen ist deshalb die von der h.M. befürwortete Anpassung auf *materiellrechtlicher* Ebene, die es bei einem vergleichsweise geringen Eingriff beläßt und lediglich eine *obere Kappungsgrenze* zieht: Beide Rechtsordnungen werden nebeneinander angewandt; der Ehegatte erhält aber höchstens das, was ihm das günstigere Recht bei isolierter Anwendung gewähren würde[37].

Günstiger ist im vorliegenden Fall das deutsche Recht, das, wie oben dargelegt, den überlebenden Ehegatten zur Hälfte am Nachlaß beteiligen würde, wäre es sowohl in erb- als auch güterrechtlicher Hinsicht gefragt. Damit wird hier der Erbanspruch der F von 7/12 auf eben diese Hälfte reduziert.

Im Ergebnis ist die Ehefrau Erbin zu 1/2 und sind die Kinder K1-K3 folglich zu je 1/6 erbberechtigt.

---

[37] *Palandt/Heldrich*, Art. 15 EGBGB Rdnr. 26; *Staudinger/v. Bar*, Art. 15 Rdnr. 111 f; *Schurig*, IPRax 1990, 389 (391); im Ansatz ebenso *Thiele*, FamRZ 1958, 393 (397). Die Lösung geht zurück auf *Staudinger/Gamillscheg* (10./11. Aufl.), Art. 15 EGBGB Rdnr. 364, der selber aber die Doppelqualifikation befürwortet.

2. Kapitel: Rechtsvergleichende Fälle

Fall 13: Deliktshaftung und *culpa in contrahendo* im deutschen und französischen Recht

A. Cass.civ. 14.2.1979, Bull.civ. 1979 II No 51:

L'exploitant d'un fonds de commerce est gardien du sol et des détritus qui, par leur présence, créent un danger pour les clients.

Cet exploitant est donc responsable du dommage subi par une cliente qui, marchant normalement le long d'un passage réservé à la clientèle, a glissé sur une épluchure de légume.

14. Februar 1979 Rejet.

La Cour;

- Sur le moyen unique:

Attendu, selon l'arrêt confirmatif attaqué, que s'étant blessée en glissant sur un déchet de légume dans le magasin de Ducourneau, la dame Laporte lui a réclamé ainsi qu'à son assureur, la compagnie L'Alsacienne, la réparation de son préjudice; que la Caisse primaire d'assurance maladie des Landes est intervenue dans l'instance;

Attendu qu'il est fait grief d'avoir déclaré Ducourneau responsable en application de l'article 1384, 1er alinéa, du Code civil alors que dans leurs conclusions qui auraient été laissées sans réponse Ducourneau et son assureur avaient soutenu que la „présomption de responsabilité" ne jouerait pas quand à la chose à laquelle est imputé l'accident n'a joué qu'un rôle passif et ne peut être considérée comme une chose inanimée dont le propriétaire a la garde, mais une chose à laquelle ne saurait être attribué un gardien parce qu'elle ne peut faire l'objet de la propriété ou de la détention d'aucune personne physique ou morale déterminée; qu'en pareil cas, la responsabilité du gardien ne pourrait être engagée que sur le fondement de l'article 1382 du Code civil; qu'au surplus si le propriétaire du sol est responsable de l'état de celui-ci en tant que gardien du sol, il ne pourrait l'être des choses qui n'y sont pas incorporées et qui y sont tombées par cas fortuit sans qu'il soit possible de savoir comment elles s'y trouvent, ce qui aurait été prétendu dans les conclusions;

Mais attendu qu'après avoir énoncé que l'exploitant d'un fonds de commerce est gardien du sol et des détritus qui, par leur présence, créent un danger pour ses clients, l'arrêt relève que la dame Laporte s'est blessée en glissant dans le magasin d'alimentation de Ducourneau sur une épluchure de légume, que l'arrêt ajoute que la victime marchait normalement le long du passage réservé à la clientèle; que de ces constatations et énonciations, d'où il résulte que, rendu anormalement glissant par les déchets qui le jonchaient, le sol dont Ducourneau avait la garde a été l'instrument du dommage, la Cour d'appel, répondant aux conclusions, a pu déduire que Ducourneau était entièrement responsable;

D'où il suit que le moyen n'est pas fondé;
PAR CES MOTIFS:
REJETTE le pourvoi formé contre l'arrêt rendu le 24 février 1977 par la Cour d'appel de Pau.
N° 77-12.551.

Deutsch:

Der Geschäftsinhaber ist obhutspflichtig hinsichtlich des Bodens und der Abfälle, die durch ihre Anwesenheit eine Gefahr für die Kunden darstellen.

Der Inhaber ist deshalb haftbar für den Schaden, den eine Kundin erleidet, die auf einem Gemüseblatt ausrutscht, während sie in normaler Weise den für Kunden vorgesehenen Gang entlang schritt.

14. Februar 1979   Zurückweisung

Nach dem angegriffenen, der Klage stattgebenden Urteil hatte sich Frau Laporte verletzt, als sie auf einem Gemüseblatt im Geschäft des Ducourneau ausrutschte. Sie verlangte von ihm sowie seinem Versicherer, der Compagnie L'Alsacienne, Schadensersatz...

Es wird dem Urteil vorgeworfen, Ducourneau in Anwendung des Art. 1384 Abs. 1 C.C. für schadensersatzpflichtig gehalten zu haben, ohne die Einlassungen von Ducourneau und seinem Versicherer zu berücksichtigen, nach denen die Verschuldensvermutung nicht eingreift, wenn die Sache, der der Unfall angelastet wird, nur eine passive Rolle gespielt hat, und wenn sie nicht als eine leblose Sache angesehen werden kann, über die der Eigentümer die Obhut hat, sondern als eine Sache, der man keinen Sachhalter zuzuordnen vermag, weil sie nicht Gegenstand des Eigentums oder der tatsächlichen Gewalt einer bestimmten natürlichen oder juristischen Person sein kann. In einem solchen Fall könne der Sachhalter nur auf der Grundlage des Art. 1382 C.C. haftbar sein. Selbst wenn der Eigentümer des Bodens für dessen Zustand als Sachhalter verantwortlich sei, so sei er es aber nicht für Sachen, die nicht sein Bestandteil sind, und die durch Zufall heruntergefallen sind, ohne daß man herausfinden könne, wie dies geschehen ist.

Das Urteil stellt jedoch fest, daß der Geschäftsinhaber obhutspflichtig hinsichtlich des Bodens und der Abfälle ist, die durch ihre Anwesenheit eine Gefahr für seine Kunden darstellen. Es hebt weiter hervor, daß sich

Frau Laporte verletzte, indem sie im Lebensmittelgeschäft des Ducourneau auf einem Gemüseblatt ausrutschte. Das Urteil fügt hinzu, daß das Opfer in normaler Weise den Gang entlang schritt, der für die Kunden vorgesehen war. Aus diesen Feststellungen folgt, daß der Boden, der durch die auf ihm liegenden Abfälle über den Normalzustand hinaus rutschig geworden war und in der Obhut des Ducourneau stand, den Schaden verursacht hat. Das Berufungsgericht, auf die Einlassungen antwortend, konnte daraus schließen, daß Ducourneau für den Schaden voll verantwortlich ist.

Die Revisionsbegründung greift nicht durch.

Aus diesen Gründen wird die Revision gegen das Berufungsurteil der Cour d'appel von Pau vom 24. Februar 1977 verworfen.

B. BGHZ 66, 52, Urteil v. 28. Januar 1976, VIII ZR 246/74:

Sachverhalt

Am 2. November 1963 begab sich die damals 14 Jahre alte Klägerin mit ihrer Mutter in die Filiale der Beklagten in Sch., einen kleineren Selbstbedienungsladen. Während die Mutter nach Aussuchen der Waren noch an der Kasse stand, ging die Klägerin um die Kasse herum zur Packablage, um ihrer Mutter beim Einpacken behilflich zu sein. Dabei fiel sie zu Boden und zog sich einen schmerzhaften Gelenkbluterguß am rechten Knie zu, der eine längere ärztliche Behandlung erforderlich machte.

Mit der Behauptung, sie sei auf einem Gemüseblatt ausgerutscht, hat die Klägerin die Beklagte aus Verletzung der Verkehrssicherungspflicht auf Schadensersatz in Anspruch genommen.

Das Berufungsgericht hat der Klage unter Berücksichtigung eines Mitverschuldens der Klägerin von 1/4 überwiegend stattgegeben. Die zugelassene Revision der Beklagten hatte keinen Erfolg.

Aus den Gründen

I....

II. Nach Ansicht des Berufungsgerichts hat die Bekl. den ihr obliegenden Nachweis, daß sie hinsichtlich der Verkehrssicherheit in ihrem Ladenlokal alle ihr zuzumutende Sorgfalt beachtet habe und der Unfall nur darauf zurückzuführen sei, daß ein anderer Kunde kurz zuvor ein Gemüseblatt habe zu Boden fallen lassen, nicht geführt. Auch diese Ausführungen sind nicht zu beanstanden...

Fall 13: Deliktshaftung und *culpa in contrahendo* 231

III....

IV.... Die Haftung aus culpa in contrahendo ... beruht auf einem in Ergänzung des geschriebenen Rechtes geschaffenen gesetzlichen Schuldverhältnis, das aus der Aufnahme von Vertragsverhandlungen entspringt und vom tatsächlichen Zustandekommen eines Vertrages und seiner Wirksamkeit weitgehend unabhängig ist (BGHZ 6, 330, 333; ständige Rechtsprechung; vgl. *Larenz*, Schuldrecht, 11. Aufl. Bd. I S. 94, 96 f m.w.N.). Die aus diesem Schuldverhältnis hergeleitete Haftung für die Verletzung von Schutz- und Obhutspflichten findet bei Fällen der vorliegenden Art ihre Rechtfertigung darin, daß der Geschädigte sich zum Zwecke der Vertragsverhandlungen in den Einflußbereich des anderen Teils begeben hat und damit redlicherweise auf eine gesteigerte Sorgfalt seines Verhandlungspartners vertrauen kann (vgl. dazu auch Senatsurteil vom 5. Januar 1960 - VIII ZR 1/59 = NJW 1960, 720 = WM 1960, 582; *Larenz* aaO sowie MDR 1954, 515; *Nirk* in Festschrift für Möhring 1965, S. 385 ff, 392). Das bestätigt gerade der vorliegende Fall, in dem die Mutter der Klägerin zum Zwecke des Kaufabschlusses die Verkaufsräume der Beklagten aufsuchen und sich damit einer Gefährdung, wie sie erfahrungsgemäß der verstärkte Publikumsverkehr vor allem in der Kassenzone eines Selbstbedienungsladens mit sich bringt, aussetzen mußte. Voraussetzung für eine Haftung aus culpa in contrahendo ist bei derartigen Kaufverträgen aber stets, daß der Geschädigte sich mit dem Ziel des Vertragsabschlusses oder doch der Anbahnung „geschäftlicher Kontakte" (so *Larenz*, Schuldrecht aaO S. 94 ff und MDR 1954, 515) - also als zumindest *möglicher* Kunde, wenn auch vielleicht noch ohne feste Kaufabsicht - in die Verkaufsräume begeben hat (vgl. BGH Urteil vom 26. September 1961 - VI ZR 92/61 aaO; *Nirk* aaO S. 392). Dabei mag dahinstehen, ob es angesichts der Besonderheiten des Kaufes in einem Selbstbedienungsladen bereits ausreicht, wenn der Kunde beim Betreten der Verkaufsräume zunächst lediglich die Absicht hat, sich einen Überblick über das Warenangebot zu verschaffen und sich dadurch möglicherweise zum Kauf anregen zu lassen, oder wenn er vorerst nur einen vorbereitenden Preisvergleich mit Konkurrenzunternehmen vornehmen will. Jedenfalls fehlt es für eine über die deliktische Haftung hinausgehende vertragliche Haftung aus culpa in contrahendo dann an einer hinreichenden Rechtfertigung, wenn die den Selbstbedienungsladen betretende Person von vornherein gar keine Kaufabsicht hatte, - etwa weil sie, abgesehen von dem vom Berufungsgericht erwähnten Fall des Ladendiebes, die Geschäftsräume ausschließlich als Schutz vor Witterungseinflüssen aufsuchen oder als Durchgang zu einer anderen Straße oder überhaupt nur als Treffpunkt mit anderen Personen benutzen wollte. Die Abgrenzung mag im Einzelfall vor allem deswegen schwierig sein, weil sie auf eine innere und somit schwer beweisbare Willensrichtung abstellt. Im vorliegenden Fall ist jedoch unstreitig, daß die Klägerin von vorneherein nicht die Absicht hatte, selbst einen Kaufvertrag mit der Beklagten abzuschließen, vielmehr lediglich ihre Mutter begleitete und diese bei ihrem Kauf unterstützen wollte. Eine unmittelbare Anwendung der Haftung aus Verschulden der Beklagten bei Vertragsschluß der Klägerin gegenüber scheidet mithin aus.

V. Gleichwohl erweist sich das Berufungsurteil im Ergebnis als richtig, weil die Hilfserwägung des Berufungsgerichts die Entscheidung trägt.

1. Wäre die Mutter der Klägerin auf dieselbe Weise wie ihre Tochter zu Schaden gekommen, so bestünden gegen die Haftung der Beklagten aus culpa in contrahendo - davon geht ersichtlich auch die Revision aus - keine Bedenken. Dabei bedarf es keiner Stellungnahme zu der im Schrifttum umstrittenen Frage, ob in einem Selbstbedienungsladen der Kaufvertrag dadurch zustandekommt, daß der Käufer das ihm mit der Aufstellung der Waren gemachte Angebot durch Vorweisen der ausgesuchten Ware an der Kasse - sich bis zu diesem Zeitpunkt eine endgültige Entscheidung vorbehaltend - annimmt, oder ob in dem Aufstellen der Ware lediglich eine Aufforderung zur Abgabe eines Angebots liegt, das der Kunde seinerseits mit dem Vorweisen gegenüber der Kassiererin abgibt und das letztere durch Registrieren für den Selbstbedienungsladen annimmt (vgl. zum Meinungsstand *Mezger* in BGB-RGRK, 12. Aufl. vor § 433 Rdn. 55 m.w.N). Jedenfalls läßt der Zusammenhang der Urteilsgründe, wenn es auch an einer ausdrücklichen Feststellung des Berufungsgerichts in dieser Richtung fehlt, erkennen, daß im Unfallzeitpunkt zwischen der Beklagten und der Mutter der Klägerin, die die zum Kauf vorgesehenen Waren bereits endgültig ausgewählt hatte, bereits ein die Haftung aus culpa in contrahendo rechtfertigendes gesetzliches Schuldverhältnis (BGHZ 6, 330, 333) bestand.

2. Auf dieses gesetzliche Schuldverhältnis kann sich auch die Klägerin zur Rechtfertigung ihrer vertraglichen Schadensersatzansprüche berufen. Es entspricht seit langem gefestigter Rechtsprechung insbesondere des erkennenden Senats, daß unter besonderen Voraussetzungen auch außenstehende, am Vertragsschluß selbst nicht beteiligte Dritte in den Schutzbereich eines Vertrages einbezogen sind mit der Folge, daß ihnen zwar kein Anspruch auf Erfüllung der primären Vertragspflicht, wohl aber auf den durch den Vertrag gebotenen Schutz und die Fürsorge zusteht, und daß sie aus der Verletzung dieser vertraglichen Nebenpflichten Schadensersatzansprüche in eigenem Namen geltendmachen können (Senatsurteile vom 16. Oktober 1963 - VIII ZR 28/62 = WM 1963, 1327 = NJW 1964, 33, vom 23. Juni 1965 - VIII ZR 201/63 = WM 1965, 871 = NJW 1965, 1757, vom 10. Januar 1968 -

Fall 13: Deliktshaftung und *culpa in contrahendo*

VIII ZR 104/65 = WM 1968, 300 = LM BGB § 328 Nr. 33; BGHZ 49, 350; 56, 269; 61, 227). Die rechtsdogmatische Frage, ob sich ein derartiger „Vertrag mit Schutzwirkung zugunsten Dritter" (s. *Larenz*, Schuldrecht aaO S. 183 f und NJW 1960, 77 f) - wovon bisher die Rechtsprechung ausgegangen ist - aus der ergänzenden Auslegung eines insoweit lückenhaften Vertrages herleitet (§§ 133, 157 BGB), oder ob sich unmittelbare vertragsähnliche Ansprüche, wie im Schrifttum im zunehmenden Maße angenommen wird, aus vom hypothetischen Parteiwillen losgelösten Gründen - etwa aus Gewohnheitsrecht oder aufgrund richterlicher Rechtsfortbildung - ergeben, bedarf hier keiner Vertiefung und Entscheidung (vgl. zur letztgenannten Ansicht etwa *Palandt/Heinrichs*, BGB, 35. Aufl. § 328 Anm. 2b; *Larenz*, Schuldrecht aaO S. 185; *Gernhuber*, Festschrift für Nikisch 1958 S. 249 ff und JZ 1962, 553; *Esser*, Schuldrecht, 4. Aufl. Teil I S. 399; *Canaris*, JZ 1965, 475). Nach beiden Auffassungen kommt es jedenfalls entscheidend darauf an, daß der Vertrag nach seinem Sinn und Zweck und unter Berücksichtigung von Treu und Glauben eine Einbeziehung des Dritten in seinen Schutzbereich erfordert und die eine Vertragspartei - für den Vertragsgegner erkennbar - redlicherweise damit rechnen kann, daß die ihr geschuldete Obhut und Fürsorge in gleichem Maße auch dem Dritten entgegengebracht wird (vgl. BGHZ 51, 91, 96; 56, 269; BGH Urteil vom 15. Mai 1959 - VI ZR 109/58 = NJW 1959, 1676). Kaufverträge generell von dieser rechtlich möglichen Vertragsgestaltung auszunehmen, besteht - das zeigen insbesondere Käufe in Ladenlokalen, bei denen sich der Käufer u.U. mit dem Dritten in den Einflußbereich des Verkäufers begeben muß - kein rechtfertigender Anlaß. Das nimmt auch der VI. Zivilsenat in der o.g. Entscheidung BGHZ 51, 91 (96) nicht an.

3. Allerdings erfordert die Einbeziehung Dritter in den Schutzbereich eines Vertrages - soll die vom Gesetzgeber getroffene unterschiedliche Ausgestaltung von Vertrags- und deliktischer Haftung nicht aufgegeben oder verwischt werden - eine Beschränkung auf eng begrenzte Fälle (BGH Urteil vom 25. April 1956 - VI ZR 34/55 = NJW 1956, 1193 mit Anmerkung von Larenz; Senatsurteil vom 9. Oktober 1968 - VIII ZR 173/66 = WM 1968, 1354 = NJW 1969, 41; BGH Urteil vom 30. September 1969 - VI ZR 254/67 = WM 1969, 1358 = NJW 1970, 38; BGHZ 51, 91, 96 und 61, 227, 234). Ob insoweit der bloße Umstand, daß der Kunde sich bei der Anbahnung und Abwicklung des Kaufvertrages in einem Selbstbedienungsladen eines Dritten bedient, für die Annahme der Schutzwirkung ausreichen würde, kann dahingestellt bleiben; denn im vorliegenden Fall kommt hinzu, daß die Mutter der Klägerin im Innenverhältnis „für Wohl und Wehe" ihrer Tochter verantwortlich war (BGHZ 51, 91, 96) und damit - auch für die Beklagte erkennbar - allein schon aus diesem Grunde redlicherweise

davon ausgehen durfte, daß die sie begleitende Tochter denselben Schutz genießen würde wie sie selbst. In einem derartigen engen familienrechtlichen Band hat die Rechtsprechung von jeher eine Rechtfertigung für die Erstreckung der vertraglichen Schutzwirkung gesehen (BGH Urteil vom 8. Mai 1965 - VI ZR 58/55 = LM BGB § 254 [E] Nr. 2; Senatsurteil vom 16. Oktober 1963 - VIII ZR 28/62 = WM 1963, 1327 = NJW 1964, 33; BGHZ 61, 227, 234).

4. Daß im vorliegenden Fall der Kaufvertrag im Zeitpunkt des Unfalls noch nicht abgeschlossen war, ist im Ergebnis ohne entscheidende rechtliche Bedeutung. Gerade wenn man die Schutz- und Fürsorgepflicht als maßgeblichen Inhalt des durch die Anbahnung von Vertragsverhandlungen begründeten gesetzlichen Schuldverhältnisses ansieht und berücksichtigt, daß der Vertragspartner diese Obhutspflicht gleichermaßen vor wie nach Vertragsabschluß schuldet, ist die Einbeziehung dritter, in gleicher Hinsicht schutzwürdiger Personen in dieses gesetzliche Schuldverhältnis nur folgerichtig (vgl. *Larenz*, Schuldrecht aaO S. 188). Es würde im übrigen auch an jedem vernünftigen rechtfertigenden Grund dafür fehlen, die vertragliche Haftung vom reinen Zufall abhängig zu machen, ob die Vertragsverhandlungen im Zeitpunkt der Schädigung schon zum endgültigen Vertragsabschluß geführt hatten; das zeigt eindringlich der vorliegende Fall, in dem die „Kaufverhandlungen" im wesentlichen abgeschlossen waren und der Vertragsschluß im Unfallzeitpunkt - möglicherweise bedingt durch eine von der Mutter der Klägerin nicht zu verantwortende Verzögerung bei der Abfertigung an der Kasse - jedenfalls unmittelbar bevorstand. Die Meinung der Revision, eine Kumulation von Haftung aus „culpa in contrahendo" und „Einbeziehung eines Dritten in die Schutzwirkung eines Vertrages" führe zu einer nicht mehr überschaubaren Ausweitung des Risikos für den Verkäufer, wendet sich im Grunde gegen die Berechtigung beider Rechtsinstitute überhaupt. Der insoweit in der Tat nicht von der Hand zu weisenden Gefahr einer Ausferung hat die Rechtsprechung jedoch, wie bereits ausgeführt wurde, von jeher dadurch Rechnung getragen, daß sie an die Einbeziehung Dritter in den Schutzbereich eines Vertrages strenge Anforderungen gestellt hat. Im Rahmen lediglich *vor*vertraglicher Rechtsbeziehungen mag hierbei möglicherweise besondere Zurückhaltung geboten sein. Aber auch bei noch so enger Grenzziehung bestehen jedenfalls dann gegen die Erstreckung der Schutzwirkung keine Bedenken, wenn - wie hier - der Schädiger sich dem Ansinnen der die Vertragsverhandlungen führenden Mutter, ihrem später zu Schaden gekommenen Kind von vorneherein ausdrücklich den gleichen Schutz wie ihr selbst einzuräumen, redlicherweise nicht hätte widersetzen können. Soweit schließlich die Revision meint, die lange Verjährungsfrist - verbunden zudem mit einer Umkehr der Beweislast - ver-

Fall 13: Deliktshaftung und *culpa in contrahendo*

schlechtere in derartigen Fällen die Beweissituation für den als Schädiger in Anspruch Genommenen in unerträglicher Weise, bietet sich als Korrektiv die Verwirkung an, für deren Vorliegen es hier allerdings an jedem Anhalt fehlt.

Da somit der Klägerin unmittelbare und im Hinblick auf § 195 BGB nicht verjährte Schadensersatzansprüche gegen die Beklagte zustehen, ist die angefochtene Entscheidung im Ergebnis rechtlich nicht zu beanstanden.

C. Aufgabe:

1. Beschreiben Sie die grundsätzlichen Unterschiede in Aufbau und Inhalt eines Urteils der französischen Cour de Cassation zu einem BGH-Urteil!
2. Vergleichen Sie die rechtlichen Erwägungen, die das französische und das deutsche Gericht ihrer Entscheidung zugrunde gelegt haben!
3. Wo liegen die Ursachen dafür, daß deutsche Gerichte in Fällen vorvertraglicher Schädigungen auf das gesetzlich nicht ausdrücklich geregelte Rechtsinstitut der culpa in contrahendo zurückgreifen? Hat dieser Weg auch Nachteile?
4. Warum bedarf es dieser Lösung im französischen Recht nicht? Welches sind die Schwächen der französischen Regelung?
5. Gibt es noch einen anderen Weg im deutschen Recht, um zu einem Schadensersatzanspruch des Geschädigten in Fällen wie dem vorliegenden zu gelangen?

D. *Anhang:* Gesetzestexte

1. Art. 1382 Code civil (C.C.):

„Tout fait quelconque de l'homme, qui cause à autrui un dommage, oblige celui par la faute duquel il est arrivé, à le réparer."

Deutsch:

„Jede Handlung eines Menschen, die einem anderen einen Schaden verursacht, verpflichtet den, durch dessen Verschulden derselbe entstanden ist, ihn zu ersetzen."

2. Art. 1384 C.C.:

„(1) On est responsable non seulement du dommage que l'on cause par son propre fait, mais encore de celui qui est causé par le fait des personnes dont on doit répondre, ou des choses que l'on a sous sa garde.

(2) - (4) ...

(5) Les maîtres et les commettants [sont responsables] du dommage causé par leurs domestiques et préposés dans les fonctions auxquelles ils les ont employés;
(6)-(8) ...".

Deutsch:

„(1) Man ist nicht nur für den Schaden verantwortlich, den man durch seine eigene Handlung verursacht, sondern auch für den, der durch die Handlung von Personen verursacht ist, für die man einstehen muß, oder durch Sachen, die man in seiner Obhut hat.

(5) Dienstherren und Geschäftsherren [sind verantwortlich] für den Schaden, den ihre Hausbediensteten und Gehilfen in den ihnen übertragenen Geschäften verursachen."

Hinweise: Art. 1384 Abs. 1 C.C. wird heute, soweit es um die Sachhalterhaftung geht, allgemein als eigene Anspruchsgrundlage angesehen. Bis zum Beweis des Gegenteils gilt der Eigentümer einer Sache als derjenige, in dessen Obhut sie steht („gardien", Sachhalter). Der Geschädigte braucht ein Verschulden des „gardien" nicht nachzuweisen, dieses wird vielmehr vermutet. Die Vermutung kann nur durch den Nachweis widerlegt werden, daß der Schaden auf höherer Gewalt, Zufall, Verschulden des Geschädigten selbst oder eines Dritten beruht. Die Haftung ist schließlich auch dann ausgeschlossen, wenn die fragliche Sache bei der Schadensverursachung eine rein passive Rolle gespielt hat (rôle purement passif). Das ist dann der Fall, wenn sie sich an einem „normalen Ort" und in einem „normalen Zustand" befindet.

Die Haftung für Verrichtungsgehilfen nach Abs. 5 setzt - nach deutscher Terminologie - ein Verschulden (*faute*) des Verrichtungsgehilfen voraus, nicht aber ein solches des Geschäftsherrn.

3. Art. 2270 - 1 C.C. (i.d.F. des Gesetzes No 85-677 vom 5. Juli 1985):
„Les actions en responsabilité civile extra-contractuelle se prescrivent par dix ans à compter de la manifestation du dommage ou de son aggravation."

Deutsch:

„Außervertragliche Schadensersatzansprüche verjähren in zehn Jahren von dem Zeitpunkt an, in dem sich der Schaden zeigt oder verschlimmert."

Schadensersatzansprüche wegen der Verletzung vertraglicher Nebenpflichten verjähren im Regelfall in 30 Jahren, Art. 2262 C.C.

Fall 13: Deliktshaftung und *culpa in contrahendo*

Vorbemerkungen

"One can be a very much better English lawyer for knowing some French law" (F.H. Lawson).

Eines der Ziele der Rechtsvergleichung ist die bessere Erkenntnis des *eigenen* Rechts. Sie gibt demjenigen, der sein eigenes Recht studiert, die nötige Distanz, um dessen Umrisse und Eigenarten besser zu verstehen. Manche heimischen Regeln, die man als selbstverständlich und vielleicht sogar zwingend geboten hinzunehmen geneigt ist, offenbaren im Licht der Rechtsvergleichung oft einen eher zufälligen, historisch bedingten Charakter[1]. So dient auch die hier zu bearbeitende Aufgabe nicht in erster Linie dazu, den Bearbeiter Kenntnisse des französischen Rechts ausbreiten zu lassen (oder erst zu erwerben). Die Auswahl zweier Urteile, die einen nahezu identischen Fall auf sehr unterschiedlichen Wegen einem wiederum nahezu identischen Ergebnis zuführen, soll vielmehr den Bearbeiter dazu bringen, zum einen die Stilunterschiede bei der Abfassung eines Urteils zu erkennen, und zum anderen vor dem Hintergrund des französischen Rechts die Besonderheiten des deutschen Deliktsrechts und dadurch auch die Rolle, die die culpa in contrahendo hier spielt, besser zu begreifen. Der Aufbau der Lösung dürfte keine besonderen Probleme aufwerfen, da man sich an den einzelnen, relativ präzisen Fragen zu orientieren hat. In der inhaltlichen Gestaltung der Lösung ist der Bearbeiter natürlich bei einer solchen „Aufsatz-"Klausur wesentlich freier als etwa bei der gutachterlichen Bearbeitung eines IPR-Falles. Insofern gilt hier im besonderen Maße, daß die folgenden Lösungshinweise nicht die allein richtige Musterlösung darstellen, sondern lediglich Anhaltspunkte dafür bieten, welche Gedanken den Verfassern im Rahmen der Aufgabenstellung als wichtig erschienen.

Lösungshinweise

Frage 1[2]:

Das markanteste Kennzeichen eines Urteils der Cour de Cassation ist, daß es äußerlich aus einem einzigen Satz besteht. Er lautet im Regelfall entweder (bei Erfolglosigkeit des Rechtsmittels, wie im vorliegenden Fall) „La Cour ... rejette le pourvoi formé contre l'arrêt rendu par

---

[1] *David/Grassmann(-Neumayer)*, Einführung in die großen Rechtssysteme der Gegenwart, 2. Aufl. (1988), Tz. 17.
[2] Vgl. zu dieser Frage allgemein *Hübner/Constantinesco*, Einführung in das französische Recht, 3. Aufl. (1994), § 2, 3. (S. 11); *Zweigert/Kötz*, Einführung in die Rechtsvergleichung, § 9 I (S. 121); *Kötz*, RabelsZ 52 (1988), 644; *Guimezanes*, Introduction au droit français (1995), 33.

la Cour de ..."[3] oder „La Cour ... casse et annule l'arrêt rendu ... par la Cour de ... et renvoie devant la Cour de ..."[4]. Die gesamte Urteilsbegründung findet sich zwischen Subjekt und Prädikat dieses Satzes in einer mehr oder weniger großen Zahl von Nebensätzen, die jeweils mit der Formel „attendu que" (in der Erwägung, daß ...) beginnen[5]. Der Tenor (*dispositif*) des Urteils steht somit, anders als nach deutscher Konzeption, am Ende des Textes. Der Schilderung des Sachverhalts und der Prozeßgeschichte wird kein von den Entscheidungsgründen getrennter eigener Abschnitt gewidmet. Der Sachverhalt wird vielmehr nur insoweit und oft nur in bruchstückhaften Andeutungen wiedergegeben, als es für das Verständnis der Revisionsrügen (*moyens*), der Entscheidung der Vorinstanz und der eigenen Auffassung erforderlich erscheint.

Inhaltlich unterscheidet sich ein Urteil der Cour de Cassation von einem des BGH vor allem durch das auffallende Bemühen um Knappheit, selten wird es länger als 1 - 2 Seiten, häufig sind es nur 10 - 20 Zeilen. Das Urteil ist möglichst so abgefaßt, daß der Eindruck erweckt wird, die Lösung werde allein und ohne jeden Ansatz für einen Zweifel aus dem Gesetzestext selbst abgeleitet. Eine eingehende dogmatische Herleitung des Ergebnisses ist der Entscheidung in der Regel nicht zu entnehmen, eine Auseinandersetzung mit Literaturmeinungen findet man ebensowenig wie die in BGH-Urteilen zahlreich anzutreffenden Zitate von Vorentscheidungen des erkennenden Senats oder eines anderen Gerichts. Kurz: Es wird ein Ergebnis mitgeteilt, die eigentliche Begründung dafür aber häufig im Dunklen gelassen, oder: „La Cour décide, elle ne discute pas."[6]

---

[3] Etwa: "Das Gericht verwirft die Kassationsbeschwerde (die Revision) gegen das Urteil des ..."

[4] Etwa: "Das Gericht kassiert (von casser zerbrechen) das Urteil des Gerichts von ... und verweist an das Gericht von ... zurück."

[5] Eine wortwörtliche Übersetzung dieser Übung ins Deutsche würde wegen der Endstellung des Verbs im Nebensatz die Verständlichkeit des Textes im Vergleich zum französischen Original sehr beeinträchtigen. Man tut deshalb gut daran, in der Übersetzung den einen französischen Satz in mehrere deutsche aufzulösen.

[6] Vgl. *Sonnenberger*, IPRax 1984, 5. Eine wichtigere Rolle als in Deutschland spielen deshalb die Urteilsanmerkungen. Sie enthalten nicht nur Kritik, Zustimmung oder abweichende Lösungsvorschläge aus der Sicht der Literatur, sondern dienen vor allem auch der Aufarbeitung der Rechtsprechung selber, indem in der Entscheidung zugrundeliegende Sachverhalt ausführlicher dargestellt und der dogmatische Kontext erhellt wird. Kritik an der knappen Formulierung höchstrichterlicher Entscheidungen, bei der häufig sprachliche Präzision mit inhaltlicher Nebulosität einhergeht, ist auch in Frankreich selbst wach geworden, vgl. *Touffait/Tunc*, Rev.trim.dr.civ. 1974, 487; *Lindon*, JCP 1975 I, 2681.

Fall 13: Deliktshaftung und *culpa in contrahendo* 239

Dieser besondere Urteilsstil folgt nicht aus einer speziellen gesetzlichen Anordnung[7], sondern findet seine historischen Wurzeln in der Gewaltenteilungslehre *Montesquieus*, an der zumindest äußerlich die Cour de cassation bis heute streng festhält. Ist der Richter nur „la bouche qui prononce les paroles de la loi"[8], ist die Lösung also immer bereits im Gesetz eindeutig vorgezeichnet, dann darf es keine Abwägung, keine Zweifel, kein pro und contra im Urteil geben[9].

Der französische Stil prägt auch die Urteile des EuGH: Selbst wenn diese meist erheblich länger sind, so findet man auch in ihnen keine Auseinandersetzung mit kontroversen Auffassungen zu dem zu entscheidenden Sachproblem.

Frage 2:

I. Cour de Cassation

Die Cour de Cassation hat die Einstandspflicht des Geschäftsinhabers für die Unfallschäden der Kundin auf *deliktische* Grundlage, nämlich auf Art. 1384 Abs. 1 C.C. gestützt[10]. Die Grundnorm des Deliktsrechts bildet die Generalklausel des Art. 1382 C.C. Sie setzt allerdings voraus, daß der in Anspruch Genommene selbst eine schuldhaft-tatbestandsmäßige Handlung vorgenommen hat, durch die ein anderer geschädigt wurde (fait personnel). Art. 1384 C.C. bringt demgegenüber eine Erweiterung der Haftung für unerlaubte Handlungen anderer - du fait d'autrui - und für Schäden durch Sachen - du fait des choses -, wobei hier die zweite Alternative zum Tragen kommt[11]. Der

---

[7] Anders ist es z.B. in Italien: Hier hat der Gesetzgeber selbst es den Richtern verboten, juristische Autoren in der Urteilsbegründung zu erwähnen, vgl. dazu und zu den Gründen *Kötz*, RabelsZ 52 (1988), 644 (647).
[8] *Montesquieu*, De l'esprit des lois, livre XI, chapitre VI.
[9] Vgl. *Kötz*, RabelsZ 52 (1988), 644 (647).
[10] Vgl. allgemein zur Sachhalterhaftung im französischen Zivilrecht *Malaurie/Aynès*, Droit civil, Bd. 4: Les obligations, 2. Aufl. (1990), Tz. 187 ff.; *Jourdain*, Les principes de la responsabilité civile (1992), S. 75 ff.; aus dem deutschen Schrifttum: *U.Hübner*, Die Haftung des Gardien im französischen Zivilrecht (1972). Ganz knapp auch *Hübner/Constantinesco*, Einführung in das französische Recht, § 23, 5.b.
[11] Art. 1384 Abs. 1 C.C. war von den Verfassern des Code Civil wohl als bloße Ankündigung der Bestimmungen zur Haftung für andere Personen und (spezieller) Sachen in den folgenden Artikeln konzipiert worden. Die berühmten Entscheidungen *Teffaine* (16.6.1896, D. 1897 I, 433) und vor allem *Jand'heur* (13.2.1930, D. 1930 I, 57) der Cour de Cassation ebneten aber den Weg zu einer allgemeinen Haftungsnorm für Schäden durch Sachen.

für eine Sache Obhutspflichtige (*gardien*), i.d.R. deren Eigentümer, haftet aufgrund vermuteten Verschuldens für Schäden, die durch diese anderen entstehen (Sachhalterhaftung). Einen der Gründe, mit denen das Verschulden widerlegt werden kann, konnten die Beklagten offenbar nicht geltend machen. Sie versuchten deshalb, an einer anderen Stelle anzusetzen. Der Geschäftsinhaber sei zwar als „gardien" verantwortlich für den Boden in seinem Eigentum, nicht aber für Abfälle auf dem Boden, die aus ungeklärter Ursache dorthin gelangt sind. Diese feinsinnige Differenzierung hat die Cour de Cassation verworfen. Der durch die Abfälle *rutschige Boden* sei die Schadensursache und damit der Geschäftsinhaber haftbar für die Folgen des Sturzes. Gleichzeitig ist dadurch der Einwand, die fragliche Sache habe bei dem Sturz nur eine „passive Rolle" gespielt, entkräftet. Ein durch Abfälle besonders rutschiger Fußboden befindet sich nicht in einem „normalen" Zustand, sondern schafft erhöhte Gefahren für die Kunden, woraus eine „aktive" Rolle der Sache beim Unfall folgt.

II. BGH[12]

Die Haftungsgrundlage bildet hier die culpa in contrahendo (c.i.c.)[13]. Diese wurde früher auf eine Analogie zu §§ 122, 179, 307 BGB gestützt und ist heute gewohnheitsrechtlich anerkannt[14]. Es handelt sich dabei um ein *gesetzliches* (auf ungeschriebenem objektiven Recht beruhendes) Schuldverhältnis[15], das durch die Aufnahme rechtsgeschäftlichen Kontakts entsteht. Die Haftung aus diesem Schuldverhältnis folgt aber den Grundsätzen der *vertraglichen* Haftung. Die vorvertragliche rechtliche Sonderverbindung begründet (wie der geschlossene Vertrag) erhöhte Rücksichts- und Sorgfaltspflichten, darunter auch Schutzpflichten hinsichtlich der körperlichen Integrität, aus deren schuldhafter Verletzung eine Schadensersatzverpflichtung entsteht.

Die Klägerin hat sich im Ladenlokal des beklagten Unternehmens bei einem Sturz verletzt. Eine Haftung des letzteren für die Unfallschäden wegen der Verletzung einer Schutzpflicht auf der Grundlage der c.i.c. setzt nach dem oben Gesagten grundsätzlich voraus, daß gerade zwischen Schädiger und Geschädigtem eine vorvertragliche Sonderverbin-

---

[12] Vgl. zu diesem Fall die Besprechung von *Hobloch*, JuS 1977, 302 und die Anm. von *Kreuzer* in JZ 1976, 776 (778 ff.).
[13] Die Lehre von der culpa in contrahendo geht zurück auf *Rudolf von Iherings* gleichnamige Abhandlung in Jahrbücher für die Dogmatik des heutigen römischen und deutschen Rechts, 4 (1861), 1 ff.
[14] Vgl. BGH NJW 1979, 1983. Auch § 11 Nr. 7 AGBG setzt die Haftungsfigur der c.i.c. als bestehend voraus.
[15] Vgl. *Medicus*, Schuldrecht I, Rdnr. 112.

Fall 13: Deliktshaftung und *culpa in contrahendo*

dung bestand. Der Geschädigte müßte sich zum Zwecke eines Vertragsabschlusses oder doch zumindest der Anbahnung rechtsgeschäftlichen Kontaktes in das Geschäft begeben haben. Hier begleitete das geschädigte Kind aber nur seine Mutter beim Einkauf und hatte selbst keinerlei Kaufabsichten. Deshalb mußte der BGH zusätzlich die Figur des *Vertrages mit Schutzwirkung zugunsten Dritter* bemühen, um zu einem Schadensersatzanspruch der Klägerin zu gelangen: Wenn der *abgeschlossene* Vertrag Schutzwirkung für Dritte entfaltet hätte, dann muß das auch schon für den Eintritt in die Vertragsverhandlungen zutreffen. Das Gericht sieht zu Recht keinen vernünftigen Grund dafür, die Haftung nach vertraglichen Maßstäben gegenüber einem Dritten davon abhängig zu machen, ob im Zeitpunkt der Schädigung die Vertragsverhandlungen bereits zu einem Vertragsschluß geführt haben oder nicht. Voraussetzungen der Schutzwirkung sind neben der Schutzbedürftigkeit des Dritten[16] zum einen seine Leistungsnähe[17], zum anderen ein besonderes Interesse des Gläubigers am Schutz des Dritten, weil er ihm gegenüber selber zu Schutz und Fürsorge verpflichtet ist[18], und schließlich die Erkennbarkeit der beiden eben genannten Erfordernisse für den Vertragspartner[19]. Der BGH sieht diese Voraussetzungen im vorliegenden Fall ohne nähere Begründung als gegeben an. Folge ist, daß der geschützte Dritte (hier die Klägerin) ebenso wie der eigentliche Partner des Geschäftsinhabers in den Vertragsverhandlungen im eigenen Namen einen Schadensersatzanspruch wegen der Verletzung einer vorvertraglichen Schutzpflicht geltend machen kann.

Die Schutzpflicht muß schließlich zwar schuldhaft verletzt worden sein. Der BGH geht jedoch in der vorliegenden Entscheidung von einer *Beweislastumkehr* analog § 282 BGB aus: Der Schädiger muß sich entlasten und darlegen, daß er alle ihm zumutbare Sorgfalt beachtet habe, um Schäden zu verhindern. Dieser Entlastungsbeweis ist der Beklagten hier nicht gelungen. Die neuere Rspr. des BGH[20] rückt hingegen von § 282 BGB ab und verteilt die Darlegungs- und Beweislast bei der pVV wie bei der c.i.c. nach Verantwortungs- und Gefahrenbereichen; ist der Schaden aus dem Verantwortungsbereich des Schuldner hervorgegangen, muß er beweisen, daß er ihn nicht zu vertreten hat. In Fällen wie

---

[16] Diese fehlt, wenn er wegen des Sachverhalts, aus dem er seinen Anspruch herleitet, einen inhaltsgleichen Anspruch gegen einen anderen Beteiligten hat, BGHZ 70, 327 (330); *Palandt/Heinrichs*, § 328 Rdnr. 18.

[17] D.h., daß dieser ebenso wie der Gläubiger selbst den Gefahren einer vertraglichen Pflichtverletzung ausgesetzt sein muß.

[18] *"Wohl-und-Wehe"-Erfordernis;* dieses Kriterium wird allerdings in neuerer Zeit von der Rechtsprechung zurückhaltender verwandt, wenn nicht gar aufgegeben; vgl. *Medicus*, Schuldrecht I, Rdnr. 775.

[19] Vgl. ausführlich *Dahm*, JZ 1992, 1167 ff.

[20] Z.B. BGH NJW 1987, 639 (640); siehe auch *Palandt/Heinrichs*, § 282 Rdnr. 10 mit Rdnr. 6 ff.

dem vorliegenden ändert sich in der Sache nichts: Das Geschäftslokal gehört zum Verantwortungsbereich der Beklagten, womit ihr ebenso wie nach § 282 BGB der (hier nicht gelungene) Entlastungsbeweis aufgebürdet wird.

Frage 3:

Die Lehre von den Schutzpflichten aus dem Vertragsanbahnungsverhältnis ist im Hinblick darauf entwickelt worden, daß das Deliktsrecht in vielen Fällen außervertraglicher Schädigungen bei traditioneller Sichtweise keinen als ausreichend empfundenen Schutz gewährt und deshalb eine Haftung nach vertraglichen Grundsätzen vorzuziehen ist, wenn zwischen Schädiger und Geschädigtem eine vorvertragliche Sonderverbindung besteht, die eine verschärfte Haftung rechtfertigt[21]:

- Der Geschäftsherr muß für *Fehlverhalten Dritter* in Ausführung einer ihnen übertragenen Tätigkeit nur nach § 831 BGB einstehen. Diese Norm enthält eine doppelte Schwächung gegenüber der im vertraglichen Bereich geltenden Regelung des § 278 BGB: Zum einen ist der Personenkreis kleiner, für den gehaftet wird. Verrichtungsgehilfe i.S.d. § 831 BGB ist nur, wer *abhängig und weisungsgebunden* für den Geschäftsherrn tätig ist[22], während nach § 278 BGB im Rahmen der (vor-)vertraglichen Haftung jeder vom Schuldner zur Erfüllung seiner Pflichten eingeschaltete Dritte (Erfüllungsgehilfe) die Haftung auslösen kann, mag er auch selbständig und an Weisungen nicht gebunden sein. Zum anderen wird nach § 278 BGB das Verschulden des Erfüllungsgehilfen dem Schuldner zugerechnet, während der Geschäftsherr nach § 831 I 2 BGB lediglich für *eigenes* Verschulden bei der Auswahl und Überwachung seiner Verrichtungsgehilfen haftet. Zwar liegt in beiden Fällen die Beweislast i.d.R. beim Schuldner bzw. Geschäftsherrn: Im Rahmen des § 278 BGB gilt § 282 BGB bzw. die oben angesprochene Beweislastverteilung nach Gefahrenbereichen; aus der Regelung des § 831 Abs. 1 S. 2 BGB zur Exkulpation folgt, daß grundsätzlich ein Auswahlverschulden des Geschäftsherrn vermutet wird. Der Beweis, den Gehilfen ordnungsgemäß ausgewählt, instruiert und überwacht zu haben, ist aber regelmäßig wesentlich einfacher zu führen als der bei § 278 BGB erforderliche Beweis, daß den Erfüllungsgehilfen selbst kein Verschulden am konkreten Schadensfall trifft; dies vor allem deshalb, weil die Rechtsprechung seit langem auch den sog. *dezentralisierten* Entla-

---

[21] Vgl. z.B. *Stoll*, FS v.Caemmerer (1978), 435 (454); *ders.*, FS Flume (1978), 741 (752); *Kreuzer*, JZ 1976, 778 (780); *Hobloch*, JuS 1977, 302 (305 f.); *v.Bar*, JZ 1979, 728 (729). Kritisch zu diesem Ansatz *Canaris*, FS Kitagawa (1992), 59 (91).
[22] Vgl. *Larenz/Canaris*, Schuldrecht II/2, § 79 III 2.a).

Fall 13: Deliktshaftung und *culpa in contrahendo* 243

stungsbeweis anerkennt[23]: Der Inhaber eines in mehrere Hierarchie-Ebenen gegliederten Unternehmens genügt seiner Beweislast dadurch, daß er sich (nur) hinsichtlich der sorgfältigen Auswahl und Überwachung des obersten Leiters des Personalwesens entlastet, auch wenn die schadensstiftende Handlung von einem Hilfsarbeiter begangen wurde[24].
- Auch außerhalb des § 831 BGB ist im Deliktsrecht die Beweislastverteilung dem Geschädigten ungünstiger. Im Deliktsrecht, etwa im Rahmen der Haftung nach § 823 Abs. 1 BGB, muß der Geschädigte grundsätzlich den Beweis für alle Anspruchsvoraussetzungen führen, also auch für das Verschulden. Sonderregeln bestehen nur für bestimmte Bereiche (§§ 832 ff. BGB). Im Vertragsrecht hingegen gilt umfassend die Beweislastumkehr nach § 282 BGB bzw. nach Organisationsbereichen.
- Wichtiger noch ist, daß eine Haftung für reine Vermögensschädigungen im Rahmen des Deliktsrechts nur über §§ 823 Abs. 2, 826 BGB (und § 839 BGB) erreichbar ist. Ansonsten ist die deliktische Haftung auf die Verletzung absoluter Rechte und Rechtsgüter beschränkt.
- Schließlich besteht auch bei der Verjährung der Ansprüche ein großer Unterschied: Deliktische Ansprüche verjähren gem. § 852 BGB innerhalb von 3 Jahren ab Kenntnis vom schädigenden Ereignis und vom Schädiger, für vertragliche Schadensersatzansprüche gilt gem. § 195 BGB die ordentliche 30jährige Verjährungsfrist.

Allerdings hat die „vertragliche Lösung" auch Nachteile:
- Will man Dritten, die nicht selbst unmittelbar in Vertragsverhandlungen mit dem Schädiger standen, einen eigenen Anspruch gewähren, so ist, wie der vorliegende Fall zeigt, die gewagte Konstruktion des vorvertraglichen Vertrauensverhältnisses mit Schutzwirkung zugunsten Dritter notwendig[25], die zudem nicht immer weiterhilft: Wer sich ohne kaufwillige und fürsorgepflichtige Begleitung in einem Kaufhaus aufhält, fällt durch das c.i.c.-Raster.
- Anders als nach § 847 BGB kann man bei einer Haftung nach Vertragsgrundsätzen keine Schmerzensgeldzahlung erreichen (§ 253 BGB)[26].

---

[23] Leitentscheidung BGHZ 4, 1.
[24] Vgl. (kritisch) dazu *Medicus*, Schuldrecht II, Rdnr. 858; *Larenz/Canaris*, Schuldrecht II/2, § 79 III 3.b).
[25] Kritisch zum Vorgehen des BGH im vorliegenden Fall, eine Schutzwirkung der Kaufvertragsverhandlungen für Dritte ohne klare Begründung anzunehmen *Hohloch*, JuS 1977, 302 (304 f.). *S.Lorenz*, ZEuP 1994, 218 (241 f.) spricht von einem "konstruktiven Kunstgriff".
[26] So jedenfalls die ganz h.M.; die abweichende Mindermeinung (*Diedrich*, MDR 1994, 525 (528)) ist mit dem klaren Wortlaut des § 253 BGB und dem darin begründeten Analogieverbot nicht zu vereinbaren. Allerdings ist § 253 BGB abdingbar: Die Parteien können vereinbaren, daß im Rahmen ihres Vertragsverhältnisses auch für immateriellen Schaden gehaftet

- Die Anwendung vertragsrechtlicher Grundsätze hat zur Folge, daß nur ein *geschäftsfähiger* Schädiger über die c.i.c. in Anspruch genommen werden kann[27].
- Schließlich kann die Haftung aus c.i.c. auch durch vertragliche Klauseln beschränkt oder gar ausgeschlossen werden[28]. Eine solche Möglichkeit besteht für deliktische Ansprüche grundsätzlich nicht[29].

Frage 4:

Die französischen Gerichte müssen deshalb nicht auf das Vertragsrecht „ausweichen", weil die oben skizzierten „Schwachstellen" des deutschen Deliktsrechts in Frankreich jedenfalls nicht in diesem Maße existieren[30]:
- Nach Art. 1384 Abs. 5 C.C. haftet der Geschäftsherr für die schuldhafte unerlaubte Handlung eines Verrichtungsgehilfen *ohne Exkulpationsmöglichkeit*[31]. Auch die umfassende Haftung aus vermutetem Verschulden für Schäden durch Sachen, deren Sachhalter man ist, geht weiter als im deutschen Deliktsrecht, läßt man einmal die Fortentwicklung des § 823 Abs. 1 BGB durch die Lehre von den Verkehrssicherungspflichten außer acht (dazu unten zu Frage 5).
- Das französische Deliktsrecht ermöglicht eine Haftung auch für primäre Vermögensschädigungen, weil Art. 1382 ff. C.C. nicht auf die Verletzung absoluter Rechte beschränkt sind[32]. Deshalb können auch andere Fallgruppen der c.i.c., in denen anders als bei Körper- oder

---

werden soll. Die gesetzliche c.i.c.-Haftung in Fällen, in denen es nicht zu einem nachfolgenden Vertragsschluß kommt, wird davon aber nicht berührt.

[27] *Palandt/Heinrichs*, § 276 Rdnr. 66.

[28] In AGB allerdings nur in den Grenzen der §§ 9, 11 Nr. 7 AGBG; vgl. BGH NJW 1986, 2757 (2758); s. auch KG NJW 1981, 2822. Einschränkend *MünchKomm/Emmerich*, vor § 275 Rdnr. 217 (Vereinbarung nur *vor* Eintritt in Vertragsverhandlungen).

[29] Vgl. *MünchKomm/Mertens*, § 823 Rdnr. 312. Allerdings kann der - im Rahmen des Zulässigen vereinbarte - Ausschluß vertraglicher Schadensersatzansprüche dann auch konkurrierende Ansprüche aus unerlaubter Handlung erfassen, wenn die Freizeichnungsklausel sie *ausdrücklich* oder jedenfalls in hinreichend deutlicher Weise einbezieht, *Palandt/Thomas*, vor § 823 Rdnr.10; *MünchKomm/Mertens*, § 823 Rdnr. 312.

[30] Vgl. *Hübner/Constantinesco*, Einführung in das französische Recht, § 21 I a).

[31] Vgl. *Jourdain*, Les principes de la responsabilité civile, S. 103.

[32] Vgl. *Hübner/Constantinesco*, Einführung in das französische Recht, § 23, 5 b. Zur Rechtfertigung, warum im BGB letztendlich trotz eines abweichenden ersten Entwurfs auf eine "große" Generalklausel wie den Art. 1382 C.C. verzichtet wurde, *Larenz/Canaris*, Schuldrecht II/2, § 75 I 3.; *Medicus* Schuldrecht II, Rdnr. 733 ff.

Fall 13: Deliktshaftung und *culpa in contrahendo*

Sachschäden kein absolutes Recht betroffen ist[33], in Frankreich über das Deliktsrecht gelöst werden[34].
- Deliktische Schadensersatzansprüche verjähren zwar seit 1985 auch nach einer kürzeren Verjährungsfrist als vertragliche, aber mit einer 10-Jahres-Frist immer noch erheblich später als nach deutschem Recht.

Fragen der vorvertraglichen Haftung werden deshalb in Frankreich nach ganz h.M. ausschließlich dem Deliktsrecht zugeordnet[35]: Ohne Vertrag keine Haftung nach vertraglichen Grundsätzen. Diese hätte im übrigen auch einen gravierenden Nachteil gegenüber der deliktsrechtlichen Lösung: Nach Art. 1150 C.C. ist die Vertragshaftung auf den bei Vertragsschluß vorhersehbaren Schaden begrenzt, während nach Deliktsrecht der gesamte Schaden zu ersetzen ist[36]. Nicht zu vergessen ist, daß es im Rahmen der Deliktshaftung nicht auf die Geschäftsfähigkeit des Schädigers ankommt, die im deutschen Recht erst den Weg zur c.i.c. eröffnet[37]. Schließlich sind auch Freizeichnungs- oder Haftungsbeschränkungsklauseln anders als im Vertragsrecht im Hinblick auf deliktische Ansprüche ohne Wirkung[38].

Die größere Flexibilität des französischen Deliktsrechts, die es ermöglicht, auch die vorvertragliche Haftung einer angemessenen Lösung zuzuführen, wird allerdings - auch das darf nicht übersehen werden - mit einer größeren Rechtsunsicherheit erkauft: Die Generalklausel des Art. 1382 C.C. und die Zustandshaftung aus Art. 1384 C.C. würden bei

---

[33] Nichtzustandekommen eines Vertrages, unwirksame Verträge, inhaltlich nachteilige Verträge durch die Verletzung vorvertraglicher Aufklärungs- und Rücksichtnahmepflichten, vgl. *Palandt/Heinrichs*, § 276 Rdnr. 72 ff.

[34] Vgl. *S. Lorenz*, Die culpa in contrahendo im französischen Recht, ZEuP 1994, 218 ff.; speziell zur Verletzung vorvertraglicher Aufklärungspflichten *Chaussade-Klein*, Vorvertragliche "obligation de renseignements" im französischen Recht (1992), 92 ff.

[35] *Schmidt-Szalewski*, Rev.int.dr.comp. 1990, 545; *Hübner/Constantinesco*, Einführung in das französische Recht, § 21 1.a); *S. Lorenz*, ZEuP 1994, 218 ff.; *Schmidt*, in: *Weick* (Hrsg.), Entwicklung des Deliktsrechts in rechtsvergleichender Sicht (1987), 141; *Ferid/Sonnenberger*, Das französische Zivilrecht, Bd. I, Rdnr. 1 F 267.

[36] *Ferid/Sonnenberger*, Das französische Zivilrecht, Bd. I, Rdnr. 1 F 272.

[37] Eine besondere *Deliktsfähigkeit*, wie sie in § 828 BGB normiert ist, kennt der Code Civil nicht. Im Gegenteil bestimmt der 1968 eingefügte Art. 489-2, daß auch Geistesgestörte und Geisteskranke für unerlaubte Handlungen einzustehen haben. Außerhalb dieser Spezialnorm, also insbesondere bei Kindern, dient das Tatbestandsmerkmal des *faute* (der u.a. auch das Element des Verschuldens beinhaltet) zu einer gewissen Begrenzung der deliktischen Haftung: Vorwerfbar und damit die Schadensersatzpflicht auslösend ist eine Handlung nur für den, der im Augenblick der Tat einsichts- und willensfähig ist. Vgl. dazu *Ferid/Sonnenberger*, Das französische Zivilrecht, Bd. II, Rdnr. 2 O 154 ff.

[38] *Ferid/Sonnenberger*, Das französische Zivilrecht, Bd. I, Rdnr. 1 F 273.

einer allein am Gesetzeswortlaut orientierten Anwendung zu einer uferlosen Weite der Haftung führen. Es ist deshalb eine anhand nur geringer Wertungsvorgaben nicht einfach zu bewältigende Aufgabe der Rechtsprechung, das Haftungsrecht konkretisierend fortzubilden und sinnvoll eingrenzende Kriterien zu finden[39]. Nicht zu Unrecht spricht man vom „gouvernement des juges en matière de responsabilité civile"[40]. Ein Beispiel für eine richterrechtliche Begrenzung ist etwa das Kriterium der „rôle purement passif" im Rahmen der Zustandshaftung[41].

Frage 5:

Grundsätzlich sind Fälle, in denen es zu Körper- oder Eigentumsschäden (also Verletzung eines absoluten Gutes) im vorvertraglichen Rahmen kommt, auch im Deliktsrecht über die Lehre von der Verletzung von *Verkehrssicherungspflichten*[42] im Rahmen des § 823 Abs. 1 BGB lösbar. Derjenige, der innerhalb seines räumlich-gegenständlichen Herrschaftsbereichs einen Verkehr öffnet (hier: wer sein Ladenlokal dem Publikum frei zugänglich macht), muß im Rahmen des Zumutbaren alle notwendigen Vorkehrungen treffen, um Verkehrsteilnehmer vor möglichen Gefahrenquellen zu schützen[43]. Konkret heißt das: Die Verkehrssicherungspflicht in Selbstbedienungsgeschäften erfordert eine regelmäßige Reinigung des Bodens in kurzen Abständen, die durch die jeweiligen Gegebenheiten (z.B. Kundenzahl, Art der angebotenen Waren, Witterung) und den davon abhängigen Grad der Verunreinigung bestimmt werden[44].

Eine Haftung löst die Verletzung dieser Pflicht zwar nur dann aus, wenn sie schuldhaft ist, was nach dem oben Gesagten der Geschädigte beweisen muß. Aber dies ist keine unüberwindbare Hürde: Zum einen geht es hier um ein *eigenes Organisationsverschulden* des Geschäftsinhabers (bzw. seiner Organe nach § 31 BGB) im Rahmen der Haftung nach § 823 Abs. 1 BGB, nicht um die der Exkulpation unterliegende Haftung nach § 831 BGB für Verrichtungsgehilfen: Der Geschäftsinhaber muß die notwendigen Organisationsmaßnahmen zur Gefahrenverhinderung treffen. Zum anderen ist auch hier der *Nachweis* des Verschul-

---

[39] Darin sieht auch *Larenz/Canaris*, Schuldrecht II/2, § 75 I 3 c) a.E. die "Hauptschwäche" der großen Generalklausel.
[40] *Hübner/Constantinesco*, Einführung in das französische Recht, § 23, 5 b) unter Verwendung eines Zitats von *Savatier*.
[41] Vgl. dazu *le Tourneau*, La responsabilité civile, 3. Aufl. (1982), Tz. 2250 ff.
[42] Umfassend dazu *Larenz/Canaris*, Schuldrecht II/2, § 76 III.
[43] Vgl. zu dieser speziellen Untergruppe von Verkehrssicherungspflichten *Larenz/Canaris*, Schuldrecht II/2, § 76 III 3 a); *Medicus*, Schuldrecht II, § 136 II 2.
[44] OLG Köln, NJW 1972, 1950.

Fall 13: Deliktshaftung und *culpa in contrahendo* 247

dens erleichtert, selbst wenn § 282 BGB oder die Beweislastverteilung nach Gefahrenbereichen nicht zur Anwendung kommt: Sind Verkehrssicherungspflichten objektiv verletzt worden, so spricht eine Vermutung auch für die Verletzung der inneren Sorgfalt[45]. Zwar ist umstritten, ob diese Vermutung zu einer echten Beweislast*umkehr*[46] führt oder „nur" einen Beweis des ersten Anscheins (*prima-facie*-Beweis) darstellt[47], den der Geschädigte lediglich erschüttern muß[48]. In der Praxis verschwimmen jedoch die Konturen beider Figuren, so daß dieser Streit letztlich hier unentschieden bleiben kann[49].

Schließlich ist der Verschuldensmaßstab ein geringer: Das Verschulden, also insbesondere der Fahrlässigkeitsvorwurf, muß sich zwar nach der klaren Fassung des § 823 Abs. 1 BGB auf die Verletzung eines der dort genannten Rechtsgüter und nicht nur auf die Verletzung der Verkehrssicherungspflicht beziehen. Dabei reicht aber aus, daß der Verletzer die Möglichkeit einer Beeinträchtigung der betreffenden Art *im allgemeinen* hätte erkennen müssen; nicht für erforderlich gehalten wird, daß die eingetretene Rechtsgutverletzung in der *konkreten* Form voraussehbar war[50].

Damit ist im Ergebnis eine Haftung im Gemüseblatt- und ähnlichen Fällen[51], also bei der Verletzung eines absoluten Rechtsguts, im Wege der „Ersetzung" des § 831 BGB durch § 823 Abs. 1 BGB i.V.m. mit dem Gedanken des eigenen Organisationsverschuldens des Geschäftsinhabers erreichbar. Die culpa in contrahendo bietet insoweit keine besonderen Vorteile mehr, im Gegenteil eröffnet die deliktische Haftung zusätzlich die Möglichkeit eines Schmerzensgeldanspruchs. Deshalb wird zunehmend die Forderung laut, die c.i.c. für die vorvertragliche Verletzung absoluter Rechtsgüter nicht mehr anzuwenden[52]. Sie dient dann nämlich nur noch der Umgehung der „kurzen" Verjährung des § 852 BGB (so auch im vorliegenden Fall des BGH, wo die Klage erst sieben

---

[45] Vgl. *Palandt/Thomas*, § 823 BGB Rdnr. 61.
[46] So *v.Bar*, Verkehrspflichten (1980), § 10 III 2 a).
[47] So *Baumgärtel*, Hdb. des Beweisrechts, Bd. 1, 2. Aufl. (1991), § 276 BGB Rdnr. 8; offengelassen von BGH VersR 1986, 765 (766). Im Bereich der *Produkthaftung* nach § 823 BGB ist allerdings wohl unumstritten, daß (u.a.) hinsichtlich des Verschuldens die Beweislast umgekehrt ist, vgl. BGH NJW 1991, 1948 (1950); *Palandt/Thomas*; § 823 Rdnr. 220; *Medicus*, Schuldrecht II, Rdnr. 102.
[48] Zum Beweis des ersten Anscheins und seinem Verhältnis zur Beweislastumkehr allgemein *Baur/Grunsky*, Zivilprozeßrecht, Rdnr. 167; *Jauernig*, Zivilprozeßrecht, § 50 V.
[49] So auch *MünchKomm/Mertens*, § 823 Rdnr. 48 c.
[50] *Larenz/Canaris*, Schuldrecht II/2, § 76 III 7 a).
[51] Vgl. z.B. BGH NJW 1986, 2757 (gelockerter Bodenbelag in Selbstbedienungsgeschäft).
[52] Z.B. *Medicus*, Bürgerliches Recht, Rdnr. 199.

Jahre nach dem Unfall erhoben wurde!), obwohl rechtspolitisch die nach einer angemessenen Zeit Rechtssicherheit schaffende Drei-Jahres-Frist der überlangen 30-jährigen Verjährung vorzuziehen sein dürfte.

Fall 14: Vergleich des Leistungsstörungsrechts im deutschen und im UN-Kaufrecht

Sachverhalt

Die deutsche Textilimport- und Großhandelsfirma I-GmbH mit Sitz in Dresden kauft beim italienischen Textilfabrikanten T, Modena, mit schriftlichem Vertrag vom 6.10.1994 Stoffbahnen für Dekorationszwecke in einer nach dem Anbieterkatalog genau spezifizierten Farbe („dusty mauve"). Es handelt sich um insgesamt 600 m zum Preis von DM 13,- je Meter, zahlbar nach Erhalt der Ware. Diese wird am vereinbarten Termin, dem 3.11.1994, bei I angeliefert. Mitarbeiter der I stellen bei der Kontrolle am 9.11.1994 fest, daß die Bahnen einen dunkleren als den bestellten Farbton haben und benachrichtigen umgehend den Geschäftsführer G. Dieser fragt bei Rechtsanwalt R nach, welche Rechte I bei dieser Sachlage habe, ob und wie sie diese einem möglichen Kaufpreisanspruch des T entgegenhalten könne und welche Maßnahmen gegebenenfalls zu treffen seien. Da G mittlerweile von einer günstigeren Liefermöglichkeit aus Italien erfahren hat, käme ihm eine „Stornierung" des Vertrages gelegen. Die gelieferten Stoffbahnen seien zwar objektiv von gleicher Qualität, Güte und Wert. Sie könnten auch an Einzelhändler weiterveräußert werden, jedoch sei aufgrund der insoweit im Augenblick schwächeren Nachfrage in seinem speziellen Abnehmerkreis nur mit einem 10 % niedrigeren Preis und deshalb mit einem um 50 % geringeren Gewinn zu rechnen, als für die gekauften Bahnen hätte erzielt werden können. Eine Nachfärbung ist nicht möglich.

I. Bereiten Sie in einem Gutachten die Antwort des R vor, wobei davon auszugehen ist, daß die Rechtsbeziehungen der Parteien dem UN-Kaufrecht (UN-Übereinkommen über Verträge über den internationalen Warenkauf v. 11.4.1980[1]) unterliegen.

II. Wie wäre die Lage, wenn ausschließlich das nationale deutsche Recht zur Anwendung gelänge?

---

[1] BGBl. 1989 II, 588; abgedruckt in der Sammlung von *Jayme/Hausmann* unter Nr. 48.

Fall 14: Vergleich des Leistungsstörungsrechts 249

III. Vergleichen Sie die beiden Lösungen!

Vorbemerkungen

I. Die Aufgabe hat einen vom Tatsächlichen her relativ schlichten Fall zum Gegenstand. Dennoch ist sie anspruchsvoll: Zum einen deshalb, weil der Fall sowohl aus der Sicht des UN-Kaufrechts als auch des internen deutschen Rechts gelöst werden soll, was nicht nur wegen des daraus folgenden Umfangs der Lösung besondere Anstrengungen erfordert, sondern auch eine gute Beherrschung klassischer, aber schwerer Streitfragen des deutschen Kaufrechts voraussetzt. Zum anderen ist die Perspektive, aus der heraus der Bearbeiter das Gutachten erstellen soll, für den Studenten ungewöhnlich. Er soll die Auskunft eines Rechtsanwalts vorbereiten, der vorprozessual von einer der beteiligten Parteien nach seinen Rechten und den zu deren Wahrung erforderlichen Schritten gefragt wird. Daraus folgt eine zweifache Abweichung im Vergleich zu den üblichen Gutachten „zur Rechtslage". Erstens: Soll die Antwort in der Praxis verwertbar sein, so muß in dem Gutachten einer etwa bestehenden ständigen Rechtsprechung des BGH und der Untergerichte gefolgt werden, auch wenn die Literatur Kritik übt und der Bearbeiter diese für überzeugend hält; einer Partei, die in einen aussichtslosen Prozeß getrieben wird, ist mit der Überzeugung, daß die Literaturmeinung die bessere ist, nicht gedient. Nur unter ausdrücklichem Hinweis, daß die Klage nur bei Aufgabe der bisherigen Rechtsprechung Erfolg haben kann, können diese „besseren" Lösungen vertreten werden. Zweitens: Bestehen an einem Punkt des Gutachtens Zweifel, wie eine Wertungsfrage zu entscheiden ist, ohne daß der Rechtsprechung eine Leitline zu entnehmen ist, so darf der Bearbeiter anders als sonst nicht diese Zweifel überwinden, indem er sich mit einem mehr oder weniger überzeugenden Argument für die eine oder andere Seite entscheidet. Ein möglichst hilfreicher Rat an den Mandanten über das weitere Vorgehen setzt vielmehr voraus, daß die Folgen der unterschiedlichen Sichtweisen, die ein Gericht einnehmen könnte, durchdacht werden. Es sind deshalb gegebenenfalls Alternativlösungswege zu gehen.

II. „Rechte" der I können einmal solche sein, die sie aktiv und gegebenenfalls im Klagewege gegen den Verkäufer geltend machen kann, wie z.B. ein Erfüllungs- oder Schadensersatzanspruch, aber auch solche, die eine (rechtsvernichtende oder rechtshemmende) Einwendung gegen die möglicherweise von T erhobene Kaufpreisforderung begründen (z.B. Einrede der Wandelbarkeit). An dieser Zweiteilung sollte sich der Aufbau der Lösung orientieren.

III. Der Vergleich der Rechtslage nach dem CISG und nach dem internen deutschen Recht kann in der gedrängten Zeit, die für eine Klausurbearbeitung zur Verfügung steht, naturgemäß nicht zu einer umfassenden Würdigung der Unterschiede und Gemeinsamkeiten beider Rechte führen. Die Musterlösung spricht deshalb nur zwei Punkte an, die dem Bearbeiter anhand des vorliegenden Falles besonders ins Auge springen sollen: Auffällig ist, daß die hochdifferenzierte Systematik des Leistungsstörungsrechts im BGB zu großen Schwierigkeiten führt, wenn die fragliche Vertragsverletzung nicht eindeutig einer der gesetzlichen Kategorien zuzuordnen ist, während das UN-Kaufrecht einen in dieser Hinsicht unkomplizierteren Weg einschlägt. Weiterhin ist eine unterschiedliche Gewichtung in den Rechtsbehelfen des Käufers bei mangelhafter Lieferung durch den Verkäufer zu konstatieren: Während nach internem deutschen Recht Erfüllung oder Rückabwicklung des Vertrages im Vordergrund stehen, sollen diese Behelfe nach CISG nur als *ultima ratio* eingesetzt werden.

Gliederung der Lösung

I. Lösung nach UN-Kaufrecht
  1. Ansprüche des Käufers
    a) Erfüllungsverlangen, Art. 46 I CISG
      aa) Nichterfüllung vertraglicher Pflichten
      bb) Rügeobliegenheit
        (1) Fristbeginn
        (2) Fristdauer
        (3) Inhalt und Form der Rüge
      cc) Wesentliche Vertragsverletzung
    b) Nachbesserung, Art. 46 Abs. 3 CISG
    c) Vertragsaufhebung gem. Art. 49 Abs. 1 CISG
    d) Schadensersatz, Art. 74 CISG
      aa) Vertragsverletzung
      bb) Rechtzeitige Rüge
      cc) Schadensberechnung
      dd) Bei Vertragsschluß voraussehbarer Schaden
  2. Kaufpreisanspruch des Verkäufers
    a) Fälligkeit
    b) Einwendungen des Käufers
      aa) Minderung, Art. 50 CISG
      bb) Aufrechnung mit Schadensersatzanspruch?
      cc) Zurückbehaltungsrecht
  3. Ergebnis
II. Nationales deutsches Recht
  1. Ansprüche des Käufers
    a) Erfüllungs-/Nachlieferungsanspruch, §§ 651 Abs. 1 S. 2, 433 Abs. 1 BGB
      aa) Werklieferungsvertrag über vertretbare Sache
      bb) Rügeobliegenheit gem. §§ 377, 378 HGB
        (1) Beiderseitiger Handelskauf
        (2) Voraussetzungen der Rügeobliegenheit
          (aa) Abgrenzung zwischen (bloßer) Fehlerhaftigkeit und anderer Gattungszugehörigkeit
          (bb) Genehmigungsfähigkeit hier gegeben?

Fall 14: Vergleich des Leistungsstörungsrechts

Lösungsvariante 1: Genehmigungsfähiges *aliud*
    cc) Rechtzeitige Rüge notwendig
    dd) Zwischenergebnis: Ersatzlieferungs-
         anspruch
  b) Schadensersatzanspruch gem. § 480 Abs. 2 BGB
  c) Schadensersatz aus § 326 Abs. 1 S. 2 BGB
  d) Verzögerungsschaden aus § 286 Abs. 1 BGB
  e) Anspruch auf Wandelung
2. Kaufpreisanspruch des Verkäufers
  a) Fälligkeit
  b) Einwendungen des Käufers
    aa) Einrede des nichterfüllten Vertrages, § 320 BGB
    bb) Einrede der Wandelbarkeit, §§ 480 Abs. 1 S. 1,
         462, 242 BGB
    cc) Minderung
3. Ergebnis

Lösungsvariante 2: Nicht-genehmigungsfähiges *aliud*
    cc) Keine Rügenotwendigkeit
  b) Schadensersatz/Rechte aus § 326 BGB
  c) Verzögerungsschaden, § 286 Abs. 1 BGB
2. Kaufpreisanspruch des Verkäufers
  a) Einrede des nichterfüllten Vertrages, § 320 BGB
  b) Einrede der Wandelbarkeit/Minderung
3. Ergebnis
Gesamtergebnis

III. Vergleich der beiden Lösungen
  1. Differenziertes Leistungsstörungsrecht im BGB vs. einheitliche „Vertragsverletzung" nach UN-Kaufrecht
  2. Erfüllungsanspruch/Vertragsaufhebung im UN-Kaufrecht zurückgedrängt

Lösung

I. Lösung nach UN-Kaufrecht[2]

1. Ansprüche des Käufers

Aus dem Sachverhalt sind keine Umstände ersichtlich, aus denen sich Bedenken gegen einen wirksamen Vertragsschluß nach Art. 14 ff. CISG[3] ergeben könnten. Damit ist auf der Basis eines gültigen Kaufvertrages zu prüfen, welche Rechte der Käufer aus der Tatsache ableiten kann, daß die gelieferte Ware nicht seiner Bestellung entspricht.

a) Erfüllungsverlangen, Art. 46 I CISG

Möglicherweise kann I gemäß Art. 45 Abs. 1 lit. a), 46 Abs. 1 CISG verlangen, daß ihr ungeachtet der bereits zugesandten Stoffe neue Bahnen geliefert werden, die die gewünschte Farbe haben. Das setzt zunächst voraus, daß der Verkäufer mit der Lieferung der Bahnen nicht bereits seine vertraglichen Pflichten erfüllt hat.

aa) Nach Art. 35 Abs. 1 CISG hat der Verkäufer Ware zu liefern, die den vertraglich festgelegten Anforderungen entspricht[4]. Daran mangelt es hier, weil die gelieferten Stoffe tatsächlich nicht den Farbton aufweisen, den die Parteien im Kaufvertrag vereinbart haben. Deshalb besteht grundsätzlich noch immer der ursprüngliche Erfüllungsanspruch, Art. 45 Abs. 1 lit b), 46 Abs. 1 CISG, was den Verkäufer verpflichten würde, die gelieferten Bahnen durch fehlerfreie, farbtongetreue Stoffe zu ersetzen.

bb) Neben weiteren, noch zu betrachtenden Voraussetzungen muß der Käufer jedenfalls gemäß Art. 39 CISG die Vertragswidrigkeit der empfangenen Ware innerhalb einer „angemessenen" Frist rügen, um

---

[2] Die Parteien haben hier - nach deutscher Terminologie - einen Werklieferungsvertrag abgeschlossen. Auch ein solcher wird vom UN-Kaufrecht erfaßt, Art. 3 Abs. 1 CISG; *Ausführungen zum Anwendungsbereich des CISG sind nicht angezeigt, da nach dem Bearbeitervermerk die Anwendung dieses Abkommens vorgegeben ist.*

[3] Wie bereits zu Fall 2 erläutert, beruht die international gebräuchliche Abkürzung CISG auf dem englischen Titel des Abkommens, *United Nations Convention on Contracts for the International Sale of Goods.*

[4] Art. 35 CISG macht in seiner Zweiteilung gut den subjektiv-objektiven Fehlerbegriff deutlich, von dem - zumindest nach h.M. - auch das deutsche Recht ausgeht: Zunächst muß die Kaufsache die vertraglich (subjektiv) festgelegten Eigenschaften aufweisen, Art. 35 Abs. 1 CISG; soweit es an einer detaillierten vertraglichen Leistungsbeschreibung fehlt, greift hilfsweise Art. 35 Abs. 2 CISG ein, der eine Reihe objektiver Kriterien zur Bestimmung der Vertragsgemäßheit beinhaltet.

Fall 14: Vergleich des Leistungsstörungsrechts

sich auf sie berufen zu können; versäumt er dies, gilt die Kaufsache unabhängig von den objektiven Gegebenheiten als vertragsgemäß. Fraglich ist, wie die Frist im vorliegenden Fall zu berechnen ist.

(1) Fristbeginn

Nach Art. 39 Abs. 1 CISG beginnt die Frist in dem Zeitpunkt zu laufen, in dem der Käufer die Vertragswidrigkeit festgestellt hat oder spätestens hätte feststellen müssen. Die Mitarbeiter der I haben die Farbabweichung am 9.11.1994, also 6 Tage nach Lieferung bemerkt. Dieser Zeitpunkt markiert den Beginn der Rügefrist, wenn nicht die Abweichung bereits vorher hätte bemerkt werden müssen. Das wäre dann der Fall, wenn die Untersuchung der Ware früher hätte erfolgen müssen, als sie tatsächlich erfolgt ist. Nach Art. 38 Abs. 1 CISG hat der Käufer die Kaufsache innerhalb einer „kurzen" Frist, also möglichst rasch zu untersuchen. Für die konkrete Berechnung sind die Umstände des Einzelfalls, z.B. Verderblichkeit der Ware, ihre Komplexität, Art und Weise der Verpackung etc. zu berücksichtigen. Eine einheitliche Linie in der Rechtsprechung, an der man sich in der Rechtsberatung orientieren könnte, ist noch nicht zu erkennen. Man muß deshalb vorsichtig sein und auch bei nicht verderblichen Waren von einer sehr knapp bemessenen Zeitspanne (als Untersuchungsfrist) ausgehen, die - so wird es in der Literatur teilweise vertreten - bereits nach 3-4 Arbeitstagen abgelaufen ist[5]. Die erst spät vorgenommene Untersuchung kann aber durch eine schnelle Rüge ausgeglichen werden[6]. Die nicht rechtzeitige Untersuchung hat also nicht schon den Untergang der Rechte zur Folge. Entscheidend ist vielmehr das Ende der (mit Ablauf der kurzen Untersuchungsfrist beginnenden) angemessenen Rügefrist.

(2) Fristdauer

Die Rüge ist dann rechtzeitig, wenn sie innerhalb einer „angemessenen" Frist nach Untersuchungszeitraum beim Verkäufer eingeht. Auch hier ist die Konkretisierung umstritten, selbst wenn jedenfalls gesichert ist, daß „angemessen" länger ist als „kurz". Bei der Auslegung von internationalem Einheitsrecht ist dabei auch zu berücksichtigen, daß viele andere nationale Rechtsordnungen relativ lange Fristen vorsehen, wie z.B. das englische oder französische Recht. Der BGH

---

[5] Vgl. *Piltz*, Internationales Kaufrecht, § 5 Rdnr. 52; ähnlich *Asam*, RIW 1989, 944.
[6] *V.Caemmerer/Schlechtriem(-Schwenzer)*, CISG, 2. Aufl. (1995), Art. 39 Rdnr. 20.

hat sich deshalb für einen „groben Mittelwert" von einem Monat entschieden[7], woran man sich für die Praxis orientieren kann.

Es ist deshalb davon auszugehen, daß zum Zeitpunkt der Anfrage an den Rechtsanwalt die Rüge noch rechtzeitig erhoben werden kann; angesichts der Unsicherheit in der Fristberechnung ist aber auf eine rasche Rüge zu drängen.

(3) Inhalt und Form der Rüge
Die Rüge ist formlos möglich; aus Beweisgründen ist allerdings eine schriftliche Übermittlung, etwa durch Telefax, anzuraten. Nach Art. 39 Abs. 1 CISG muß in dem Schreiben die Art der Vertragswidrigkeit genau bezeichnet werden[8].

Geht man für die folgende Prüfung davon aus, daß I dem T eine rechtzeitige und spezifizierte Mängelrüge zukommen läßt und sich damit auf die Vertragswidrigkeit der gelieferten Sache berufen kann, so sind die weiteren Bedingungen für den Fortbestand des Erfüllungsanspruchs zu prüfen.

cc) Der Erfüllungsanspruch, der auf die Lieferung anderer, vertragsgemäßer Ware als Ersatz für erfüllungsuntaugliche vertragswidrige Güter gerichtet ist, unterliegt nämlich nach Art. 46 Abs. 2 CISG besonderen, zusätzlichen Voraussetzungen[9]. Da jede Art der Vertragswidrigkeit der gelieferten Sache erfaßt ist, kommt es hierbei auf die Unterscheidung zwischen Schlecht- und Falschlieferung, zwischen *peius* und *aliud*, nicht an, sondern nur darauf, *daß* - wie im vorliegenden Fall - überhaupt bereits eine erste Lieferung erfolgt[10] und eine Nachlieferung noch möglich[11] ist.

Art. 46 Abs. 2 CISG beschränkt den Ersatzlieferungsanspruch auf die Fälle, in denen die Vertragswidrigkeit der gesandten Ware eine „wesentliche" Vertragsverletzung i.S.d. Art. 25 CISG darstellt. Der Anspruch auf Ersatzlieferung soll also nach dem Willen des Gesetzes nur in besonders schweren Fällen geltend gemacht werden können, während andere Rechtsbehelfe des Käufers wie Nachbesserung, Minderung und Schadensersatz nach Art. 46 Abs. 3, 50, 74 CISG an eine solche Voraussetzung nicht gekoppelt sind. Aus dieser Differenzierung folgt zugleich die Leitlinie für die Definition der „Vertragswesent-

---

[7] BGH RIW 1995, 595 (597); so auch *v. Caemmerer/Schlechtriem (-Schwenzer)*, CISG, Art. 39 Rdnr. 17 a.E.
[8] Zum erforderlichen Inhalt der Mängelrüge näher *Kindler*, IPRax 1996, 16 (17).
[9] Vgl. *v.Caemmerer/Schlechtriem(-Huber)*, CISG, Art. 46 Rdnr. 20: Der Anspruch auf Lieferung anderer, vertragsgemäßer Ware ergibt sich bereits aus Abs. 1; Abs. 2 hat eine klarstellenden und begrenzende Funktion.
[10] *V.Caemmerer/Schlechtriem(-Huber)*, CISG, Art. 46 Rdnr. 24.
[11] *V.Caemmerer/Schlechtriem(-Huber)*, CISG, Art. 46 Rdnr. 21.

Fall 14: Vergleich des Leistungsstörungsrechts 255

lichkeit" im speziellen Zusammenhang mit Art. 46 Abs. 2 CISG: Die Vertragswidrigkeit der gelieferten Ware ist dann eine wesentliche Vertragsverletzung, wenn zum einen die Vertragsverletzung objektiv von so großem Gewicht ist, daß dem Käufer nicht zuzumuten ist, sich mit Schadensersatz und/oder Minderung zufrieden zu geben und sich der Mangel zum anderen nicht durch Nachbesserung in angemessener Frist beheben läßt[12]. Letzteres ist hier zu bejahen. Fraglich ist aber, ob dem Käufer im vorliegenden Fall angesonnen werden kann, die vertragswidrige Ware zu behalten und gegebenenfalls die anderen genannten Rechtsbehelfe gelten zu machen. Beim Erwerb von Handelswaren durch einen Großhändler ist dafür entscheidend, ob sich die Ware im gewöhnlichen Geschäftsgang ohne besondere Schwierigkeiten veräußern läßt und der dabei erzielbare Preis im voraus zuverlässig abzuschätzen ist[13]. Hier ist die Ware laut Sachverhalt zu einem genau bestimmten Preis offenbar ohne größere Mühen an den vorhandenen Kundenstamm der I absetzbar. Damit ist die Vertragsverletzung nicht wesentlich; ein Ersatzlieferungsanspruch scheidet aus.

b) Nachbesserung, Art. 46 Abs. 3 CISG

Da eine Nachfärbung nicht möglich ist, kommt eine Behebung des Mangels durch Nachbesserung nicht in Betracht. Zwar hat die Unmöglichkeit (der Leistungserbringung im allgemeinen und der Nachbesserung im speziellen) keine eigenständige Regelung im Abkommen erfahren, jedoch gilt auch hier selbstverständlich, daß man zu Unmöglichem nicht verpflichtet sein kann. Der Anspruch auf Nachbesserung ist hier also gegenstandslos[14].

c) Vertragsaufhebung gemäß Art. 49 Abs. 1 CISG

I könnte nach Art. 49 CISG auch die Möglichkeit der Vertragsaufhebung haben. Art. 49 CISG gibt dem Käufer unter bestimmten Voraussetzungen ein Gestaltungsrecht, das durch Erklärung gegenüber dem Vertragspartner ausgeübt wird (und nach Art. 81 CISG zum Erlöschen der beiderseitigen Vertragspflichten führt)[15].

---

[12] *V.Caemmerer/Schlechtriem(-Huber)*, CISG, Art. 46 Rdnr. 30 f.; *Piltz*, Internationales Kaufrecht, § 5 Rdnr. 162, 164; vgl. auch *Kindler*, IPRax 1996, 16 (17).
[13] Vgl. *v.Caemmerer/Schlechtriem(-Huber)*, CISG, Art. 46 Rdnr. 36; *Kappus*, NJW 1994, 984, OLG Frankfurt, NJW 1994, 1013.
[14] *V.Caemmerer/Schlechtriem(-Huber)*, CISG, Art. 46 Rdnr. 57.
[15] *Ein Gestaltungsrecht ist kein Anspruch. Dennoch ist es vertretbar (und wegen der Übersichtlichkeit empfehlenswert), das Recht zur Vertragsaufhebung unter dem Gliederungspunkt "Ansprüche des Käufers" zu prüfen. Die Ausübung des Gestaltungsrechts setzt wie eine Anspruchstellung voraus, daß der Käufer aktiv gegen den Verkäufer*

Abgesehen vom Fall der „einfachen" Nichtlieferung trotz Nachfristsetzung (Art. 49 Abs. 1 lit. b) CISG) setzt allerdings das Recht des Käufers zur Vertragsaufhebung ebenso wie das auf Nacherfüllung gemäß Art. 46 Abs. 2 CISG eine „wesentliche" Vertragsverletzung des Verkäufers voraus, Art. 49 Abs. 1 lit. a) CISG. Es ist oben bereits dargelegt und begründet worden, daß im zu untersuchenden Fall eine solche nicht vorliegt. Damit besteht für I kein Recht zur Erklärung der Vertragsaufhebung.

d) Schadensersatz, Art. 74 CISG

Weiterhin könnte I aber ein Schadensersatzanspruch nach Art. 45 Abs. 1 lit. b), Art. 74 CISG zustehen.

aa) T hat eine Vertragsverletzung begangen, indem er vertragswidrige Ware geliefert hat.

bb) I hat noch - wie bereits oben dargelegt - die Möglichkeit, die Vertragswidrigkeit nach Art. 39 CISG rechtzeitig zu rügen[16].

cc) Erhebt I die Rüge rechtzeitig, so steht einem Schadensersatzanspruch dem Grunde nach nichts im Wege. Es ist insbesondere nicht erforderlich, daß den Schuldner ein Verschulden an der Vertragsverletzung trifft[17]. Die Höhe des Schadensersatzes orientiert sich am Erfüllungsinteresse: Der Gläubiger soll durch den Schadensersatz wirtschaftlich in diejenige Lage versetzt werden, in der er sich bei ordnungsgemäßer Lieferung befände, was nach dem ausdrücklichen Gesetzestext auch den Ersatz des entgangenen Gewinns einschließt. Zu ersetzen ist I deshalb in jedem Fall die Differenz zwischen dem Verkaufspreis der gelieferten und der bestellten Bahnen, da insoweit der Gewinn der I geschmälert ist. Fraglich ist, ob der Käufer auch die gelieferten Gegenstände zurückweisen und den durch die Nichtdurchführung des gesamten Vertrages entstandenen Schaden, hier also die *gesamte* verlorengegangene Gewinnspanne, geltend machen kann[18].

---

vorgeht und nicht nur mit einer Einwendung auf dessen Zahlungsbegehren reagiert.

[16] Beachte auch hier Art. 44 CISG: Wird die Unterlassung der Rüge vernünftig entschuldigt, schadet sie dem Schadensersatzanspruch nur insoweit, als kein Ersatz für entgangenen Gewinn verlangt werden kann.

[17] Der Schuldner muß gemäß Art. 79 CISG für die Pflichtverletzung nur dann nicht einstehen, wenn sie auf einem außerhalb seines Einflußbereichs liegenden Umstand beruht, den er bei Vertragsschluß nicht in Betracht ziehen mußte. *Ein Fabrikationsfehler fällt so offensichtlich nicht in diese Kategorie, daß in der Niederschrift der Lösung hierauf nicht eingegangen zu werden braucht.*

[18] Dies entspricht dem "großen Schadensersatz", den im internen deutschen Recht die h.M. zu §§ 463, 480 Abs. 2 BGB dem Käufer als Option neben

Fall 14: Vergleich des Leistungsstörungsrechts 257

Würde man jedoch diese Form der Schadensberechnung zulassen, so könnte der Käufer im Ergebnis Schadensersatz und Vertragsaufhebung auch in den Fällen kombinieren, in denen letztere nach Art. 49 Abs. 1 lit. a) CISG mangels eines „wesentlichen" Vertragsbruches ausgeschlossen ist[19]. Die Liquidierung des gesamten Vertrages ist nach dem CISG dem Käufer nur in engen Grenzen gestattet, die durch ein Ausweichen auf den Schadensersatz nicht überschritten werden können[20]. Eine Rückgabe der Stoffe unter Geltendmachung des gesamten aus dem Geschäft entgangenen Gewinns scheidet daher aus.

dd) Zu ersetzen ist gemäß Art. 74 CISG nur der bei Vertragsschluß *voraussehbare* Schaden. Mit der Weiterveräußerung und folglich einem aus der Vertragsverletzung folgenden Gewinnverlust ist bei dem Verkauf von Waren an einen Großhändler selbstverständlich zu rechnen. Anderes mag für einen auf besonderen Umständen beruhenden, außergewöhnlich hohen Spekulationsgewinn gelten; um einen solchen Fall handelt es sich jedoch bei einer Gewinnspanne von 20% nicht. I kann also einen Schadensersatz in Höhe von 10% des Kaufpreises verlangen.

2. Kaufpreisanspruch des Verkäufers
Der Kaufpreisanspruch des Verkäufers ist nach Art. 53 CISG mit dem wirksamen Vertragsschluß entstanden.

a) Fälligkeit
Aufgrund der von der Gesetzeslage nicht abweichenden Vereinbarung der Parteien ist der Anspruch mit Lieferung der Ware fällig geworden, Art. 58 Abs. 1 CISG. Zwar kann man sich die Frage stellen, ob die Fälligkeit unabhängig von der Parteivereinbarung von der Lieferung *vertragsgemäßer* Ware abhängt[21]. Im Ergebnis ist das jedoch zu verneinen: Wie oben gesehen, eröffnet die Vertragswidrigkeit der Lieferung nur die u.U. begrenzten und von bestimmten Zusatzvoraussetzungen abhängigen Rechte der Art. 45 ff. CISG. Es wäre inkonse-

---

dem „kleinen Schadensersatz" einräumt, vgl. *MünchKomm/Westermann*, § 463 Rdnr. 20.
[19] Vgl. *v. Caemmerer/Schlechtriem(-Huber)*, CISG, Art. 74 Rdnr. 5; *Stoll*, in: *Schlechtriem*, Einheitliches Kaufrecht und nationales Obligationenrecht (1987), 257 (265).
[20] Im nationalen deutschen Gewährleistungsrecht ist die Vertragsaufhebung (Wandelung) nicht an strengere Voraussetzungen als der Schadensersatzanspruch geknüpft, sondern umgekehrt. Deshalb ist es dort unschädlich, im Wege des "großen Schadensersatzes" Wandelung und Schadensersatz zu „kombinieren".
[21] So offenbar *v.Caemmerer/Schlechtriem(-Huber)*, CISG, Art. 45 Rdnr. 36; a.A. *Piltz*, Internationales Kaufrecht, § 4 Rdnr. 147.

quent, den Käufer - wie hier - einerseits mangels eines Nachlieferungs-/Vertragsaufhebungsanspruchs an der Abnahme der gelieferten Ware und damit auch an seiner grundsätzlichen Zahlungspflicht für diese festzuhalten, ihn andererseits aber zur Verweigerung der *gesamten* Kaufpreiszahlung mangels Fälligkeit zu berechtigen. Richtig ist vielmehr, daß je nach Bestand und Art eines Gegenrechts des Käufers der Kaufpreisanspruch ganz oder teilweise erlischt (Vertragsaufhebung, Minderung, Aufrechnung mit einem Schadensersatzanspruch), oder ein Zurückbehaltungsrecht (bei einem Nachlieferungsanspruch) entsteht. Der Käufer kann dies im Wege einer (rechtsvernichtenden oder rechtshemmenden) Einwendung der Kaufpreisforderung entgegenhalten.

Im Folgenden ist zu prüfen, ob dem Käufer aus der Vertragswidrigkeit der Ware derartige Einwendungsmöglichkeiten erwachsen.

b) Einwendungen des Käufers
aa) Minderung, Art. 50 CISG
Möglicherweise könnte I gem. Art. 50 CISG den geschuldeten Kaufpreis mindern, d.h. proportional im Verhältnis des Wertes der tatsächlich gelieferten Sache zum Wert der vertragsgemäßen Ware herabsetzen[22].

Abgesehen von der auch hier zu beachtenden Mängelrüge nach Art. 39 CISG[23] stellt Art. 50 CISG keine weitere Voraussetzung auf als die, daß der Verkäufer nicht-vertragsgemäße Ware geliefert hat, was bereits oben festgestellt wurde. Ein Minderungsrecht begründet das aber nur dann, wenn der *objektive* Wert der gesandten Ware tatsächlich geringer ist als der der gekauften[24]. Nach dem Sachverhalt ist das nicht der Fall. Damit kann I den Kaufpreis nicht mindern.

bb) Aufrechnung mit Schadensersatzanspruch?
Fraglich ist, ob I mit ihrem Schadensersatzanspruch (s.o.) gegen den Kaufpreisanspruch des T aufrechnen kann. Eine ausdrückliche Regelung hat die Aufrechnung in der Konvention nicht gefunden. Man könnte deshalb zur Auffassung gelangen, daß es sich hier um eine vom CISG nicht erfaßte Materie handelt, die dem vom IPR des Forums berufenen nationalen Recht unterliegt. Das entspricht im Grundsatz

---

[22] *Die Minderung kommt hier nur als Einrede in Betracht, weil der Kaufpreis noch nicht gezahlt ist.*
[23] Siehe aber auch Art. 44 CISG: eine unterlassene Mängelrüge schließt die Minderung dann nicht aus, wenn für diesen Umstand eine "vernünftige" Entschuldigung vorgebracht werden kann.
[24] *Piltz*, Internationales Kaufrecht, § 5 Rdnr. 310.

der h.M.[25]. Soweit sich jedoch Geldansprüche der Vertragsparteien gegenüberstehen, die *beide* in dem Vertragsverhältnis begründet sind, welches dem CISG unterliegt, wird die Aufrechnung überwiegend für zulässig erachtet, ohne auf das Vertragsstatut zurückgreifen zu müssen[26]. Das läßt sich mit einer Lückenergänzung aus den allgemeinen Grundsätzen des Abkommens, Art. 7 Abs. 2 HS 1 CISG begründen. Das CISG geht für die Vertragserfüllung ebenso wie für die Rückabwicklung davon aus, daß die gegenseitigen Ansprüche der Parteien aus dem Vertrag Zug-um-Zug zu erfüllen sind (Art. 58, 81 CISG). Stehen sich nun mit Kaufpreis- und Schadensersatzanspruch zwei Geldforderungen gegenüber, so findet diese Zug-um-Zug-Abwicklung ihre direkte und systemimmanente Fortentwicklung in der Verrechnung oder Aufrechnung dieser Ansprüche[27]; es wäre ein schwer verständlicher Formalismus, der nicht dem Geist der Konvention entspricht, wollte man die Parteien zum Austausch gleichartiger Leistungen zwingen.

Damit kann I in Höhe ihres Schadensersatzanspruches „konventionsintern" gegen die Kaufpreisforderung aufrechnen; das Vertragsstatut muß in dieser Hinsicht nicht befragt werden[28].

cc) Zurückbehaltungsrecht

Zu erwägen ist schließlich, ob der Käufer wegen der Vertragsverletzung des Verkäufers seine Kaufpreiszahlung insgesamt oder teilweise zurückhalten kann.

Eine spezielle Regelung hat das Zurückbehaltungsrecht nur in Art. 71 CISG gefunden. Danach kann der aus welchen Gründen auch immer vorleistungspflichtige Vertragspartner bei einer *drohenden* Vertragsverletzung durch die andere Partei seine Leistung zurückhalten, um nicht sehenden Auges eine Leistung erbringen zu müssen, deren Gegenleistung wahrscheinlich ausbleiben wird. Damit ist die Situation einer bereits eingetretenen Pflichtverletzung infolge mangelhafter Erfüllung durch den Verkäufer nicht zu vergleichen. Hier hat

---

[25] *Piltz*, Internationales Kaufrecht, § 2 Rdnr. 145, 148; *Karollus*, UN-Kaufrecht, 45.

[26] *Staudinger/Magnus*, Art. 4 CISG Rdnr. 46; *Magnus*, ZEuP 1995, 202 (207 f.); *v.Caemmerer/Schlechtriem(-Leser)*, CISG, Art. 81 Rdnr. 16; *Piltz*, Internationales Kaufrecht, § 5 Rdnr. 291; a.A. OLG Stuttgart, IPRax 1996, 139 = RIW 1995, 943; offenbar auch LG München I, IPRax 1996, 31 (33); *Kindler*, IPRax 1996, 16 (19), die beide ohne nähere Begründung nicht zwischen konventionsinterner und -externer Aufrechnung differenzieren.

[27] *V.Caemmerer/Schlechtriem(-Leser)*, CISG, Art. 81 Rdnr. 16.

[28] Zur Klarstellung sei betont, daß dies nicht für die Aufrechnung mit außerhalb der Konvention begründeten Forderungen gilt: Hier richtet sich die Zulässigkeit der Aufrechnung allein nach dem vom IPR berufenen Vertragsstatut, *Staudinger/Magnus*, Art. 4 CISG Rdnr. 47.

der Käufer die Behelfe aus Art. 45 CISG, die in ihrer Reichweite begrenzt sind, wie gerade der vorliegende Fall zeigt: I kann nur Schadensersatz geltend machen, nicht aber Erfüllung fordern oder die Vertragsaufhebung erklären. Diese Grenzen könnte der Käufer mit einem allgemeinen Leistungsverweigerungsrecht hinsichtlich des gesamten Kaufpreises umgehen[29]. Ein Zurückbehaltungsrecht ist deshalb nur in Höhe der dem Käufer tatsächlich zustehenden Gegenrechte anzuerkennen[30]. Insoweit wäre es mit dem auch im UN-Kaufrecht geltenden Prinzip von Treu und Glauben (Art. 7 Abs. 1 CISG) nicht zu vereinbaren, müßte der Käufer eine Zahlung leisten, die er sofort zurückfordern könnte[31].

I kann deshalb die Kaufpreiszahlung nur in Höhe seines Schadensersatzanspruchs zurückhalten; dies bringt ihr allerdings keinen Vorteil gegenüber der Aufrechnung.

3. Ergebnis

Nach dem UN-Kaufrecht kann I im vorliegenden Fall nur Schadensersatz in Höhe des entgangenen Gewinns geltend machen und damit gegen die Kaufpreisforderung aufrechnen. Voraussetzung ist eine rechtzeitige Rüge der Vertragswidrigkeit. Diese sollte wegen der Unsicherheit über die „angemessene" Frist so rasch wie möglich und aus Beweisgründen schriftlich erfolgen. In ihr ist die Art der Vertragswidrigkeit genau zu bezeichnen. Eine Minderung ist nicht möglich. Die vom Geschäftsführer der I primär angestrebte Vertragsaufhebung ist ihr verwehrt. I muß die gelieferten Bahnen behalten und an ihre Kunden absetzen.

II. Nationales deutsches Recht

1. Ansprüche des Käufers

Zu prüfen ist nunmehr auf der Basis des nationalen deutschen Rechts, welche Rechte der Käufer wegen der nicht bestellungsgemäßen Lieferung gegen den Verkäufer geltend machen kann.

a) Erfüllungs-/Nachlieferungsanspruch, §§ 651 Abs. 1 S. 2, 433 Abs. 1 BGB

aa) Der Vertrag über die Lieferung von Stoffen aus der Serienproduktion des Herstellers ist ein Werklieferungsvertrag über vertretbare

---

[29] So zu Recht *Karollus*, UN-Kaufrecht, 84.
[30] *Staudinger/Magnus*, Art. 71 CISG Rdnr. 34; *Karollus*, UN-Kaufrecht, 84.
[31] *Karollus*, UN-Kaufrecht, 84.

Fall 14: Vergleich des Leistungsstörungsrechts 261

Sachen[32], auf den nach § 651 Abs. 1 S. 1 BGB Kaufrecht, genauer das Recht des Gattungskaufs, anzuwenden ist. Der Verkäufer[33] hat mit der Versendung der Bahnen in falscher Farbe seine vertragliche Pflicht nicht erfüllt, denn die gelieferten Stoffe entsprachen nicht einer mittleren Art und Güte der bestellten Stoffe, § 243 Abs. 1 BGB. Damit besteht grundsätzlich der Erfüllungsanspruch aus § 433 Abs. 1 BGB noch, der allerdings dann, wenn es sich hier um eine mangelhafte oder dieser gleichgestellte Falschlieferung handelt, als modifizierter und teilweise Gewährleistungsrecht unterstellter sogenannter Nachlieferungsanspruch anzusehen sein kann (§ 480 Abs. 1 S. 2 BGB)[34].

bb) Zu prüfen ist in beiden Fällen jedoch, ob auch nach nationalem deutschen Recht eine rechtzeitige Rüge des abweichenden Farbtons erforderlich ist, um den Erfüllungsanspruch, sei es in seiner ursprünglichen, sei es in seiner modifizierten Form, zu bewahren. Eine solche Obliegenheit könnte sich aus §§ 377, 378 HGB ergeben.

(1) Beide Beteiligten sind Kaufleute, I nach §§ 6 Abs. 1 HGB, 13 Abs. 3 GmbHG, T gemäß § 1 Abs. 2 Nr. 1 HGB[35]. Das Geschäft ist demnach ein beidseitiger Handelskauf i.S.d. § 377 HGB[36].

(2) Die Rügeobliegenheit nach § 377 HGB setzt die Lieferung einer mangelhaften, aber gattungszugehörigen Ware (*peius*) voraus, § 378 HGB dehnt die Regelung auch auf die Lieferung einer Sache aus einer anderen als der vereinbarten Gattung (*aliud*) aus, sofern diese Falsch-

---

[32] Bestellung nach Katalogen spricht für Vertretbarkeit, vgl. *Staudinger/F.Peters*, § 651 Rdnr. 20.
[33] Wegen der Gleichstellung des Werklieferungsvertrages über vertretbare Sachen mit dem Kaufvertrag erscheint es gerechtfertigt, an der Bezeichnung der Parteien als Käufer und Verkäufer statt Besteller und Werkunternehmer festzuhalten.
[34] Zur Einwirkung des § 480 Abs. 1 BGB auf den ursprünglichen Erfüllungsanspruch vgl. *Medicus*, Schuldrecht II, Rdnr. 77.
[35] Die "Anschaffung und Weiterveräußerung" von Waren umfaßt nicht nur den Groß- und Einzelhandel, sondern auch die Herstellung von beweglichen Sachen aus selbst erworbenen Rohstoffen, vgl. *Baumbach/Hopt*, HGB, § 1 Rdnr 25. *Weil die Variante gemäß Fallfrage II ausschließlich auf der Basis des nationalen deutschen Rechts zu lösen ist, kann man hier außer Acht lassen, daß T in Italien ansässig ist und sich eigentlich zunächst die Frage stellt, ob seine Kaufmannseigenschaft möglicherweise auf der Basis des italienischen Rechts zu beurteilen ist.*
[36] Weil § 651 Abs. 1 S. 1 BGB für den Werklieferungsvertrag über vertretbare Sachen pauschal "die Vorschriften über den Kauf" beruft, finden damit zwangsläufig auch die Regeln des Handelskaufs Anwendung; der besonderen Verweisung in § 381 Abs. 2 HGB bedurfte es hingegen für den (eigentlichen) Werklieferungsvertrag über eine nicht vertretbare Sache, da § 651 Abs. 1 S. 2 HS 2 BGB insoweit nur bestimmte Kaufrechtsvorschriften benennt.

lieferung genehmigungsfähig ist. Demnach muß entschieden werden, ob hier (aa) eine Falschlieferung vorliegt[37] und (bb) wenn ja, ob diese genehmigungsfähig ist.

(aa) Die Grenze zwischen (bloßer) Fehlerhaftigkeit und anderer Gattungszugehörigkeit ist oft nicht einfach zu ziehen[38]. Die Gattung ist jedoch kein ausschließlich objektiv zu bestimmender Begriff, sondern unterliegt dem Parteiwillen. Legen die Parteien im Vertrag dem zu liefernden Gegenstand bestimmte Merkmale bei, so führt dies zur Eingrenzung der geschuldeten Gattung: Eigenschaftsvereinbarungen sind gattungsbestimmend[39]. Die Vertragspartner haben es also in der Hand, durch eine genaue Spezifizierung der für die zu liefernden Waren maßgeblichen Charakteristika eng begrenzte Warengattungen festzulegen[40]. Im vorliegenden Fall wurden die Stoffbahnen nicht nur in einer bestimmten Farbe, sondern sogar ausdrücklich in einem bestimmten Farbton bestellt. Die tatsächlich angelieferten entsprachen nicht diesem Kriterium, folglich handelt es sich um Sachen außerhalb der geschuldeten Gattung.

(bb) Eine solche Falschlieferung wird allgemein dann als grobe, nicht genehmigungsfähige Artabweichung i.S.d. § 378 HGB angesehen, wenn der Verkäufer bei objektiver Betrachtungsweise schlechterdings nicht erwarten kann, der Verkäufer werde sie als Erfüllung akzeptieren[41], oder, anders gewendet, wenn die Ware so von der Bestellung abweicht, daß ein vernünftiger Kaufmann mit ihr nicht Erfüllung versuchen kann[42]. Die Anwendung dieser Grundsätze auf den vorliegenden Fall ist nicht einfach: Einerseits liegt es nahe, einen bloß dunkleren Farbton anders als etwa die Lieferung in einer ganz anderen Farbe nicht als krasse und folglich als genehmigungsfähige Abweichung von der bestellten Art anzusehen, weil nicht ausgeschlossen

---

[37] Denn bei einer mangelhaften gattungsangehörigen Ware kommt es auf die Genehmigungsfähigkeit nicht an; auch bei krassesten Mängeln muß der Käufer rügen, um sich seine Gewährleistungsrechte zu erhalten. Die Abgrenzung zwischen *aliud* und *peius* kann man allenfalls dann offenlassen, wenn die Frage der Gattungszugehörigkeit schwer, die der Genehmigungsfähigkeit aber leicht, und zwar im positiven Sinne entschieden werden kann, denn dann steht fest, daß jedenfalls gerügt werden muß.

[38] Bekanntes Beispiel: Ist ein Wein, der nur durch die unzulässige Beimischung von Diäthylenalkohol die Merkmale einer Spätlese erlangt, eine "schlechte" (*peius*) oder gar keine (*aliud*) Spätlese? Für letztere Lösung BGH NJW 1989, 218; vgl. auch LG Lübeck, NJW-RR 1987, 243 (*aliud*), AG Bad Kreuznach, NJW-RR 1987, 242 (*peius*).

[39] *MünchKomm/Westermann*, § 459 Rdnr. 19.

[40] BGH NJW 1994, 2230.

[41] BGH NJW 1994, 2231.

[42] *Baumbach/Hopt*, § 378 Rdnr. 2.

Fall 14: Vergleich des Leistungsstörungsrechts

erscheint, daß der Käufer seine verfolgten Zwecke auch mit der gelieferten Ware erreicht. Anderseits: Gerade dann, wenn der Käufer auf einem bestimmten Farbton beharrt, spricht vieles dafür, daß es sich hierbei für ihn um eine Eigenschaft mit besonderem Gewicht handelt. Im Dekorationsbereich kann bereits eine leichte Abweichung im Farbton über die Verwendbarkeit des Materials, insbesondere hinsichtlich seiner Kombinierung mit anderen Dekorationsobjekten, und seinen Anklang beim Endabnehmer entscheiden. Demnach wäre hier ein nicht-genehmigungsfähiges *aliud* anzunehmen.

Die weitere Lösung hängt davon ab, welche Meinung man an dieser Stelle vertritt. Der Anwalt, der vorprozessual um Rat gebeten wird, kann nicht einfach der Auffassung folgen, die ihm selbst am plausibelsten erscheint oder für seinen Mandanten am günstigsten ist. Die Antwort hängt vielmehr von der Wertung des potentiell mit dem Rechtsstreit befaßten Gerichts ab. Da dessen Haltung in einem Grenzfall wie diesem nicht sicher voraussehbar ist, muß der Anwalt die Folgen beider möglichen Lösungen „durchspielen", bevor er seinem Mandanten einen Rat erteilt.

Lösungsvariante 1:
Zunächst soll angenommen werden, daß es sich um ein genehmigungsfähiges *aliud* handelt.

cc) Damit ist nach § 378 HGB eine rechtzeitige Rüge erfoderlich. Die Rüge ist nach § 377 HGB rechtzeitig, wenn die Ware „unverzüglich" nach Eingang untersucht wurde und die Rüge des dabei entdeckten Mangels der Untersuchung ihrerseits „unverzüglich" folgt. Die Obliegenheit zur unverzüglichen Untersuchung entspricht wohl in etwa der „kurzen" Frist des UN-Kaufrechts, d.h. ihr muß auch bei nicht verderblicher Ware innerhalb von wenigen Tagen nach Anlieferung nachgekommen werden. Für die folgende Rüge hat der Käufer keine „angemessene" Frist Zeit, wie nach UN-Kaufrecht, sondern er muß unverzüglich, d.h. ohne schuldhaftes Zögern, handeln. Das wird zum Schutze des Verkäufers seit jeher streng ausgelegt[43]. Da zum jetzigen Zeitpunkt bereits eine knappe Woche seit dem Eintreffen der Ware vergangen ist, muß der Rechtsanwalt auf eine umgehende Rüge drängen; zu ihrer Rechtzeitigkeit reicht allerdings die rechtzeitige Absendung aus, § 377 Abs. 4 HGB. Die Rüge kann formlos erfolgen, sollte aber auch hier zu Beweiszwecken schriftlich angebracht werden.

dd) *Zwischenergebnis*: Wird nach diesen Kriterien fristgerecht gerügt, kann sich I darauf berufen, daß T eine falsche Ware geliefert und damit nicht nur mangelhaft, sondern gar nicht erfüllt hat. Daraus könnte

---

[43] Z.B. BGH NJW 1954, 1841; *Schlegelberger/Hefermehl*, HGB, § 377 Rdnr. 74.

man schließen, daß I weiterhin den *ursprünglichen* Erfüllungsanspruch aus § 433 Abs. 1 BGB geltend machen kann. Es ist aber zu beachten, daß nach der Rechtsprechung des BGH[44] und der Praxis der Untergerichte § 378 HGB das genehmigungsfähige *aliud* nicht nur hinsichtlich der Rügeobliegenheit der mangelhaften Lieferung gleichstellt, sondern auch hinsichtlich der *Rechtsfolgen*[45], was zur Anwendung des § 480 BGB und damit auch der dort in Absatz 1 genannten Gewährleistungsvorschriften führt[46]. Zwar wird diese Auffassung kontrovers diskutiert und von Teilen der Literatur mit dem Argument abgelehnt, die Rügeobliegenheit nehme der Falschlieferung nicht den Charakter der Nichterfüllung, weshalb auch nach rechtzeitiger Rüge nur die Haftung nach allgemeinem Leistungsstörungsrecht in Betracht zu ziehen ist[47]. Ob dieser Kritik beizupflichten ist, kann hier dahinstehen. Da die Antwort des Rechtsanwalts praxisverwertbar sein muß, hat er seiner Auskunft die Rechtsprechung des BGH zugrunde zu legen. Daraus folgt, daß I hier ihren Erfüllungsanspruch „nur" in der modifizierten Form als *Nachlieferungsanspruch* aus § 480 Abs. 1 BGB geltend machen kann. Probleme entstehen daraus aber nicht, weil die Gewährleistungsvorschriften, auf die in § 480 Abs. 1 S. 2 BGB verwiesen wird (insbesondere die kurze Verjährung des § 477 BGB), im vorliegenden Fall keine Rolle spielen.

b) Schadensersatzanspruch nach § 480 Abs. 2 BGB

Wenn nach dem oben Gesagten das genehmigungsfähige *aliud* dem Gewährleistungsrecht unterworfen wird, könnte I weiterhin statt der Nachlieferung Schadensersatz unter den Voraussetzungen des § 480 Abs. 2 BGB verlangen. Da für Arglist von Seiten des T keine Anhaltspunkte ersichtlich sind, bestünde ein solcher Anspruch nur dann, wenn der gelieferten Ware eine *zugesicherte* Eigenschaft fehlt. Die Zusicherung setzt über eine bloße Beschaffenheitsvereinbarung im Hinblick auf die mit ihr verbundene scharfe Rechtsfolge des Scha-

---

[44] BGHZ 115, 286 = NJW 1992, 566 (568); s. auch bereits BGH NJW 1969, 787 ("möglicherweise"); BGH 1984, 1059; 1989, 218. Die Auffassung geht bereits auf das RG zurück, RGZ 86, 90.

[45] BGH NJW 1992, 566 (568).

[46] In der Literatur führen manche diesen Gedanken weiter und wollen auch beim bürgerlich-rechtlichen Gattungskauf außerhalb des § 378 HGB das genehmigungsfähige *aliud* in den Anwendungsbereich des § 480 Abs. 1 BGB einbeziehen, vgl. z.B. *Larenz*, Schuldrecht BT II/1, § 41 III a.E.; *Medicus*, Schuldrecht II, Rdnr. 79; *Canaris*, Handelsrecht, § 29 VIII 3 b); ablehnend der BGH: BGHZ 115, 286 (296 f.).

[47] *R.Schmidt*, NJW 1962, 710 (713); *Fabricius*, JuS 1964, 46 (48); *Knöpfle*, NJW 1989, 871. Die überwiegende Literatur hingegen folgt dem BGH, z.B. *Canaris*, Handelsrecht, § 29 VIII 3 b; *Baumbach/Hopt*, § 378 Rdnr. 5; *Palandt/Putzo*, § 480 Rdnr. 1.

densersatzes einen erhöhten Einstandswillen des Verkäufers in Kenntnis der herausgehobenen Bedeutung gerade dieser Eigenschaft für den Käufer voraus[48]. Zu fragen ist, ob in der Farbbeschreibung im Anbieterkatalog eine Zusicherung zu sehen ist. Solche Katalogangaben dienen allerdings in erster Linie der Darstellung der zum Verkauf angebotenen Produkte und ihrer Abgrenzung untereinander. Liegen nicht außergewöhnliche Umstände und zusätzliche Anhaltspunkte vor, wie sie hier nicht ersichtlich sind, kann der Käufer nicht redlicherweise damit rechnen, daß der Verkäufer damit zugleich eine Garantiehaftung für diese Eigenschaften übernehmen will[49]. Damit scheidet ein Schadensersatzanspruch aus § 480 Abs. 2 BGB aus.

c) Schadensersatz aus § 326 Abs. 1 S. 2 BGB

Weil der Käufer ein Wahlrecht hat, ob er Wandelung, Minderung und ggf. Schadensersatz oder Nachlieferung geltend macht, wird der Nachlieferungsanspruch als sogenannter „verhaltener Anspruch" erst fällig, wenn ihn der Käufer geltend macht[50]. Die Geltendmachung des Anspruchs ist zugleich als Mahnung anzusehen[51]. Der Verkäufer gerät also mit dem Nachlieferungsverlangen des Käufers in Verzug; das erforderliche Vertretenmüssen wird nach § 285 BGB vermutet[52]. Damit kann der Käufer nach ganz h.M. auch nach § 326 BGB vorgehen[53], also eine Nachfrist setzen, verbunden mit einer Ablehnungsandrohung. Die Frist muß „angemessen" sein; bei einem Versendungskauf ist sie es dann, wenn sie, die übliche Transportdauer berücksichtigend, dem Verkäufer genügend Zeit zur Übergabe der Ware an die Transportperson läßt[54]. Nicht erforderlich ist, dem Schuldner Zeit zu einer (erneuten) *Herstellung* der Ware einzuräumen[55]. Demnach sollte hier eine Frist von etwa 5 Arbeitstagen durchaus genügen[56].

---

[48] Vgl. *MünchKomm/Westermann*, § 459 Rdnr. 55.
[49] Vgl. BGH NJW 1980, 1619 (1620).
[50] Vgl. *Soergel/Huber*, § 480 Rdnr. 23.
[51] *Soergel/Huber*, § 480 Rdnr. 25.
[52] *Palandt/Heinrichs*, § 285 Rdnr. 1. Ein Entlastungsbeweis wird dem T nicht gelingen, da der Schuldner bei Gattungsschulden entsprechend § 279 BGB auch die Verzögerung der Leistungserbringung immer zu vertreten hat, solange eine Leistung aus der Gattung möglich ist.
[53] *Soergel/Huber*, § 480 Rdnr. 18; *MünchKomm/Westermann*, § 480 Rdnr. 6; *Palandt/Heinrichs*, § 480 Rdnr. 6.
[54] RGZ 68, 329 (333); LG Stuttgart DB 1979, 787; *MünchKomm/Emmerich*, § 326 Rdnr. 73.
[55] BGH NJW 1985, 320 (323).
[56] Ist diese Frist zu kurz bemessen, so ist das im Ergebnis unschädlich: Die Bestimmung einer zu kurzen Nachfrist setzt jedenfalls eine - in der Wertung des Gerichts - angemessene Frist in Lauf, *MünchKomm/ Emmerich*, § 326 Rdnr. 78.

Liefert T innerhalb der Frist die bestellte Ware nach, so muß auch I seinerseits den Kaufpreis entrichten. Nach einem fruchtlosem Ablauf der Frist hat I die Wahl zwischen dem Rücktritt vom Vertrag und einem Schadensersatzanspruch wegen Nichterfüllung[57]. Während der Rücktritt gegenüber der (sofortigen) Wandelung keine Vorteile bringt und deshalb hier vernachlässigt werden kann, erscheint der letztere Weg durchaus als vorteilhaft, weil der Käufer damit nicht nur wie beim Rücktritt von der Vertragsdurchführung befreit wird, sondern darüber hinaus seinen gesamten entgangenen Gewinn aus der nunmehr verhinderten Weiterveräußerung geltend machen kann (§ 252 BGB), ohne an die engen Voraussetzungen des § 480 Abs. 2 BGB gebunden zu sein. Vereinzelt finden Autoren in der Literatur dieses Ergebnis unbillig und möchten deshalb § 326 BGB auf den Nachlieferungsanspruch nicht anwenden[58]. Doch findet dieses Vorgehen im Gesetz keine Stütze. Ist der Nacherfüllungsanspruch die „Fortsetzung" des ursprünglichen Erfüllungsanspruchs, so ist es nicht verständlich, warum zwar die Durchsetzung des letzteren, nicht aber die des ersteren durch § 326 BGB sanktionsbewehrt sein soll[59].

d) Verzögerungsschaden aus § 286 Abs. 1 BGB

Gerät T nach dem oben Gesagten mit der Erfüllung des Nachlieferungsanspruchs in Verzug, so kann sich I auch auf § 286 Abs. 1 BGB berufen. Für einen Verzögerungsschaden bietet der Sachverhalt allerdings keinerlei Anhaltspunkte.

e) Anspruch auf Wandelung

Kann sich der Käufer bei einem genehmigungsfähigen *aliud* auf die Gewährleistungsrechte stützen, dann gilt dies auch für das Wandelungsrecht entsprechend §§ 480 Abs. 1 S. 1 1. Alt., 459 Abs. 1, 462 BGB, obwohl es sich nicht um eine mangelhafte, sondern eine Falschlieferung handelt. Gründe für den Ausschluß des Wandelungsrechts sind nicht ersichtlich. I kann also über den Wandelungsanspruch durch den Wandelungsvollzug die Rückgängigmachung des Kaufvertrages erreichen und damit sowohl von seiner Zahlungs- als auch von seiner Abnahmepflicht freiwerden.

---

[57] Vorzugehen ist nach der Differenztheorie, vgl. *Palandt/Heinrichs*, § 326 Rdnr. 26; § 325 Rdnr. 10 ff.
[58] *Kirchhof*, NJW 1970, 2052 (2053); *Köhler*, JuS 1979, 496 (499); wohl auch *Esser/Weyers*, Schuldrecht BT, § 5 IV 2 b.
[59] *MünchKomm/Westermann*, § 480 Rdnr. 6.

Fall 14: Vergleich des Leistungsstörungsrechts

2. Kaufpreisanspruch des Verkäufers

a) Der Kaufpreisanspruch des T aus § 433 Abs. 2 BGB ist aufgrund der Vereinbarung der Parteien mit Lieferung fällig geworden.

b) Einwendungen des Käufers
Zu erörtern bleibt, welche Einwendungen I dem T entgegenhalten kann, falls T gegen sie seinen Kaufpreisanspruch geltend machen will.

aa) Einrede des nichterfüllten Vertrages, § 320 BGB
Macht I den den ursprünglichen Erfüllungsanspruch fortsetzenden Nachlieferungsanspruch geltend, so kann sie sich, solange T diesen Anspruch nicht erfüllt, gegenüber der Kaufpreisforderung auf die Einrede des nichterfüllten Vertrages berufen, § 320 BGB[60].

bb) Einrede der Wandelbarkeit, §§ 480 Abs. 1 S. 1, 462, 242 BGB
Die Wandelbarkeit führt nicht nur über den Wandelungsanspruch und die Rücktrittsregeln zum Rückgewähranspruch, wenn der Käufer den Kaufpreis bezahlt hat (§§ 462, 465, 467, 346 BGB), sondern kann, obwohl dies nicht ausdrücklich geregelt ist, dem Zahlungsanspruch des Verkäufers auch als Einrede entgegengehalten werden, was § 478 BGB als selbstverständlich voraussetzt[61]. Der Käufer kann nicht gezwungen sein, eine Zahlung zu leisten, die er durch Wandelung sofort wieder zurückfordern kann (§ 242 BGB, *dolo petit, qui petit, quod statim redditurus est*).

cc) Minderung
Entsprechend §§ 480 Abs. 1 S. 1 2. Alt., 472 BGB könnte I statt der Wandelung zwar auch Minderung geltend machen. Im Ergebnis bringt ihr das aber keinen Vorteil. Es kommt nach § 472 BGB wie auch nach UN-Kaufrecht auf den *objektiven*, tatsächlichen Wert der gelieferten Ware im Vergleich zum (gedachten) Wert der gekauften an; insoweit ist ein Unterschied aber nicht feststellbar.

3. Ergebnis

Bei Annahme eines genehmigungsfähigen *aliud* hat I demnach die Wahl zwischen dem Nachlieferungsbegehren und der Wandelung; beides setzt eine rechtzeitige Rüge voraus, die unverzüglich zu erfolgen hat. Wählt I den Nachlieferungsanspruch, sollte sie dies mit einer Fristsetzung mit Ablehnungsandrohung verbinden. Läuft die Frist ergebnislos ab, kann sie in diesem Fall einen Schadensersatzanspruch

---

[60] Vgl. zur Anwendbarkeit des § 320 BGB auf den Nachlieferungsanspruch des § 480 Abs. 1 S. 1 BGB *MünchKomm/Emmerich*, § 320 Rdnr. 8.
[61] Vgl. *Palandt/Putzo*, § 478 Rdnr. 7.

wegen Nichterfüllung gemäß § 326 Abs. 1 S. 2 BGB geltend machen. Liefert T in der Frist mangelfreie Ware, muß I den Kaufpreis bezahlen. Da nach dem Hinweis des Geschäftsführers der I vorrangiges Ziel die Loslösung vom Vertrag ist, ist der sicherere Weg der über die Wandelung.

Lösungsvariante 2:
Wird ein *nicht*-genehmigungsfähiges *aliud* angenommen, ergibt sich hingegen folgendes Bild:
[Forts. 1.] cc) Der ursprüngliche Erfüllungsanspruch aus § 433 Abs. 1 BGB kann von I geltend gemacht werden, ohne daß es einer Mängelrüge nach §§ 377, 378 HGB bedürfte. Die Umgestaltung des Lieferungsanspruchs in einen Nachlieferungsanspruch durch § 480 Abs. 1 S. 2 BGB sowie allgemein die Anwendung von Gewährleistungsrecht scheidet aus, da es sich bei der Falschlieferung um eine Nichterfüllung handelt und deshalb das allgemeine Leistungsstörungsrecht eingreift. Die Gleichstellung der Falschlieferung mit der mangelhaften Lieferung nimmt der BGH über § 378 HGB nur beim genehmigungsfähigen *aliud* vor[62].

b) Rechte aus § 326 BGB
Für die Nichterfüllung des ursprünglichen Lieferungsanspruchs haftet T deshalb gemäß § 440 Abs. 1 nach den allgemeinen Vorschriften. Damit kann sich I in dieser Variante unmittelbar auf § 326 BGB stützen. Im einzelnen kann für die Verzugsvoraussetzungen und die Nachfristberechnung auf die obigen Ausführungen zum Nachlieferungsanspruch verwiesen werden; einziger Unterschied ist, daß sich T hinsichtlich des ursprünglichen Erfüllungsanspruchs nach § 284 Abs. 2 S. 1 BGB auch ohne Mahnung im Verzug befindet, weil er den kalendermäßig vereinbarten Liefertermin ohne Übersendung erfüllungstauglicher Ware hat verstreichen lassen.

I kann damit nach fruchtlosem Nachfristablauf auch hier Schadensersatz wegen Nichterfüllung verlangen.

c) Verzögerungsschaden, § 286 Abs. 1 BGB
Für einen möglichen Anspruch der I auf Ersatz des Verzögerungsschadens gilt das oben zu II.1.d) Ausgeführte.

---

[62] Z.B. BGHZ 115, 286 (296 f.); zustimmend *Canaris*, Handelsrecht, § 29 VIII 3 b). Anders Teile der Lit., *Singer*, ZIP 1992, 1066 f.; *Soergel/Huber*, vor § 459 Rdnr. 112.

Fall 14: Vergleich des Leistungsstörungsrechts 269

2. Kaufpreisanspruch des Verkäufers

a) Einrede des nichterfüllten Vertrages, § 320 BGB
Selbstverständlich ist, daß die Einrede des § 320 BGB gegenüber der fälligen Kaufpreisforderung des T auch hier besteht.
b) Die Einrede der Wandelbarkeit kann hingegen nicht erhoben werden, weil Gewährleistungsrecht keine Anwendung findet; gleiches gilt für die Minderung.

3. Ergebnis

Bei Annahme einer nicht-genehmigungsfähigen Falschlieferung muß I nach § 326 BGB vorgehen, um sich vom Vertrag zu lösen und gegebenenfalls seinen entgangenen Gewinn geltend zu machen. Erforderlich ist deshalb, eine Nachfrist (von etwa 5 Tagen) unter Ablehnungsandrohung zu setzen. Das „Risiko", daß T innerhalb der Nachfrist Stoffe der in der bestellten Farbe liefert und I in diesem Fall an den Vertrag und seine Kaufpreiszahlungspflicht gebunden bleibt, kann nicht vermieden werden.

Gesamtergebnis:
Rechtsanwalt R ist unter Geltung nationalen deutschen Rechts in einer schwierigen Lage. Zu welchen Maßnahmen er Geschäftsführer G raten soll, hängt davon ab, ob die Falschlieferung vom Gericht als genehmigungsfähig eingestuft wird, was nicht mit absoluter Sicherheit vorauszusehen ist. Also muß R zunächst „auf Nummer Sicher" gehen. G sollte auf jeden Fall die Mängel rügen, weil dies bei einem genehmigungsfähigen *aliud* notwendig ist und bei einem nicht-genehmigungsfähigen jedenfalls nicht schadet. Auch das weitere Vorgehen muß der Unsicherheit in der rechtlichen Beurteilung Rechnung tragen.
Vorprozessual sollte I ihr vorrangiges Ziel der „Stornierung" des Vertrages dadurch verfolgen, daß sie sich zunächst gegenüber T auf die Anwendung des Gewährleistungsrechts beruft und Wandelung begehrt. Läßt sich T darauf ein, ist I von ihrer Zahlungs- und Abnahmeverpflichtung frei. Weigert sich T, der Wandelung zuzustimmen (weil er eine Abweichung von der bestellten Qualität bestreitet oder eine Nachlieferung anbieten will), kommen zwei Wege in Betracht:
I könnte auf der Rechtsansicht beharren, daß ihr ein Wandelungsrecht zusteht. Sie könnte deshalb eine eventuelle Kaufpreisklage des T auf sich zukommen lassen und dieser mit der Wandelungseinrede begegnen. Für den Fall, daß das Gericht von einer nicht-genehmigungsfähigen Falschlieferung ausgeht und damit die Wandelungseinrede nicht gelten lassen will, könnte hilfsweise die Einrede aus § 320 BGB erhoben werden. Letzteres führt jedoch nicht zu einer

Klageabweisung, sondern nur zu einer Zug-um-Zug-Verurteilung (§ 322 Abs. 1 BGB), was einem teilweisen Klageerfolg entspricht und deshalb den Beklagten auch teilweise mit den Kosten des Rechtsstreits belastet[63]. Zudem bleibt dann bis zum Abschluß des Rechtsstreits ungewiß, ob sich I noch auf die Abnahme und die Weiterveräußerung einer eventuellen Ersatzlieferung einstellen muß. Beides dient nicht den Interessen der I und ließe sich auch dadurch nicht vermeiden, daß I einer Zahlungsklage des T mit einer negativen Feststellungsklage (gerichtet auf Feststellung, nicht zur Zahlung des Kaufpreises verpflichtet zu sein) zuvorkommt.

R wird deshalb eher raten, einen zweiten Weg zu beschreiten. I sollte bei Scheitern einer Verständigung über die Wandelung sofort die Lieferung der Ware in der bestellten Qualität fordern, hierfür eine Nachfrist von etwa 5 Werktagen setzen und zugleich ankündigen, daß die Abnahme der Ware nach Ablauf der Frist verweigert wird. Dieser Weg über § 326 BGB ist, wie oben gezeigt, sowohl bei einem genehmigungsfähigen als auch nicht-genehmigungsfähigen *aliud* möglich und birgt daher kein rechtliches Risiko, sondern schafft in einem kurzen Zeitraum Rechtssicherheit für den Käufer. Auch bei Annahme eines genehmigungsfähigen *aliud* steht nicht entgegen, daß I sich zuvor auf Wandelung berufen hat: erst die *vollzogene* Wandelung (und die damit erfolgte Umgestaltung des Vertrages in ein Rückgewährschuldverhältnis) schließt einen nachträglichen Wechsel zum Nachlieferungsanspruch aus[64].

Liefert der Verkäufer innerhalb der Nachfrist, wird damit der Kaufvertrag in seiner ursprünglichen Konzeption abgewickelt; liefert er nicht, erreicht I sein Ziel, kann sich vom Vertrag lösen und zusätzlich entgangenen Gewinn geltend machen.

III. Vergleich der beiden Lösungen

1. Die Beurteilung der Rechtslage nach nationalem deutschen Recht ist trotz der recht einfachen und alltäglichen Fallgestaltung viel komplizierter als nach dem UN-Kaufrecht. Der Grund liegt in der starken Aufgliederung der Rechtsbehelfe bei Vertragsverletzungen des Verkäufers. Das deutsche Recht unterscheidet innerhalb der Leistungsstörungen zwischen der Nichterfüllung und der verspäteten Erfüllung (allgemeines Leistungsstörungsrecht) einerseits und der Schlechterfüllung (im Kaufrecht: Gewährleistungsrecht) andererseits mit zahlreichen weiteren Untergruppen (verschuldete oder unverschuldetes

---

[63] Ist der Klageantrag des Verkäufers von vorneherein auf Zahlung des Kaufpreises Zug-um-Zug gegen Nachlieferung der Ware gerichtet, hat die Klage sogar in vollem Umfang Erfolg.
[64] *Soergel/Huber*, § 480 Rdnr. 15.

Fall 14: Vergleich des Leistungsstörungsrechts

Leistungshindernis, anfängliche und nachträgliche, subjektive und objektive Unmöglichkeit, Rechts- oder Sachmangel etc.), wobei im allgemeinen Leistungsstörungsrecht wiederum der Differenzierung zwischen der Verletzung von Haupt- und Nebenpflichten große Bedeutung zukommt. Letzteres spielt zwar in der vorliegenden Aufgabe keine Rolle[65]; der Fall zeigt aber eindrücklich, daß das Nebeneinander von allgemeinem Leistungsstörungsrecht und speziellem Gewährleistungsrecht mit völlig verschiedenen Rechtsbehelfen und auch unterschiedlichen Voraussetzungen zu einer scharfen Grenzziehung zwischen „bloß" mangelhafter Erfüllung und Falschlieferung zwingt. Die Umsetzung in die gerichtliche Praxis erscheint oft willkürlich: Die Lieferung von jugoslawischem statt rumänischem Buchenholz soll einen Fehler darstellen[66], Auslandsschrott statt Inlandsschrott ein *aliud*[67]; der Verdacht liegt nahe, daß die Rechtsprechung oft ergebnisorientiert vorgeht und beispielsweise nur deshalb eine Falschlieferung annimmt, um im Einzelfall den als unbillig empfundenen § 477 Abs. 1 BGB zu umgehen[68]. Das Problem wird durch § 378 HGB in seiner Auslegung durch den BGH auch für den Handelskauf nicht beseitigt, sondern allenfalls auf die ebenso schwere Frage der „Genehmigungsfähigkeit" verschoben. Für die Rechtsberatung ist deshalb oft nicht voraussehbar, wo das potentiell befaßte Gericht die Grenze ziehen wird; Rechtsunsicherheit ist die Folge. Letztere wird auch dadurch gefördert, daß der Nachlieferungsanspruch aus § 480 Abs. 1 S. 1 BGB teilweise Gewährleistungsvorschriften unterworfen wird, daneben aber auch den allgemeinen Regeln z.B. der §§ 326, 286 Abs. 1 BGB gehorcht.

Das CISG geht hingegen von einem einheitlichen Grundtatbestand der „Vertragsverletzung" aus, der alle Leistungsstörungsfälle umfaßt und grundsätzlich die gleichen Rechtsbehelfe des Gläubigers auslöst[69]. Die leidvolle Frage des deutschen Rechts, ob ein Rechts- oder ein Sachmangel, eine Quantitätsabweichung oder eine Falschlieferung vorliegt, wird auf diese Weise erheblich entschärft. Das CISG ist damit für die praktische Rechtsanwendung einfacher und klarer aufgebaut als das interne Leistungsstörungsrecht. *Eine* Differenzierung kennt allerdings das UN-Kaufrecht: Der Nacherfüllungsanspruch und das Recht zur Vertragsaufhebung stehen dem Käufer im Grundsatz nur

---

[65] Vgl. aber den rechtsvergleichenden Fall von *Flessner*, Jura 1996, demnächst.
[66] BGH LM Nr. 5 zu § 477 BGB.
[67] BGH NJW 1969, 787 (788).
[68] Vgl. *Medicus*, Schuldrecht II, Rdnr. 79.
[69] Vgl. *Schlechtriem*, ZEuP 1993, 217 (221); vgl. aber mit der Unterscheidung zwischen aliud und Nachlieferung: BGH ZIP 1996, 1041; zu Recht kritisch *Schlechtriem* in EWiR Art. 25 CISG 1/96, 597.

dann zu, wenn der Verkäufer eine „wesentliche" Vertragsverletzung zu verantworten hat. Trotz der Definition des Art. 25 CISG ist nicht zu verkennen, daß es sich hierbei um einen unbestimmten Rechtsbegriff handelt, dessen Konkretisierung in manchen Fällen zu Schwierigkeiten führen kann. Jedoch hängt hiervon - anders als bei den Definitions-"aufgaben" des nationalen deutschen Rechts - nicht ab, welches System von Leistungsstörungsrechten zur Anwendung gelangt. Vielmehr führt die Antwort nur zu einer Erweiterung oder Einschränkung der allgemeinen Optionen des Käufers.

Aufgrund seiner einfacheren Strukturierung und der deshalb besseren praktischen Handhabbarkeit diente das UN-Kaufrecht in einigen Teilen als eines der Vorbilder für den Vorschlag der Schuldrechtskommission zur Neugestaltung des internen deutschen Leistungsstörungsrechts[70].

2. Nach dem deutschen Gewährleistungsrecht des Gattungskaufs stehen als Rechtsbehelfe des Käufers bei einer nicht vertragsgemäßen Lieferung des Verkäufers zum einen das Erfüllungsbegehren (Ersatzlieferung), zum anderen die Aufhebung des Vertrages (Wandelung) im Vordergrund. Der Käufer kann die „richtige" Durchführung des Vertrages durchsetzen oder ganz von ihm Abstand nehmen. Ein auf das Erfüllungsinteresse gerichteter Schadensersatzanspruch wird hingegen als besonders scharfe Waffe empfunden und deshalb nur unter restriktiven Umständen gewährt (§ 480 Abs. 2 BGB). Die Tendenz des UN-Kaufrechts, wie sie im vorliegenden Fall sichtbar wird, ist eine andere: Sowohl der Nacherfüllungsanspruch als auch das Recht auf Erklärung der Vertragsaufhebung sind grundsätzlich[71] nur im Falle einer „wesentlichen" Vertragsverletzung gegeben. Der Grund ist der folgende: Hat der Verkäufer eine nicht vertragsgemäße Ware geliefert und macht der Käufer Vertragsaufhebung geltend, so erfordert dies die Rückabwicklung des Vertrages (Art. 81 Abs. 2 CISG), also insbesondere den Rücktransport der Sendung. Gleiches gilt beim Beharren auf Ersatzlieferung: Auch hier muß die vertragswidrige Ware abtransportiert und zusätzlich vertragsgemäße geliefert werden. Diese Rückabwicklung kann im internationalen, grenzüberschreitenden Rechtsverkehr zu großem Transportaufwand führen und eine erhebliche Belastung für den Verkäufer werden[72]. Deshalb werden beide Rechtsbehelfe soweit wie möglich zurückgedrängt und als *ultima ratio* auf den Fall „wesentlicher" Verletzungen beschränkt. Außerhalb dieser Fallgruppe gilt eher das Prinzip „Dulde und liquidiere": Der

---

[70] Näher dazu *Schlechtriem*, ZEuP 1993, 217.
[71] Die Vertragsaufhebung kann bei Lieferungsverzögerungen aber auch über eine Nachfristsetzung erreicht werden, Art. 49 Abs. 1 lit. b).
[72] Vgl. zu dieser Begründung *v.Hoffmann*, in: *Schlechtriem* (Hrsg.), Einheitliches Kaufrecht und Nationales Obligationenrecht (1987), 293 (299).

Käufer soll die vertragswidrige Lieferung behalten und so gut es geht verwerten; sein Interesse an einer Leistungsparität wird mit Hilfe der Minderung und des Schadensersatzes (gegebenenfalls kombiniert) geschützt. Der Schadensersatzanspruch als vorrangiger Rechtsbehelf wird deshalb - anders als im deutschen Recht - unabhängig von einem Verschulden des Verkäufers gewährt, ist dafür aber in der Höhe begrenzt auf den bei Vertragsschluß voraussehbaren Schaden; das nationale deutsche Recht hingegen zieht bei der Schadenshöhe erst eine Grenze, wenn die Schadensentwicklung nicht mehr adäquat ist.

Fallregister
mit inhaltlichen Schwerpunkten

Fall 1: Internationales Deliktsrecht
Auflockerung des Deliktsstatuts; Tatbestandswirkung örtlicher Verkehrsregeln; Anknüpfung familienrechtlicher Haftungserleichterungen; Direktanspruch gegen Versicherung; stillschweigende Rechtswahl im Prozeß; Rückverweisung über einen von Deutschland nicht ratifizierten Staatsvertrag

Fall 2: Internationales Vertragsrecht
Anwendungsvoraussetzungen des EuGVÜ; konkludente Rechtswahl; objektive Anknüpfung nach Art. 28 EGBGB; akzessorische Anknüpfung von Deliktsansprüchen; Vollmachtsstatut; Aufrechungsstatut.

Fall 3: Internationales Vertragsrecht
Rechtswahlklausel in AGB; Durchsetzung deutscher verbraucherschützender Vorschriften gegen die Wahl eines fremden Rechts; Abtretungsstatut.

Fall 4: Internationales Sachenrecht
Folgen eines Statutenwechsels; gutgläubiger Erwerb; anwendbares Recht bei gestreckten sachenrechtlichen Tatbeständen; anwendbares Recht bei unbekanntem Lageort; Behandlung eines dem neuen Lageort unbekannten, nach der bisherigen *lex rei sitae* entstandenen dinglichen Rechts.

Fall 5: Internationales Sachenrecht
Statutenwechsel; in Deutschland begründete besitzlose Sicherungsrechte bei Verbringung des Sicherungsgutes ins Ausland; Abgrenzung von Schuldstatut und Sachstatut bei Übereigung unter einer Rechtsordnung, die keine abstrakte dingliche Einigung kennt; Geschäftsfähigkeit; Eigentumserwerb am Kfz-Brief.

Fall 6: Internationales Verfahrensrecht/UN-Kaufrecht
Gerichtsstandsvereinbarung nach EuGVÜ; Gerichtsstand des Erfüllungsortes nach EuGVÜ; Anwendungsvoraussetzungen des CISG („Vorschaltlösung"); Parteifähigkeit ausländischer

Gesellschaften; Erfüllungsort für Kaufpreisanspruch nach CISG; wirksamer Vertragsschluß nach CISG.

Fall 7: Sonderkollisionsrecht für Flüchtlinge/Internationales Eherecht
Internationale Zuständigkeit für Ehesachen; Scheidungsstatut; Personalstatut von Flüchtlingen; Einfluß der Anerkennung als Asylberechtigter; Begriff des gewöhnlichen Aufenthalts; Abgrenzung von Gesamt- und Sachnormverweisungen; grundrechtswidriges ausländisches Kollisionsrecht; Versorgungsausgleich; Renvoi bei im ausländischen Recht unbekanntem Rechtsinstitut.

Fall 8: Internationales Eherecht/Internationales Verfahrensrecht
Ausländische Rechtshängigkeit; Streitgegenstandsbegriff im internationalen Zivilprozeßrecht; Anerkennungsvoraussetzungen für ausländische Privatscheidung; Scheidungsstatut; Personalstatut bei doppelter Staatsangehörigkeit.

Fall 9: Internationales Abstammungsrecht
Eheliche Abstammung und Anfechtung der Ehelichkeit; Intertemporales Kollisionsrecht; Art. 220 Abs. 1 EGBGB und gestreckte Tatbestände; Renvoi bei Alternativanknüpfungen; Verweis auf ausländisches Recht und Staatennachfolge.

Fall 10: Elterliche Sorge und Unterhalt
Minderjährigenschutzabkommen (MSA); Internationale Kindes-"entführung"; gewöhnlicher Aufenthalt des „entführten" Minderjährigen; Heimatrechtsvorbehalt des Art. 3 MSA; Vorrang staatsvertraglicher Regelungen vor inhaltsgleichem autonomem Kollisionsrecht; Trennungs- und Kindesunterhalt.

Fall 11: Internationales Erbrecht/Internationales Adoptionsrecht
Internationale Zuständigkeit im Erbscheinsverfahren; Erbstatut; Nachlaßspaltung aufgrund geteilter Verweisung; Anerkennung einer ausländischen Dekretadoption; Erbrecht eines adoptierten Kindes; Abgrenzung von Erb- und Adoptionsstatut.

Fall 12: Internationales Erbrecht/ Internationales Ehegüterrecht
Erbstatut; Teilrückverweisung; österreichische „Einantwortung" vor deutschen Gerichten; Ehegüterstatut; Intertemporales Ehegüterrecht; Abgrenzung von Erb- und Ehegüterstatut; Qualifikation; Angleichung.

Fall 13: Rechtsvergleichung
Deliktshaftung und *culpa in contrahendo* im deutschen und französischen Recht; die Form höchstrichterlicher Urteile in Deutschland und Frankreich.

Fall 14: Rechtsvergleichung
Haftung des Verkäufers für mangelhafte Ware nach UN-Kaufrecht und nationalem deutschem Recht; vorprozessuale anwaltliche Beratung.

Sachregister

„Einf." bezeichnet den Einführungsteil, die fettgedruckte Zahl den Übungsfall, jeweils gefolgt von der Seite.

acta iure imperii s. Gerichtsbarkeit
Abschlußort **5** 111
Abtretung **3** 87
Adoption
- und Erbrecht **11** 205
- Dekretadoption **11** 210

Adoptionsstatut **11** 205
Akzessorische Anknüpfung **2** 68
aliud **14** 261, **14** 271
- Genehmigungsfähigkeit **14** 262

Alternativanknüpfung **3** 82 (Fn. 19), **3** 88, **5** 111
- als Sachnormverweisung **9** 177

Anerkennung ausländischer Entscheidungen
- Anerkennungsprognose
  s. Rechtshängigkeit
- Anerkennungsvoraussetzungen **8** 161
- Anerkennungsverfahren **8** 160
- ausländische Dekretadoption **11** 207

Anerkennungstheorie **10** 187
Angleichung **Einf.** 27, **12** 226
Anknüpfungsleiter **8** 164
Anknüpfungspunkt **Einf.** 28
Anscheinsvollmacht
  s. Stellvertretung
Anwaltsklausur **Einf.** 29
Asylberechtigte **7** 144
Aufrechnung **2** 60, **2** 67
- internationale Zuständigkeit und Prozeßaufrechnung **2** 60
- im CISG s. dort

Auslandssachverhalt **Einf.** 25, **1** 42 (Fn. 18)
Auslegung s. auch Qualifikation
- vertragsautonome A. **6** 130

Beschaffenheitsvereinbarung **14** 264
Besitzkonstitut **5** 112
Beweis des ersten Anscheins **13** 247
Beweislastumkehr **13** 241, **13** 247

Charakteristische Leistung
  s. Vertragsstatut
CISG **2** 61, **5** 117, **6** 131, **6** 136, **14** 252
- zeitlicher/räumlicher Anwendungsbereich **2** 62, **6** 131
- sachlicher Anwendungsbereich **2** 62, **6** 131
- Aufrechnung **14** 258
- Minderung **14** 258
- Nachbesserung **14** 255
- Rügeobliegenheit **14** 252 ff.
- Schadensersatz **14** 256
- Vertragsaufhebung **14** 255
- Vertragsschluß **6** 136
- Vertragswidrigkeit **14** 252
- Vorschaltlösung **6** 131
- Zurückbehaltungsrecht **14** 259

culpa in contrahendo **13** 231, **13** 240
- c. im französischen Recht **13** 245

Deliktsrecht
- akzessorische Anknüpfung **2** 68
- Deliktsstatut **1** 39
- Direktanspruch **1** 45
- Haftungserleichterung im D. **1** 42, **1** 43
- Tatortprinzip **1** 39, **2** 68
- Auflockerung des Tatortprinzips **1** 39, **2** 68
- Rechtswahl im D. **1** 49

Dezentralisierter Entlastungsbeweis
  13 242 f.
Direktanspruch s. Deliktsrecht
Doppelstaater s. Staatsangehörigkeit
Duldungsvollmacht 2 70
- s. auch Stellvertretung

Ehegüterstatut 12 219
Eheliche Abstammung 9 175
Ehelichkeitsanfechtung 9 171,
  9 174
Ehewirkungsstatut 7 145, 8 164
Eigenrechtserbschein 11 201
Eigenschaftszusicherung
  s. Zusicherung
Einantwortung 12 218
Eingriffsnormen 3 84
Einzelstatut **Einf.** 23
Engste Verbindung 7 146
- Anknüpfung an die E. und
  Renvoi 7 148
Entscheidungseinklang 5 117
Erbschein 11 200
Erbserklärung 12 218
Erbstatut 11 203, 11 205, 12 215
Erfüllungsgehilfe 13 242
Erfüllungsort 6 133
- Gerichtsstand des E. 6 130
Ersatzrecht **Einf.** 26
Erstfrage **Einf.** 25
Europäisches Gerichtsstands- und
  Vollstreckungsübereinkommen
  (EuGVÜ) **Einf.** 9, 2 56,
  6 125, 10 190
- sachlicher Anwendungsbereich
  2 56, 6 125, 10 190
- räumlich/persönlicher
  Anwendungsbereich 2 56, 6 126,
  10 191
- zeitlicher Anwendungsbereich
  2 56, 6 125, 10 190
Europäisches Sorgerechts-
  übereinkommen 10 183
Europäisches Übereinkommen über
  das auf vertragliche Schuld-
  verhältnisse anwendbare Recht
  (EVÜ) **Einf.** 17
Exklusivnormen 7 150

Exkulpation 13 242, 13 244
Ex-lege-Gewaltverhältnis
  s. gesetzliches G.

Falschlieferung s. aliud
FG-Familiensache 10 189
FG-Kindschaftssache 10 189
Flüchtling 7 143
- und Asylberechtigung 7 144
- Personalstatut des F. 7 146
Form 3 88
Fremdrechtserbschein 11 201
fraus legis s. Gesetzesumgehung
Funktionelle Rechtsvergleichung
  Einf. 30

Genfer Flüchtlingskonvention 7 142
Gerichtsbarkeit **Einf.** 7
Gerichtsstandsklausel
  s. Gerichtsstandsvereinbarung
Gerichtsstandsvereinbarung
  Einf. 11, 6 123, 6 126
- G. in Allgemeinen Geschäfts-
  bedingungen 6 128
Gesamtverweisung **Einf.** 21,
  Einf. 24, **Einf.** 25, 1 47, 2 69,
  4 98, 5 114, 7 147, 7 151, 9 177,
  11 204, 12 216
- und internationale Abkommen
  Einf. 18, 11 204
Geschäftsfähigkeit 5 110
Geschäftsstatut 3 88
Geschäftsverteilung, gesetzliche
  s. Zuständigkeit
Gesellschaftsstatut 6 134
- Gründungstheorie 6 135
- Sitztheorie 6 135
Gesetzesumgehung 3 86
Gesetzliches Gewaltverhältnis
  10 186
Gewöhnlicher Aufenthalt 5 118,
  7 143, 10 185
- und Kindesentführung 10 185
Gleichlaufprinzip 10 195, 11 200
Gründungstheorie
  s. Gesellschaftsstatut
Günstigkeitsgrundsatz
  s. Günstigkeitsprinzip

Sachregister

Günstigkeitsprinzip
- und internationale Zuständigkeit **Einf. 10**

Günstigkeitsvergleich **3** 82 (Fn. 19)

Haager Kindesentführungsabkommen **10** 182
Haager Testamentsabkommen **Einf. 19**
Haager Übereinkommen über das auf Straßenverkehrsunfälle anwendbare Recht **1** 48
Handelskauf **14** 261
Heimatrecht **9** 175
Heimatrechtstheorie **10** 187

Immunität s. Gerichtsbarkeit
Interlokales Privatrecht **9** 176
Internationale Abkommen
- Anwendungsbereich **Einf. 16**
- Verhältnis zum nationalen Recht **Einf. 16, 10** 194

Internationale Übereinkommen s. Internationale Abkommen
Internationale Zuständigkeit **Einf. 8, 2** 55
- in Ehesachen **7** 142, **8** 157
- und Gerichtsstandsvereinbarung s. dort
- und Günstigkeitsprinzip **Einf. 10**
- und internationale Abkommen **Einf. 8**
- und Kindesunterhalt **10** 191
- in Kindschaftssachen **9** 170
- in Nachlaßsachen **11** 200
- internationale Notzuständigkeit **Einf. 12**
- und örtliche Zuständigkeit (Bifunktionalität) **Einf. 12**
- und Prozeßaufrechnung s. Aufrechnung
- in Sorgerechtsangelegenheiten **10** 182, **10** 185
- und Trennungsunterhalt **10** 190

Internationaler Handelsbrauch **6** 129

Intertemporales Kollisionsrecht **Einf. 19, 9** 171, **12** 218
- Gestreckte Tatbestände **9** 173
- materiellrechtliche Abgeschlossenheit **9** 171
- kollisionsrechtliche Abgeschlossenheit **9** 171

Kaufmännisches Bestätigungsschreiben **6** 129
Kfz-Brief **5** 121
Kindesentführung **10** 185
Kindesunterhalt **10** 195
Klageberechtigung s. Prozeßführungsbefugnis

lex causae **10** 193
lex fori **7** 153, **10** 192, **10** 193, **12** 218
lex rei sitae **4** 91, **4** 94, **5** 109, **5** 113, **5** 121, **11** 203, **12** 216
local data s. Tatbestandswirkung
loi uniforme **Einf. 16**
Lösungsrecht **4** 100 ff.
Luganer Übereinkommen (LGVÜ) **Einf. 9, 2** 58

Minderjährigenschutzabkommen (MSA) **10** 183 ff.
- Anwendungsbereich **10** 184
Minderung **14** 267

Nachlaßspaltung **11** 203, **12** 217
Nachlieferungsanspruch **14** 260, **14** 264
Notzuständigkeit s. Internationale Zuständigkeit

Ordre public **Einf. 25, Einf. 27, 3** 83, **7** 149
Organisationsverschulden **13** 246

Parteifähigkeit **Einf. 13, 6** 134
peius **14** 261
Personalstatut **7** 146
prima-facie-Beweis s. Beweis des ersten Anscheins
Privatscheidung **8** 163
Prozeßaufrechnung s. Aufrechnung
Prozeßfähigkeit **Einf. 13, 6** 135

Prozeßführungsbefugnis **10** 192
Prozeßkostensicherheit **Einf.** 13,
   2 59
Prozeßvollmacht **2** 69
Prozeßstandschaft
   s. Prozeßführungsbefugnis
- gesetzliche P. **10** 193

Qualifikation **Einf.** 16, **Einf.** 17,
   Einf. 20, **1** 39, **1** 45, **2** 67, **4** 93,
   5 109, **5** 121, **7** 152, **12** 224
- Doppelqualifikation **12** 225
- vertragsautonome Q. **Einf.** 17
- Q. im ausländischen
   Kollisionsrecht **Einf.** 24

Rechtshängigkeit **8** 157
- ausländische Rechtshängigkeit
   8 159
- ausländische R. und Anerkennungsprognose **8** 160
Rechtskraft **8** 159
Rechtswahl **Einf.** 20, **2** 63, **3** 76
- konkludente R. **1** 49, **2** 63
- R.klausel in Allgemeinen
   Geschäftsbedingungen **3** 78
- R. im Deliktsrecht **1** 49
- R. im Sachenrecht **4** 95
- R. im Ehegüterrecht **12** 222
Renvoi s. Rück- und Weiterverweisung
Res in transitu **5** 114
Res iudicata s. Rechtskraft
Römisches EWG-Übereinkommen
   über das auf vertragliche
   Schuldverhältnisse anwendbare
   Recht (EVÜ) s. Europäisches
   Übereinkommen ...
Rückverweisung s. auch Sachnorm-
   und Gesamtv. **Einf.** 21, **1** 47,
   9 177

Sachhalter **13** 236
Sachhalterhaftung **13** 240
Sachnormverweisung **Einf.** 21,
   Einf. 25, **1** 47, **3** 80, **7** 147,
   9 177, **11** 204
- und internationale Abkommen
   Einf. 18

Scheidung **7** 145
Scheidungsstatut **8** 164
Schrankentheorie **10** 186
Selbständige Anknüpfung s. Vorfrage
Sicherungseigentum **5** 115, **5** 120
Sicherungsrechte **5** 107
Sicherungsübereignung **5** 112
Sittenwidrigkeit **5** 119
Sitztheorie s. Gesellschaftsstatut
Sorgerecht **10** 195
Spiegelbildtheorie **11** 208 (Fn. 28)
Staatenimmunität s. Gerichtsbarkeit
Staatsabspaltung **9** 176
Staatsangehörigkeit **8** 164
- als Anknüpfungspunkt **7** 146,
   12 221
- doppelte S. **8** 165
- effektive S. **8** 165
- Erwerb durch Einwanderung
   8 164
- und Schuldvertragsstatut **5** 118
Staatsverträge
   s. Internationale Abkommen
Statut **Einf.** 28
Statutenwechsel **4** 91, **4** 102, **5** 113
- und gestreckter Tatbestand
   4 96
Stellvertretung
- Duldungs-/Anscheinsvollmacht
   2 66
- Prozeßvollmacht **2** 69
- organschaftliche Vertretung
   6 135
- Vollmachtstatut **2** 65
Streitgegenstand **8** 157
Substitution **11** 206

Tatbestandswirkung **1** 42
Tatortprinzip s. Deliktsrecht
Teilfrage **Einf.** 25, **2** 65
Traditionsprinzip **4** 98
Transportmittel **5** 114
Trennungsunterhalt **10** 196

UN-Übereinkommen über Verträge
   über den internationalen
   Warenkauf s. CISG
Unselbständige Anknüpfung
   s. Vorfrage

Sachregister

Unterhaltsstatut s. auch Kindes-, Trennungsunterhalt 10 193
- Verhältnis von Art. 18 EGBGB zum Haager Abkommen 10 194

Verbraucherschutz 3 84
Verjährung 13 243
Verkehrsinteressen im Sachenrecht 4 95
Verkehrssicherungspflichten 13 246
Verlassenschaftsverhandlung 12 218
Verrichtungsgehilfe 13 242
Versicherungsvertrag
- Direktanspruch s. Deliktsrecht
- Vertragsstatut 1 46
Versorgungsausgleich 7 151
Vertrag mit Schutzwirkung zugunsten Dritter 13 233, 13 241
Vertragsstatut 2 61, 3 76, 5 117
- charakteristische Leistung 2 63, 5 118, 6 132
- engste Verbindung 2 63
- objektive Anknüpfung 5 117, 6 132
- Vorwirkung 3 78
- Abschlußort 5 118
Vertretung s. Stellvertretung
Verweisung s. Sachnormv., Gesamtv.
Vindikationsstatut 4 93, 4 100
Vollmacht s. Stellvertretung
Vorfrage **Einf.** 21, **Einf.** 25, 5 116, 9 174, 11 205, 11 207
Vorschaltlösung s. CISG

Wandelung 14 266
- Einrede der Wandelbarkeit 14 267
Weiterverweisung **Einf.** 21, 1 47, 9 177
- s. auch Sachnorm- und Gesamtverweisung
Widerrufsrecht 3 81
Wiener UN-Kaufrecht s. CISG
Wirkungsstatut 5 110
Wohlerworbene Rechte 4 102, 5 113, 5 116
Wohnsitz 10 185

Zugewinngemeinschaft 12 222
Zusicherung 14 264
Zuständigkeit
- internationale
  s. Internationale Zuständigkeit
- funktionelle (gesetzliche Geschäftsverteilung) **Einf.** 12, 7 145, 8 157, 10 189, 10 191
- örtliche **Einf.** 12, 2 59, 6 133, 7 145, 8 157, 10 189, 10 191, 11 202
- sachliche **Einf.** 12, 2 59, 6 133, 7 145, 8 157, 10 189, 10 191, 11 202
Zwischenverfügung 11 211